フランス史研究入門

佐藤彰一
Sato Shoichi

中野隆生
Nakano Takao

編

山川出版社

まえがき

　本書は,フランスの歴史に関心をもち,その知識を広め理解を深めたいと望んでいる人たちのための研究ガイドである。「フランス史研究入門」とあるからには,まず,これからフランス史に取り組もうとしている初学者が念頭にある。しかし,本書の各章が,内外におけるフランス史研究の先端的動向に目配りしながら,それぞれ専門家としての視角から研究の方法や論点を中心にすえて書き下ろされているため,すでに研究に取り組んでいる方や新たな研究の方向を模索している方も,必ずや,役に立つ有益な情報を見出していただけるであろう。

　現時点における重要な論点を明確に指摘する総説に始まる本書は,古代から現代にいたる時代別に論じる第1章～第7章にテーマ編とでもいうべき第8章～第10章を加えた第Ⅰ部,および,これら第Ⅰ部の各章に対応する参考文献などを示した第Ⅱ部によって構成されている。フランス史を特徴づけるテーマとして,2人の編者が協議をおこなったうえで選び出したのは,文化史,地方史,ヨーロッパ統合の3つであるが,このうち,文化史では,フランスの誇る文化諸領域のなかから建築,美術,音楽に焦点を合わせ,地方史としては,多様な個性をもつフランスの諸地方をブルターニュとアルザスに代表させることとした。そこからは,時代別の各章から見えるものとはいささか異なるフランスの姿が立ちあらわれてくるはずである。

　本書の企画が具体化へ向けて動き始めたのは2007年のことであった。したがって,それから,すでに4年以上の歳月が経過したことになる。翌年から翌々年にかけて原稿は集まってきたが,すべての原稿がでそろうには2010年まで待たなければならなかった。それぞれに事情をかかえた複数の著者による共著にはときに生じうる事態であるが,とはいえ,現代における歴史への知的関心は不断に変化しつづけている。歴史研究の現状にこだ

わる本書の狙いを意識したうえで，2010年に原稿の再検討を執筆者の方々にお願いしたのはこのためである。こうして，フランス史研究の多様な最新情報がもられていると断言できる本書は完成した。それでも，もっとも新しい時代を対象とする第7章については執筆の時期がことさら重要な意味をもつため，ここで，もともとの原稿が2009年4月に脱稿され，これに11年4月の改稿で若干の修正が加えられたことを明記しておこう。この第7章に限ったことではないが，めまぐるしい変転を続ける現在の世界にあって，本書のような歴史研究ガイドが有効性を保ちつづけるには，できる限り頻繁な改訂，そして参考文献や研究情報の更新をおこなうことが望ましい。これからは，そうした努力や工夫を惜しんではならないであろう。

なお，年表と索引については，犬飼崇人さん(学習院大学大学院博士後期課程)の協力を得た。

編者にとって最後まで気が抜けない事態の続いた本書も，こうしてようやく陽の目を見る。これによって，読者諸氏にフランス史研究の現状をお知らせすることができる。じつに嬉しいことである。この『フランス史研究入門』を手がかりに，新しくフランスの歴史に親しむ方々が増え，また，フランス史研究に新局面を切り開く先端的な専門研究があらわれることを待ち望んでいる。

2011年7月14日

編　者

目　次

総　説　　　　　　　　　　　　　　　佐藤彰一・中野隆生　3

第Ⅰ部 ─────────────────────── 21
序　章　交差する視線のなかのフランス　　　　佐藤彰一　22

第1章　先史時代から古代末期までのガリア　　毛利　晶　29
　1　先史時代の「六角形」　　　　　　　　　　　　　　30
　2　ローマ支配下のガリア　　　　　　　　　　　　　　35
　3　古代末期のガリア　　　　　　　　　　　　　　　　47

第2章　フランク時代　　　　　　　　　　　　加納　修　51
　1　ポスト・ローマ時代　　　　　　　　　　　　　　　52
　2　カロリング朝の興隆　　　　　　　　　　　　　　　60
　3　ポスト・カロリング世界へ　　　　　　　　　　　　68

第3章　カペー朝からヴァロワ朝へ　　　　　　佐藤彰一　74
　1　王権の確立　　　　　　　　　　　　　　　　　　　75
　2　中世フランスの社会と文化　　　　　　　　　　　　84
　3　百年戦争と近世の胎動　　　　　　　　　　　　　　91

第4章　近世のフランス　　　　　　　　　　　　　　　　100
　1　16世紀のフランス　　　　　　　　　　　　小山啓子　101
　2　17世紀のフランス　　　　　　　　　　　　林田伸一　114
　3　18世紀のフランス　　　　　　　　　　　　山﨑耕一　128

第5章　フランス革命とナポレオン時代	松浦義弘	142
1　フランス革命の解釈		143
2　政治文化の革命としてのフランス革命		148
3　フランス革命とユートピア		156
4　フランス革命と暴力		159
5　フランス革命の終結とその遺産		164

第6章　立憲王政から第一次世界大戦まで	中野隆生	170
1　立憲王政の時代		171
2　第二共和政と第二帝政		178
3　第三共和政の形成と展開		187

第7章　第一次世界大戦から現在	中山洋平	197
1　第一次世界大戦とそのインパクト		198
2　大恐慌と第二次世界大戦		203
3　戦後高度成長期のフランス		210
4　現代フランスへ史的接近		217

第8章　文化史		223
1　建築史	羽生修二	224
2　美術史	鈴木杜幾子	240
3　音楽史	山本成生	254

第9章　ブルターニュとアルザス		264
1　ブルターニュ	原　　聖	265
2　アルザス	中本真生子	274

第10章　フランスとヨーロッパ統合	上原良子	284
1　ヨーロッパ統合思想の萌芽とフランスの対応		285
2　「栄光の30年」とヨーロッパ統合		289
3　フランスモデルの動揺とEUへの再発進		294

4　重層的なヨーロッパ秩序のなかのフランス　　　　　　　　　296

第Ⅱ部 ――――――――――――――――――――――――――― 299
　第1章　フランス史全般に関する参考文献
　　　　　　　　　　　　　　　　佐藤彰一・中野隆生　300
　第2章　各章に関する参考文献　　　　　　　　　　　　312
　第3章　フランス史研究におけるオンライン情報の活用
　　　　　　　　　　　　　　　　　　　　山本成生　363

◆付　録
　年表　　371
　系図　　380
　地図　　386
　人名索引　　388
　事項索引　　392

フランス史研究入門

総　説

ローカルな枠組の意義

　21世紀にはいったこの時点で，フランスという一国史の枠組で歴史を考えることにどれだけの意味があるのかは，必ずしも自明ではない。それが自国史であるならば，学ぶ者の文化的・社会的アイデンティティの探究や，これと通底する国民感情に発する，やむにやまれぬ希求といった側面を考慮することができるかもしれない。だが，それが他国，それも1万キロの空間の隔たりで切り離されているフランスという国の歴史に関心をもち，場合によっては本書の執筆者のように，それが一生を貫く職業上の営みの中核となるなりゆきは，たんに茫漠たる興味本位というだけでは説明しきれない。

　エリク・オルセンナは雑誌『デバ』（論争）（2009年）の「私はグローバルなものを探求したが，見つけたのはローカルなものだけだった」[Orsenna 2009]と題するインタビューで，つぎのように述べている。「私は概念に非常にうるさいわけではありませんが，普遍性（généralité）とグローバル性（globalité）とを区別すべきです。普遍性という言葉であらわされるのは，どこも同じ問題をかかえているけれども，その現れ方はつねに国によってまちまちであるということです。水の問題がそうです。他方グローバリゼーションは，相互作用です。経済をご覧なさい。あるいはもっとおぞましい金融を」。ここでオルセンナが示唆している水問題は，対象は水という同種のものであるが，問題のありかは例えば流域人口3000万の異なる国々を潤すナイル川と，流域が一国で，洪水対策が課題の長江では事情が異なるということである。歴史の探究に関しても，オルセンナの指摘は妥当する。「中世貴族」という共通の名辞によって表現される現象もまた，ヨーロッパという限られた空間のなかでも，異なる身分様式と社会的性格を示

し，そうした多様性を汲み取ることをおろそかにするならば，ヨーロッパの過去を正確に理解し，そこから学ぶことができない。その意味で，一国単位，あるいはもっと狭小な枠組での歴史的考察は，方法的にも本質的に重要なのである。

フランスの歴史的個性

　他国史としてのフランス史を学び，研究として掘り下げていくことの意味を考えるとき，念頭に浮かぶのはその個性のありようである。むろん個性というのはひとつの比喩である。また歴史は実体をともなう現象ではないから，人間に喩えて個性と称するのは妥当でないかもしれない。しかし，隣接するドイツやイタリアの歴史，あるいは海峡をはさんでのイギリスの歴史を想起するとき，それらの国々の歴史とは異なる特徴をもっているのは確かであり，ここでそれを個性という言葉で表現することは許されよう。それらは先の西欧諸国と共通するものもあるが，その現象形態は明らかに独特であり，それらの時間的連鎖が構成する歴史は，フランス独自の刻印を帯びている。それを学び，そして学問的に深めることがフランス史を学ぶ意義とみなすことができる。

　そのようなトピックとしてすぐに思い浮かぶのは，(1)古代ローマ帝国との歴史的連関である。「六角形」(エグザゴン)と呼ばれるフランスの国土は，かつてのローマ帝国の領土であり，フランス(ガリア)という空間は地理的・文化的にローマ帝国の後裔であり，両者の歴史的連関の認識は重要なポイントである。つぎにあげられるのは，フランスの国名，あるいはフランス人の名称の源泉となった，(2)フランク王国というトピックである。これに続くのは，(3)封建社会論である。わが国の西洋史研究において，フランスは西欧諸国のなかでも，封建制の確立がもっとも正統的で，完全な浸透をみた国であるとされてきた。近代化への発展の優等生とされ，典型的な封建社会が実現したというのが一般的認識であった。フランス革命の担い手たちが，自身が打倒した王政を回顧的に表現した呼び名として，(4)「旧体制」，いわゆるアンシャン・レジームがある。絶対王政のフランス的現象としてのアンシャン・レジームは，(5)フランス革命とともに，ほか

ならぬフランス史の歴史的個性の最たるもののひとつである。(6)フランス革命のなかで志向された国民の共同体に基づく国家(国民国家)は，その後，幾度かの革命をへながら形成され，フランスは中央集権的国民国家を代表する存在とさえみなされるようになった。この国民国家としてのフランスと，それに深くかかわる植民地・移民は，フランス史におけるもっとも重要な課題群のひとつをなしている。また，(7)そうした国民国家が集うヨーロッパ連合(EU)は，現代ヨーロッパの最大の課題であり，挑戦である。目下進行中のできごとであり，日々の国際ニュースで取り上げられる歴史的トピックでもある。

ここまでは本書の叙述で取り上げる主題であるが，本論ではふれなかったトピックとして，(8)歴史認識の方法論にかかわるフランスでの最近の動向にも目を向けたい。

ローマ帝国とガリア

この主題で取り上げるのは，ローマ帝国の末期からポスト・ローマ時代，すなわち4世紀から7世紀頃までのガリアの社会をめぐる研究と議論である。ローマ帝国支配下でのガリアで，典型的な奴隷制大農場(ヴィラ)がどれほど普及したかについては，ほぼ結論がでている。それはもともと中部イタリア，シチリア，ギリシアの一部で繁栄をみたにとどまる農業経営の様式であり，ガリアでの基本的な経営の様式は，自立的な農民の小経営であったというのが，定説となっている[Wickham 2005]。

この事実を踏まえたうえでの話であるが，経営の方式として主要ではなかったものの，ヴィラ農場は南北ガリアを通じて，かなりの数が存在したことは確かである。その際，労働力として用いられたのは，奴隷よりもむしろ季節労働者や近隣の身分的に自由な農民であった。ここ数十年の考古学の発達はめざましく，航空写真による探索などの技術的進歩もあって，ガリアのローマ型大所領の消長について，マクロな展望が示されている。それによれば，ゲルマン人のたびかさなる侵入と破壊にさらされた北ガリアでは，3世紀後半に多くのヴィラが放棄された[Agache 1983]。だが，ゲルマン人の生活圏とローマ帝国の境界地帯である国境(リメス)付近では，5世紀

終り頃まで存続する傾向をみせた。ことにモーゼル川流域では、辺境防備の役割を担ったローマ辺境部隊への食糧や武器などのさまざまな物資供給の目的で、国家が直接経営したヴィラもあった[van Ossel 1995]。だがいうまでもなくこの種のヴィラは、帝国の政治的崩壊を超えて生き残ることはできない。

パリ盆地をフィールドにした研究[Guadagnin 1988]は、「華の都パリ」の周辺が古代からいかに肥沃な土壌に恵まれ、穀物耕作の適地として利用されてきたかを示している。だがここでも5世紀末から変化が始まり、定住地の80％が放棄され、のちに中世集落に発展することになる20％の定住地に移住したことが発掘の結果明らかになっている。その背景にあるのは、フランク国王に随伴した大量の従士が、これらの土地に入植したことであった。やがて中世村落に展開する村落型の集住は、王権が農民のより効率的な掌握をめざした結果であろうと推測されているが、確定的なことはわからない。フランク王権のパリ地方への定着と、ここを拠点としての支配の組織化の問題は、古代から中世への転換をミクロに考察するための恰好の対象となるであろう。

フランク王国は「国家」か

近代国家をモデルにして国家を構想したり、また社会進化的歴史像が過度に強調されたりした結果、国家の概念が著しく矮小化されて理解されるようになり、中世初期には国家は不在であるという過った観念が長く支配的であった。近代国家を国家の範型とする発想では、歴史上存在した政治組織としての国家の多くが、視野の外におかれてしまい、歴史のさまざまな条件のなかで生成した政治組織体の考察が薄っぺらで内実の希薄なものになってしまうであろうし、そもそも近代的進化のみを注視する、あからさまに目的論的な歪みを必然的に随伴してしまう。

こうした袋小路からの脱却をめざして、欧米の中世史家たちはめざましい試みをおこなっている。中世初期国家論に焦点を絞り、ウィーンで続けざまに開かれた2つの国際研究集会の成果として出版された『中世初期の国家』[Airlie et al. 2006]と、『中世初期国家――ヨーロッパからの展望』

［Pohl und Wieser 2009］の2冊は，そうした動向のまぎれもない証である。イギリスの新しい世代の歴史家は，自国の伝統である人類学的な発想を吸収し，社会的あるいは権力のネットワーク機能を重視した新たな国家概念を打ち出している［Innes 2000］。さらにクリス・ウィッカムは論を進めて，国家の指標としてつぎの5点をあげている。(1)裁判権行使や軍隊召集など，正当性を備えた強制権威の中央集中，(2)序列関係をともなった役人制による統治権限の分掌システムの存在，(3)支配する者と支配される者個人のイデオロギーから独立した公権力の概念，(4)支配者のための独立の安定した財源，(5)階級を基礎とする余剰収奪と社会的成層化のシステム，である［Wickham 2005］。最後の点はネオ・マルクス主義者ウィッカムの面目躍如たる指摘であるが，第5の点は別にして，おおむね妥当な着目点といえよう。

これらの諸点で中心となるのは財源問題である。国家収入の安定的な基盤なしには国家の経営が成立しないのは，古今東西の歴史が示す鉄則である。その関連でとくに注目されるのは「国庫」(fiscus)と呼ばれる現象である。謎に包まれたフランク国家の国庫の研究は，ジョジアンヌ・バルビエの精力的研究に注目しなければならない［Barbier 1990；1999；2009］。検討を通じてバルビエは，国王の収入とはっきり区別される国家の収入という観念があり，「国庫」はこれを表現した概念であると考えている。ここに中世初期国家の国家性のまぎれもない表象がみてとれるのである。租税収入と並んで，フィスクスには罰金収入なども流れ込んだが，佐藤彰一はこの側面に端緒的な考察をおこなっている［Sato 2009］。

封建制という「ブラック・ボックス」

人間の知的活動には，「躓きの石」となるお定まりの文句や思い込みが付きものであるが，そのようなものとして「封建制」の概念がある。前近代的要素を安易に「封建的」と形容したり，中世社会を封建社会と等置したりしてはばからない風潮が蔓延しているが，これは端的に誤りであるだけでなく，知的に有害でさえある。なぜならこの概念を適用することによって，当の対象はその真の姿を覆い隠されてしまうからだ。

ブリギッテ・カステンによれば，こうした傾向の端緒がみられるのは，ドイツにおいては1930年代以後のことのようである。ドイツ史学では封建制は，一般に「レーン制」の概念で論じられるが，中世初期にこの概念を広く適用することに慎重であった学界の趨勢を転換させた旗振り役はハインリヒ・ミッタイスであった[Mitteis 1933]。フランス語圏では，ベルギーのフランソワ゠ルイ・ガンスホーフである[Ganshof 1938-40]。カステンはカロリング朝の国家組織においてレーン制が何の役割もはたしていなかったこと，封建的勤務の対価とされる「恩貸地」，すなわちベネフィキウムは通常の土地貸与でしかなく，官職の保有は基本的にミニステリウムの原理のもとにあり，レーン制的観念にいささかも浸食されてはいなかったことをみごとに論証した[Kasten 2009]。

　本項の冒頭にあげたような，「封建」の二文字の魔術的な効果の基底にあるのは，封臣制（ヴァサリテ）や恩貸地制（ベネフィス）といった厳密な制度的構築というより，ひとつの社会類型的見方である。この点で決定的な影響を与えたのがマルク・ブロックの封建社会論[ブロック 1995]であることに大方の異論はあるまい。彼は制度や社会経済構造にとどまらず，心性や文化表象をも包摂した社会類型，および時代概念としてこれを体系化した。優れて社会学的な構造分析の精神に満たされたこの傑作が，それでは歴史学の著作としてどのような評価を与えられるかは，それほど自明ではない。地域研究が進展するにつれて，ブロックの主張の不備が指摘され，またそもそも彼がその書物を執筆した時期の境遇が，それをおこなう十分な条件が整っておらず，畢竟著者自身の力量を十二分に発揮できなかったと評価する歴史家もいる。

　すでに紹介したように，カステンは主にガンスホーフの所説を念頭におきながら，中世初期にこの概念を用いることを拒否した。じつは中世盛期に関しても，エリック・ブルナゼルの初期カペー朝の研究は王権の拠点であったイル・ド・フランスにおける支配形成に関して，封建的主従関係の原理の根底に，サン・ドニ崇敬を梃子とした「公」観念が地下水のように脈々と流れ，王権を支えていたことを明らかにしている[Bournazel 1975]。封建制概念の乱用の問題のみならず，実体としての封建制の実在について

根底的な批判を加えたスーザン・レイノルズ[Reynolds 1994]の著書を踏まえるならば、例えば「封建制」という概念をさしあたり封印して考察してみたとき、当該歴史現象がどのような相貌のもとに立ちあらわれるかを試みるくらいの思考実験があってほしいと思う[Bagge et al. 2011]。

アンシャン・レジーム論の射程

　「アンシャン・レジーム」という概念は、革命直前の1788年に、貴族に属する人物が明くる年の春に実施される全国三部会の選挙で誕生するはずの新体制を先取りして、それによって交替させられる古い体制を指して言った言葉であった。しかし、直後に起こった大革命は、この言葉を革命前の体制を総称する恰好の言葉として広く流布させることになった[ドイル 2004]。ウイリアム・ドイルによれば、「アンシャン・レジーム」研究の展開は、もともと国民議会が打倒の対象とした古い体制を指した、いわばフランス史固有の歴史概念であったのが、研究の蓄積と議論の展開は、旧体制の基本的特徴であった身分制議会や絶対王権の性格、常備軍の存在など、汎ヨーロッパ的現象とみなすことができるとして、大西洋からウラル山脈までのヨーロッパ的規模で考察しようとする動向を生み出した。こうした歴史的視野の広がりは、フランス旧体制の歴史がそのなかに位置づけられるより広い文脈のもとで、新しい地平を拓く興味深い趨勢であるが、われわれはさしあたりフランス史という「ローカル」な枠組を堅持しよう。

　アンシャン・レジームの内実をなす絶対王政期の統治構造について、いまや古典となった感のある二宮宏之の研究が想起されるが、彼は、一種の静態的な理念型として、身分的、さらには職能的原理により組織された社団国家のそれとして特徴づけている[二宮 2007]。中世後期から展開するこうした構造を備えた絶対王政に向かう歴史の動きは、ドニ・リシェが述べる「絶対王政は、大部分は課税のために生み出されたものである」という概括的認識が、中世後期からのフランス国家の発展の道筋に照らして鋭く本質を衝いているように思われる[Richet 1973]。とはいえ、政治、経済、文化など、さまざまな側面から考察されなければならない。

　こうした租税国家の性格を色濃く残す近世的統合の基盤には、社団的

紐帯が想定されるが，これをめぐって，最近では，パリに住む都市民の日常とそこで形成される社会的結合関係を究明した高澤紀恵や，フリーメーソンという特異で汎ヨーロッパ的な結社の考察をとおして，アンシャン・レジームにおける社会的統合の一側面を明らかにする深沢克己による研究の成果が注目される［高澤 2008；深沢 2010］。もちろん，アンシャン・レジーム研究は，本論でも述べるように，これら社会史の分野に限らず，政治文化，経済構造，法制など，多様な研究が積み重ねられている。最後に，アンシャン・レジーム研究の嚆矢ともいえる『アンシャン・レジームとフランス革命』(1856年)を著したアレクシス・ド・トクヴィルが，1789年の大革命はそれまでの歴史の趨勢を断ち切ったのではなく，むしろ絶対王政の展開により徐々に土俵際に追いつめられながらも，わずかに社団的紐帯のうちに保持されていた中世以来の自由と流動性とを革命政府が消滅させたことによって，完遂されたのだとする見方は，租税国家的統合のつぎの段階である近代国家への歩みを見通すものととらえることができよう［Tocqueville 1856］。

パラダイム転換のなかのフランス革命

先にフランス史の歴史的個性の最たるものとしてフランス革命をあげたが，わが国の人びとが最初にフランスというヨーロッパの一国に関心を寄せたのも，のちにふれるように江戸時代にオランダ商館が提供した『阿蘭陀風説書』にあらわれる進行中のフランス革命についての記述であった。むろん，この報告書は，一般の人びとの目にふれることはなく，幕府の要路にあった人物だけが知りえた情報であったが，わが国がフランスという異国を認識したとき，それが革命を遂行しつつある国として目にとまったというのは，象徴的であるように思われる。

だが，明治期の自由民権思想の高まりにおいて民権運動家たちをおおいに鼓舞したのが，フランス啓蒙思想の言説と，フランス大革命がもたらした第三身分と称された市民の権利獲得の動きであった事実を知るとき，日本人のフランス認識における「フランス革命」の意味は，実質的な重みをもっているといえるであろう。

わが国においてフランス革命研究が本格的に展開するようになったのは，第二次世界大戦後のことであり，その先駆となったのが高橋幸八郎の『市民革命の構造』であったことに大方の異論はないであろう[高橋 1950]。マルクス主義的歴史認識を根底においた高橋の理解によれば，フランス革命は，要するに，封建制的生産関係を脱して，資本制的な生産関係を基礎構造とする社会を樹立するための革命であった。彼のフランス革命論は，フランスの歴史家ジョルジュ・ルフェーヴルが提唱する複合革命論（貴族の革命，ブルジョワの革命，都市民衆の革命，農民の革命）に大きな影響を受けつつ構想されたとされている[Lefevre 1924]。

ところで，世界のフランス革命研究の牙城であるソルボンヌの「フランス革命史講座」はある特異な性格をもっている。そもそも歴史上の一トピックである「フランス革命」を名称に冠する講座というのは，フランスの大学における歴史教育のカリキュラム構成からして特異である。それというのも，この講座は1885年にパリ市の寄付により創設された当世風にいえば冠講座であった。この時期はまもなく革命100周年を迎える時期にあたっており，ラ・マルセイエーズを国歌に定めたり，バスティーユ襲撃の7月14日を国民の祝日にしたりしたことで，フランス人，ことにパリ市民のアイデンティティ意識のうちにフランス革命が新たに息を吹き返していたのであった。初代の教授に任命されたアルフォンス・オラールは急進社会主義者（radical-socialiste）であった。その後の歴代の教授はアルベール・マティエ，ジョルジュ・ルフェーヴル，アルベール・ソブール，ミシェル・ヴォベルなど社会主義者やコミュニストを標榜する歴史家が占めた。このためもあって，ソルボンヌの講壇から講じられるフランス革命論はマルクス主義的色合いが濃かった。そして，その権威によって世界のフランス革命論の主流を形成したのである。

このような趨勢に変化が訪れたのは1970年代末のことである。そのきっかけのひとつはフランソワ・フュレの『フランス革命を考える』にあり，フュレに再考の契機を与えたのはトクヴィルの『アンシャン・レジームと革命』であった[フュレ 1989]。トクヴィルはすでにみたように，革命はアンシャン・レジームを終わらせたのではなく，むしろ，その論理を徹底

させ連続させたと説いていた。フュレはつぎのように述べてトクヴィルに共鳴している。「それは君主制の仕事を完成にもっていった。フランス革命は断絶を構成するどころか、反対に、歴史的連続性のなかで、それを通じてのみ理解が可能になる。意識のうえではそれは断絶として現われる。しかし、それは、事実のなかで、この歴史的連続性を完成しているのである」。フュレの根底的批判は革命史研究の潮目を大きく変えた。社会経済的構成の優位に対して、政治文化の様態や構造とその変化へと、革命史研究のトピックの重心を移したのである。

ここで指摘しておきたいのは、フュレが前掲書のなかで述べているつぎの文章がもつ認識論上の重要性である。「革命的事件は、まさにその発端から当時の状況をすっかり変え、本質的にこの状況の一部ではない新しい歴史的行動の形態を創出した」。バスティーユの襲撃のような事件は、前後の因果関係の探究によっては説明しえない断絶のなかにおかれているということである。こうした歴史現象における「事件」の意味はまたあとで取り上げることにしよう。

さて、新たに生まれた潮流のなかから、革命前夜あるいは革命下における政治文化について、リン・ハントやロバート・ダーントンら、アングロ＝サクソン系歴史家の活発で光彩に富む研究があらわれたことは周知のとおりである［ハント 1989；ダーントン 2005］。こうした政治文化に着目する研究は、その後、完全に定着し、とりわけ革命の展開を注視しながら、フランス革命の豊かな実態を多面的にえぐり出してきた。ただ、文字通り多彩な切り口で示される革命の諸相に接するにつけ、さらなる展開のために方法上の整理や反省が求められているのではないかという思いを退けることができない。

国民国家フランスとその相対化

フランス革命においては、人権をはじめ普遍性をもつ理念が唱えられ、その後の世界に多大な影響をおよぼしてきたし、今もおよぼしつづけている。そうした理念のなかに、「国民」や「国民主権」を含めることは許されよう。たしかに、革命の過程で国民の共同体が侵しがたいものとみなさ

れ，その形成を妨げる動きは「反革命」として厳しく糾弾された。ところが，国民主権に立脚する国家(国民国家)がフランスに実現し，安定化するには，さらに，少なくても一世紀を待つ必要があった。

こうした国民国家の形成をさまざまに照射する研究が，フランス革命史研究に顕著な変化があらわれた頃から，あいついで世に問われるようになった。ピエール・ロザンヴァロンの近現代国家をめぐる再検討，フランソワーズ・メロニオによる国民文化の形成史，ヨーロッパ諸国をめぐって国民的アイデンティティを論じたアンヌ=マリ・ティエスの試みなどが，それである[Rosanvallon 1990;Thiesse 1999;Mélonio 2001]。そこで展開された国民形成への動きをめぐる検討は，やがて，フランスの共和政が，「国民」の定義の明確化，議会主義的共和政の確立，学校教育や社会福祉の制度的整備などを介して，確たるものとなっていく道程と仕組の解明に資するものであった。なお，共和政を安定させる仕組などについては本論に詳しいので，贅言を費やすことは避けよう。

フランスの国籍は一般に出生地主義(属地主義)をとるといわれる。しかし，そうした原則がはじめて明示されたのは1889年の国籍法においてであり，そこにいたるまでの国籍のあり方はじつに紆余曲折に満ちていた[Weil 2002]。ところで，国民の定義が明確化すればするほど，また学校教育，社会保障など共和政下で整えられる制度が絡めば絡むほど，国籍の有無は実質的な意味を帯び，フランス人とそれ以外の人びととの峻別に繋がった。

こうして，国民国家をなすフランスという「ローカルな」枠組は堅固にして明示的なものとなった。ところが，この時代(19世紀末)以降を対象とするとき，歴史家はフランスという空間を超える動きや現象を見逃すわけにはいかなくなる。とりわけ植民地や移民をめぐって，国民国家を相対化する眼差しの重要性が増大するのである。この植民地(ないし植民地帝国)および移民をめぐる諸問題について，以下，やや詳しく言及して本文を補足しよう。

植民地帝国としてのフランスの歴史は16世紀にまで遡ることができる。いったんはイギリスとの覇権争いに敗れて広大な植民地を手放したフランスであったが，1830年のアルジェリア侵攻以降，とりわけ第三共和政のも

とで，新たな植民地帝国の形成を進展させていった。ここに生成してくる植民地帝国は両大戦間期に最大領域を実現したが，第二次世界大戦後の1950～70年代に，ほとんどの植民地が独立したことで崩壊するにいたった。しかし，現在でも，フランスは，カリブ海と南米などに散在する4つの海外県や，ポリネシア，ニューカレドニアなどの海外領土を保持しつづけている。

　フランスにとって，国民国家であることと植民地帝国であることは，必ずしも矛盾してこなかった。むしろ，第三共和政下における植民地帝国の建設は，フランス革命の理念の刺激を得て強力に展開したとさえ語られる。他方，フランスの支配・統治によって植民地の人びとや社会は変容を強いられたが，同時に，フランス本国も植民地の存在ゆえに変わらざるをえなかった。両者の補完的な関係を踏まえながら，フランス植民地帝国の重層的統治構造を照射する作業を進め，また，植民地の多様な居住者が帝国のなかでどのような地位を得ていたのかといった問いに立ち向かいつづけなければならない［平野 2002；工藤 2003；松沼 2009］。

　国籍の保有が現実的重要性をもち始めた頃，国境をまたいでフランスへ移り住む人びと(つまり移民)が着実に増えるようになり，このことが政治的・社会的問題として注目されるようになった。さしあたり就労機会を求める経済的理由から，移入者がイタリアやベルギーなど周辺諸国から流れ込み，第一次世界大戦後にはポーランドなど東ヨーロッパから労働力を導入する国家の施策も実施された。ロシア革命後の内戦期ロシア，ファシズム統治下のイタリア，フランコ支配下にはいった内戦後のスペインなどから，入国する政治的難民もめだち始めた。第二次世界大戦後には，そこにアジア，アフリカの植民地や旧植民地からの移民が加わり，ことさらに大きな政治的・社会的問題へと発展した。

　移民には移出と移入の2つの側面がある。代表的な移民の受入国となったフランスでは，後者の重要性が圧倒的に大きく，近々30年程で盛んになった移民史研究も移入民をめぐる諸問題を重視し光をあてている。その主導者ジェラール・ノワリエルは，ほとんど顧みられることのなかった移民のフランス史上の意義を歴史学界に承認させ，その後，この優れて現代的

な主題をフランスにおける反ユダヤ主義や人種差別主義に結びつけて論じるという方向へ向かった。これと並行して，到来した移民たちのつくりあげる社会をとらえる試みも多様におこなわれつづけ，移民がフランス社会に同化しているか否かといった問いが積み重ねられてきた。こうした移民史が国民国家や国籍をめぐる諸研究と直接かつ密接に関連し，植民地帝国の問題とも繋がっていることは，だれの目にも明らかではあるまいか [Noiriel 1988；2007；Schor 1996；ブラン＝シャレアール 2006]。

こうしてみると，フランスにおける移民史研究はフランスという枠組を認識の前提としておこなわれることが多いらしい。しかし，移民史の射程は一国の枠組におさまるものではありえない。植民地帝国という史実を踏まえれば，ただちにフランスへの移民が植民地ないし旧植民地におよぼした作用が問われるであろう。やがて，その射程は国際的次元へも拡大していくのである [舘 2008]。

国民国家をめぐる新たな関心の所在と，国民の枠組を超える視線を胚胎するがゆえの植民地や移民をめぐる研究の現状を垣間見てきたが，そこには，歴史認識の枠組としての国民を相対化する可能性もはらまれている。この点については，1990年代の日本で「国民国家論」という議論がさかんにおこなわれ，国民という歴史認識の枠組が問い直されたことが想起される。この種の方法的論議が，フランス革命以来の強固な国民的枠組が影を落とすフランス近代史研究にあっては，ほとんどなされなかったようにみえる。ただ，ヨーロッパという空間的広がりはフランスの歴史家たちに共有されてきたから，冷戦の終焉によってヨーロッパ連合が重みを増すとともに，例えば都市史のような領域においても，全ヨーロッパを視界におさめようとする志向性が強まっている [西川 1998；Pinol 2003]。

ヨーロッパ連合と変貌するフランス

ヨーロッパ連合(EU)という国家連合は，第二次世界大戦終結直後の1952年に，石炭と鉄鋼の共同市場を構築するための「ヨーロッパ石炭鉄鋼共同体」(ECSC)を発足させたパリ条約に淵源をもち，フランス，西ドイツ，イタリア，オランダ，ベルギー，ルクセンブルクの6カ国が原締約国であ

った。その5年後の1957年に，この6カ国は，「ヨーロッパ原子力共同体」(EURATOM)と「ヨーロッパ経済共同体」(ECC)を編成した。これら3組織は1967年に合同して単一の組織となり，73年には，イギリス，デンマーク，アイルランドを新たな加盟国として迎えた。その延長線上で，1993年に発効したマーストリヒト条約によってヨーロッパ連合に拡大・発展し，現在では加盟27カ国を数えて，総人口で中国，インドにつぐ約5億人を擁する国家連合組織となっている。

ヨーロッパ連合の目的は，まず，5億人の単一市場を構築してアメリカ合衆国に対抗しうる経済圏をつくることにあった。しかし，同時に，ヨーロッパ諸国間の協調を永続的に維持する国際政治上のシステムを構築し，ドイツが2度の大戦を引き起こしたような事態を再び繰り返さないという安全保障上の配慮が込められていた。また，1500年以後，世界の最先進地域として他の諸文明を牽引(けんいん)してきたヨーロッパが，その過程でもたらしてきた植民地問題などの負の遺産の清算に，共同で対応するという側面も見逃すことができない。つまりヨーロッパの過去と未来を見据えた壮大な構想としてヨーロッパ連合は誕生したのである。

この組織のモットーは In varietate Concordia，すなわち「多様性のなかの統一」を旨としているが，現実の局面で，多様性と統一という正反対のベクトルをもつ要素の均衡をはかるのは簡単なことではない。統一(concordia というラテン語ニュアンスは「統一」よりも「協調」に近いが，公式には「統一」と訳されているので，こちらを採用する)を追い求めれば多様性が失われるし，多様性が重視されれば統一はなかなかおぼつかないのである。こうした逆説性を秘めた超国家的組織は，すでにフランス社会に無視しがたい影響をもたらし始めているが，その行く末についてはこれから見極めつづけていかなければならないであろう。

すでに指摘されている影響として，例えば，地方分権化の推進と中央集権的伝統を強固にもつフランス社会とのあいだに生まれる軋轢(あつれき)をあげることができる。旧来の国家の審級のさらに上位に超国家的組織が誕生したことで，国家そのものの掌握力が弛緩しがちになり，また国の中央機構の威信(ブリュッセルの EU 官僚のほうが社会的に上位にランクされるという事態は

あらわれている)が低下すると，旧来からの国家機構を維持するコストを軽減するために，フランスの伝統的な中央集権から，180度転換して地方分権へ傾斜するといった動きがあらわれてくる。それが結果として，ロラン・ユローが懸念するように，町村合併による過疎地帯のいっそうの疲弊や，新種の「封建勢力」構築の蠢動をもたらすかどうかはいまだ判断することはできない[Hureaux 2004]。ただ，分権化が政治課題として浮上している日本の現状に照らしてみても，ヨーロッパ連合という現象のもたらす諸問題が，ミクロ，マクロ，いずれの観点からも取り組まれるべき重要な歴史的課題であることは確かである。

認識論の旋回

歴史における真実を探究しようとの知的欲求は，歴史家をさまざまの方法的な，あるいは認識論的な道具立ての援用に走らせることになった。言語論的転回(linguistic turn)があり，解釈学的転回(hermeneutic turn)も話題となった。歴史学の方法論として歴史家が今，もっとも関心を寄せている議論のひとつは，歴史がそのなかで生起する時間の問題，すなわち時間論である。

この面でもっともめざましい発信をおこなっているのはフランスの古代史家フランソワ・アルトークである。彼は古代ギリシア史の専門家として，『ヘロドトゥスの鏡——他者の表象に関する試論』[Hartog 1980]で，いちやく知られることになり，ついで名著『古代都市』を書いたフュステル・ド・クーランジュを論じた『19世紀と歴史学——フュステル・ド・クーランジュ』[Hartog 1988]によって，近代の歴史家の歴史認識に分け入り，古代と近代，双方の歴史把握の構造を考察することを通じて到達したのが，歴史時間論ともいうべき「歴史の体制」論であった[アルトーグ 2008]。

「歴史の体制」(régime d'historicité)の着想の根は，アルトーク自身が述べているように人類学者マーシャル・サーリンズが太平洋の島嶼地帯の諸民族の時間観念について論じた文章にあった。サーリンズは歴史の時間観念の基軸である過去・現在・未来への関係性は，文化によって異なる事実を，この地帯の民族調査から認識したのであった。アルトークはサーリンズを

出発点として思索を深め,「歴史の体制」とは文化により, したがって慣習により境界づけられている, 過去との関係性の形式であるとする。例えばキリスト教思想は, きたるべき未来の終末に向けて, 過ぎ去りつつある現在に重きをおき, ユダヤ教は時間のメシア的な概念である未到の時をとくに重視する, という具合に, 時間性への指向を異にしている。この点の認識の有無は歴史記述の分析において, 大きな意味をもつ。このような時代と社会によって異なるものの, 時制観念の目録は限られている。「歴史の体制」の名称で呼ばれる, 過去・現在・未来の三者関係のバリエーションの数を多くすることにより, この装置が歴史学の有用な発見的ツールに育っていくことが期待されるのである。

時間への関心は,「事件史」として揶揄され貶められてきた,「事件」への歴史学の伝統的な態度に再考を迫る気運をつくりだしもした。19世紀をとおして, ロマン主義者から方法学派の職業的歴史家にいたるまで, 時間の直線性, 目的論的性格が共有され, 事件や叙述の意義そのものが消去されがちであったが, 例えばヴァルター・ベンヤミンはいち早く歴史的時間の非連続性を指摘し, その核を構成する「事件」の本質にあるのは創造性であると説く[Dosse 2010]。彼は歴史の時間は全方向で無限であり, 各瞬間が満たされることはないとして, 歴史的時間の不連続性を強調し, 過去と現在の関係を単純な継続関係とはみなさない。「歴史のエクリチュールは時間の経過とともに, そのアクチュアル化の多様な局面に応じて, その意味を変化させる。歴史の目的は, そのエクリチュールによって絶えず再開される構築である。歴史, とりわけ事件はつねに新しいアクチュアリテを与える書込みとしての事件である。それというのも事件性は独自の布置状況に位置づけられているからである」。彼は過去と現在の同時性を揚言する。なぜなら過去が構築されるのは現在においてであり, 過去と現在は折りかさなっているのであって, 先後関係ではないからである。

古典的な過去から現在をへて未来へと, あたかも川の流れに似た時間論や, そうした論理を基盤にした因果的説明へのこうした批判は, 古くはニーチェ, そののちにハンナ・アーレントなども主張した考えであるが, ミシェル・ド・セルトーや美術史家ジョルジュ・ディディ゠ユベルマンらも

共有する認識である。歴史の時間は，量子物理学の時間観念と同じく非連続的で，堆積する積層的時間(temps feuilleté)である[ディディ゠ユベルマン 2005]。

このような時間観に立つとき，「事件」は異なった姿で歴史学の前に立ちあらわれる。事件というのは人が見たり知ったりするものではなく，生成する何ものかなのだ。歴史家は事件について語られた事実を検証したり，因果関係を検討したりするのをもっぱらにするが，セルトーは事件の現象の痕跡を，絶えず変化するその意味が事件そのものを構成要素とみなして探究するよう求めた。事件の本質は，じつはその痕跡にあるのであり，事件直後の多様な反響のただなかで，断続的に生成する言説と事実にあるという。ピエール・ノラが編集した『記憶の場』[ノラ 2002-03]は，まさしくこうした「事件」の歴史の発想を根底にすえていた。

歴史のなかの「事件」の認識論上の価値は，フランソワ・ドッスによれば「あらゆる分析をもってしても，独自で唯一の事件であるものの絶対的な新しさは，つねに始まりか誕生に，または終局か死に差し向けるのだ」。事件とはそうした時の「裂け目」なのである。

佐藤彰一・中野隆生

第 I 部

序章

交差する
視線のなかのフランス

陸域と海域のフランス

　フランスはユーラシア大陸の西端に位置する，いわゆる西ヨーロッパの一国で，国土の面積が海外領土を含めて67万平方キロ，約6400万の人口を擁している。国土の形状がほぼ正六角形をしているところから，しばしばフランス語で「エグザゴン」と呼ばれる。

　歴史家フェルナン・ブローデルは遺作となった全3巻の『フランスのアイデンティティ』(1986年)の第1巻の第1章に，「フランスは多様性と名乗るように」という独特の機知に富んだタイトルを与えている[Braudel 1986]。イギリスでもドイツでもイタリアでもスペインでも，地域的多様性と呼べる現象は大なり小なりみてとれるであろうが，フランスほど際立ってはいないとこの歴史家はいう。だがこの認識はブローデルひとりのものではない。というよりも，ブローデルは感嘆の思いを込めて指摘した最近の1人でしかない。フランスを旅し，その印象を記録したアンシャン・レジーム期のイギリスの著述家アーサー・ヤング，19世紀の歴史家ジュール・ミシュレ，みなその自然景観，気候，文化，社会組織がいかに多様であるか，言葉をつくさない者はいない。

　多様性の物差のひとつが気候類型である。図1はアンシャン・レジーム期のフランスの州区分であるが，これを図2の気候型区分とかさねてみよう。ラングドック南部，プロヴァンス，ルシヨン東部，コンテ・ド・ニース南部，コンタ・ヴネサン，コルスが地中海性気候に，ラングドック北部，ガスコーニュ，ベアルン，ギュイエンヌ，サントンジュ，アングモワ，オニス，ポワトゥー西部，ブルターニュ，ノルマンディ，ピカルディ，アルトワ，フランドルなどが海洋性気候，アルプス，ピレネ，中央山塊，ヴォ

ージュ山地、セヴェンヌ山地などが山岳性気候、残りが大陸性気候に属する地方というように4つに区分されるのがみてとれる。

百年戦争時代に、イングランドが大陸領として領有を望んだ地方が、おおむね海洋性気候帯に分布しているのは、イングランドとの距離の近さだけでなく、同じ気候帯に属していて、それに由来する植生の共通性という要因も大きかったに違いない。植物相の類似は人間の生活にもっとも深くかかわる条件であり、吸引力に満ちた要因である。イングランドの先史考古学者バリー・カンリフは、大西洋沿岸地帯のフランスとスペイン、それにイングランド西部を貫通する「大西洋の弧」と呼ばれる基層文化が、紀元前8000年から前4000年にかけて成立したと考えている[Cunliffe 2001]。南フランスでも西部は、地中海性というより海洋性気候の自然条件に服しているのである。

だが同じ海洋性気候帯でありながら、ロワール川の北はブドウ栽培の北限外で、ワインの生産ができない。ブドウ畑の代わりに牧畜農業を代表するボカージュ（生垣をめぐらした耕地）が主要な景観である。オリーヴや柑橘果実は、ラングドック南部、プロヴァンス、ルシヨンなど地中海性気候地帯に特徴的な農業作物である。近世になって本格的になったリヨンを中心とした絹織物産業は、この都市が桑栽培の北限点であったことと結びついていた。

限られた例しかあげることをしないが、このようにフランスの国土の多様性は、太古の昔に遡る歴史的条件、気象、土壌、起伏などの自然条件や、このような条件とのせめぎあいのなかでつくりだされた農業、定住形態、生活様式、交通路などの人文的・社会的要因によって生み出されたのである。

本書がめざしているのは、これら人文的・社会的要素がどのように作用してフランスという統一的な歴史的・文化的実体が形成されていったかを、より深く探究するための手引となることである。統一的といっても、そこにはつねに地方の独自性に回帰しようとする強力なベクトルが秘められている。おそらくそれが「フランスのアイデンティティ」の独特の個性なのである。そのことはいくら強調してもしすぎることはない。

図1　アンシャン・レジーム期の州区分

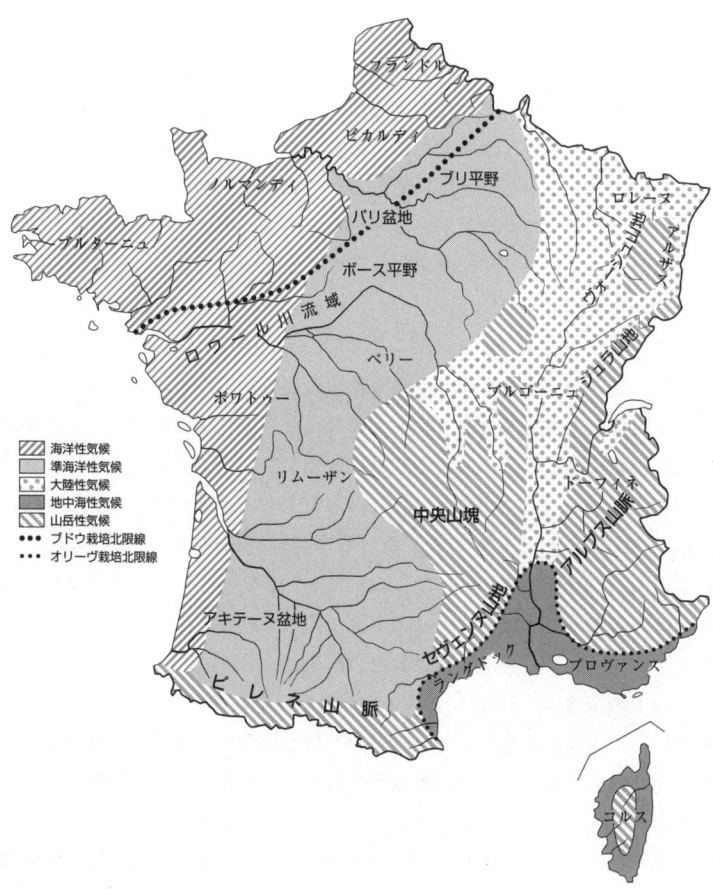

図2 フランスの気候帯

西方からのはるかな視線

　13世紀のダマスクス出身のアラブの地理学者アブール・フィダーは、その著作『諸国の位置について』のなかで、「シラーは中国からさらに東に離れたところにある。海路でここをめざした航海者は、しばしばたどりつくことができなかった」と記している。このシラーがはたして日本であるのか、新羅(しらぎ)であるのか議論があるところである。アブール・フィダーは自ら旅したわけではなく、伝聞での情報でしかない。

　それから300年後の1543年に、ポルトガル人のなかば海賊でなかば冒険家のフェルナオ・メンデス・ピント(1509〜83)が、インド、中国へ旅したあとに、琉球の土を踏んだ。その4年後の1547年に、ピントはマラッカでナバラ出身のイエズス会士フランシスコ・ザビエルに出会い、たまたま琉球探訪の話を語った。この話を聞いたザビエルは、ぜひ日本にキリスト教を布教しようと考え、ピントを説得して日本に案内させたとする説が[Thiébaud 2008]、ピントが著した『遍歴記』(*Peregrinaçao*)をもとに提示されている。『遍歴記』は晩年にイエズス会士になったピントが死没してのちしばらくたった1614年に、リスボンで出版された。2002年になり、ようやくそのフランス語版が公刊された[Thiébaud 2008]。

　ピントの証言は、ザビエルがマラッカで日本人ヤジロウ(アンジロウ)に出会い日本布教を決意したという通説とはなはだしく異なり、慎重な精査が必要な議論である。彌永信美はザビエルの日本布教への積極的な意志は、日本人が「理性により導かれる民」であるとの確信であったと考える。理性により物事の判断をする人びとであれば、キリスト教の教えは必ずや理解されるであろうというのがその思いであり、その意味でザビエルは、日本人に自分たちキリスト教徒に似かよった精神構造をもつ人間を見出した[彌永 2005]。

　ザビエルと同時代人で、日本に強い好奇の目を向けたもう1人の人物がいる。フランス人ギヨーム・ポステル(1510〜81)である[ブースマ 2010]。ノルマンディ出身のこの独学の士はヘブライ語とギリシア語を自分で学習し、アラビア語を学ぶ機会を探していたところ、国王フランソワ1世が自らの蔵書を充実するため、東方の写本を蒐集させる目的でオスマン帝国の

首都イスタンブルに派遣した使節団に加わる幸運に恵まれた。彼はイスタンブルでトルコ人学者の知遇を得て，アラビア語文法についての知識を深めた。1537年フランスに帰国すると，王立教授団(のちのコレージュ・ド・フランス)の一員に任命された。講座は「ギリシア語・ヘブライ語・アラビア語」のそれであった[Tuilier et al. 2006]。ポステルは日本で信仰されている仏教について，この極東の土地で聖人と崇められている「釈迦」とは，主イエス・キリストのことであるという瞠目するような説を述べているのである[彌永 2005]。

ポステルは秘教的な志向が濃厚な人物であった。彼が生きた時代は東方から心を揺さぶる新奇な情報が大量に流れ込んだが，東方の諸言語に通じていたポステルは，表面的な差異の背後に共通の文化的核をみてとる思考に長けていた。「イエス・キリスト＝釈迦」説はその一例である。

ナバラ人ザビエルを別にして，最初に日本に足跡を残したフランス人はフランソワ・カロン(1600〜73)である。ユグノー(プロテスタント)としてオランダに亡命した両親から生まれたカロンは，日本に渡航するオランダの貿易船の料理人となって到来し，平戸のオランダ商館に勤務した。彼の日本滞在は20年を越え，日本女性と結婚し6人の子どもをもうけたとされる。また『日本大王国誌』(*Le puissant Royaume du Japon*, 1636年)を著している。

極東からの探照

記録に残されている限りでは，フランスの土を踏んだ最初の日本人は支倉常長である。支倉は伊達政宗がスペインとの通商条約と，奥州司教区の創設の許可をローマ教皇から獲得する目的で送った慶長遣欧使節団の団長として，いわば君命としての渡航であったから，彼自身のなかにどれほど内発的な動機があったかはつまびらかではない。スペインでカトリック教徒として洗礼を受けたにもかかわらず，帰国した日本ではキリスト教の禁令措置がとられていたこともあり，表向きは死亡とされ，失意のうちに隠れるように晩年を送った。このため彼自身の手になる遣欧使節関係の記録は，いっさい残されていない[森本 1998；Thiébaud 2008]。

江戸幕府が鎖国政策を実施していたあいだ，ヨーロッパで起こっていた

できごとを知る手立ては、オランダからやってきた商人や船乗りがもたらす情報しかなかった。とくに有用であったのはオランダ商館が提供した『阿蘭陀風説書(オランダふうせつがき)』であった。これによって、フランス革命の事実やナポレオンをめぐるヨーロッパの政情などを掌握することができたといわれる[森本 1998]。

19世紀にはいると、近代化へ向けてのヨーロッパ諸国のめざましい動きがオランダ商館を通じて伝えられるだけでなく、日本近海での諸外国の勢力角逐(かくちく)の様子も緊迫してきた。こうしたなかで、国防を目的として欧米の知識を学ぶために、フランス語で書かれた化学書を読む必要に迫られた八代藩(しろ)の蘭学者村上英俊(ひでとし)は、1848年独学でフランス語を学習し、『仏語明要』や『仏蘭西詞林(フランスしりん)』などのフランス語の教本や辞書を日本ではじめて出版した。村上英俊が日本における「フランス学」の祖といわれるゆえんである[森本 1998]。

それから10年をへた1858年にナポレオン3世の意を受けたグロ男爵がフランスの全権大使として来日し、江戸で日仏通商条約が締結された。この年フランス以外にアメリカ、オランダ、ロシア、イギリスなどとも通商条約を結んだが、幕府方は欧米列強のなかでもとくにフランスに接近した。フランス側は有能な外交官レオン・ロッシュを公使として派遣し、フランス文化や科学技術、近代化された軍制を伝授し、幕府を支援した。

フランスのこうした努力の甲斐もなく、徳川慶喜(よしのぶ)は大政奉還をおこない、1868年に明治政府が成立した。こうして幕府と一体となっていた鎖国体制は名実ともに終焉(しゅうえん)を迎えた。厳しい禁令のなかで狭い視野から探照灯を照らすように、遠くユーラシア大陸の極西にあったヨーロッパの文明のあれこれを、間欠的に垣間見るしかなかった日本人に、フランスの文物、およびフランス人が紡いだ思想への、いまだかつてないほど多様な眼差しが許されるようになったのである。

佐藤彰一

第1章 先史時代から古代末期までのガリア

　本章はヨーロッパ大陸上で現在のフランス共和国の国土に相当する地域，つまり地中海，ピレネ山脈，ビスケー湾，イギリス海峡，ライン川，ジュラ・アルプス山脈に囲まれた「六角形」の古代を扱う。この地域で確認できる最古の人類の痕跡は旧石器時代の初期にまで遡るが［蔵持 1995］，本章が論じるのは鉄器時代以降の歴史に限られ，しかも叙述の中心はローマ期におかれる。ローマ人はこの地を「ガリア」と呼んだ。

　本章が対象とするのは，第一にローマの支配のもとガリアで進行した社会と文化の変容である。19世紀から20世紀初頭のヨーロッパの歴史家たちは，「ローマ化」という概念でこの変容をとらえ，説明を試みた。彼らにとってローマ化とは文明化の謂であり，ローマ人になることは，外国の支配に服従するというより，文化的な行動様式を身につけ高度な文明に与ることだった。そしてガリア人はギリシア人やローマ人と同族だったからこそ，ローマの制度のもとで文明に対する潜在的能力を発展させえたのだという。近年ガリアにおける属州文明の起源を論じたグレグ・ウルフは，こうした見方を「文化的絶対主義」と呼んで批判し，そこには，すべての人種が文明に与りうる潜在的能力を同程度に備えているわけではないという確信と，古典古代文化を引き継いだヨーロッパ文化の価値の絶対的有効性に対する信念があったと指摘している［Woolf 1998］。最近の属州史研究はこうした反省のうえに立って，ローマ文化の受容における属州原住民の主体性と属州文化における土着の要素を重視し，ローマ帝国の一体性と同時に，その文化的多様性が活発に論じられている［Le Roux 2004；Hingley 2005］。本章の叙述も，基本的にこうした最近の研究の動向にそっておこなわれるだろう。そこではローマ文化との接触によってガリアで起こった

文化的・社会的変化を一言で表現するために「ローマ化」という言葉が使われることがあっても、それはたんなる記述的な概念以上の意味をもたない。

これに対して本章は、政治の流れをたどること（政治史の叙述）を第一の目的とはしていない。それは、史料上の制約からガリアの政治史には史実を再構成できない空白部分があることに加えて、ローマ帝政期の大きな政治は皇帝とその周辺を中心に展開し、政治史を主眼にすると、ガリア以外の地域にかなりの紙幅を割く必要が生じるからである。

1 | 先史時代の「六角形」

土地と人

ローマ人がガリアと呼んだ地域は、西ヨーロッパの「六角形」に限られない。イタリア半島北部、アルプスとアペニン山脈の北部にはさまれた地帯もまた長いあいだ彼らにとっては「ガリア」だった。彼らはここを「ガリア・キサルピナ」（アルプスのこちら側のガリア）と呼んでいる。他方「六角形」のほうは、地中海岸を「ガリア・トランサルピナ」（アルプスの彼方のガリア）、その北に広がる内陸部は「ガリア・コマタ」（長髪のガリア。原住民の髪型に由来する呼称）と呼んだ。ガリア・トランサルピナとガリア・コマタの区別はたんなる名称の違い以上の意味があるが、それは本章の叙述のなかで明らかになるであろう。本章でたんにガリアといえば、主にガリア・トランサルピナとガリア・コマタを指す。

ガリアとは、「ガッリー（ガリア人）の土地」という意味である。ローマ人がガッリーと呼んだ人びとを、ギリシア人はケルトイと呼んだ（前300年頃からは、おそらく「ケルトイ」が訛った「ガラタイ」という名称もあらわれる）。ローマ人はガッリーに加えて、ギリシア語をラテン語風に言い換えたケルタエも用いている。現代のヨーロッパ諸言語ではケルトイ（ケルタエ）を起源とする言葉と、ガッリーに由来する言葉が併用されており、例えばフランス語にはゴルワ（Gaulois）とセルト（Celtes）の2つがある。本章では「ケルト」を、古代において同系統の言語（ケルト語）を話し、文化的に

も共通した特徴を認めることができる一群の人びとを指して使う。そしてとくにガリアに住むケルトを，私たちはガリア人と呼ぼう。この意味ではガリア・キサルピナに住んでいたケルトもガリア人だが，本章でガリア人という場合，とくに断らない限りはガリア・トランサルピナとガリア・コマタのケルトのことである。

ところでジョナタン・ウィリアムズによるとケルトやケルトの伝統は，今日のヨーロッパにみられる2つの異なった政治的発展のシンボルとなっている。ひとつは，一国のなかで一地域の人びとがケルト語を使用したりケルト文化の伝統に訴えることで多数派の国民に対して自己を主張する動き。もうひとつは，ヨーロッパ諸国のEU（ヨーロッパ連合）への統合のなかで，ヨーロッパの基礎を築いた人びととしてケルトに対する関心が高まりつつある[Williams 2001]。また学問的なレベルでも近年イギリスの考古学者のなかから鉄器時代にケルトという統一的な文化集団は存在しなかったと主張する人びとがあらわれ，これがまた政治的な論争にまで発展している[田中 2002 ; 南川 2003]。ブリテン島で出土した考古学資料の解釈は本章が課題とするところではないが，少なくとも大陸（中央ヨーロッパ）についていえば，言語，考古学資料，外部の人びと（古代ギリシア・ローマの人びと）の観察から，前5世紀以降，言語と文化を共有する大きな集団が形成されたと推測することが可能で，彼らをケルトと呼ぶことに不合理はないと思われる。ただ現在ケルト文化の伝統が主張されている地域で住民が自らをケルトと呼ぶ事例は16世紀頃までしか遡ることができず，これら近代のケルトと古代のケルトとのあいだに連続性を証明することはできない[原 2007]。

古代ギリシア人が伝えるケルト

ケルトにはじめて言及したギリシア人はミレトスの人ヘカタイオス（前500年頃）だとされるが，彼の著作は引用でしか伝わらず（フェリクス・ヤコビ『ギリシア歴史家断片集』第1部「1．ミレトスのヘカタイオス」断片55，56），この言葉（実際にあらわれるのは形容詞形「ケルティケー」）がヘカタイオスの著作に由来することを疑う研究者もいる。これに対して前5世紀の歴

史家ヘロドトスが「ケルトイ」と呼ばれる人びとの存在を知っていたのは確実である。

ヘロドトスはドナウ川(イストロス川)を説明するなかで,「イストロスの流れはピュレネ(ピレネ山脈の東側の山麓にあった町で,今日のポール・ヴァンドルがそれにあたると考えられている)の町に隣接するケルトの国に発し,ヨーロッパの真ん中を割いて流れる」(『歴史』第2巻33章,松平千秋訳),「イストロスは全ヨーロッパを貫流する。キュネタイ人(ピレネ山脈西部の海岸地帯の住民?)についで最も西のヨーロッパ住民であるケルトの国に発し,全ヨーロッパを横切ってスキュティアの脇腹に注ぎ込む」(同第4巻49章)と述べている。明らかに彼は,イベリア半島(おそらく南東部)のケルトとドナウ源流域の住民を混同しているが,これは2つの異なった情報,つまり前6世紀末以前にイベリア半島へ航海し交易活動に従事していたギリシア人に由来する情報と,マルセイユからローヌ川を遡った商人あるいは旅行者がもたらした情報を合体させたために生じたのかもしれない[Kruta 2000]。前2世紀の歴史家ポリュビオスが残すガリアの地誌(『歴史』第2巻14章1〜17章12)もおそらく実見に基づくが,非常に簡潔でしかも対象がガリア・キサルピナに限られる。

ガリアに関する詳しい記述は,私たちが知る限り,前1世紀のストア派哲学者ポセイドニオスの著作をもって嚆矢とする。アウグストゥスの時代の地理学者ストラボは,討ち取った敵の首を家の戸口に打ち付けるガリア人の風習に関して,「私はいたる所でこの(光景を)見た。そして最初は違和感を覚えたが,その後は,慣れからあまり何とも思わなくなった。彼らは著名な人物の首に防腐処理をおこない,客人に見せた。同じ重さの金でも購えないと考えていた」というポセイドニオスの文章を引用しており(『地誌』第4巻4章5),ポセイドニオスがガリアを訪れたのは確実と思われる。旅程については想像するほかないが,おそらくマルセイユを拠点としてローヌ川を北上し,ガリア・コマタにある程度の期間滞在したのであろう。ポセイドニオスの著作自体は散逸してしまったが,ストラボのガリアに関する地誌(第4巻1章1〜4章6)や,前1世紀の歴史家ディオドロスが伝えるガリアの地誌(『歴史総覧』第5巻25〜32章)は,直接か間接かの

問題はあるにせよかなりの部分をポセイドニオスが収集した情報に負う。またポセイドニオスは，おそらくカエサルをはじめとするローマ人の民族誌記述にも大きな影響を与えた［毛利 1976］。

考古学資料にみる古代ケルトの社会と文化

　古代ケルトの社会と文化を研究するうえでもっとも豊富で完全な情報を提供するのは考古学資料である。しかも量に限りがありほとんど増加が見込めない文献史料とは異なって，考古学の発掘調査はつねに新資料発見の可能性をはらんでいる。

　先史考古学は中央ヨーロッパの鉄器時代を2つの時期に分け，それぞれ特徴的な遺跡が発見された場所の名前をとって，前期をハルシュタット期，後期をラ・テーヌ期と呼ぶ。ハルシュタットは，オーストリア西部のザルツカマーグートにある山村。1846年，ここで墓地の跡（2体の遺骸，青銅製の飾り帯，骨壺）が見つかり，続く発掘でわずか20年足らずのあいだに1000基近くの墓（火葬と土葬が併存）から6000点程の遺物（鉄製の針やブローチ，首飾り，短剣など）が出土した［Eggers 1974；Kruta 2000］。他方ラ・テーヌはスイスのヌーシャテル湖の北岸に広がる平地で，1857年の秋にここで鉄製の武器が出土し，その後，鉄製の剣，槍，留めピン，その他の道具が湖水から引き上げられた［Eggers 1974；Kruta 2000］。

　今日ヨーロッパの先史考古学で用いられている金属器時代の相対的クロノロジーは，20世紀の初頭にバイエルンの考古学者パウル・ライネッケが副葬品の組合せを基準とし，それに個々の出土品の類型学的な発展を加味する方法でつくりあげたシステムを基にしている。ライネッケは中央ヨーロッパの3つの金属器時代を，それぞれ4つの段階（青銅器時代BA～BD；ハルシュタット期HA～HD；ラ・テーヌ期LA～LD）に細分した。ライネッケの相対的クロノロジーのシステムと絶対的クロノロジーの関係についてみると，ハルシュタット期の第4段階（HD）とラ・テーヌ期の第1段階（LA）は，それぞれの遺跡から出土したギリシア産陶器の壺絵から前6世紀と前5世紀に対応させることができる。しかしラ・テーヌ期の第2段階（LB）にはいると地中海世界からの輸入品が枯渇し始め，わずかに王侯の墓から出土し

たギリシア産青銅製の手桶(前4世紀初頭)1例を数えるにすぎない。このあとは輸入がとまり第3段階(LC)の厳密な年代決定は不可能である。しかしラ・テーヌ期の最終段階(LD)にはいるとローマ世界からの輸入が盛んになり，絶対的クロノロジーに結びつけることが再び可能となる(前100年頃から紀元後1世紀の初頭)[Eggers 1974]。

遺跡のなかでも数と出土品が豊富で全体像を把握しやすいのは，ネクロポリス(共同墓地)である。ケルトとその祖先たちに帰されるネクロポリスは，時代的に相前後してあらわれる2つの大きなグループに分けられる。最初のグループは土墳をひとつの特徴とし，非常に長期にわたって使われつづけた。前8世紀の初頭から始まって，前5世紀の終り，つまりラ・テーヌ期の第1段階まで使われつづけた例もある。このグループは中央ヨーロッパで多く見つかっており，ここが古くからケルト系の人びとの居住地だったと考える根拠のひとつになっている。このグループのネクロポリスに属する墓は，副葬品の豊富さ，墳墓の構造，埋葬の方法などの点で，非常に多様である。大きな塚の下に，葬礼のとき死者を運ぶために使った車や多くの副葬品がはいるだけの大きさの玄室を備えた富裕な墓がある一方で，死者が生前に使っていたと思われる什器だけを副葬した墓や，さらには骨壺だけを残す粗末な墓もあり，大きな権力をもつ王侯の存在と，社会の階層分化の進行をうかがわせる[Lafond 1999；Kruta 2000]。

ケルトは前5世紀頃から新しいタイプのネクロポリスを発展させた。それは平坦墓が中心で，個人の墓が並べて配置され，墓の副葬品にそれほどめだった違いはない。それでもギリシアやエトルリアからの輸入品や，それらを模して現地でつくられた什器が副葬された墓があり，上記「王侯の墓」で見つかった四輪車は二輪の戦車に取って代わられる。貴族の墓と並んで少数の鉄の武器とともに埋葬された戦士の墓も多数見つかっている。こうした墓からは，前6世紀のような強大な勢力をもつ豪族は存在せず，むしろ首長をいただく小さな自立した共同体が並立する社会を想像することができる[Kruta 2000]。

ラ・テーヌ期の最終段階(LD)になると，交通の要衝に位置する丘の上などに居住地全体を防御柵で囲んで要塞化したオッピドゥムと呼ばれる聚

落があらわれる。住居地域には直線道路が走り、貴族地区や職人地区が分かれていて都市の様相をしていた。ワーズ県グルネーシュル・アロンドやコート・ドール県のアリーズ・サント・レーヌの遺跡がよく知られているが、とくに後者はローマ時代にはアレシアと呼ばれ、カエサル軍に抵抗するウェルキンゲトリクスが最後に立て籠もった場所として名高い[蔵持 1995]。

2 | ローマ支配下のガリア

プロウィンキアの成立

　南フランスの港町マルセイユはギリシア人の植民市マッサリアを起源とする。前600年頃にイオニアの都市ポカエアの市民が築いたと伝えられ、これ以降ギリシアの文化と生活様式が周辺のリグリア系、ケルト系住民のあいだに広まっていった（ユスティヌス『ポンペイウス・トログス抄』第43巻3章4〜4章2）。ローマは前400年頃にマルセイユと同盟関係を結んだといわれるが、この地域の政治に介入することは長らくなかった。しかし前2世紀になると南仏海岸や海岸近くのケルト人、ケルト＝イベリア人の遺跡からイタリアのカンパーニアで製造された陶器やイタリア産のアンフォラ（ワインやオリーヴ油を入れる両側に持ち手のついた壺）が多数出土し、当時イタリア半島とのあいだで交易がさかんにおこなわれていたことをうかがわせる[Lintott 1994]。

　この頃マルセイユの軍事力は衰退に向かい、周辺民族の攻撃に耐えかねてローマに助けを求めるようになる。前154年のコンスル、クイントゥス・オピミウスはマルセイユの要請を受けてトランサルピナのリグリア人と戦って勝利をおさめた（『リウィウスの摘要』第47巻；ポリュビオス『歴史』第33巻断片8〜10）。このときは、ローマは戦争が終わると部隊を南仏から撤収させたが、前125年にケルト＝リグリア系の部族サルウィイとウォコンティイの攻撃を受けたマルセイユが再びローマに援軍を要請すると、フルウィウス・フラックスは勝利のあとも軍隊を完全には撤収せず、エクサン・プロヴァンス（アクワエ・セクスティアエ）に軍事的拠点を築いた（『リウ

ィウスの摘要』第60, 61巻；ストラボ『地誌』第4巻1章5）。ついで前122年にサルウィイ支援のため南下してきたケルト部族のアッロブロゲスをドミティウス・アヘノバルブスが迎え撃ち，翌前121年にはアッロブロゲスを援助するため到来したアルウェルニの王ビトゥイトゥスをファビウス・マクシムスがくだす（オロシウス『異教徒反駁のための歴史』第5巻13以下）。これら一連の戦争の経緯は史料の記述に混乱があって必ずしも明確ではないが，いずれにせよローマはピレネからローヌ川の下流にいたる地域とジュネーヴ湖までのローヌ川の渓谷を軍事的に占領し，この占領地を「プロウィンキア」（正式には，ガリア・トランサルピナ）と呼んだ。プロウィンキアは，もともとは政務官に指定された任務（の範囲）を指す言葉で，のちには「属州」の意味をもつようになる。

　プロウィンキアと呼ばれたガリアの南部地域がいつ頃軍管区から属州に移行したかについては意見が分かれる。そもそもローマ人は前4世紀の初頭に北イタリアのガリア人による襲来を経験して以来，この北方の民族に対してつねに恐怖と反感をもっていたといわれる。そこでプロウィンキアについても，ローマ人は自分たちや住民の利益のために開発することに関心をもたず，この地域の属州化が始まるのはキンブリー族との戦争（前2世紀末）のあと，完了したのはさらにずっとあとのことだと考える研究者もいる。ただローマはほぼ同時期に起こったユグルタ戦争ののちもヌミディアを併合していない。それゆえプロウィンキアの属州化が遅れたのは，たんにガリア人に対する偏見だけに原因があるのではなく，公職のポストの数が少なく統治する人員の確保が難しかったためかもしれない〔Drinkwater 1983〕。

　プロウィンキアを占拠したローマは，エンポリアエ（マルセイユがスペインに築いていた植民市。バルセロナ北東の海岸に位置する）から海岸線に平行してローヌ川下流のアルル（アレラーテ）まで延びる軍道（ドミティア街道）を敷設し，属州ヒスパニアとイタリアを結ぶ陸路の確保をはかった。通説によると，この軍道はドミティウス・アヘノバルブスが前120年にアルウェルニを破ったあと着工したとされる。さらに前118年にはプロウィンキアの西側の基地として，ドミティア街道の途上にナルボンヌ（ナルボ・マルテ

ィウス)が建設された(ウェレイウス・パテルクルス『ローマ史提要』第2巻14章5)。これはイタリアの外に築かれた最初のローマ植民市である[Brogan 1974;Drinkwater 1983;Rivet 1988;Roman 1997]。

属州プロウィンキアは，前27年にアウグストゥスがナルボンヌを訪れたときそれ以外のガリアから切り離され，属州ガリア・ナルボネンシスとして再編される。これ以降ガリア・ナルボネンシスではローマ化がおおいに進み，紀元後1世紀の後半には「属州というよりもイタリア」(プリニウス『博物誌』第3巻4章31)といわれるまでになった[Brogan 1974;Rivet 1988; Goudineau 1996]。

カエサルによるガリア征服

ローマがガリア南部に2回目の派兵をおこなった頃，ガリア・コマタでは長年にわたってアエドゥイと対立していたアルウェルニが，アッロブロゲスおよびセクワニと同盟を結びヘゲモニーの拡大をめざしていた。このアルウェルニの動きに不安を感じたローマは，アエドゥイと同盟を結んで彼らに「ローマ国民の友」という称号を与えた(『リウィウスの摘要』第61巻)[Brogan 1974]。

前1世紀になるとアエドゥイとアルウェルニの対立は新たな段階にはいる。アルウェルニと同盟関係にあったセクワニが劣勢を挽回するため，ラインの彼方からスエビ(ゲルマンの1部族)の王アリオウィストゥスをガリアに招き入れたのである。しかしアエドゥイとの戦争で勝利をおさめたあともアリオウィストゥスは故国に帰ろうとせず，セクワニの領土に居座った。ローマはアリオウィストゥスの活動を黙認し，前59年にはコンスルだったカエサルの提案で彼に「ローマ国民の友」の称号を贈る(カエサル『ガリア戦記』第1巻34章2;40章2)。

カエサルはコンスルの任期を終えたあとイリュリクム，ガリア・キサルピナ，ガリア・トランサルピナの総督として赴任した(前58年)。当時ガリア・トランサルピナに治安上の問題はないと考えられていたが，こうした予想を裏切るできごとが起こる。現在のスイスに住んでいたヘルウェティイがガリアに向けて移動を開始したのである。移動の原因ははっきりしな

いが，ライン川上流に侵入してきたゲルマンに押し出されたとする説が有力である。カエサルはヘルウェティイの進入をガリアの属州の安全に対する脅威とみなしてプロウィンキア通過を禁止し，彼らがセクワニとアエドゥイの領域に向かうと4個軍団を率いて追撃した。ヘルウェティイの件が落着すると，カエサルは続けてアエドゥイらの懇願を受けてガリアの政治に介入し，アリオウィストゥスと戦って彼をラインの東に追いはらう。これが8年間にわたるガリア人との戦争の始まりとなった。その経緯はカエサル自らが著した『ガリア戦記』に詳しい（カエサル自身の執筆は第7巻で終わり，前51年と前50年のできごとを綴った第8巻はアウルス・ヒルティウスの手になる追補）。

『ガリア戦記』を読むと，カエサルのガリア征服は，ローマ領に侵入してきたヘルウェティイから属州を守る戦いと，ローマの盟友であるアエドゥイの要請を受け，ガリアをゲルマン人の脅威から解放するための戦いに始まり，その後の戦争は，必然の連鎖によって遂行を迫られたような印象を受ける。しかしこれは幻想である。ヘルウェティイはガリアを通って西方に移住するにあたりローマの利害をそこねないように配慮し，プロウィンキアの通行を禁じられるとローマの支配領域の外であるガリア中部をめざしている。またアリオウィストゥスの行動にしても，戦争に勝利した者が敗者の領土を奪うこと自体は当時一般に認められていた慣習であり，カエサルが描くほど不当なものではない。『ガリア戦記』は一見したところ飾らない文体で客観的事実のみを淡々と記しているが，それは軍事的栄光と富の獲得という真の目的を隠して戦争の正当性を読者に印象づけるための技法ということができる[Walser 1956；Rambaud 1966；Drinkwater 1983]。

19世紀以来，カエサルが『ガリア戦記』のなかで描く戦争を考古学の発掘によって跡づけようとする試みが盛んである。ウェルキンゲトリクスの叛乱の最後の舞台となったアリーズ・サント・レーヌ（アレシア）では，ローマ軍の攻城装置の跡がナポレオン3世の肝煎で1861年から65年にかけて発掘されたが，このときに発掘を監督したポール・ミヨと彼の助手役を勤めたヴィクトル・ペルネの家に伝わっていた文書が20世紀の半ばに発見され，センセーションを巻き起こした。また1957年にはサン・ジェルマン・

アン・レの博物館で、ミヨが1861年と62年の発掘のときに描いたスケッチのアルバムが発見された。このアルバムは320点のスケッチを含み、そのうちの280点はカエサルの攻城装置に関するものだった。ただナポレオン3世が同定したウェルキンゲトリクスの陣営跡は、その後の発掘で否定されている[Brogan 1974]。

属州ガリアの再編

　前27年1月13日に、オクタウィアヌス(アウグストゥス)と元老院のあいだでローマ帝国の統治に関する合意が成立したとき、ガリアはオクタウィアヌスが統治する皇帝管轄属州に含められた(ガリア・ナルボネンシスは前22年に元老院の管轄へ移管)。同年の初夏、アウグストゥスはガリア・コマタで実施するケンスス(戸口調査)を監視するためにナルボンヌに赴く(『リウィウスの摘要』第134巻)。ケンススは課税のためのデータ収集を目的とし、ガリア人が所有する不動産の価値の査定(耕地と放牧地の広さ)に加えて、羊や牛の群、果樹、オリーヴ、ブドウの木の総数が数えられた。ガリア人はローマの厳密な課税システムには不慣れで、ケンススの実施に際し混乱が起きないよう自らの存在を誇示する必要があるとアウグストゥスは考えたのである[Brogan 1974;Drinkwater 1983]。

　ガリア・コマタにはアクィタニア、ルグドゥネンシス、ベルギカの3つの属州(3つのガリア)がおかれた。カエサルが『ガリア戦記』の冒頭でいうアクィタニアはピレネからガロンヌ川までの狭い地域だが、アウグストゥスが定めた属州アクィタニアはロワール川までの地域が加えられる。他方、属州ベルギカもカエサルが定義したより広く、ライン川左岸地域を含んでいた。ただこの地域はティベリウス帝の時代に軍管区となり、フラウィウス朝の時代には2つのゲルマニア属州(下ゲルマニアと上ゲルマニア)として再編された。ガリア・コマタが3つの属州に編成された時期としては、前27年を想定する説が有力だが、アウグストゥスが3回目にガリアを訪問した前16〜前13年を考える研究者もいる[Drinkwater 1983;Goudineau 1996;藤井 2002]。

　アウグストゥスは自らが管轄する属州にプラエトル格の代官(皇帝属州

属州ガリア・コマタ

総督)を派遣して統治にあたらせ、税(直接税と間接税)の徴集および帝室財産からの収入の管理のために皇帝属吏(プロクラトル)を派遣した。3つのガリアに派遣された皇帝属吏は2名で、1人はリヨンにあってアクィタニアとルグドゥネンシスを管轄し、もう1人はトリーアでベルギカを管轄した。トリーアで執務する皇帝属吏には、ライン国境に駐屯する軍団の維持と給料支払いという重要な任務が課されていた[Drinkwater 1983]。

地中海世界の都市国家とは異なり、ガリア人は部族ごとに広い地域を領有し、多くの場合そのなかにいくつかの都市化した中心があった。帝国の法的・外見的な均質化をめざすアウグストゥスは、このガリア人の部族が領有する地域全体をひとつの都市国家とみなし、これをキウィタスと呼ぶ。例えばマシフ・サントラル(フランスの中央山塊)に広がって住むアルウェルニはキウィタス・アルウェルノルムの市民とみなされたのである。各キウィタスにはひとつの行政上の中心が形成され(キウィタス・アルウェルノルムの場合は、アウグストネメトゥム、現在のクレルモン・フェラン)、キウィタスの首都の役割を演じることになる。キウィタスは部族の社会・政治組織の基盤であり、ローマが課す税の徴収もキウィタスの役人がおこなった

[Brogan 1974 ; Drinkwater 1983]。

ローマ植民市リヨン

　ガリア・ナルボネンシスに比べてガリア内陸部に建設された植民市の数は少なく，リヨン(ルグドゥヌム)，アウグスト(アウグスタ・ラウラコルム゠ラウリカ)，ニヨン(コロニア・ユリア・エクェストリス゠ノウィオドゥヌム)の3つ，クラウディウス帝の時代にゲルマニアに築かれたケルン(コロニア・アグリッピネンシス)を加えても4つを数えるにすぎない。リヨンはローヌ川とソーヌ川の合流点，アウグストはスイスのバーゼル近郊，ニヨンはジュネーヴ湖北岸と，いずれもゲルマニアからイタリアないしはプロウィンキア(ナルボネンシス)へいたる道の要衝に位置し，北からの侵入に備える目的で建設されたことは明らかである。しかしリヨンはこうした目的を越えて，独自の発展を遂げることになった。

　リヨンが建設されたのは前43年のことだが，計画はおそらくカエサルに遡る。ラテン名ルグドゥヌムのルグは土地の神の名で，ドゥヌムは要塞を意味するケルト語。新しい植民市は原住民のオッピドゥムの上に建てられた。リヨンが3つのガリアでもっとも重要な都市となったのは，ローマの主導でおこなわれた2つの事業に負うところが大きい。ひとつはウィプサニウス・アグリッパ(アウグストゥスの腹心の部下で，娘ユリアの夫)がおこなったリヨンを基点とする4本の軍道の整備・敷設である。西はビスケー湾，北東方向にライン川，北西の方向にはベルギカを通ってドーヴァー海峡，そして南にはナルボネンシスを通ってマルセイユにくだる道路網の建設が始められた。ただ史料には年代への言及がなく，アグリッパが2回目のガリア総督を務めた前19～前17年に着工を想定する説と，最初にガリアを統治した前39～前37年に始められたとする説が対立している。この道路網の第一段階が完成するのは，通説によるとクラウディウス帝の時代だった[Drinkwater 1983]。道路網の敷設は軍事的な目的で計画されたが，同時にローヌ川を利用した水運とあいまって交易活動を活発にし，ルグドゥヌムに繁栄をもたらすこととなる[長谷川 2008]。

　つぎにリヨンにはローマとアウグストゥスの祭壇が置かれ，ガリアの諸

キウィタスの和合とアウグストゥスへの忠誠のシンボルとなった。前12年にゲルマン人に対する戦争を開始した大ドルスス(のちの皇帝ティベリウスの弟)は、戦費調達のためガリアで2回目のケンススをおこなったが、ケンススが完了すると、新たな課税に対するガリア人の不満を抑え、反ゲルマンの旗印のもとにガリア人とローマ人の協調を謳う目的で、ソーヌ川とローヌ川の合流地点(コンダテ)に祭壇を設置する。祭壇には60のキウィタスの名が刻まれ、毎年開かれる「ガリア会議」で供犠がおこなわれた。「ガリア会議」はさらに皇帝が派遣する総督を讃え、またガリア諸部族の意見を取りまとめて皇帝に対し代弁する役割を演じた[Drinkwater 1983; Goudineau 1996; 山本 2006]。

ガリア人の都市ビブラクテとローマ風都市アウグストドゥヌム

ビブラクテ(モン・ベヴレ)はラ・テーヌ期から存在したアエドゥイのオッピドゥムである。ガリアがローマに征服されると、数年後からビブラクテで新しい都市の建設が始まった。ところが前12年頃、ビブラクテから20キロ程離れたところに別の都市オータン(アウグストドゥヌム)が築かれ、アエドゥイの首都はこちらに移る。モン・ベヴレとオータンにおける精力的な発掘調査にもかかわらずクロノロジー上未解決の問題が残っており、この発展の過程を細部にわたって跡づけることは困難だが、これまでの調査で、いくつかの際立った現象が明らかになっている。

ラ・テーヌ期末期のビブラクテもローマが建てたアウグストドゥヌムも広大な防御施設によって取り囲まれていた。ただこれらの防御施設は、実際に町を守る機能よりも、象徴的な意味が大きかったらしい。ラ・テーヌ期末期のビブラクテは135ヘクタール程の広さで、二重の防壁に囲まれていた。5キロにおよぶ内壁は堀と壁からなる。壁は木材の枠に土を積み上げ、石で表面を仕上げたもので、凝った造りの門楼があった。この防御施設は、全体としてラ・テーヌ期後期のヨーロッパに広くみられるものに酷似している。ローマに征服されたあと、防御施設の一部は破壊され、堀は埋められた。これに対しアウグストドゥヌムは市壁の全長が6キロ、町の広さは200ヘクタール。これはビブラクテに比べ少し大きい程度だが、防

御施設の構造は大きく異なっている。市壁は石造りで50以上の櫓を備え，威風堂々とした門が外からくる人を市内に迎え入れた。

　ビブラクテの内部がラ・テーヌ期末期にどのような景観だったかはわからない。もしそれが同時期の他のオッピドゥムに似ていたとすれば，巨大な建築物を欠き，建物は建増しによって複合的な構造になっていただろう。ローマによる征服のあと，ビブラクテでも石やタイルといったローマ家屋の建材を使い，デザインでも地中海風の家が造られ始める。しかしアウグストドゥヌムでは家が直角に交わる道で区切られた区画に配置されているのに対し，ローマ時代のビブラクテの家は，もっと雑然と配置されている。これは2つの町の地形（ビブラクテは山頂に建つ）だけではおそらく説明がつかない。アウグストドゥヌムには紀元後1世紀の半ばまでに，広場，劇場，円形闘技場，神殿，学校が建てられている。それに対しビブラクテでは，せいぜいのところ広場と神殿を備えた神域が造られているくらいである。もっとも，ガリア風ローマ神殿が建つこの土地に，先立ってどういった性格の建物が存在したのか，それが建てられたのはいつ頃かなど，詳しいことはわからない。ビブラクテからは碑文が見つかっていないが，アウグストドゥヌムからは150枚以上の碑文が出土している。葬礼も2つの都市は異なる。アウグストドゥヌムではたいていのローマ都市と同様に死者は市域の外に埋葬されているのに対し，ビブラクテでは市内の居住地域に墓地があり，しばしば輸入されたアンフォラが棺桶として使われている。

　ローマの支配下にはいったあとラ・テーヌ期のビブラクテはローマ風の都市となり，ほどなくアウグストゥスの建てた新しい都市に取って代わられた。しかしその過程で起こった文化的変化は複雑である。なぜビブラクテではローマによる征服のあと一般家屋は形を変えたのに，都市計画や公的な建物は着手されなかったのか。アエドゥイは，なぜローマ人からワインの嗜好を取り入れたのに，死者の埋葬に関しては市域内に埋葬することをタブーとするローマ人の葬礼に従わなかったのか。文化人類学の研究が教えるように，異文化の接触によって文化的変容が起こっても，一方の文化の担い手が自分たちのこれまでの文化を放棄して相手の文化をそっくり受け入れるわけではない。ある要素は受容を拒否したりその意味を変えて

受容したりすることは、よくみられる現象である。ローマに征服された直後のビブラクテの変化についていえば、住民にとってローマ人の建築物それ自体は彼らの生活スタイルや家の使い方、あるいは葬礼よりも取り入れやすかったのだろう。ローマ時代のビブラクテとアウグストドゥヌムは、ローマ文化に接したガリア社会の文化的変容を理解するために考えなければならない問題を端的に示している[Drinkwater 1983]。

ガリアの都市と経済

　ガリアに駐屯していた軍隊は、おそらくゲルマンとの関係が緊張した前16年(ディオ・カッシウス『ローマ史』第54巻19章1;20章6;ウェレイウス・パテルクルス『ローマ史提要』第2巻97章1)にすべてライン左岸に移され、ガリア内部はリヨンに守備隊を残すのみとなった。ライン左岸に駐屯するローマ軍の兵力は正規軍と補助軍をあわせて約4万4000、これにライン川に展開する水軍が加わる。これらの軍隊の維持に必要な経費は、おそらく3つのガリアから得られる直接税の税収にほぼ相当した[Drinkwater 1983; Keppie 1996]。

　ガリアの都市の繁栄は、ラインに駐屯する軍隊が生み出す需要に大きく依存していた。軍隊は食糧に始まって武具や衣服など多種多様な物資を消費したが、当時は運搬手段がまだまだ未発達であったため、背後に広がるガリアが供給地としてとくに重要な役割をはたしたのである。私たちはその一例を、ガリアにおけるテラ・シギラータの生産地の変化にみることができる。テラ・シギラータは、本来イタリアで日常の使用に供するために生産された陶器で、赤く光沢がある表面を特徴とする。その生産はガリアにも広まり、紀元後1世紀から2世紀にかけてガリア製のテラ・シギラータ(通称「サモス焼き」)がイタリア製を凌駕(りょうが)するようになった。その間テラ・シギラータの生産地はガリアの北東部へと徐々に移っていく。これはライン地方が軍隊の駐屯により一大消費地として発展していったことと関係づけられるかもしれない[小笹 1980]。

　ライン国境に駐屯する軍隊は、たんにガリアにおける生産活動を活発にしたばかりではない。ガリア人に課された税は帝政盛期には貨幣で徴収さ

れたので,農民や農業経営者は余剰作物を市場で売って換金する必要があった。ガリアで徴集された直接税はほとんどが軍隊の維持に投入されたが,軍隊が消費する物資は市場で購入される。その結果ガリアの都市的中心に市が形成されて取引が活発におこなわれるようになり,これがまた都市の発展を促した[Drinkwater 1983]。

3世紀にはいると,皇帝たちは軍隊の忠誠を繋ぎとめるためにさかんに貨幣を発行するようになる。その結果,通貨の量が増大し,また貨幣の質も低下していった。そのため皇帝たちは質の落ちた貨幣が税として国庫に逆流してこないように,税の徴収を現物納に切り替え始める。ただこうした変化をガリアの経済的衰退の主要な原因とみるかについては,研究者のあいだで意見が分かれている[Drinkwater 1983;Demandt 1989]。

「危機」のなかのガリア

235年,セウェルス朝最後の皇帝セウェルス・アレクサンデルがマインツで暗殺されると,ローマ世界は軍隊によって推戴された皇帝が乱立する軍人皇帝の時代を迎える(3世紀の危機)。北部のガリア属州はコンモドゥス帝の暗殺に続く内乱で一時的に混乱したものの,セウェルス朝の時代になると平穏を取り戻し,経済的な繁栄は危機の時代にはいってもしばらくのあいだ続いたらしい。キウィタスの庇護者(パトロヌス)役を引き受け,コンデテのガリア会議で積極的に活動する富裕なガリア人の存在が,ゴルディアヌス3世の治下でも知られている。3つのガリアに真の危機が訪れるのは3世紀の後半,ウァレリアヌス帝と息子のガリエヌス帝が共同統治をおこなった頃のことだった[Drinkwater 1983;Demandt 1989;後藤 1995]。

3世紀の危機の原因をめぐって研究者のあいだでは議論がつきないが,軍事的・財政的な問題をかかえ,しかも帝国防衛の責務が皇帝に集中するローマ帝政の統治制度の伝統的な弱点が,強力な外民族のたびかさなる侵入という新たな事態に直面して劇症化し,あいつぐ戦争がさらなる苦悩を生み出した,ということができるだろう[Drinkwater 2005]。外民族の脅威は,ササン朝ペルシアと接するユーフラテス上流およびゴート族の侵攻にみまわれたドナウ下流でとくに深刻だったが,ライン川の右岸でも3世

紀にはいると2つの大きなゲルマンの部族連合が形成され、ガリアへの侵入の機会をうかがうようになった。上流域のアラマンニと下流域のフランクである。アラマンニが史料にはじめてあらわれるのは213年で、233年には上ゲルマニアの国境（リメス）を破って南西ガリアに侵入し掠奪をおこなった。他方フランクは257年に大挙してラインを渡り、ガリアを横断してピレネの彼方まで掠奪をおこなっている。このときドナウ国境で軍を展開していたガリエヌス帝は、ライン国境に移動してトリーアに本営を築き、ゲルマンとの戦争を指揮した。259年になるとライン国境の状況は鎮静化し、ガリエヌスは北イタリアに戻るが、翌260年に共同統治をおこなっていた父ウァレリアヌス帝がペルシア軍の捕虜となるという前代未聞の事件が起こる。この報せは帝国を震撼（しんかん）させ、ゲルマンの侵入が再開した。ガリエヌスがドナウ国境と帝国東方の叛乱の鎮圧に追われているあいだに、ライン国境ではフランクとの戦いで功績のあったポストゥムス（おそらく下ゲルマニアの総督）が皇帝に推戴される。ガリア属州はただちにポストゥムスの地位を認め、ヒスパニアとブリタニアがこれに続いた（ガリア帝国）。

ガリア帝国を支えたのはガリア人としての自覚や分離主義的な感情ではない。ガリアの支配者たちは、少なくとも外見上はローマ帝国の皇帝として振る舞った。ポストゥムスはコンスルを立て、元老院をおいてローマの伝統にそくした統治体制を築く。しかし現実にはガリア帝国はガリア属州を基盤とし、ポストゥムスはガリアのローマ市民をゲルマンの脅威から守ることに支配の正当性を求めていた[Drinkwater 1987]。ガリア帝国は269年にポストゥムスが殺害されたあともしばらく続き、ガリアが再びローマ帝国に併合されるのは、アウレリアヌス帝が最後の支配者テトリクスを敗った273年のことである。

アウレリアヌスは西部属州を再びローマ帝国に組み込んだが、もはやライン国境は1人の支配者によって守りうる状況にはなかった。275年にアウレリアヌスが殺害されると、ゲルマン人はこれまでなかった規模でガリアに侵入し甚大な損害をもたらす。これ以降、西方属州の都市的中心で市壁が築かれ、要塞化が始まった[Drinkwater 1987; Demandt 1989; 後藤 1995]。

3 | 古代末期のガリア

後期ローマ帝国とガリア

　半世紀にわたる内乱をへて即位したディオクレティアヌス帝はローマ帝国の版図を4つに分割し，それぞれを2人の正帝(アウグストゥス)と2人の副帝(カエサル)が統治する四分治制を敷いた。四分治制そのものはディオクレティアヌスの退位後ほどなくして崩壊するが，これ以降は複数の正帝が並立するか，1人の正帝が何人かの副帝とともに帝国を統治するのが常態となった[Demandt 1989]。

　共和政期以来の属州統治システムは統治権と軍隊指揮権の不分離を原則としていたが，ガリエヌス帝が元老院議員を軍務から排除して以来この原則は崩壊する。ディオクレティアヌス帝とコンスタンティヌス帝によって築かれた属州の統治制度は，統治権と軍隊指揮権の分離を原則とした[Demandt 1989]。この新たな制度のもと，ガリアにはウィエネンシス管区(旧アクィタニアとナルボネンシス)とガリア管区(旧ルグドゥネンシス，ベルギカ，上・下ゲルマニア)がおかれ，両管区はヒスパニア管区およびブリタニア管区とあわせてガリア道を構成することになる[後藤 1995]。ついでユリアヌス帝がゲルマンの部族フランクとアラマンニを征圧し，破壊されたガリアの都市を復興してローマの支配を復活させた[Demandt 1989]。

　しかしこうして再建されたローマの支配は，テオドシウス1世の死後，再び崩壊へと向かう。直接のきっかけは西ゴートのイタリア侵入だった。この事態に，西の皇帝ホノリウスを後見していたスティリコは，イタリア防衛のために軍隊をブリタニアとラインから撤収させたのである。これによりローマ軍の主力部隊がガリアから姿を消した。367年以来トリーアにあった宮廷はウァレンティニアヌス2世のときに南部のヴィエンヌに移ったが(388年)，ホノリウスは即位後もガリアに行かずイタリアにとどまっていた。おそらく宮廷が北イタリアに移ったことに連動して，ガリア道の長官府もトリーアからアルルに撤退する。ガリアは外民族の侵入に対して無防備の状態となった[Stroheker 1948; Demandt 1989]。

　407年にヴァンダルなどゲルマンの諸部族が大挙してガリアに侵入する

と，北部と中部でローマの支配は瓦解する。さらにガリア南西部に住みついていた西ゴートが，425年と430年の2回にわたってアルルの奪取を試みるが，ローマの将軍アエティウスの活躍でアルルは事なきを得た。しかしフンと同盟を結びゲルマンを攻撃させるアエティウスの手法は，アッティラがフンのなかで支配を確立すると挫折する。アッティラはゲルマン諸部族を支配下においたあと，ローマ帝国に侵攻を開始したのである。これに対しアエティウス麾下のローマ軍は西ゴート軍とともにカタラウヌムでフン軍を迎え撃ち，彼らをガリアから撃退した(451年)。453年にアッティラが没すると，フンの脅威は去ったと考えた西の皇帝ウァレンティニアヌス3世は，皇族との姻戚関係を望んでいたアエティウスを殺害するが，翌年自らがアエティウスの一族に暗殺された[Demandt 1989]。

　ウァレンティニアヌス3世の死後，暗殺者たちが皇帝に祭り上げたペトロニウス・マクシムスは権力の基盤を欠き，アルルのガリア属州会議で皇帝に推戴されたフラウィウス・アウィトゥスに取って代わられる。アウィトゥスはオーヴェルニュ地方に広大な土地を所有するセナトル貴族で，西ゴートとも良好な関係にあった。しかし東の皇帝の承認を得ることができず，またガリア人であることからイタリアの貴族にも反感をもたれて，ヴァンダルとの戦いで頭角をあらわして軍司令官の地位を得たフラウィウス・リキメルによって廃位された。西ローマ帝国はこのあと軍司令官や東ローマ皇帝が擁立する皇帝が数代続いたあげく，476年に最後の皇帝ロムルス・アウグストゥルスがオドアケルに廃位されて終焉を迎えるのである。この間ガリアでは，崩壊していく帝国に代わって力を蓄えていったセナトル貴族が，ローマ理念と自らの独立を守るために，支配領域を拡大するゲルマンに対して抵抗を続けた[Stroheker 1948；Demandt 1989]。

ガリアのセナトル貴族

　コンスタンティヌス帝はマクセンティウスとの戦いに勝利したあと，すべての属州から最良の人士を元老院に迎え入れたと伝えられる。4世紀が終わる頃までには，帝国の統治と軍事にかかわる重要な官職はすべて元老院議員の地位と結びつくようになった。これらの官職に就いて元老院議員

の地位を得た人びとを，セナトル貴族と呼ぶ。彼らは法的に元老院議員を指す「クラリッシムス」(極めて著名な)の称号を帯びたが，必ずしもローマの元老院議員リストに登録されていたわけではない。しかし法はセナトルとクラリッシムスを区別せず，セナトル貴族とローマの元老院議員はひとつの貴族層を構成していたと考えられる[Stroheker 1948；Silvan 1993；後藤 1995]。

70年のガリア叛乱が鎮圧されて以来，ガリアに宮廷がおかれていた一時期(260〜274年)を除いてガリア人がコンスル職や宮廷の要職に登用されることはなかった。しかし284年にディオクレティアヌス帝が即位すると，変化の兆しがあらわれる。一部の有能なガリア人が限られた範囲ではあるが登用されだすのである。ただ355年にユリアヌスが副帝としてガリアの統治を始めるまでは，道長官職やコンスル職に就いたガリア人は知られていない。ところがユリアヌスが皇帝に推戴されると事態は大きく変化する。ガリア道長官のフロレンティヌスおよび伯父のコンスタンティウス2世と微妙な関係にあったユリアヌスは，副帝としてガリアを統治し始めたときからガリア人の支持を得ることに関心をもっていた。360年に彼がパリで軍隊によって正帝と宣せられたとき，宮廷のガリア人と結びついた在地権勢家たちのネットワークの支持を推測する研究者もいる。こうした背景のもとガリア人が帝国と宮廷の要職に登用され始め，この傾向はユリアヌスの死(363年)後も続いた[Silvan 1993]。

ガリアのセナトル貴族のなかには，修辞学をはじめとする高い古典的教養を身につけ，それを武器に栄達を遂げた人が少なくない。私たちはその例を4世紀のアウソニウスと5世紀のシドニウス・アポリナリスにみることができる。詩人として名高いアウソニウスは310年頃にボルドーで医者の子として生まれた。ウァレンティニアヌス1世によって息子グラティアヌスの教育係に抜擢されたことから宮廷との関係を深め，367年にグラティアヌスが帝位に即くとガリア道長官やコンスルなどの要職を得た。皇帝の恩顧はアウソニウスの一族にまでおよび，グラティアヌスの治世の初め西の帝国の要職はほとんどが彼らによって占められたといわれる[Stroheker 1948；Silvan 1993]。

他方シドニウスは詩と書簡をとおして，ローマの支配が終りを告げる頃のガリアに生きていたセナトル貴族の生活と思考に関して貴重な証言を残している。彼は430年頃にリヨンで生まれ，アウィトゥス帝の婿として彼の台頭と没落を間近に見た。その後，アウィトゥスに敵対したマヨリアヌス帝と親交をもち，468年にはアンテミウス帝のもとでローマ市長官となる。ついでクレルモンの司教に列せられ，オーヴェルニュ地方が西ゴートに征服されたあと480年から490年のあいだに他界した。シドニウスは政治家として活動するなかで都市ローマの貴族と親交をもつようになり，またローマの伝統の担い手としての意識を強くもっていた。しかし彼は他方でガリアの地，とくに彼の第二の故郷であるオーヴェルニュとの結びつきを自覚し，ガリアを自分の本来の祖国とみなしている。彼の文通の相手はガリアの中部と南部全体に広がっていた。4世紀の終り頃までは，大セナトル貴族は帝国の各地に土地を所有していたが，シドニウスの書簡から浮かび上がるガリアの貴族たちはガリアにしか土地をもたず，ガリアを去ることもほとんどない。イタリアの貴族たちと姻戚関係を結ぶこともまれになっている。後期ローマ帝国の帝国貴族が各地域の土地貴族に分解していく傾向は，セナトル貴族の最上層でもとまらなかったのである[Stroheker 1948；後藤 1982；Harries 1994]。

毛利　晶

第 2 章　フランク時代

　本章で扱うのは，西ローマ帝国が滅びた476年から，カロリング王家が途絶え，ユーグ・カペーが新たな王朝を開いた987年までの歴史である。この時期に現在のフランスの大部分を支配していたのはフランク人であり，彼らは 9 世紀初頭までその支配領域を拡大しつづける。843年の分割によって生まれた西フランク王国がのちのフランスの版図の基盤となるため，ここではこの王国の消滅する987年を下限年代として採用したが，フランク王国の歴史が中世初期のフランス史とぴったりかさなるわけではない。

　5 世紀末から10世紀末にいたる時期のフランク王国の歴史は，支配する王朝を基準として，前半のメロヴィング期と後半のカロリング期とに分けられる。メロヴィング期は古代世界から中世世界への移行期であり，ローマ帝国末期の社会の特徴をとどめながら，新たな秩序が形成されつつあった時代である。この時期を取り上げる第 1 節を「ポスト・ローマ時代」と題するゆえんである。近年では，古代から中世への決定的な転換期を 7 世紀に求める見方が優勢となっているが，「メロヴィング文明は後期ローマ世界の諸構造のなかで生まれ，そこで死を迎えた」[Geary 1989]という意味で，メロヴィング朝の終りまでをこの概念でゆるやかにくくることは許されよう。

　カロリング朝とともに，西ヨーロッパ世界が明確に中世的な特徴を帯びることになる。第 2 節「カロリング朝の興隆」では，キリスト教をひとつの支えとした政治権力としてのカロリング王権の展開を，統一王国の終りを画する840年までたどると同時に，文化や社会・経済の問題を取り上げる。第 3 節「ポスト・カロリング世界へ」では，カロリング朝後期を扱いながらも，カロリング期を通じての国家と社会の特徴をも視野におさめて論じることにする。

1 | ポスト・ローマ時代

フランク人とは何か

　フランク人の名前に言及する最古の史料は，彼らに対するマクシミアヌス帝の勝利を称える291年の頌詩である。フランク人は，ライン川とヴェーザー川にはさまれた地域にいたさまざまのゲルマン諸部族，すなわちシャマヴィ，シャトゥアリ，ブリュクテリ，アムスヴェリ，サリなどがひとつにまとまった集団であり，ローマ人によってこの名で呼ばれることになった。

　フランク人の歴史でひとつの大きな画期となったのは，358年にガリアの統治を委ねられていたのちの皇帝ユリアヌスが，彼らにマース川とスヘルデ川にはさまれたトクサンドリア地域への定着を許可したできごとである。4世紀後半にはローマ帝国の高位軍事官職にまでのぼり詰めたフランク人が何人もあらわれ，帝国政治に深く巻き込まれていく。ローマ帝国はゲルマン人を帝国に統合しようと試みたのであった。5世紀にはいるとサリ系フランク人がメロヴィング家の王のもとその勢力を南へ伸ばし，ライン地方のフランク人（リプアリア系フランク人）とは別の道を歩み始めることになった。彼らがローマ帝国と密接な関係を維持していたことは，クローヴィスの父キルデリクの経歴とその墓から確認できる。キルデリクは，463年にガリア軍司令官アエギディウスとともに，ローマ帝国同盟軍の指揮者としてオルレアン近くで西ゴート人と戦っている。だが彼の地位はたんなる同盟軍の指揮者にとどまらず，いつの時点からかは不明であるが，ランスを首都とする第二ベルギカ州の統治を皇帝から委ねられていた。ベルギーの古都トゥルネで発見された彼の墓から，東ローマ皇帝の名で造幣された大量の貨幣や，王の名を刻んだ印章付きの指輪などが出土している[Périn et Duchet-Suchaux 2002]。文書の認証，あるいは書簡の封印に用いられた印章は，このゲルマン人の王による文書使用を示すものであるし，そこに彫り込まれた王の胸像はローマ風の軍服をまとった姿をわれわれに印象づける。しかし，その埋葬は馬の供犠をともなっており，この王がなお「異教ゲルマン風」の慣習を保持していたこともうかがえる。

フランク人を含めたいわゆる「蛮族の侵入」については、ピエール・クルセルやピエール・リシェの翻訳を通じて知ることができる[クルセル 1974;リシェ 1974;Coumert et Dumézil 2010]。この表現がイメージさせるところと異なり、フランク人のガリア社会への定着は「征服」ではなかったとするカール・フェルディナント・ヴェルナーの指摘が多くの研究者の共有する理解である[Werner 1996]。かつての考古学研究は、ガリア北部で発見され、武器を副葬された墓をフランク人のそれとみなしていたが、現在では埋葬形態からローマ人とフランク人とを区別することは難しいとされている。7世紀半ば頃に成立した『フレデガリウス年代記』を通じて伝わるフランクの起源物語が、彼らをローマの建国者アエネアスと同じくトロイア人の子孫にしている事実が興味深い[Coumert 2007]。近年では古代末期・中世初期の民族アイデンティティの問題に関する研究がさかんにおこなわれ、多くの成果が出されているが、フランク人を在地のガロ゠ローマ人と区別できないことが、フランク王国に固有の現象であることを史料の丹念な読解に基づいて指摘していたゴドフロワ・クルトの研究がなお重要である[Kurth 1919]。

メロヴィング朝の政治

父キルデリクの跡を継ぎ、フランク人の領土をガリアの大部分にまで広げることによって、フランク王国の基礎を築いたのがクローヴィスである[ミュソ゠グラール 2000;ル・ジャン 2009]。481年頃に即位したクローヴィスは、当時ソワソンを拠点としてガリア北部を支配していたシャグリウスを486年に破り、ロワール川までフランク人の支配領域を拡大した。さらに507年には1世紀近く前からアキテーヌ地方に盤踞していた西ゴート人との戦いに勝利し、ガリアの大部分の地域を支配下におさめたのであった。ブルグント王国の征服(534年)とプロヴァンスの占領(537年)は彼の息子や孫たちによって達成されることになる。

クローヴィスは、勇猛な戦士であっただけでなく、新たに支配下にはいったガリア住民への配慮を欠いていなかった。トゥール司教グレゴリウスによると、クローヴィスは、ブルグント王家から嫁いだ妻クロティルドの

カトリック信仰に心を動かされ、またアラマン人に対する苦しい戦いでゲルマンの神々ではなくキリストの助力によって勝利を得たとの確信を契機として、3000の兵士とともにカトリックに改宗した。これは一般に496年のこととされているが、諸説紛々の状況である。いずれにしても、人口の9割以上を占めるガリア住民の宗教への改宗は、ガリアの事実上の支配者であったセナトル貴族が司教職を独占していたこともあって、なおさらより安定した統治に有効であった。

511年にクローヴィスが没したのち、王国は4人の息子のあいだで分割され、テウデリクがランス、クロドミールがオルレアン、キルデベルトがパリ、クロタールがソワソンを首都とする王国を受け取った。メロヴィング王国の歴史の大部分は分王国の歴史であった。6世紀後半には西のネウストリア、東のアウストラシア、そしてブルグンディアという三分王国体制が確立する。613年にネウストリア王クロタール2世が王国を再統一するまでの歴史は、流血沙汰に満ちている。相続のたびごとに激しい争いが生じ、王や王位継承権を有するメロヴィング家男子が何人も暗殺されている。6世紀末から7世紀初頭にかけて生じた王家内部の権力争いは、結果として王を支える有力者層の地位を強化することになったようである。クロタール2世が614年に発布したパリ勅令は、国王役人が在地の有力者から選ばれることを定めている。

統一の時代は長く続かなかった。早くも623年にアウストラシア人たちはクロタールに対して息子ダゴベルトを王として送るように要求し、この要求は実現している。父の跡を継いで王国全体の王となったのちダゴベルトは、同じく息子シギベルト3世をアウストラシア王として派遣した。そして639年のダゴベルトの死後王国は2人の息子のあいだで分割され、ネウストリア゠ブルグンディア王国とアウストラシア王国とが以後持続的に対立することになる。いまや王その人よりも宮宰が政治の前面にあらわれ、しかも王ではなく貴族層によって選ばれるようになる。ダゴベルトの死後メロヴィング王権は急速に衰退したと考えられている。近年ではとりわけ英米の研究者がこうした時代像の修正を試み、なお国王宮廷を中心として政治が営まれ、王権がそれなりに権威を保っていたことを主張しているが

[Fouracre and Gerberding 1996]，メロヴィング後期に政治構造の面で変化が生じつつあったことは否定できないように思われる。

ローマ文化存続の問題

　メロヴィング期ガリアにおけるローマ文化の存続を示す証拠として，キルペリク1世がソワソンとパリに競技場を建設し，人びとに見せ物を提供した事例がしばしば引合いに出される[リシェ 1988]。ガリア住民のあいだではなお戦車競技への愛着が強く，王もそうした競技場の建設や見せ物の提供を通じて，古代的な支配者の寛厚実践(エヴェルジェティスム)を継続していたとされてきた。またこの王はラテン・アルファベットにギリシア風の文字を追加したり，自ら詩作を試みたりもしており，古典教養を身につけていたことが強調されてきた。けれども近年では，キルペリクのこれらの行為はすべて同時代のビザンツ皇帝を模倣しようとしたものであることが主張されている。そもそも，例えば戦車競技はガリアではすでに400年頃にはすたれていたらしい。キルペリクの行為は，6世紀後半ガリアの文化的な雰囲気を代表しているとはいいがたいというのである[Buc 2001; Jussen 2005]。そこにはむしろビザンツ皇帝との関係が6世紀メロヴィング朝の政治や文化に大きな影響をおよぼしていた事実が見え隠れする[橋本 1997; 2008]。

　キルペリクの事例に戻れば，高度な文学的教養を具えた支配者がメロヴィング期からは以後証明されないのも事実である。ローマ帝国末期のセナトル貴族は，文民貴族であると同時に，文芸生活へのコミットによって特徴づけられるが，7世紀にはフランク王国の貴族層が軍事的な性格をいっそう強く帯びるようになる[Wickham 2005]。社会の軍事化がローマ文化の衰退といかなる関係にあったかが問われなければならない。

　ローマ文化というと，一般に都市文明や文字文化を思い浮かべるであろう。これらの面については，大まかにロワール川を境として南を「ローマ風の」ガリア，北を「蛮風の」ガリアと区分することが多い[リシェ 1988]。ガリア南部ではセナトル貴族が司教として都市住民の生活を保障し，なおローマ法が通用し，統治や法の分野で広く文字が用いられていたのに対して，北部では極めて早い時期にローマ文明の痕跡が消えてしまっ

たとする見方が主流であった。この区分に対しても注意が必要である。ローマ帝国末期には売買など所有権の移転をともなう法律行為は都市の文書登録簿に登記されていたが、この手続きに関する中世初期の史料の大半はロワール川流域かロワール川以北の地域から伝わっているのである。またローマ法についても、もちろん変化をこうむりながら、ガリア北部でも継承され実践されていたことが知られる［アツマ 2000;加納 2001］。

教会とキリスト教の浸透

メロヴィング期の始まる5世紀末のガリアでは、ローマ帝国の行政管区を枠組として教会組織が編成されていた。主要な都市には司教座がおかれ、司教の主導のもとに信仰生活が営まれていた。

ガリアにおいて異教の伝統が根強く残っていたことは、トゥールのグレゴリウスの著作やメロヴィング期に著された聖人伝をとおして感じ取ることができる［野口 1990］。そこにはしばしば「偽預言者」が民衆を煽動する様子が描かれている［ル・ゴフ 2006］。彼らはキリスト教の聖人と競合しよう。聖人崇敬については、パトリック・ギアリの論文集や佐藤彰一による研究動向の紹介が有益である［ギアリ 1999;佐藤 2000］。

農村住民へのキリスト教の浸透の証拠を提示してきたのは、とりわけ考古学の発掘調査であった［ミリス 2002］。例えば、ムーズ県のラヴォワ（Lavoye）で発掘された墓地では、6世紀までの墓からは豊かな副葬品がみられるのに対して、7世紀以降は副葬品の量も種類も減る。副葬品の減少は、しばしば農村住民へのキリスト教浸透の証拠とみなされてきた。だが近年では、副葬品は民族や宗教の違いの証拠というよりも、むしろ権力誇示の道具として埋葬儀礼のコンテクストで解釈され、その減少は地域社会において有力者の地位が安定した結果を反映しているとする見方が提示されている［Halsall 1995］。

もちろん、墓の証拠から完全に宗教的含意を奪う必要はない。死後の救済に与るために聖人の近くに埋葬する慣行がしだいに広まっていった事実は否定できないからである。埋葬儀礼をはじめとする死者記念や日常生活にかかわるさまざまの儀礼を、教会がわがものとするプロセスが注目され

る[Effros 2003]。

　改宗の外面的な記号だけでなく，改宗が人びとの内面におよぼす変化や改宗者の社会的な地位への影響も重要な研究課題である。これらの問題を論じる際には，ブリューノ・デュメジルが公刊した大著と対峙しなければならないだろう[Dumézil 2005]。

　ガリアにおける修道制は，初期はなお禁欲修行というオリエント的な色彩を強く保っていた[今野 1973]。中心的な役割をはたしたのは，カンヌ沖合のレランス島の修道院である。5〜6世紀の修道院は都市に建設されることが多かったが，7世紀には農村の修道院が急激に増加する。この動きのひとつの大きな推進力となったのは，6世紀末アイルランドからのコルンバヌスの到来であった。彼はブルゴーニュ地方北部にリュクスーユ修道院を創建するとともに，フランク王国各地の有力者と友誼を結び，彼らによる修道院の建設を促進した。コルンバヌスが導入した厳格な戒律は，ヌルシアのベネディクトゥスのそれによって緩和され，いわゆる「混合戒律」が広まることになった。同じく贖罪観念にも大きな変化がもたらされ，それにともなってキリスト教の死後世界観に煉獄が登場することになったことも指摘されている[ブラウン 2006]。

7世紀の転換

　メロヴィング朝の王たちは，カロリング家の王たちと異なり，国王証書に自筆で署名していた。やや遅い時代に作成された史料に基づく証拠ではあるが，ダゴベルト1世が老齢からくる手の震えのためにペンをうまく握れなかったとき，息子に署名を委ねた逸話が伝わっている。証書の署名についての研究は，それなりに多くの俗人が7世紀末頃まで識字能力を有していたことを示している[Tock 2005]。

　7世紀半ば過ぎに国王証書の素材が，エジプトから輸入されていたパピルスから羊皮紙に変わる。8世紀初頭に香辛料も史料に言及されなくなるなど，地中海や東方世界からの輸入品が西ヨーロッパから姿を消す。

　これらの証拠は，かつてアンリ・ピレンヌにより，イスラーム勢力の地中海進出による遠隔地交易の途絶の証拠として引合いに出された。7世紀

のあいだにイスラーム勢力が地中海沿岸地域の大半を占領した結果, 西ヨーロッパ世界は地中海との交易上の結びつきを絶たれ, 以後いわば自給自足的な農業に立脚せざるをえなくなったのであり, この変化こそが古代から中世への決定的な転換を示しているとしたのであった[ピレンヌ 1960]。ピレンヌの観点は主に流通経済に基づくものであり, 批判もとりわけ社会経済史の分野からなされ, ヨーロッパ内部の経済発展がより重視されるようになった[森本 1978]。交易ネットワークについていえば, ガリア北部の商人たちは, その活動の領域をしだいに北海やスカンディナヴィアあるいはブリテン島との取引へと移し, オリーヴ油に代えて蜜蠟や獣脂, 地中海産のワインではなくライン地方などで生産されるワインを扱うようになったのが知られる。同じくパピルスから獣皮紙への変化については, それを国家・社会構造の変化と関連づける見方も提出されている。パピルスは葦を素材としており, 軽いが非常にもろいのに対して, 獣皮紙はより耐久性に優れている。それゆえ前者は, 長期的な保管を目的としないような文書を多用する国家における使用に適しているのに対して, 後者は特権状や権利証書のような文書が国家や社会の維持に基本的な役割をはたした時代にふさわしい素材であり, いわば官僚制的な国家から「中世的」な社会への変化の過程で, 獣皮紙への需要が高まったという[Innes 2007]。

　7世紀のあいだにはほかにもさまざまの根本的な変容がみられる。古典荘園制の登場, ソリドゥス金貨からデナリウス銀貨への基軸貨幣の移行, 門閥ネットワークの形成, 大陸と島嶼地域との諸分野での交流の進展などである。佐藤彰一の大著『修道院と農民』は, こうした変化を視野におさめながら, 7世紀後半トゥールのサン・マルタン修道院から断片的なかたちで伝わる会計文書に基づいて, 農村社会の具体相とその歴史的な特徴を考察したものである[佐藤 1997]。

メロヴィング国家の性格

　メロヴィング家の王は肩まで長髪を垂らしており, これは王家の成員にのみ許されていた。王はその姿を印章に刻ませており, 長髪は国王権威の記号として機能していた。かつてこの長髪は, ゲルマン的な神聖王権説と

結びつけられて解釈されたこともあったが、いまやこうした見方をとる研究者はごくわずかしかいない。

 長髪の起源の問題は措くとして、メロヴィング家が他の有力家門とは異なる諸規則に律せられていた証拠はいくつもある。例えば、知られる34名の王の半数近くは未成年のまま即位し、王としての権限を行使している。メロヴィング家には一般の自由人の未成年が受けた法的拘束は通用されていなかったのである[Offergeld 2001]。同じくメロヴィング家の結婚や相続慣行は、彼らがフランク王国内に王家の親族をできる限り広めないように配慮していたことを示している[佐藤・池上 1997]。ゲルハルト・リュビッヒの表現を借りれば、メロヴィング家は「絶対的な」家族であった[Lubich 2008]。その死の間際に自分の親族でもあったフランク小王たちを抹殺したクローヴィスの子孫たちは、メロヴィング家が他の有力家門から超越するような仕組をさまざまの面で築き上げていたのである。

 メロヴィング期の軍隊については、その構成に着目した研究[森 1988]や、生活物資や財貨の獲得という戦争の性格を王権論と絡めて論じた考察がある[佐藤 2000]。ともにローマ末期からの伝統の持ち分を考慮に入れている点が、この王権の性格の理解にとって重要である。

 古代からの連続か断絶かという議論において、租税制度の問題を避けてとおることはできない。カロリング末期までローマの租税制度が存続したとするジャン・デュリアの極端な連続論が有名だが[Durliat 1990]、地方的な差異をともないながら7世紀のあいだには消滅したとみるのが妥当であろう[佐藤 2000]。王権論との関連でいえば、租税制度の残存の仕方やその消滅が、王権の財政的基盤に与えた影響を解明することが課題となる。王領地の贈与や、国王役人が立ち入り貢租などを徴収するのを禁じるイムニテート特権の付与、さらには流通税の問題とも絡めて、王権の財政状況を検討する必要がある。

 王国統治についての検討は、この国家の独自性を照らし出すのに不可欠な作業である。宮廷については、6世紀において王妃や王息も独自の宮廷を有するという宮廷の複合的構造を明るみに出した佐藤の研究を数えるくらいであり、研究が進んでいるとはいいがたい[佐藤 2000]。史料の絶対

的な少なさとその解釈の難しさにもかかわらず，統治において宮廷が有していた意義の解明が急がれる。

メロヴィング王国の地方統治は，地域的な多様性，すなわち斉一的な行政組織の不在によって特徴づけられるが，その要となったのが都市の伯であることに変わりはない。伯をめぐる問題については，森義信による的確な研究動向の整理がある[森 1988]。王権による地方統治の「ゆるやかさ」を印象づけるのは，伯の下僚とみなされるウィカリウスや，地方で王領地の差配をおこなうトリブヌスの活動である[佐藤 2000]。

地方統治への王権の介入のゆるやかさは，地方において司教が事実上の支配者として君臨していた事情と関係していよう。古代末期からセナトル貴族がいっせいに司教職に進出するとともに，司教には司牧の役割を超えて，仲裁裁判権など世俗的な役割が委ねられていた。メロヴィング期における国王権力の性格の変遷は，この「司教支配体制」との関係によって定まった部分が大きいはずである[佐藤 2000；2004a]。近年では，メロヴィング後期からしだいに王権がキリスト教化していくことが指摘されているが，その背景として王権と司教権力との関係においていかなる変化が生じたかが解明されなければならない。

2 | カロリング朝の興隆

カロリング権力の台頭

カロリング家の祖先は，クロタール2世が息子ダゴベルト1世をアウストラシア王として送り出した際に若き王の助言者として定められた宮宰ピピン1世とメッス司教アルヌルフにまで遡る。ピピン1世の娘ベッガとアルヌルフの息子アンセギゼルの結婚から生まれたピピン2世の時代に，カロリング家は決定的な飛躍を遂げた。カロリング期に宮廷と密接な結びつきをもつ人物によって書かれた『メッス年代記』は，687年にペロンヌ近くのテルトゥリィの野でネウストリア勢力に勝利したのち，ピピンが王国支配の実権を握ったとしている。

714年にピピンが没したときに，宮宰職を継承したのは，第一の妻プレ

クトルードとのあいだの孫でなお幼年のテウドアルドであった。もう1人の妻アルパイダから生まれた息子カールは相続から排除されたのであった。カロリング家内部の相続争いは再びネウストリア勢力に力を与えたが、幽閉状態から逃れたカールがアウストラシア軍を再編し、717年、718年と連続してネウストリア軍に勝利し、その優位を確立した。カロリング家が王国支配の実権を握ったのは、720年頃とみられる[Fouracre 2000]。732年にトゥール・ポワティエ間の戦いでピレネを越えて侵入したイスラーム勢力に勝利したカールは、737年にメロヴィング王テウデリク4世が没したあと、新たに王を即位させることなく741年まで統治した。このカールは、教会領を国庫領のようにみなして収公し、自分の家臣にベネフィキウム（恩貸地）として分配することによって強固な騎兵軍を組織したことでも知られる。

さて、カールの死後フランク王国は、その息子ピピン（3世）とカールマンとのあいだで分割された。2人は743年に再びメロヴィング家からキルデリク3世を王位にすえた。王国支配に対する野望がより強かったようにみえるカールマンが747年にモンテ・カッシーノ修道院に隠棲することを決意したのち、単独支配者となったピピンが751年にフランク王に即位したのであった。

アウストラシアの一有力家門であったピピン家が、どのようにしてメロヴィング朝に取って代わるほどの権力を確立したかについては、多様な側面から検討が施されてきた。婚姻を通じての土地財産や人的繋がりの拡大の面で、ピピン2世の時代に重要な展開がみられる。彼の妻プレクトルードの家系は、アルザス北部からケルンにいたる地域に根をおろし、リエージュ一帯でも活動していただけでなく、バイエルン地方の有力家門とも姻戚関係にあった。カール・マルテルの母アルパイダが、北海交易の拠点のひとつであるマーストリヒトに基盤を有する家門の一員であったとするリチャード・ガーバーディングの推測は史料根拠を欠いているものの[Gerberding 1987]、ピピン一門が北海交易の主導権を握るフリーセン人[Lebecq 1983]と争っていたことは確実である。また、カロリング家の宮宰もしくはその成員が、7世紀末からパリ伯の職を兼任もしくは担当して

いる事実は，明らかにサン・ドニの年市で徴収される流通税収入が魅力的となっていたことを示している。カロリング家の上昇が経済構造の変化といかなる関係にあったかをさらに掘り下げて論じた研究が待たれる。

もちろん，ピピン一門が世襲するのに成功した宮宰職の意義を過小評価してはならない[Heidrich 1989]。国庫領の差配というこの官職の機能に着目したシュテファン・エスダースの研究は，特権の不正取得の斡旋などを通じた財の蓄積というローマ的な行政システムの継承を重視している点が注目される[Esders 1997]。

ピピンの即位と塗油儀礼の導入

751年の末,「すべてのフランク人の助言と合意」によって，ピピンが王位に即くことが決定された。この決定はただちに使者を通じてローマ教皇に伝えられた。その際にフランクの使者は教皇ザカリアスにつぎのように尋ねた。「現在フランク王国では王は王の potestas（権力）を有していない。これは良きことか否か」。ザカリアスは，「王の権力をもたない者よりも，もつ者が王と呼ばれるにふさわしい」と返答し，ピピンが王になるように命じた。そして同年のおそらくクリスマスの日に，ソワソンにおいて司教たちによる塗油とフランク人たちによる恭順の儀礼でもって，即位式が執りおこなわれた。

このできごとはたんなる王朝交代という事実をあらわすにとどまらず，中世的な政治秩序の形成にとって2つの点で決定的な転換点を画すものとみなされている。第一に，王権と教皇権力との結合である。第二に，王の即位式に旧約聖書のイスラエルの王ダビデをモデルとした塗油の儀式が導入され，国王権力が教会イデオロギーによって支えられるようになったことである。カロリング朝の王は「神の恩寵による王」となり，西洋キリスト教世界の平和を保障することを自らの任務とするようになる。世俗権力と教会権力との密接な関係に規定される秩序としての西洋中世世界の基礎がここに築かれた。

ピピンは754年7月28日にも，ランゴバルト人の攻撃に対して，フランクの支援を求めてパリまでやってきた教皇ステファヌス2世から，サン・

ドニ修道院で塗油を授かっている。その際にピピンは妻ベルトラーダのみだけでなく、2人の息子シャルル(〈カール〉、シャルルマーニュ)とカールマンとともに塗油を施された。751年の即位式について、同時代の史料が司教たちによる consecratio(聖別)しか語っていないのに対して、754年については unctio(塗油)を語っているので、754年にはじめてピピンに塗油が授けられたとする見解もみられる[Semmler 2003]。これはやや過剰な史料解釈だが、年代記などの歴史記述をできる限りその成立の時期や書き手などに注意をはらって解釈しようとする近年の研究姿勢を反映している。

ともかく、この時期にはまだ塗油は一生に一度しか受けられないものではなかったし、751年の塗油儀礼と754年のそれとでは意味合いが微妙に異なっていた。前者がクーデタ政権の正統性を、後者が支配王家としてのカロリング家のそれを保障するものであったというだけではない。ピピンにとっては、754年に自分の子どもにも塗油を施してもらうことによって、奇妙にもちょうどこの頃フランク王国に戻っていた兄弟カールマンの動きを牽制(けんせい)する意味があった。他方で教皇は、洗礼においても塗油がおこなわれていたので、塗油を授けることにより、フランク王とのあいだに霊的な結合関係を、しかも自分が優位に立てる擬制的な父子関係を築こうとする思惑をもっていたとされている[Angenendt 2004]。

シャルルマーニュの帝国——征服と統治

768年にピピンが没したのちフランク王国は2人の息子カールマンとシャルルとのあいだで分割されたが、カールマンがその3年後に亡くなったため、771年からはシャルルが単独の支配者として君臨することになった。彼はフランク王国の領土を、西はピレネから東はエルベ川まで拡大し、また476年以来失われていた皇帝の地位を復活させた。こうした偉業は、シャルルをしてまさしく歴史上の大人物にしている[ブウサール 1973;フォルツ 1986;五十嵐 2001;Mckitterick 2008]。

シャルルの名声は、800年の皇帝戴冠式よりもずっと早くから広まっていた。ランゴバルト王国征服(774年)の翌年、したがって、なおその領土拡大のさなかにある時期に、イングランドの聖職者カトブルフスはシャル

ルに宛てた手紙のなかでこう述べる。「神があなたを、ヨーロッパ王国の栄光の高みに引き上げ給うた」[出崎 1997]。類似の表現は、皇帝戴冠の直前に書かれたとされる叙事詩『シャルルマーニュとレオ教皇』にもみられ、そのなかでシャルルは pharus europae (ヨーロッパの灯火)、pater europae (ヨーロッパの父)と形容されている。ここでいう「ヨーロッパ」は、フランク王国ではなく、その境界を越えて広がり、そしてさらに広がるべきキリスト教世界であり、シャルルマーニュという、神から地上での統治を委ねられた支配者に導かれる世界である。

シャルルマーニュは800年の皇帝戴冠にいたるまで、ほぼ毎年のように出征している。だが彼の軍事遠征は、なんらかの前もっての統一的な計画にそっておこなわれたわけではなかった。774年のランゴバルド王国の征服は、ランゴバルド人の進軍によって脅威にさらされていたローマ教皇庁からの援助要請がきっかけであったし、帰途に「ロンスヴォーの悲劇」として知られる敗北を喫した778年のスペイン遠征も、イベリア半島でのイスラーム勢力同士の争いのなかでの援軍要請をきっかけとしていた。パンノニアの征服は、フランク王国に侵入を繰り返すアヴァール人を撃退した結果であった。対外戦争においてやや趣を異にするのは、30年近く続いたザクセン人との争いである。シャルルは執拗なまでに異教徒たるザクセン人の征服に固執していたようにみえる。シャルルがレオ教皇からもちかけられた皇帝戴冠を受け入れたのは、王制を知らないザクセン人に対する支配を正当化するためであったとする見解も出されているほどである[Mayr-Harting 1996]。この説の当否はともかく、イタリアやバイエルンやアキテーヌとは違って、ザクセンに副王的存在が設置されなかった事実は、シャルルが地域の伝統を考慮に入れて統治したことを示している。

シャルルマーニュはフランク王国の統治制度の改革にも着手する。メロヴィング期には知られていないという点でとくに重要なのは、中央から派遣され、王の命令を伝達・執行するとともに、地方役人を監督する国王巡察使の制度の導入である[五十嵐 1988]。巡察使は、しばしば司教もしくは修道院長と伯の2名から構成されていて、統治における聖俗パートナーシップの理念を反映している。とはいえ、巡察使管区は王国の中核地帯に

しか設定されておらず,周縁地帯は regnum(レグヌム)として組織されており,たいていは副王的な役割をはたす信頼に足る人物にその統治が委ねられていた[Werner 1980;山田 1992]。

ルイ敬虔帝──キリスト教帝国の統治

シャルルマーニュが814年に没したとき,その王国を継承したのは781年からアキテーヌ王に任じられていたルイであった。2人の兄シャルルとイタリア王ピピンは数年前に亡くなっていたからである。シャルルマーニュは長男シャルルを手元において自分の後継者にしようと望んでおり,ルイはいわばアキテーヌに閉じ込められた状態にあったため,父とはあまり接触がなかった。このためもあってか,ルイの政治はさまざまな面で父のそれとはかなり異なっている。

ルイは早くも817年に「帝国分割令」によって王国の相続を前もって定めているが,ここには「キリスト教皇帝」としての自己理解があらわれている[日置 1979・1980]。アーヘンの王国集会において,3日間の断食と祈禱ののち,長男のロタールが皇帝の後継者となることが決定された。ロタールはただちに戴冠されて共同皇帝となった。その弟たちピピンとルートヴィヒは,それぞれアキテーヌ,バイエルンの王となり,ルイの死後は長男ロタールの支配に服することが定められた。父シャルルマーニュと違って国王証書において rex Francorum(フランク人の王)ではなく,imperator augustus(尊厳者たる皇帝)と名乗ったルイは,フランクの伝統となっていた分割相続よりも,普遍的で不可分の帝国という理念を重視したのであった。

だがこの決定は,823年ヴェルフェン家出身の王妃ユーディットとのあいだに息子シャルルが誕生したことによって,修正をよぎなくされる。829年8月ルイは王国集会を召集し,アレマニア,ラエティア,アルザス,ブルゴーニュの一部をシャルルに与えることを予告する。この決定に不満をもったロタールが,ヴェルフェン家の重用により統治から排除されたオルレアン伯マトフリドゥスやトゥール伯ユーグらとともに叛乱を起こし,ルイを監視状態におく。ルイはいったんピピンとルートヴィヒを引き込むのに成功し,ロタールは831年にイタリアに追放されるが,ピピンもルー

トヴィヒも父がユーディットに操られていることに不満を残したままであった。833年には3人の息子が再び父に叛旗を翻す。ルイは同年10月にソワソンのサン・メダール修道院で司教たちによって罷免されたのであった。だが、争いはこれで終わらなかった。ロタールが権力を独占しようとしたために、弟たちは再び父の側につき、834年3月ルイは復位をはたした。ルイは840年まで皇帝の地位にとどまるが、その権威をおおいに失墜させたのであった。

近年この皇帝の治世に対する再評価の動きがみられるが[Godman and Collins 1990]、カロリング家の支配者のなかで唯一その国王証書集が編纂されていないこともあって、研究の進捗具合は芳しくない。これまでの研究が示すルイ敬虔帝の像は、その添え名が示すように、キリスト教の美徳を支配理念の要にすえた支配者である[Werner 1990]。

カロリング・ルネサンス

カロリング・ルネサンスとは、シャルルマーニュとその後継者たちの宮廷で栄えた学問や芸術、建築に対して与えられる呼称である。

この文芸復興の動きにおいて、とりわけその初期に外国人がはたした役割がよく知られる[ヴォルフ 2000；リシェ 2002]。ランゴバルド王国征服後シャルルはピサの文法家ペトルスを呼び寄せている。同じくイタリアからはアクイレイア司教パウリヌスや、『ランゴバルド史』を著したパウルス・ディアコヌスがシャルルの宮廷で活動した。スペインからの亡命者がはたした役割も忘れてはならない。ビザンツとの聖画像論争においてフランク側のリーダーとして論陣を引っ張ったのは、西ゴート人のオルレアン司教テオドゥルフスであった。イングランドやアイルランドからも多くの知識人がやってきた。ヨーク出身のアルクインのほかにも、デュンガルやクレメンスらがいた。とくに有名なのはシャルル2世禿頭王の宮廷で活躍したアイルランド出身のヨハネス・スコトゥス・エリウゲナで、ギリシア語に秀でていた彼のおかげで、弁証法が復活した。

この「ルネサンス」において、しかしながら、古代との関係は曖昧である。シャルルの宮廷では古代の作家や作中の登場人物の名前で呼び合う慣

習があったし，例えばアインハルトはスエトニウスの『ローマ皇帝伝』をモデルにシャルルの生涯を記した。だが，古典作品の内容そのものに対する関心は薄かったようである。例えばアルクインは，自らは幼少期にウェルギリウスの作品に親しんでいたが，修道院の修練士にはこの古典作家の著作を読むのを禁じている。そもそも，シャルルの宮廷サロンに集った人びとは，同時に聖書からとられた綽名で呼び合っていた。カロリング・ルネサンスは本質的にキリスト教的であり，聖書や典礼書などの正確なテクストの流布を通じて，キリスト教徒の民と同一視された王国住民の救済を実現するための，王権によって主導されたある種の社会改良運動の性格を強く帯びていたのである。その理念をもっともよくあらわすのは，789年に出された『一般訓令』であり，邦訳されている[河井田 2005]。

カロリング期の文化に関して，わが国では教会改革や民衆教化[五十嵐 1987；小田内 1994；多田 1995]，そして教育[岩村 2007]が主要な論点として研究が進められてきた。同じくカロリング・ルネサンスにおける古典ラテン語への復帰の志向が，ラテン語によるコミュニケーションにおよぼした影響も考察されている[佐藤 1995；梅津 2001]。

経済と社会

中世初期の経済発展において，古典荘園制がはたした役割が議論の中心となっている。一般に，ロワール・ライン間の地域で荘園制が発達したのに対して，フランス南部では独立自営農民が多勢を占めていたとされている。前者については森本芳樹の一連の実証的な研究が有益である[森本 2003；2005]。後者については，低地ラングドック地方におけるマンス（農民保有地の単位）を研究した桂秀行の論考が，古典荘園制がここで成立しえないことを確認している[桂 2004-05]。近年では，荘園制説への批判が高まっているが[佐藤 2004a]，カロリング期農村社会の多様性と特質とを，より広い歴史的コンテクストのなかに位置づけることが必要であろう。

カロリング期には農村のみならず，都市においても土地の支配が重要な支配の基盤となっていた[佐藤 2004a]。遠隔地商業を基準として中世初期における都市の不在をみるかつての見方は，現在では，在地交易に目を向

けた，よりゆるやかな都市の定義に取って代わられている［フルヒュルスト 2001］。農村との関係から都市をとらえるこうした視角は数々の研究成果をもたらしたが，史料の偏りもあって実証研究が進んでいるのは，修道院の流通への関与である［丹下 2002；森本 2003；2005；多田 2007］。そこでは，貨幣が取引に用いられる場合もあったとされているが，中世初期において貨幣は何よりもまず計算単位として用いられたとし，経済の領域における貨幣使用の広がりをより高く見積もろうとする態度をいさめるジャン＝ピエール・ドゥヴロワの指摘に耳を傾けねばならない［Devroey 2003］。また，最近ではカロリング期の奴隷交易の意義を高く評価するマイケル・マコーミックの著作が出されていて［McCormick 2001］，遠隔地交易もカロリング経済にとって重要であった事実を示している。

かつて一世を風靡した国王自由人学説，カロリング期の勅令などにあらわれる自由人は，国王に対して特別な従属関係にある自由人だとする説は，現在では言及されることすらまれになっているが，カロリング期の自由人に関する重要な研究をわが国でも生み出している［森 1989；佐藤 2004a］。この時期の社会構成と関連して，すでに騎士身分がカロリング期に成立していたとする研究もみられるが，同じく9世紀後半にあらわれる三身分社会論(祈る人，戦う人，働く人)との関係は定かではない。なお，三身分社会論は機能による分類であるが，法的資格を含めて他の観点を基準とした分類も存在したことを忘れてはならない。

3│ポスト・カロリング世界へ

帝国の政治的分裂と西フランク王国の誕生

840年におけるルイ敬虔帝の死は，統一帝国の終りを告げるできごとであった。父の死を聞いて最初に動いたのは長子のロタールであった。彼はすぐさまイタリアからアーヘンの宮廷にやってきて，817年の「帝国分割令」の適用を要求した。だが，この要求はその兄弟たちには受け入れられなかった。なぜなら，ルートヴィヒはすでに帝国東部を与えられており，そこにしっかりと地盤を築いていたし，アキテーヌのピピン2世の勢力と

争っていたシャルルは、その支配領域は極めて狭い地域に限られていたが、17歳と若く野心に満ちていた。ルートヴィヒとシャルルは連合軍を結成し、841年6月25日ロタール軍とオセル近くのフォントノワで対峙し、勝利をおさめた。

　この勝利は決定的であった。ロタールは敗北を認めず、新たに軍隊を編成するが、ルートヴィヒとシャルルは兄を罷免して帝国を二分しようと目論む。そして、結束を強化するために、842年2月ストラスブールで誓約をかわす。それが、古フランス語の最古のテクストとして知られる「ストラスブールの誓約」であり、シャルル側の伯であったニタルドゥスが著した『ルイ敬虔帝の息子たちの歴史』によって伝わっている。ルートヴィヒは古フランス語で、シャルルは古ドイツ語で互いの兵士に対して援助を約束した。この約束をへて、両軍はロタールの拠点たるアーヘンに進軍し、この首都を占拠した。彼らはまず2人で分割を画策したが、ロタールからの使者の要求を受け入れて、兄弟3人で分割することとなった。分割にあたっては、とくに3つの点が考慮された。第一に、公平な分割、すなわち3人が同じ特権、同じ価値の財産を有するよう調整された。第二に、それぞれの王がもともとの支配領域を基盤とした地域を得ることである。そして第三に、貴族層がただひとつの王国にのみベネフィキウムをもつように配慮がなされた。同時に2人以上の王に忠誠を誓う事態が生じないようにすることは、貴族層にとっても重要だったからである。

　これらについての調査と何回もの交渉をへて843年8月にヴェルダンにおいて、その分割線が最終的に確定された。長男のロタールは、フリースラントから旧ブルグンディアの東半分をへてイタリアを含む地域を獲得した。ルートヴィヒにはそれより東部が与えられたのに対して、シャルルはその西、すなわち大まかにエスコー、マース、ソーヌ、ローヌ川より西の地域を獲得した。かくして、古都パリやソワソンを宮廷として有し、ガリアとフランクの過去を色濃くとどめる西フランク王国が誕生した。

シャルル禿頭王の時代

　兄2人と違って、ルイ敬虔帝の時代に確固たる「下王」の地位を築いて

いなかったシャルル2世禿頭王が最初にすべきは，王国内部の平定であった。アキテーヌ地方では王位の相続を要求するピピン2世のもとに貴族層が集まっていた。ブルターニュ地方もまだシャルルの支配を認めておらず，ノミノエを中心に叛乱状態にあった。シャルルはまず，王国の運営に不可欠な貴族層の協力を確保しなければならなかったのである。843年11月に，ロワール川中流のクレーヌでシャルルは聖俗の貴族層に対して大幅な譲歩をする。「各人は他人のhonor（官職や財産）を尊重しなければならない」とする決定がくだされた。同じく，王は教会財産を自分のために使ってはならないことが約束された。こうした条件は貴族層が王に提示したものであり，王はそれを受け入れ，契約書に署名しなければならなかった。シャルルの王権は，「契約に基づく王権」[Depreux 2002]として始まるのである。

興味深いことに，シャルルの治世末期に官職の世襲を認めるような勅令が出されている。それは，シャルルがローマ訪問のためしばらくフランク王国を離れる際に，彼が不在の時期の王国統治について定めた877年6月キエルジーの王国集会の結果を記したものである。この勅令では，王の不在中に伯が死亡した場合には，その息子が伯となることが定められている。そして続いて国王の家臣についても同じ処置がとられるように命じている。これらの規定はかつてフランソワ＝ルイ・ガンスホーフによって，官職やベネフィキウムの世襲を認めたものと解釈されてきたが[ガンスホーフ 1968]，これに対する反論もみられる。たしかにこの法令は臨時的な措置であるが，官職の世襲を王と貴族層が協議によって，いわば正式に認めることになったのが，もともと貴族層に対して弱い立場にあったシャルルの治世であることは示唆的である。

843年のクレーヌ条約の規定力をいっそうあらわにするのは，王権と教会との関係である。シャルルの政治顧問として活躍したランス司教ヒンクマールは，858年に開かれたキエルジー教会会議の決定をまとめて，シャルルとルートヴィヒ・ドイツ人王に宛てた書簡のなかで，教会財産を己の財産のように利用して家臣に分け与えたカール・マルテルが地獄で衰弱しているという幻視物語を伝えている。すでに父ルイ敬虔帝の時代から顕著ではあったが，シャルルもまた不正に奪われた教会財産を返還する国王証

書を数多く発給している。

シャルルはかくして,より「制度的な」統治に頼らざるをえなくなる。王国会議やその決定を記した勅令の多さや,勅令の形式確保への志向の背景には,こうした歴史的事情が存したに違いない[Goldberg 1999]。シャルルの治世はまた,8世紀末から侵入が証明されるノルマン人の侵略活動が活発化した時代でもあった。パリのサン・ジェルマン・デ・プレ修道院は845年から886年のあいだに3度も略奪の被害に遭っている。ノルマン人は諸修道院を荒らすのみならず,財貨を得るのにもっとも効果的な手段として,しばしば有力者を人質にとり身代金を要求した。その資金の調達のため,シャルルは王国住民から臨時的な税の徴収をおこなっている。それができたこと自体に,シャルル治世の統治水準の高さが反映しているかもしれない[Nelson 1994]。

フランスの王統ロベール家と貴族層

870年のメールセン条約によってロレーヌ王国の西半分を獲得したシャルル禿頭王は,877年にイタリアからの帰途病に斃れた。その跡を継いだのは息子ルイ2世吃音王であるが,彼は879年4月10日に没する。ルイ吃音王没後の政治状況は混乱を極めた。879年10月には,カロリング家の出身ではないヴィエンヌ伯ボゾがプロヴァンス地方の王に選出されている[岡地 2002;2006]。彼は中部フランキアからシャルル禿頭王のもとでの勤務へと移った人物で,王からプロヴァンス地方の統治を委ねられ,この地の最有力貴族となった。ボゾは881年に没する。885年にゴズランを筆頭とする西フランクの貴族層は,東フランク王国を単独で支配していたカール肥満王に西フランク王位を委ね,ここに一時的にではあるが,フランク王国が再統一される。だがこのカールも,887年11月に東フランク王カールマンの庶子アルヌルフによって罷免されてしまう。

その後888年2月に西フランクでは,王国全体としてはじめてカロリング家以外の家系から王が選ばれることになった。当時カロリング家には8歳になるシャルル3世単純王がいたにもかかわらず,西フランクの貴族層はパリ伯ウードを王に選出した。ウードは885年10月からパリを占拠して

いたノルマン人に勝利したことでその実力を認められた人物であり、カペー朝の祖先ロベール・ル・フォールの息子であった。ロベールは840年頃にライン中流地域から西に移動してシャルル禿頭王に仕えるようになり、王からトゥール、アンジェ、オルレアンの伯職を、さらにトゥールのサン・マルタン修道院長職を得ている。したがって、フランク王国西部、とりわけロワール川流域を中心とする地域でロベールが築いた権力は、王から与えられた官職や修道院長職に基づく部分が大きい。

ウードの弟のロベールもまた922年に西フランク王位に即いている。彼がその翌年に没すると、その娘婿であるブルゴーニュのラウルが王位を継承した。936年のラウルの死後王位は再びカロリング家に戻るが、イングランドからシャルル単純王の息子ルイ4世渡海王を呼び戻したのは、ユーグ・カペーの父ユーグ・ル・グランであった。

カロリング末期の国家と社会

843年ヴェルダン条約以降のカロリング王国の歴史は、王権の弱体化とそれにともなう貴族権力の上昇という図式で描かれることが多い。通説的な理解によれば、9世紀末頃までに幾人かの貴族が名前を除くあらゆる点で王のように振る舞い、カロリング家を必要としなくなった。

だが、近年ではイギリスやアメリカの研究者によって、カロリング末期においてもなお国王権力が健全であったとする見方が打ち出されている。カール3世肥満王の治世を再検討したサイモン・マクリンは、ネウストリアのウード、ブルゴーニュのロベール、アキテーヌのベルナール・プラントヴリュ、フリウーリのベレンガリウスといった有力者の権力がどれほど王との密接な関係(ドイツ語でいう Könignähe)に依存していたかを強調している[MacLean 2003]。9世紀末に危機があったとすれば、それは王家の男子が不足したことであるという。

この見方は、パトロネジを通じた王と有力者の結びつきがカロリング国家運営の軸となっていたとするマシュー・イネスの画期的な研究に多くを負っている[Innes 2000]。イネスは、近代的な国制概念を用いてカロリング国家を検討してきたこれまでの研究を批判し、カロリング期の統治の特

徴は非形式性と個人的な結合関係にあったとする。シャルルマーニュは地方の有力者を種々の手段を通じて王の保護下に取り込み，彼らの自立的な権力を，国王との結合関係に依存するそれへと変容させた。ゆえに，地方貴族の権力は王のパトロネジなしに保持されえない性格のものであったという。この図式に従えば，843年の王国分割はパトロネジの源泉である王の数を増やしたので，このカロリング的な統治システムは機能しつづけるのである。

　分割後のそれぞれの王国では王と貴族との関係は一様ではないし，またそこに教会や修道院という要素も絡めて王権のあり方を検討しなければならないだろう。基本的にイネスの理解を継承しているが，アルザス地方における有力家門と修道院との関係の変容を論じたハンス・ハンマーの研究が参考になる[Hummer 2005]。また他方では，分割以前の時期の統治構造の捉え方によって，カロリング末期の権力状況の解釈も異なってくるはずである。ゆえに，王権の弱体化を唱える伝統的な見方か，逆にその相対的な健全さを主張する近年の見解どちらが適切な歴史認識であるかを判断するには，なお研究の積重ねが必要であろう。

加納　修

第3章

カペー朝からヴァロワ朝へ

　この章が扱うのは、中世と名づけられた1000年におよぶ時空の広がりのうち、後半部分に属する500年である。世紀でいえばおおよそ11世紀から15世紀の終りまでがこれに相当する。この時間の流れのなかで、「フランク人の土地」を意味する「フランキア」(Francia)から、フランスへの変容が進展し、国土のおおよその形姿が定まり、ラテン語に発するフランス語が、話し言葉としても、書き言葉としてもその骨格を整えた。文化的個性は近世にはいってもなお無視できない変化を示したものの、フランスの特徴であるそれぞれの地方色の基調が顕著となったのはこの500年間の変転においてであった。その点からすれば、この時代はカロリング帝国の解体によって、ドイツの歴史と、そしてベネルクス3国およびイタリアの歴史と袂を分かち、フランスの歴史がおぼつかないながらも独り立ちし、独自の道を歩み始めた時代でもある。フランク人が築いた大帝国の政治的・文化的遺産を、かつてその属領であった国々と等しく共有しながらも、他の国々同様にこの500年の時間の経過のなかで、フランスは自らの文化的アイデンティティを彫琢したのであった。

　ジュール・ミシュレが中断の時期も含めてその執筆に40年を費やしたその『フランス史』において、11世紀以後のフランス中世の叙述を始めるにあたって、フランスを構成する各地方の自然や文化、風土を丹念に描写し、解説した「タブロー・ド・フランス」の素晴らしい1節を設けたのは、彼が生きた今のフランスに直結する時代の幕開けであるという歴史認識によるのである。彼が賛美した人間性と啓蒙への到達には、さらに多くの血と汗と涙が流されねばならないものの、はるかな地平に近代が望まれる時代として認識されている。われわれの認識も、すでにふれたようにミシュレとこうした時代展望をともにしている。

この章は3つの節に分けられる。第1節は「王権の確立」と題して、主に政治権力と支配構造に焦点を合わせる。第2節は「中世フランスの社会と文化」という標題のもとに都市社会の成長や、大学や教会、思想の問題を論じ、第3節「百年戦争と近世の胎動」では、フランス王国が直面した外交的側面も含めて、中世後期に固有な諸問題を軸に論を進めることにする。

1 │ 王権の確立

カペー王権と大公権力

987年5月に、西フランク王国で国王ルイ5世がサンリスの森で狩猟の最中に落馬し、打ちどころが悪く死にいたったとき、カロリング家の血筋を引く王位継承者は絶えてしまった。時をおかず、6月初めにサンリスで王国会議が開かれ、フランキア大公のユーグ・カペーが国王に選出され、新しいカペー朝が西フランク王国、すなわちフランス王国の王家として支配を開始した(7月3日)。同時代の修道士リシェが著した『フランス史』によれば、大公ユーグは「フランキア人、ブルトン人、ノルマン人、アキテーヌ人、ゴート人、スペイン人、ガスコーニュ人の王」と宣言され、即位した。ユーグが大公位を占めた「フランキア」とは、もはやそもそもの語源となった「フランク人の土地」の意味ではなく、この時代には小フランキア、つまりイル・ド・フランスと呼ばれるパリを中心にした地方のことであった。ちなみにその空間概念の歴史的変遷についての最良の研究は、依然としてマルク・ブロックの古典的研究である[Bloch 1913]。

ところで先に引用したように、リシェはフランス王としてのユーグに服属したフランス各地方の人びとの名前を列挙している。これはたんに漠然と地方の名称を列挙したものか、それともなんらかの明確な政治的単位を念頭においての列挙であったのかが問題である。多くの研究者は後者と考えているが、そのうえで考えなければならない微妙な難問がある。それはこれら一連の地方が、なんらかの政治的なまとまりとしてあげられているのかどうかであり、もしそうであるならば、これらの地方的な組織が王権

とどのような関係を取り結んでいたかである。

　前者の問いに関して，すぐに想起されるのはプランシポーテ（領邦）論である。第二次世界大戦後まもない頃に発表されたヤン・ドーントの著書『フランスにおける領邦誕生の研究』は，領邦はひとつの君主国であり，そこでは大公あるいは伯の肩書を具えた君主が，かつて国王のみが行使した大権を自らのものとし，独立の主権者として行動したと説いている[Dhondt 1948]。彼の説はジャン゠フランソワ・ルマリニエをはじめとする戦後派の多くの中世史家に受け入れられた[Lemarignier 1970]。だが，他方で領邦君主の支配を，王権から政治的に完全に独立した存在ではなく，国王が公法上の委任を通じて君主たちに統治機能を託したとみるべきであるとする説を唱える歴史家がでてきた。この場合，領邦は王国のたんなる行政管轄区にすぎないということになる。この考えをもっとも強力に唱えたのはカール・フェルディナンド・ヴェルナーであり[Werner 1984]，ヴァルター・キーナストも中世ドイツとフランスの大公称号の体系的比較研究をとおして，ヴェルナーに比べてニュアンスに富むが，基本的にその官職的性格を指摘している[Kienast 1968]。

　領邦君主を国制のうえでどのように位置づけるかにより，初期カペー王権の政治的基盤への評価が大きく変わってくる。すでにふれたように，通説は領邦君主が王権から独立した政治勢力であったとみなしたから，王権を極めて弱体であったととらえた。発足時の王権は，せいぜいパリを中心に半径100キロ程度の空間の実効支配しか実現していない非力な存在であったとみたのである。パリの国王宮廷に伺候し，国王発給文書に署名した貴族，騎士層の出身地を悉皆調査した研究が明らかにしたのは，当時の宮廷人がパリ近辺の非常に狭い地理的範囲から集まった人士によって構成されていたという事実であった[Lemarignier 1965]。これは王権の政治的影響圏が非常に限定されていた証であるとされる。

　しかし宮廷に常時伺候して，必要に応じて証人として発給文書に署名をするという機能を，はたしてそれほど直接に王権の政治的影響力の反映として一義的に解釈するのが妥当であるのか，簡単に答えが出せる問題ではないし，そもそも宮廷に人員を常時張りつけていない領邦には，王権が影

響力行使の回路をもっていなかったと結論づけるのは早計である。中世における政治空間としての宮廷のあり方を，例えばカロリング時代のそれと比較しながら，宮廷参内の政治的機能などと関連づけながら解明する必要があろう。

ところで領邦君主がヴェルナーやキーナストが主張するように，官職的性格が濃厚で，王権は外見とは裏腹に根底においてその統制を維持しつづけたのであり，一見独立してみえる君主たちの行動が，あくまで委任による条件付きの権力行使であったとするならば，ルイ6世の治世(1108〜37年)に胎動し，フィリップ2世尊厳王(オーギュスト)の時代(1180〜1223年)に顕著になる「王権の覚醒」と称される，広く知られた現象を再検討する必要があろう。

封建制・領主制・シャテルニー

社会的・政治的に有力な者と，それに付き従い奉仕する者とが自発的な契約関係で結ばれる封建的主従関係は，カロリング朝社会から存在していた。しかし，この国家体制が破綻し，公権力が弱体化するにつれて，こうした封主と封臣の私的服属関係が社会のなかに浸透し，ついには社会を構成する基礎的な原理にまで発展したとされる。これがいわゆる封建制社会の成立である。その時期や封建制の浸透の度合は地域によってまちまちであり，決して一律ではなかった。先にみた領邦の成立が，そうした権力の分散化現象の現れであるとするならば，そうした傾向は10世紀の30年代に顕著となった。カロリング的な公権力を代表する地方の裁判集会が，おおむね10世紀の中頃に姿を消し，それに代わって封臣によって構成される封建法廷が登場する。pagus(パグス)と呼ばれる国家の地方管轄領域を基礎にした法廷の消滅が，研究において「パグスの解体」として問題提起され，封建化の進展の重要な指標とみなされるようになった。その研究の先鞭をつけたのが，すでに名前をあげたルマリニエである[Lemarignier 1951]。

パグスの解体を促進したのは，在地において公権力を執行していた領主層の自立化傾向であった。こうした領主たちが領民支配の権原としていたのが，公権力に由来する「処罰し，命令する」権利であり，そこからこれらの領主は罰令(バン)領主と呼ばれた。その支配が城を拠点としており，

半径10キロ程度の極めてコンパクトな構成を示しているところから、このような体制は城主支配体制(シャテルニー)とも称される。その形成過程と構造をはじめて明らかにしたのはジョルジュ・デュビーである。彼がブルゴーニュ北部のマコン地方を舞台におこなった研究は、それまでのフランス封建制社会研究を一新する極めて斬新なものであった[Duby 1953]。わが国では下野義朗が、デュビーの研究を踏まえながらマコン地方におけるいくつかの城主家系の丹念な分析をおこない、城主層の政治権力のあり方を浮彫りにしている[下野 1964]。

城塞を拠り所にした城主たちの自立化という現象は、1030年頃になるとマコン地方ばかりでなく、パリ周辺やピカルディ、オーヴェルニュ、プロヴァンス、ポワトゥー、シャルトル、アンジュー、シャンパーニュ、シャラントなど多くの地方でも確認されるようになった[Poly et Bournazel 1980;轟木 2011]。

普通、封建制と領主制とは一緒に語られることが多い。だが、封建的主従関係には、主従のあいだに身分的・政治的上下関係があるとはいえ、双務的な契約関係を基本的性格としているのに対して[Boutruche 1968; Ganshof 1968]、領主制は領主と大多数が農民からなる労働に従事する民との支配関係であり、自発的契約関係ではない。この点で、両者の概念上の差異は無視しえないものがある。ある社会を根底において特徴づけるのは支配関係であるとするならば、中世社会を特徴づけているのは領主制的な側面なのである。デュビーの『戦士と農民』と題したコレージュ・ド・フランスでの講義録は、7世紀から12世紀までの時代枠で、この問題を論じた著作である[Duby 1973]。封建制のもとで封主となる人物は無論のこと、封臣もまた他面ではしばしば領主的存在であるので、封建制と領主制の2つの概念で表現される実体は、相互に深く絡まり合っている。しかしその事実を押さえたうえで、両者を概念上区別するのは、問題を正確にとらえ、議論を明確にするうえで有用なのである。

フランスでの典型的な領主支配は、城主支配体制の形成によって確立した。地方によって遅速の違いはあるものの、おおむね1030年頃がその画期とされることはすでに述べた。中世初期の領主の典型が大土地所有者であ

り，その支配の根幹が土地所有であったのに対して，バン領主は土地の領有とは無関係に，城を拠点に，外敵からの保護の代償として，城塞の維持や守備の負担を領民に求め，軍馬の給養のための賦課租などを取り立てた。土地所有に基礎をおいた土地領主制と異なり，バン領主制の新しさは，その圏域内に居住する人間を自由人であろうと不自由人であろうと，ひとしなみに服属させたその斉一性にあった。

やがて王権は，領主制によって地均しされた末端の機構を底辺にして，封建的絆を上へ上へと積み上げていき，やがて国王を最高封主とする「封建王政」と呼ばれる体制を構築した［木村 1955］。「封建王政」とは封建制の原理に支えられた王政ということであるが，王政とは通例1人の君主が単独で支配する集権体制であり，分権的指向を本質とする封建原理とは相容れないのではないかとする疑問は当然である。カペー朝の王権の連続を考えるならば，封建化と称される事態は二義的であって，王権のイデオロギーの面での超越性は一貫して揺るぎなく確立していたとみられる。優越していたのは，あくまで王法秩序であり，その前提のもとに政治的な序列形成の方式として封建的主従関係が機能したと考えるべきなのである［Reynolds 1994］。この点で興味深いのはカペー王権が長い「まどろみ」から覚めて，ルイ6世，7世をへて，フィリップ2世の治世から本格的にその権力を伸長させたとき，その最大の駆動力となったのは封臣ではなく，「王の扈従」(milites regii) と呼ばれた累代の忠臣層であった事実である［Bournazel 1975］。これは封建的主従の絆で結ばれた君臣関係が，副次的でしかなかったことの一例である。

貴族，「神の平和」および2つの十字軍

支配層に属する者は，どの時代でもそうであるが，それだけで「貴族」とみなされたわけではなかった。真の意味で貴族と認識されるためには，彼らがひとつの法的な身分として認知され，他の人びとがもたないさまざまの特権を享受していなければならない。そうした意味でのフランス中世貴族の出現は，マルク・ブロックによれば，12世紀の現象であった［ブロック 1995］。彼は，12世紀以前に存在する中世の支配層を「事実上の貴

族」と評し,真正のそれと区別している。

「事実上の貴族」が,真正の,法的身分としての貴族に昇華するにあたって重要であったのが,騎士としての機能と表象であった。孤児や寡婦などの社会的弱者を助け,神のために戦うというキリスト教的倫理に支えられた行動規範をもつ騎士のイメージを,「事実上の貴族」が自らのものとし,またそうした騎士家系と縁組をおこなうことにより,彼らは法的身分としての貴族に変身を遂げたのであった[森本 1978]。

時間の針を少し戻して,領主層のなかから貴族身分が形成されるにあたって,武力行使に関する規範の要素ともなった平和運動についてふれておかなければならない。

地方社会でヘゲモニーを握っていたのは,社会集団としていまだ萌芽状態にあった在地の領主層であった。やがてこのなかからバン領主として,城を拠点に城塞支配を担う者たちがでてくる[Barthélemy 1990]。彼らは紛争が起こったとき往々にして裁判ではなく,武力に訴え,また暴力で教会や農民の財産を侵害した。こうした事態の蔓延を前にして,989年にリムーザンのシャルルーでアキテーヌの司教が集まり,略奪と暴力行為の停止を破門の威嚇をもって命じた。その翌年には,ナルボンヌの教会会議がシャルルーの禁令の遵守を,領主たちに誓約させた。これが「神の平和」運動の発端であり,この運動は1020年代にはソワソン,ボーヴェ,アラスなどの北フランスの地方にも広まった[テッブァー 1975;Barthélemy 1999]。

「神の平和」から約一世代遅れて,戦士や領主層が自ら武力行使を控える「神の休戦」の動きがラングドック地方のエルヌ教区会議から始まった。それは一定期間武力に訴えることはしないという抑制措置である。具体的にはクリスマスの4週間前の待降節(アドヴェント)からクリスマスまでと,四旬節から復活祭までがその期間であった。

教会がとったこのような対応は,少しずつ社会に浸透し,戦うことを通じて社会的な栄達を得ようとした者たちから,その機会を奪ってしまうことにもなった。ときに形成されつつあった貴族家門では,長子の単独相続が一族の繁栄と安定的な地位確保のためにますます勢いを得て,次男,三

男が財産相続から排除される傾向が強まっていた[デュビー 1983]。彼らは自らの手で成功をおさめ、一家をなさなければならない状況におかれていたから、その不満は限界点に達していた。

1096年に始まる十字軍遠征には、領地の獲得と一攫千金を夢見たこのような無産の騎士たちが数多く参加した。これ以後十字軍はルイ9世聖王の時代(1226〜70年)まで、断続的に8回の遠征行を数えた[リシャール 2004]。十字軍兵士には名門貴族家系の者も少なからず含まれており、彼らのなかには聖地に赴く費用を捻出するために、領地を売り払う者まででた[宮松 1993]。キプロス島を領土として王国を建設したポワトゥーのリュジニアン家は、そうした一例であり[Edbury 1991]、かなりの数の「フランク人」と形容された西欧の十字軍兵士たちが、エーゲ海地方に植民し定着したのであった[Lock 1995]。

イスラームからの聖地奪回を目的とした十字軍に対して、カタリ派異端の撲滅を意図しておこなわれたのがアルビジョワ十字軍遠征であった。バルカン世界から伝播したとされるカタリ派の教説は、世界を善神と悪神の戦いの場として構想し[ストヤノフ 2001]、南フランスにトゥールーズ伯レモン6世をはじめとする有力な帰依者を多く見出して、ときの教皇インノケンティウス3世を震撼させた。教皇は渋るフィリップ2世を諦めて、イル・ド・フランスの一貴族シモン・ド・モンフォールを司令官とする「アルビジョワ十字軍」を組織させた。かくして1209年のベジエの虐殺を皮切りに、苛烈な掃蕩戦が北フランスの騎士たちの手で展開された。戦闘は1226年のアヴィニョンの陥落で終結をみた。それまで北の王権に対して、独立の気概を示していた南部の諸侯は、トゥールーズ伯を先頭にその軍門にくだることになる。このようにして、王権による南フランスの直接的な支配の糸口が開かれたのであった[渡邊 1989]。

フィリップ2世からルイ9世までの1世紀

フィリップ2世(在位1180〜1223)の統治から本格化した王威の確立は、ルイ8世の満3年にもみたない短い治世をへて王となったルイ9世(在位1226〜70)が、第7回十字軍遠征を夢見て北アフリカのチュニスで客死し

たときに，フランス王権の威信は国内の有力諸侯はおろか，国際政局において要の役割を演ずることができるまで高まっていた。

　フィリップ2世の治世が43年，ルイ9世の治世は44年。2人の傑出した君主がともに長期にわたり君臨し，ほとんど時を措かずあいついで王位にあったことは，内政の安定と王権の威信確立にとってはかりしれない意味をもった。

　フィリップはその治世をユダヤ人の迫害から開始する。彼は国庫をみたすために，教会は利子を禁じているという理由で，ユダヤ人貸金業者を追放し，彼らの財産を没収した。やがて彼の長い治世を通じて断続的に矛を交えることになる，異父兄弟のイングランド王リチャード獅子心王，ついでジョン欠地王との確執の最初の火蓋が切って落とされた。確執の種はノルマンディ大公領の領有である。1198年，フィリップは第3回十字軍にリチャードとともに参加していたが，ひとり抜駆けで帰国するとリチャードの留守を狙ってノルマンディに戦をしかけた。だが危急に気づいたリチャードが急ぎ帰ると，エヴルーに近いヴェルノンで決戦となり，フィリップは敗北した。リチャードはノルマンディを防衛する目的で，東方の築城術に学んだシャトー・ガイヤールをセーヌ川を扼する高台に築いた。しかし翌年リチャードが没し，弟のジョン欠地王が王位を継ぐと，フィリップはすぐさまシャトー・ガイヤールの攻略に取り組み，8カ月を要してこれを陥落させた。そして1204年にノルマンディの領有に成功した。

　それから10年後，フィリップ2世の封臣であったブルターニュ大公アルトゥールを，ジョンが指嗾(しそう)して暗殺させた事件に関して，彼が出頭を拒否したことにより，史上有名な「ブーヴィーヌの戦い」の戦端が1214年7月27日にリルに近い広野で開かれた[デュビー 1992]。そのときフィリップが相手にしたのは，イングランド王，オランダ地方とロレーヌ地方の諸侯，そして神聖ローマ皇帝の兵力から成る一大連合軍であった。この戦いでのフィリップの勝利は，ヨーロッパ国際政治での彼の威信を決定づけることになった。

　内政面での功績も画期的であった。彼はパリをフランスの首都にすべく，街区の整備をおこない，右岸にルーヴル要塞を建設した。文書制度を確立

し，新しい地方監督役人としてのバイイ＝セネシャル制(92頁参照)を導入した。こうした一連の施策は，フィリップ2世をして中世フランス王権の定礎者たらしむるに十分な内実をもった[Baldwin 1991]。

ルイ9世は1226年，12歳でフランス王として即位した。年代記作者で友人でもあったジョワンビルの述べるところでは，この若い王はスラリとした長身で，髪は金髪でブルーの瞳の色白の見目麗しい武者姿をしていた。母であったブランシュ・ド・カスティーユは摂政としてしばらく統治し，アルビジョワ十字軍の終焉を告げるパリ条約(1229年)を結び，ラングドック地方を除いたローヌ川以西の南フランスの領有を実現した。ラングドック地方の王領への併合はルイ9世のチュニスでの死の直後，1271年のことであった。

ルイ9世の伝記的事実についてはジャック・ル・ゴフの決定版ともいうべき浩瀚な著作があり[ル・ゴフ 2001]，詳しい人となりはそれに譲るが，その美徳としてつねに引合いにだされるのが慈愛，正義，平和である。だがとくに平和に関しては，あくまでキリスト教徒内部での平和の追求であった。そのことは彼の十字軍遠征に託した夢と情熱からも明らかである。異教徒を武力で滅ぼすことは，彼が考える平和の理念となんら矛盾しなかったのである。

キリスト教的価値観を前提にしたとき，正義と平和の体現者としてのルイ9世は同時代の国際政治において極めて高い評価を得た。国家間の紛争の公平で信頼できる調停者として，彼は教皇インノケンティウス4世と神聖ローマ皇帝フリードリヒ2世との対立，イングランド王ヘンリ3世とイングランド諸侯の紛争を解決した。後者はアミアン裁定(1264年)と呼ばれる。

1297年，ルイ9世は正式に聖人として列聖された[Vauchez 1981]。1500年におよぶフランス王権の歴史のなかで，その敬虔でキリスト教信仰への熱誠にかくれもない王は決して少なくはない。だが，正式に聖人の列に加えられたのは，ルイ9世ただひとりである。その卓越した聖性は，中世フランス王権をイデオロギー的に強化するまたとない装置として機能した。

2 | 中世フランスの社会と文化

中世都市の成熟と都市社会

フランス中世の歴史のなかで都市に焦点があたり始めるのは、11世紀後半から12世紀初めにかけて、主に司教座都市を舞台に起こった「コミューン運動」と呼ばれる、商人層を担い手とする都市住民の自治権獲得のための蜂起であった[プラーニッツ 1995；プティ゠デュタイイ 1998]。

フランスの大半の司教座都市は古代ローマ都市を起源としていて、西ローマ帝国の崩壊と、何よりも6世紀頃から顕著となった地中海交易活動の衰退の煽りを受けて、地方の中核都市としての機能を縮小させていたが、750年以後の荘園システムの拡大がもたらした交換経済の展開により[Wickham 2005]、経済機能の一定の回復を達成したのち、9・10世紀に猛威をふるったヴァイキングの襲来にもかかわらず、深刻な断絶をみることなく、北西ヨーロッパの他の諸都市と同じく着実な発展を遂げていた[フルフュルスト 2001]。「コミューン運動」の駆動力となった都市の商人層の台頭は、アルプス以北の北西ヨーロッパと地中海地方を結ぶ交換経済の復活の証であった。

12世紀にはっきりとした姿をとった都市の勃興は、先に述べた古代以来の系譜を引く司教座都市の経済的再生だけでなく[ピレンヌ 1970]、農村地方の交通と流通の拠点へのブールと呼ばれる多数の新興の都市的集落の誕生にあらわれている[宮松 1993]。このような都市現象の活発化を支えた歴史的要因は、すでに100年前から準備されていた。それは十字軍遠征を契機とするイスラーム勢力へのキリスト教世界の反攻であり、シチリア島奪還によるメッシナ海峡の自由通航やイタリア海港都市における海運業の成長であり、さらに13世紀になって展開したバルト海域を舞台とする植民・商業活動が与えた刺激である。そうした経済的刺激は、はじめはフランス全土というより、いくつかの地方に特別に効果的に働き、その結果ブルゴーニュ、シャンパーニュ、パリ、アルトワの諸地方がとくに恩恵に浴する経済圏となった。

とくに重要な役割を担ったのはシャンパーニュ大市であった。これはシ

ャンパーニュ地方の一連の都市が,交代で月番の大市を開催する仕組であった。例えば1・2月はラニィ,2・3月がバール＝シュル＝オーブ,5月がプロヴァン［花田 2002］,7・8月がトロワ,9月に再びプロヴァン,10月にトロワで1年のサイクルが完了した［Bur 1977；大黒 1980；山田 1984］。取引の対象となったのは,主に高級毛織物の羅紗であった［山田 2001］。ここは高級毛織物の産地であるフランドル地方の商人と,ヨーロッパ各地から参集した商人たち,なかでもイタリアの商人が接触する場所となり,後者は地中海商業の実践から生み出した手形や信用状などの為替技術を,北西ヨーロッパの商人に伝授し普及させることになった［大黒 1981；1990］。

フランスは地域的多様性に富んでいるが,先にあげたコミューン運動を生み出した都市が主に北フランスに分布しているのに対して,ラングドック地方を中心に南フランスの中世都市はそれらと異なる歴史的背景と社会的性格を有していた［渡邊 1957；山瀬 1968］。その代表格がコンシュラ（執政官）都市と呼ばれる中世南仏独特の都市類型である。ここでは都市住民の選挙で選ばれた市政役人が,都市の統治と運営を担う体制であり,市政役人の長が「コンシュル」と称されたところから,「コンシュラ都市」という名前で呼ばれる［Grand 1945；Lemaître 1969］。

ローマ法の影響が社会の伝統として根づいていたこのラングドック地方は,法史学で北フランスの慣習法地帯に対して成文法地帯と称されていて,コンシュラ都市の体制もローマ法の原理や精神と深く結びついていた［Gouron 1963］。南フランス中世都市は市政組織,共同体の構造と特質,社会経済的条件,法制度,領域政策,都市形態,文化などあらゆる点で北フランスの都市とは異質であり,中世フランス都市の地域的多様性を理解するためには,これを独自に考察するのは欠かせない作業である［桂 1979；Katsura 1992］。

西ヨーロッパ中世都市社会の歴史的特質として,職業活動への強固な規制体系があげられるが,フランスにおいても「メチエ」と総称される同業組合団体の存在が13世紀頃から顕著となる［高橋 1995］。メチエは親方,徒弟,賃職人から構成され,職業上の能力とキャリアに基づいた階層区分を具えた団体である。その構成員は職業ごとに定められた規約を守り,同

業仲間の利益に奉仕しなければならなかった。ルイ9世聖王は1268年にパリのプレヴォ職にあったエティエンヌ・ボワローに命じて,『パリ同業組合の書』(Livre de Métiers) と呼ばれる規約書をつくらせた。これは未完成作品とされるが,それにもかかわらず13世紀パリの職業活動のありさまが具体的にみてとれる貴重な史料である[高橋 1987]。

同業組合の組織化は,職人世界の規律化と同業仲間の利益防衛のみならず,統治する側のフランス王権にとってもまたとない権力基盤を提供することになった。いましがた述べたルイ9世のイニシアティヴによる『パリ同業組合の書』の編纂はそうした政治的展望のもとでの取組であった。王権は同業組合組織に容喙(ようかい)し,あるいは保護を与えることによって当該都市を政治的影響下におき,身分制議会である初期の三部会で貴族勢力に対抗するために,そうした都市のブルジョワを有効に利用した。王権は自らの意向に従順な都市を「優良都市」(bonne ville)として何かにつけ特権を与えて厚遇する一方で,それらの都市をさまざまな名目で財政的・軍事的支援を引き出すために利用した[Chevalier 1982]。

大学と中世の知識人

ドイツの中世史家フェダー・シュナイダーの言葉「ドイツは帝権を,イタリアは教権を,フランスは大学を」は,13世紀西ヨーロッパ大陸各国の覇権(はけん)の特徴を的確に表現した成句として,しばしば引合いに出される。パリ大学は創設年代こそイタリアのボローニャに遅れをとったものの,1231年に教皇グレゴリウス9世が最初の特許状を与え正式に認可されると,たちまちのうちにボローニャ大学を凌ぐ名声を博した。大学を意味するuniversitasという言葉は,普通職能団体であるギルドを指示するもので,そこからわかるように,当初「大学」は「教師と学生のギルド」(universitas magistrorum et scolarium)だったのである[ヴェルジェ 1979]。こうして職業的な知識人という新たな社会的集団が誕生した。学生はヨーロッパ全域から集まり,出身地ごとに同郷会と称される「学寮」(collegium)が組織され,大学運営の実質上の母体となった[田中 1995]。

13世紀のパリ大学はコスモポリタン的な知識人の活躍の舞台であった。

ドイツ出身のアルベルト・マグヌスは，キリスト教の教義をアリストテレス哲学によって一段と堅固で緻密な論理で彫琢し，イタリア出身でその弟子であったトマス・アクィナスは師が取り組んだ主題をさらに発展させ，キリスト教神学の体系化を意図した『神学大全』[トマス・アクィナス 1960-]を著した。

大学を舞台にしたこのような知的沸騰は，一朝にして生まれたのではなかった。その土台には「12世紀ルネサンス」と名づけられた，西欧における文化的復興運動が横たわっていたのである[ハスキンズ 1989；ヴェルジェ 2001]。この名称はむろん歴史家が創案した名称である。彼らは11世紀末から13世紀初めまで西欧で勃興したさまざまな文化的潮流を，いわばギリシア・ラテン文化の規範やそこで産み出された作品の再評価を本質とみなして，新たな歴史記述の登場を含めて「ルネサンス」の概念で特徴づけた。その後の西欧の文化に巨大な意味をもったのは，この「12世紀ルネサンス」の知的刷新のなかでそれまで西欧で忘れられていたアリストテレスの『新論理学』『自然学』『形而上学』『倫理学』などがラテン語に翻訳され普及したことであった。これらの作品はそれまでのヨーロッパ人の自然認識，世界認識を一新し，キリスト教神学もその影響圏の外にとどまることができなかった[樺山 1976]。

そうしたなかで，いち早くこの知的革新の息吹を鼓吹し，これに鋭く感応した人物としてあげられるのがピエール・アベラールである。このおよそ中庸というものを知らない激しい気性の人物は，絶え間ない論争と私生活でのスキャンダルで，まさしく20世紀の知識人を彷彿とさせる存在である[フマガッリ 2004]。だがのちのスコラ学の規範を樹立し，普遍問題に解決を与えた哲学者，また思惟と推論の規則を説明した『然りと否』(Sic et non)の著者として，スコラ哲学の先駆の役割をはたした[柏木 1985]。

教会は当初，命題を立て推論と論証によって結論を導くアリストテレス哲学の論理主義に対し拒否的態度をとり，大学で講ずることを禁じた。トマス・アクィナスの『神学大全』は，このアリストテレス哲学に基づいてキリスト教神学を体系化しようとした企てとして知られているが，そこで扱われている命題の一部は大学での講義としてふさわしくないと禁じられ

ている。しかし、やがて神学的命題がアリストテレス哲学の論理によって陶冶（とうや）されることの意義が、しだいに理解されるようになった。

ここで、焦点となっているアリストテレス哲学の西欧世界への受容について、ふれておかなければならない問題がある。それはアリストテレスのそれまで西欧が知らなかった作品を、どのようにして知ったかという問題である。ハスキンズ以来定着した考えは、おそらくトレドかコルドバにあったアラビア語訳をとおして、中世ヨーロッパはアリストテレスを再発見したのだ、という説である。もしそうであるとするならば、この哲学がその後ヨーロッパ世界でもった重要性を考えるならば、ヨーロッパ文明の形成にイスラーム文化が決定的に重要な貢献をしたということがいえそうである。現にそのように明確に説く論者も存在する[ルーベンスタイン 2008]。それだけではなく、アラブ・イスラームのヨーロッパへの文化的貢献と、前者の中世キリスト教文化に対する優越——学問的にはおよそ論証不能の無意味な主張であるが——を確信的に説く歴史家もいる[ド・リベラ 1994]。

だがこれに対して、アラビア語経由で西欧に知られるようになる以前に、アリストテレスの問題の著作は一部のヨーロッパの学者には知られており、1127年以前にラテン語への翻訳もおこなわれていたとする主張が、1960年代におこなわれていたが、さほど注目を引かなかった[Viola 1967]。2008年にシルヴァン・グーゲネムが、いっそう広範な歴史的背景を説明しながら『モン・サン・ミシェルのアリストテレス』という印象的な標題（これはコロマン・ヴィオラの論文の標題をそのまま借用したものである）で1冊の書物として出版するや俄然大きな反響を呼び、政治的な問題にまで発展した[Gouguenheim 2008]。グーゲネムのアラビア語、シリア語、コプト語などの言語的素養や議論の作法はたしかに看過しえない問題を含んでいる。一例をあげれば、ドイツのイスラーム学者で『アッラーの太陽が西洋を照らす』を著したジクリート・フンケを、わざわざ付論を設けてまでナチスのハインリヒ・ヒムラーの友人であったと論ずるなど、問題はあるが、ギリシア文化の西洋中世における伝統の消長について、重要な問題を提起しているのは疑いない。とくにヴィオラの冷静な議論は、アリストテレス翻

訳問題という狭いコンテクストを超えて，ギリシア哲学・文学が中世初期から盛期にかけて西欧世界でどのように推移したか，真剣に検討することを促している。

農業の躍進

　12世紀フランスの歴史的境位は文化的興隆によってのみ語られてはならない。この時代はまたフランス農村社会がかつてない繁栄をみた時代でもあった。中世史家マルク・ブロックがいみじくも「大開墾の時代」と名づけたように，フランス各地の農村では，開墾活動の加速化によって耕地面積が著しく拡大した［ブロック 1959；Duby 1962］。これと並行して農業技術の進歩もめざましいものがあった。耕地を秋に播種して夏に収穫する畑，春に播種して秋に取入れをする畑，播種をしないで家畜を放牧して地力の回復をはかる休閑地の3つの耕区にそれぞれ分割し，それぞれを1年ごとに順番にまわしていく三年輪作の三圃農法が，農民個々の経営としてではなく，それぞれの土地を糾合して一村単位で導入された。また鉄製の鋤を取りつけた有輪重量鋤を採用することで，より深い犂耕が可能となり，通気と水はけがよい良質な耕作条件を実現できた［堀越宏一 1995］。こうした農耕技術の改善により，播種に対する収穫の比率は1000年以前の3～4倍程度から，5～6倍程度まで上昇したと推測される。例外的に恵まれた条件のもとでは，10倍という数字さえ夢ではなかった。

　開墾がつくりだした耕地の拡大によって，より多くの農村人口を養えるようになり，開墾地を中心に新村がつぎつぎに生まれた。フランスの人口は飛躍的に増加したのである。こうした現象が開始した12世紀初めに推計約620万だった人口は，14世紀には2000万にまで膨れ上がった［Bourin-Derruau 1990］。

　フランスの地域的多様性や景観，一言でいえば地方色が顕著となり始めたのもこの時代である。南西フランスでは「バスティード」と呼ばれる，方形など幾何学的な形態で，防備をそなえた建設集落が1220年頃にアルビ地方に出現し，やがてこの建設運動はボルドー，ペリグー，ケルシー，ルエルグ，ローラゲなどの諸地方に広まり，1340年頃に終息する［加藤

2001；伊藤 2009]。この現象は開墾の展開による農業面での変革だけでなく，農民の効率的な支配という政治的な意図も背景にあった。それまで葦が茂る湿地帯であったところが，開拓によって耕地に生まれ変わった。ラングドック地方，ベジエ近辺モンタディの沼は，1248年に始まる住民と領主の協力で実施された干拓事業で，耕作地に変貌し，マラリアの危険から解放された[Bourin-Derruau 1987]。またロワール川の堤防の築造も，アンジュー伯であったヘンリ2世プランタジネットの手で進められた[Dion 1934]。ノルマンディ地方では，放牧地や耕地を生け垣で囲い込んだ「ボカージュ」景観が定着し，ブルターニュ地方にまで浸透した。

　上にあげたのは一例でしかないが，フランス各地の田園をめぐるとき目に鮮やかなローカルカラーの多様性は，「大開墾の時代」に姿をあらわしたものであった。

　開墾活動の進展は，領主と農民の関係にも転換をもたらした。中世初期以来農民に課されていた賦役労働が完全に消滅したわけではなかったが，信用貸しが経済活動に浸透してくるにつれて，領主は賦課を貨幣によって徴収するほうが有利と考えて，賦役や生産物地代を貨幣納入に切り替えるようになる[フルカン 1982；フォシェ 1987]。貨幣地代の普及とともに，領主支配の内実も変化し，農民はいっそう自立した地位を手に入れた。だが領主の側は貨幣地代への転換が，収入の面で幻想であることにすぐに気がつくことになった。経済が繁栄し，物価が絶えず上昇する景況にあっては，固定した地代収入は不利であり，わずかな収入しかもたらさないことに気づいたのである。例えば1300年頃のサン・ドニ修道院では，地代はこの修道院の全収入額の1％しかもたらさなかったのである。

　このため領主は別のかたちでの収入確保に努めた。そのひとつは農民が領主に支払わなければならない一連の税の設定である。領外婚姻税（フォルマリアージュ）や死亡税（マンモルト）などがそれである。もうひとつは固定地代に代えて，収益によって取り分が変動する小作契約を農民と結び，収入を折半するいわゆる折半小作制の導入である[関口 1978]。

　12世紀に開始した農業の革新は，しだいに農民層の内部で階層の分化を推し進める要因となった。成功した富裕な農民は貨幣を支払い，解放特許

状を獲得し,社会的上昇の糸口をつかんだ。反対に時流に乗り遅れた農民は,ますます貧困化し,移動の自由を剝奪された農奴の地位に転落したのであった[Patault 1978]。

3 | 百年戦争と近世の胎動

フィリップ4世と統治機構の整備

フィリップ4世美王(在位1285〜1314)は,フランス中世王国の国家機構の整備に手腕をふるい,法曹家(レジスト)と称される大学で法学をおさめた初期の官僚たちに,国家の行政や財政・金融の要にあたらせた。実務面だけでなく,国家を運営するにあたって何を重視するかの観念についても,世俗の論理を優先する方向に大きく舵取りをした。国王権力が教会に優先するというガリカニスム(教皇庁の意向よりもフランス教会の独自性に重きをおく主張)の思想を,国民のあいだに浸透させようとしたのである[Favier 1984]。

だがこうした機構や観念の革新は,フィリップ4世の時代に突然生まれたわけではなかった。12世紀から13世紀にかけて,いわば国家の基本意匠(グランド・デザイン)の構築として歴代の国王たちが着々と推進してきたものを,フィリップが総仕上げしたといってもよかった。権力の中枢機構である国王宮廷は,11世紀末までクーリア・レーギス(Curia regis)と呼ばれ,国王裁判などの司法機能や政治的な意志決定をおこなう王国会議を司るなど,多様な役割を一手に引き受けていた。やがてフィリップ2世の治世下に,ここから国王内廷(オテル・ル・ロワ)(Hôtel-le-Roi)が独自の機構として分離する。これは王の家政機構であり,とくに王に近しい側近たちが,常時国王に奉仕する集団として構成した。ここから国制の面でとくに重要な役を担った国璽尚書(こくじしょうしょ)などの大廷臣(グラン・ゾフィシエ)(Grands Officiers)と請願審理官(メートル・デ・ルケット)(Maîtres des requêtes)や国王書記官(ノテール・スクレテール・デュ・ロワ)(Notaires-Scrétaires du Roi)などの平廷臣(オフィシエ・ゾルディネール)(Officiers Ordinaires)とが枝分かれした。

もう片方は以前のクーリア・レーギスの政治・司法機能を継承した国王宮廷(クール・デュ・ロワ)(Cour du Roi)である。13世紀になると,このクール・デュ・ロワから政治の専門家集団である国王顧問会議(コンセイユ・デュ・ロワ)(Conseil du roi)や司法機能を専

門にする高等法院(Parlement)そして重臣会議(Cour des Paires)が分離し，13世紀から14世紀の交に財政機構である会計院(Chambres des Comptes)［堀越宏一 2002］とのちの三部会の前身である全身分会議(États Généraux)［高橋 1985］が生まれた。14世紀になると国王顧問会議はさらに2つの組織に分かれた。そのひとつが大顧問会議(Grand Conseil)，もうひとつが枢密顧問会議(Conseil Étroit)である［井上 1965；Lemarignier 1970］。これら2つの顧問会議はアンシャン・レジーム期全期間を通じて，政治の中枢機能を担うことになる。

　以上は中央の国王宮廷から分離・生成した統治機構の概要であるが［渡辺 2003］，これと並んで，地方統治機構の整備についても説明しておかなければならない。この分野で焦点となるのは，バイイ＝セネシャル制度である。

　おおよそルイ7世(在位1137～80)の時代まで，国王の地方支配を司った役人は奉行(Prévôt)と呼ばれる，王領地管理のための役人であった。彼らは裁判，徴税［堀越宏一 2003］，軍隊動員など，王領地における一切合切の業務を取り仕切った。王権は領主としての権利を，プレヴォを介して行使したのである。12世紀にはこの役職は請負に出されることがますます多くなって，機能不全が顕著になっていた。

　こうした事態を前にして，より効率的な地方支配を模索していたフィリップ2世は，ノルマンディ大公領で12世紀の初めから導入されていた国王代官(Baillis)制度というアングロ・ノルマンの地方行政の仕組を採用することを決断した。

　バイイは一種の巡回役人で，国王内廷の騎士のなかから選ばれ，数人が一組になってはじめは特別の定まった管区をもたず，ときどきの必要な課題に応じて全権をもって巡回した。1230年頃になると集団での派遣が終わり，明確に限定された管轄領域を有したが，依然として中央からの特命派遣役人であった。地方役人として位置づけられるようになるのはルイ9世の時代からであり，「アミアンのバイイ」とか「サンリスのバイイ」のように，管轄区の名称と一体となってバイイ職が語られるようになるのは1260年代からであるとされる。

家令職(Sénéchal)の起源はバイイとは異なる。もともとセネシャル職は国王以外の領邦君主，例えばアンジュー伯やトゥールーズ伯の廷臣として活動していた。12世紀後半にプランタジネット朝のヘンリ2世が，王国の集権化に努めた際に，それまでいたセネシャルたちを地方役人に起用したのであったが，1204年，カペー王権がプランタジネットの大陸領を没収し，それに代わって統治したとき，フランス王はアキテーヌ地方やアンジュー地方で旧来のセネシャルたちにその職をそのまま認めた。こうして王権の代理として地方を統治した類似の地方役人が北フランスではバイイと，また旧プランタジネット領を中心に南フランスではセネシャルと呼ばれたのである[Lemarignier 1970; 高山博 1992]。

バイイもセネシャルもともに王権の緊密な監督下にあって行動したが，それを担保したのは，彼らが王によって指名され，国王顧問会議で国王が任命したという事実であった。報酬もまた国王が与えた。彼らの職務に情実が入り込む余地がないよう他国出身者に任地が委ねられ，出身階層も王権により忠実な小貴族出身の者が多数を占めた。有名な『ボーヴェジ慣習法』を編纂し，クレルモン゠タン゠ボーヴェジのバイイを務めたフィリップ・ド・ボーマノワールもそうした1人であった。

こうした国家機構の整備の背景にあるのは，公権力の排他的掌握という王権の指向である。そうした姿勢を明確に意識しつつあったフィリップ4世にとって見過しにできないのは，テンプル(神殿)騎士団の存在であった[Demurger 1989]。1118年にシャンパーニュ出身の十字軍騎士ユーグ・ド・パイヤンが，第1回十字軍遠征に参加した他の兵士に呼びかけ，イスラーム教徒から奪回した聖地を訪れる巡礼者を保護するための組織をつくり，その本部をソロモン神殿にある宿舎においたところからそう名づけられた。やがて彼らの活動は巡礼者の護送だけでなく，ヨーロッパ本土での金融や運送，はては農業経営[Flaran no. 6 1986]にまで手を広げ，キリスト教諸侯の庇護もあって莫大な財力と，国王の威光さえ凌ぐ影響力を蓄えた。パリの地所の4分の1はテンプル騎士団の所有するところであった。

この繁栄の絶頂のさなかの1307年10月に，フランス全土で突然騎士団員の一斉逮捕がおこなわれた。嫌疑は窃盗，不正蓄財，男色，偶像崇拝であ

る。団長のジャック・ド・モレーは火刑に処され、騎士団は解散させられ、財産の一部は国家に没収された。訴追の指揮を執ったのはレジストの1人、ギヨーム・ド・ノガレであった。この男は、しばらく前にガリカニスムをめぐって主君フィリップと対立したローマ教皇ボニファティウス8世をアニャーニで打擲した人物として知られる。

試練の百年戦争

テンプル騎士団の領袖を処刑した1314年、フィリップ4世はフォンテーヌブローの離宮で息を引き取った。彼には3人の息子がいたが、ルイ10世、フィリップ5世、シャルル4世と2年から6年の統治で、つぎつぎと早世した。こうしてカペー朝は、1328年に320年余りの歴史を閉じた。

すぐさまフィリップ4世の弟シャルル・ド・ヴァロワの息子フィリップが、国王として名乗りをあげ、1328年4月1日に戴冠されフィリップ6世(在位1328～50)としてフランス国王に即位した。こうしてヴァロワ朝が開幕した[Cazelles 1958]。

フィリップ4世の娘イザベルの息子であったイングランド王エドワード3世は、当初フィリップ6世の即位を承認し、イングランド王が大陸に領有する封土に寄せてアミアンでフィリップに臣従の誓いをはたすのであるが、そうした態度を反古にするのに時間はかからなかった。イングランドとフランスが、それぞれが弱点としていたスコットランドとフランドルに、互いに容喙したことによって、一気に緊張が高まり、1337年にエドワードのフランス王位請求を名目にする戦いが始まった。大規模な戦端が開かれたのは1340年で、フランドルのスロイス港での海戦である。かくして1453年にカスティヨンの戦いで幕を閉じることになる、約1世紀にもおよぶ断続的な戦争状態がイングランドとフランスのあいだに出現した[Perroy 1945；山瀬 1981；Sumption 1991, 1999, 2009；城戸 2010]。

緒戦はイングランド側が有利であった。1346年のクレシーの戦いで勝利したイングランドは、翌年都市カレーを占領し北西フランスに橋頭堡を築いた。さらに1356年のポワティエでの戦いの敗北のおりには、国王ジャン2世(在位1350～64)がイングランド側の捕虜になった。これを契機に結ば

れたブレティニー゠カレー条約(1360年)では、ギュイエンヌ(アキテーヌ)のイングランド側への割譲と、国王の身代金として金貨30万枚を支払うのが条件であった。前者は履行されたが後者は実現しないまま、ジャンはロンドンでの幽囚のなかで1364年にその生涯を終える。

　父親が捕囚の憂き目に遭っていたあいだ、摂政として君臨していた長男シャルルがシャルル5世(在位1364～80)として王位に即いた。シャルルは優れた軍事的能力をもつブルターニュ出身の元帥デュ・ゲクラン[Favier 1980]の助力により、徐々に劣勢を盛り返したが、決定的ではなかった。1415年イングランド王ヘンリ5世が率いる軍勢とのアザンクールでの戦いは、またしてもフランスの敗北であった。

　1380年に没したシャルル5世を継承したのは息子のシャルル6世(在位1380～1422)であった[Autrand 1986]。彼は神経疾患をかかえていたために、従兄弟にあたるブルゴーニュ大公ジャン無畏公が摂政となった。ジャンにはオルレアン大公ルイという政治的な宿敵がおり、その軋轢からパリ市中でのルイ暗殺という暴走にいたった[グネ 2010]。これを契機にフランス王国は、主に南フランスの貴族勢力が結集してつくられた反ブルゴーニュ大公の戦線であるアルマニャック派と、北部と東部の貴族がブルゴーニュ大公のもとに結集して形成されたブルゴーニュ派とに二分された[堀越孝一 1996]。そこにイングランド王が加わり、これを利用しようとするブルゴーニュ派の動きとあいまって、複雑なパワーゲームとなった。そのひとつがシャルル6世の継承者であった王太子シャルルを、フランス王位から排除し、イングランド王ヘンリ5世にその継承権を認めたトロワ条約(1420年)の骨子を作成させたブルゴーニュ大公フィリップ善良公の策略である。それは父であるジャン2世の殺害の背後に王太子の影をみてとったフィリップの復讐であった。

　こうして王太子シャルルはフランス中部のブールジュに逼塞することになるが、この状況を打開し、最終的にフランスの国土から事実上イングランド勢力を駆逐する決定的な糸口をつくったのがジャンヌ・ダルクであった[堀越孝一 1991]。その奇跡的な働きにより、王太子シャルルは1429年にランスでフランス国王シャルル7世(在位1422～61)として即位した。そ

の後ジャンヌはブルゴーニュ派に捕らえられ，異端者として火刑に処された(1431年)[高山一彦 1971]。この4年後シャルルはブルゴーニュ大公とアラス条約を結んで和解し，協力してイングランドとの戦いを進め，戦争を終結に導いたのであった。

黒死病とジャクリーの惨禍

百年戦争の開始からまもなく，ヨーロッパを恐怖に突き落とす疫病が流行した。1347年初秋に，黒海沿岸の貿易港カッファから出航したジェノヴァ商人の船団が，それとは知らず恐ろしいペスト菌を持ち込んだのである。この病気は犠牲者の遺体が黒ずむところから黒死病と呼ばれた[リュスネ 1998；カンター 2002]。1347年から翌48年にかけてフランス各地はおろか，スペインやイングランドにも広まり，同時代の年代記作者のフロワサールの証言によれば，ヨーロッパの人口の3分の1が犠牲になった。しかし猖獗を極めたのは1～2年のことであり，早くも1350年頃には流行は沈静化した[Demurger 1990]。

疫病の蔓延が比較的早く下火になったとしても，ペストで失われた巨大な人口の喪失は簡単に回復しうるはずもなく，耕し手を失い荒れるに任された耕地がここかしこに見られ，廃村となってしまった農村も少なくなかった。人口の激減は穀物価格の低落を招き，農業労働者の賃金は高騰した。

こうした状況はとくに下層の農民に大きな負担となった。納税者の急激な減少は生き残った農民に転化され，労働力確保政策の一環としておこなわれた移動禁止措置は，大きな社会的軋轢とストレスを生み出した。これに百年戦争の物理的・心理的荒廃が追打ちとなった。下層の農民の流民化，アウトロー化が顕著となり，「ジャクリー」と呼ばれる下層農民の叛乱が頻発したのである。ノルマンディの「白頭巾団」やブルゴーニュの「貝殻団」，イル・ド・フランスの「カイマン」といった奇矯な名前の盗賊集団が通る道々に恐怖を撒き散らした。これが当時の世相であった[近江 2001]。

親王への規制と王位継承原則の厳格化

百年戦争の経過中に、フランスで名の知れた古くからの名門貴族の多くが没落したり、戦死したりした。これに代わって新しい貴族層が登場する。これは王家の次男や三男(親王)を家祖とし、王家との血統上の繋がりをもつ、統治の面ではなはだ厄介な存在であった。13世紀頃から親王采地(apanage)と称される制度が導入され始めたが、これはラテン語で「アド・パネム」(ad panem:パンのために)と表現され、王位の相続から排除された親王たちを終生養うために設けられた領国を意味した[Wood 1966]。

彼らは采地を受領する際、国王への忠誠誓約をする義務を負わなかったので、あたかも独立の君主のように行動し、勝手に他国の王と臣従関係にはいったりして、フランス国王の利益を害することがしばしばあった。その代表的な例がフィリップ3世の次子で、息子フィリップがヴァロワ朝初代の王となったシャルルが与えられたヴァロワ伯領やブルゴーニュ大公領であった[畑 1994;金尾 1998;1999]。やがてレジストたちの進言もあって、アパナージュの領有は直系の男子のみに限定され、男子が欠けた場合はただちに王領地に併合されるという措置がとられ、シャルル5世の時代には、原則として王領地は不分割とされるようになった。

国王支配の物的基盤となる王領地の統制と並んで、百年戦争の経過のなかで王位継承の原則も一段と明確にされた。ひとつは譲位不可の原則、もうひとつは王位継承の自動性とでも呼ぶべき内容である。前者はイングランド王ヘンリ6世が1420年のトロワ条約の定めにより、イングランドの王とフランスの王をかねたとき、フランス側の王太子シャルルの側近でレジストであったジャン・ド・テール・メルヴェイユが、条約の法的無効性を糾弾したことに発した。その議論の中心になったのが「王冠論」であった。王冠の継承は私的財産の相続とは異なる。国王は王冠を父から受領するのではなく、古くからの慣習から受領するのであり、終生にわたって王冠を守護し、管理しなければならない。したがって途中での譲位はなしえないのだというのが、その主張であった[Guenée 1971]。

したがって、ここから王位継承の自動性というもうひとつの原則が形成されるのは、いわば必然の流れであった。伝統的な観念は、ランスでの聖

別が執りおこなわれてはじめてフランス国王が誕生すると教えていた。ジャンヌ・ダルクがあれほどの危険を冒して王太子をランスに導いたのは、そうした伝統の重さゆえであった。だが、すでに王太子の祖父シャルル5世のレジストたちは、1403年以来一連の法令を発布し、「たとえいかに年少であり、無能力であっても遅滞なくフランスの王と呼ばれるべきである」として、長子による王位継承の自動性を定めている。やがて国王逝去のおりに、軍の伝令がルーヴル宮のバルコニーに出て、つめかけた群衆を前に「国王は逝去された！」(Le roi est mort!)と宣し、やや間をおいて「国王万歳！」(Vive le roi!)と叫ぶのが定まった儀礼となった。

「国王万歳」の中身は、いうまでもなく新王への祝福なのである。このようにフランス王国での王位継承の即時性、自動性が15世紀のあいだに確立した[Giesey 1987]。

イタリア、そして東方の幻影

中世フランスの掉尾を飾る王はシャルル8世（在位1483〜98）である[Cloulas 1986]。彼はシャルルマーニュを王道の鑑とし、夢想家肌の人物であった。おりしも世相は予言者や占星術師が「至福千年」が近いことを言い立て、騒然としていた。彼の脳裏には東方に向かって伸びる、為政者としての野心と敬虔な心性とが綯い交ぜになった一筋の未来の線が映っていた。まずアンジュー家のルネを介して、父ルイ11世（在位1461〜83）に遺贈されたはずのナポリ王国を征服し、さらにその先にあるイェルサレムを解放し、「最後の審判」に先立つ平和の千年を統べる支配者として、世界に君臨するという夢であった。

彼はこのとき、オスマン帝国の政治的内紛のためにフランスに亡命した王子ジェムをともなっていた。もしこのオスマンの王子がイタリアで病に斃れなかったならば、シャルル8世は本格的な十字軍遠征に乗り出し、オスマン帝国と矛を交えたかもしれない。だがコンスタンティノープルを陥落させ、アルバニアを除くバルカン半島全域を掌中におさめ、シリア、エジプト、メソポタミア地方を征服し、ハンガリー王国を打倒した巨大勢力となったオスマン帝国を敵にしての戦いで勝利するのは望み薄であったに

違いない[Desrey 2007]。

　結局シャルルは，失意のうちに征服したナポリ王国を放棄し，政治的にはみるべき成果もあげずに帰国した。だが文化面での意義は大きかった。彼はナポリから大量の美術工芸品を居城のアンボワーズに運ばせ，またギリシア語，ヘブライ語，ラテン語，イタリア語などで書かれたアラゴン王の旧蔵書1140冊を手に入れた。その他作庭師ドン・パチェロや建築家ドメニコ・ダ・コルトーナのような建築家をフランスにともない，フランスにイタリア嗜好の源をつくった。ルイ12世を一代あいだにはさんでフランス王位に即いたフランソワ1世（在位1515～47）のイタリア趣味は，近世フランス文化へのイタリアの多種多様な貢献を一段と際立たせるであろう[Cloulas 1986]。

佐藤彰一

第4章

近世のフランス

　本章では，16・17・18世紀というフランス革命に先立つ3世紀が対象とされる。この3世紀は，ひとつのまとまりをもった時期ととらえることができよう。この時期の特徴のひとつは，ヨーロッパの各地で君主に権力が集中するかたちで，近現代国家に繋がる地域的一体性が生まれることである。フランスでは，ほぼ現在の国境に近い領土が形成され，中世においてはさまざまな地域的言語のうちのひとつでしかなかったフランス語が王権の伸長とともに他の言語に対する優越性を獲得していく。この時期の第二の特徴は，大航海時代以降ヨーロッパがその外の世界に進出し，非ヨーロッパ地域を巻き込んで資本主義的世界体制の形成を開始することにある。各国における中央集権化の進展は，イマニュエル・ウォーラーステインが明らかにしたように，この第二の特徴と深くかかわっている。資本主義的「世界経済」のなかでは，強力な国家機構こそがより多くの富の収奪を可能にしたからである［ウォーラーステイン　1981］。

　しかし，この3世紀のあいだには少なからぬ変化も生じている。経済的にみれば，アメリカ大陸からの貴金属の流入や人口増加が「繁栄の16世紀」(暦法上の世紀と厳密に一致するものではない。15世紀末に始まり，宗教戦争による一時的衰退をはさみ，1630年頃までを指す)をもたらす。しかし，ついで訪れたのは，経済の停滞とあいつぐ戦争や農民蜂起によって特徴づけられる「危機の17世紀」(1630年頃から1730年頃までのヨーロッパ的規模での長期的不況によって特徴づけられる)であった。そして，18世紀は再び経済的上昇期を迎え，人口も持続的な増加を示すようになる。政治的にみれば，16世紀は絶対王政の揺籃期であり(17世紀の集権化との質的な違いを強調する論者のなかには，絶対王政と呼ばずルネサンス王政とする者もある)，17世紀は絶対王政の確立期であり，18世紀は，経済発展と連動する社会関係の変化

を底流とする絶対王政の解体期である。

こうしたそれぞれの世紀の特徴を念頭において,この章は,(1)16世紀のフランス,(2)17世紀のフランス,(3)18世紀のフランス,の3つの節に分けられている。なお,本書であげることができた文献は極めて限られている。文献についてのさらに詳しい情報は,水準の高い事典である *Dictionnaire de l'Ancien Régime* [Bély 1996] の各項目,および『アンシアン・レジームの国家と社会』[二宮宏之・阿河 2003],『アンシャン・レジーム』[ドイル 2004] の巻末に収録された文献リスト・解題で得ることができる。

林田伸一

1 │ 16世紀のフランス

領域の拡大と多様性

16世紀のフランスは,いわゆる「繁栄の16世紀」(beau XVIe siècle) と宗教戦争による停滞期という対照的な2つの側面を有する。百年戦争・疫病・飢饉を脱した15世紀後半以降,フランスは人口の増大,経済活動全般の好況,穀物生産高の著しい回復を経験し,訪れた多くの旅人が「宝の国」(pays de cocagne) と賞賛する豊かな王国へと発展したという。しかしながら美化されたこの世紀前半のイメージは,これまでやや過度に誇張されてきた傾向にある。例えば,1520年頃から農業技術の限界により耕地の再開墾が鈍化し,生産量の伸びが低迷するなかで,アメリカ大陸からの貴金属の流入が物価の高騰を引き起こすと,リヨンやナントなどの都市では下層民による食糧暴動が起きた [Cassan 2005]。また,フランスが大航海事業に乗り遅れたのは多様な要因をはらんでいるが,ひとつには王権の政策がつねにアルプスの向こう側,すなわちハプスブルク家との対抗関係を基軸に展開したためである。このことは軍事的栄光や所領拡大を求める大貴族の視線を係争地イタリアに向けることになり,王国内の相対的安定化をもたらす一面もあった。しかし,この間に大きな変革の気運が内部で着々と高まっていったこともまた事実なのである。

中世後期の諸侯領が自律的発展を遂げ,その領域内に国家的機構を整備

していた点はすでに指摘されて久しいが、王権は紆余曲折をへながらも領域拡大を達成していく。ルイ11世(在位1461～83)は王家を脅かしつづけたブルゴーニュ公家に対し武力による征服をはかり、1481年にプロヴァンス伯が子孫なく没した際には、国王が受遺者となって同君連合を実現している。16世紀初頭の最有力諸侯がブルボン公家であったことは、異論の余地がない。その力の強大化を恐れたフランソワ1世(在位1515～47)は当主シャルル・ド・ブルボンに親族封の返還を求め、これを受けてシャルルが神聖ローマ皇帝カール5世と忠誠誓約を結ぶ「裏切り」行為をおこなうと、1527年国王は大逆罪をもって公領を没収した。ブルターニュについては、シャルル8世(在位1483～98)、ルイ12世(在位1498～1515)、さらにはフランソワ1世が執拗な結婚政策を繰り返して公国の併合を実現し、ここに重要な大諸侯領の統合をほぼ成し遂げるにいたったのである[Doucet 1948; Caron 1994; 二宮宏之 2007]。

ただし、こうした領域拡大から王権の強大化、ひいてはこの時期を絶対王政の始まりと断ずる通説に対しては、すでに疑義が呈されている。領域の併合は各地の法や慣習、特権の尊重を前提として実現されたので、王権の統合力にはさまざまな制約が課せられていた。そのうえ、ブルボン家の当主がフランス大元帥であったように、特定の門閥や地方の利害と深く結びつく貴族が王国の軍事・司法・行政機構の大部分を占めているという事態も変わらなかった。さらに人びとの生活は、北部の慣習法と南部のローマ法の影響下に二分されるのみならず、約60の一般慣習法、約200ともいわれる局地慣習法など多様な法に規制されており、国王を唯一の法源として一元化した法整備をおこなっていくには長い苦難の道をよぎなくされた。

「ルネサンス王政」論を唱えたラッセル・メジャーは、この時期の王権が各社団に対してなおも諮問的体制をとっていたことについて、行政府の未発達に加え、領域の広域性、多様性が在地の自律性を必要としたと論じた[Major 1994]。近年ではフィリップ・アモンがこの時期を「合意による」王政としたうえで、この合意形成のあり方の変化を、16世紀後半における王権の課税強化と宗教戦争の開始にみている[Hamon 2000]。このように国王に課せられていた制約が明らかになる一方で、ジャン・ボダンに

代表される16世紀の著名な法思想家たちは、まさにこの時期国家主権の「絶対性」を論じ、主権を担う王権もこうした理論を援用し、志向していく。依然として多様な社会に対応する王権は、国家としてのまとまりをめざしながら、現実的な制約のなかでどのような戦略をとり、それがどのような影響をおよぼすことになるのか。思想と行動をめぐる葛藤を、錯綜した営為から解明していくことはまだ今後の課題に残されている。

近世初頭の王権と社会

　16世紀の王権がルイ14世（在位1643～1715）親政期に確立する絶対王政への第一歩としてかつて理解されたのは、1516年ボローニャの政教協約の締結により、マルク・ヴナールの言葉を借りればフランスの教会が「国王の教会」になったこととも関係している[Lebrun 1988]。これにより国王は、教皇の干渉を廃して国内の高位聖職者の選定権を掌握し、また全国に張りめぐらされた教区網を自らの統治組織として利用することも可能になった。さらには1539年のヴィレル・コトレ王令50～53条によって、各教区の司祭は教区民の洗礼と埋葬を記録し、公証人の署名を受けたあとバイイおよびセネシャル裁判所(92頁参照)に提出することが命じられ、王権はこの教区簿冊により全臣民の戸籍を管理する手段を獲得したのである。

　16世紀前半に、王権は行・財政に関するいくつかの重要な改革をおこなった。まず、行政の能率を高めるために国務会議を専門分化し、国王が大貴族の勢力を排除しつつ、寵愛や職能によって主導的に会議参加者を選択する傾向が強まる。そして1547年以降は、新たに設置された4名の国務卿に対し、専門職務における行政の統括権が与えられ、このことは以後、国王と国務卿の署名があれば印璽がなくても文書に法的効力を付与できるという文書行政の変化をともなった[Barbiche 1999]。しかしながら、こうした国務卿の部局に関する研究はいまだにほとんど空白のままである。財務に関しては、1523年、王領地収入、租税収入、官職売買や領土の譲渡などで得られる収入を統合して王国の全収入を管理する中央財務局が創設された。たびかさなる戦争から租税が恒常化し、臨時収入の比率が増大していた財務管理の効率化がめざされたのである[Hamon 1994]。

領域拡大と訴訟数の増加にともない，16世紀中葉には8つの高等法院と，その下級審として97のバイイおよびセネシャル裁判所が設置されていた。ただし高等法院をはじめとする最高諸法院は，王令の内容を検討したうえで，建白権を盾に異議を申し立てることができた。例えばフランソワ1世がボローニャの政教協約を結んだ際，この協約に対し，パリ高等法院はフランス教会の自由が奪われることを恐れ，1518年に国王臨席のもとで法の強制登録を執行する親裁座が開かれるまで登録を拒みつづけた［Waele 2000］。高等法院は国王によって委託された法行為をおこなう組織である一方で，地方や社団の利害の代弁者として，国王権力の行過ぎを抑止する任務をも担っていたのである。こうした機能を有する代表的な機関としては，当然のことながら三部会がある。14世紀以降，地方三部会の主たる機能は国王の課税に同意を与え，割当・徴税をおこなうことであったため，その位置づけは王権の支配を補完するものとされる傾向にあったが，それは三部会が王権に対して地方的利益の擁護者として一定の政治的権限を有していたことと矛盾するものではない。また，1485年から1559年までのあいだ全国三部会は開催されていないものの，臣民を代表するという同じ原則にのっとった名士会議がその代わりをはたしていたことを，イヴ゠マリ・ベルセが明らかにしている［二宮宏之・阿河 2003］。

国王統治の実力的基盤となるであろう国王役人については，1515年においてはまだ7000～8000人程度と見積もられ，約1600万人の王国住民に対しその割合は0.05％にすぎないとされる［Chaunu et Gascon 1977］。しかし，16世紀を通じて王権は官職を増殖させ，1552年1月王令で王国全土に60の上座裁判所(プレジディアル)を設置したのもその一例である。いまやこうした国王役人の質的問題が問われているが，官職の増加はたんに王権の財政上の工面というだけでなく，社会的に要請されていた側面もあった。都市において国王の裁判所を誘致することに成功すれば，それを取り巻くサービスが増加し，人と富の集中が生じることで地域の活性化が促された［Chevalier 1982］。都市エリートは家門の繁栄や名誉のために率先して官職を購入し，その最たるものが法服貴族となっていく。コミュニティにおいて，官職の保有が名誉であると認識される風潮は，いかにしてつくりだされていったのか。

この問題は、都市民が「公のこと」として考える秩序観の変容と深くかかわっている。

中世都市と近代産業都市の狭間にあり、著しく研究が遅れていた近世初期の都市についても、「良き都市」(bonne ville)を論じたベルナール・シュヴァリエに触発されるように[Chevalier 1982]、近年ではその固有の歴史的性格を明らかにする実証研究が刊行されつつある。14〜16世紀のフランスにおいて、政治的自律性を確保し、軍事・防衛能力とそれを可能にする経済力を有し、全国三部会や地方三部会に代表を送るなど王国行政に参加し、王権によって互恵的対象と見定められた有力都市は、「良き都市」と呼ばれていた。百年戦争後の都市は、王権の後ろ盾を巧みに取り込んで特権や免税を確保し、都市間や周辺地域で生じた紛争の調停を王権に依頼する一方で、王権は都市に間接税上納金や軍人俸給課税などの財政援助を期待するというような、相互依存的な関係が取り結ばれていたのである。しかしながらこの関係は、16世紀を通じて、あるいはさらに先の世紀にかけて、しだいに変化を迫られていく[Wolfe 2009]。

王権が領域の拡大に成功し、地方行政の組織を整備していくなかで、それらを統括・監視するために、宮廷はつねに王国中を移動していた。移動宮廷とは、君主制領域国家と地方の自律性との相反する力が拮抗する時期に特有の統治手段であった。各地への国王の来訪は、そこでおこなわれた数多くの儀礼を通じて君主制の理念や国王のイメージを普及させることに繋がり、結果的に国王と臣民のあいだの絆を深める機会になった[Boutier et al. 1984]。この時期に国王儀礼は拡充し、聖別式に加え、入市式、葬儀、親裁座が発展した。とりわけ葬儀は、滅びゆく前国王の身体からその威厳を守り、新国王へと受け渡す王位の連続性を公に示す儀礼として、フランソワ1世の葬儀を頂点に大規模な仕掛けをともなっておこなわれた[Giesey 1960]。こうしたフランスの国王儀礼に関する研究の進展は、当初は「王の二つの身体」理論を分析したエルンスト・カントロヴィッチに示唆を受けたアメリカの研究者たちに負ったが、「絶対王政」理念の形成を確認するにとどまっている点は批判されている。近年では、社会における儀礼の有効性が問題とされたり、パフォーマンスや図像表現の意味を行

為者と受け手のあいだの関係性から読み解くなど、政治文化論へのアプローチが進められている[Genet 1990; Bulst et al. 1996]。

イタリア戦争とヨーロッパ国際政治

ルネサンスの花開いたイタリアは、政治的には不安定な中小国家が角逐(かくちく)を繰り返し、それぞれの内部抗争に加えて他のヨーロッパ諸王朝の伝統的権利が錯綜する野心の坩堝(るつぼ)となっていた。主にナポリとミラノをめぐって繰り広げられたイタリア戦争は、ヨーロッパ国際政治の転換点ととらえられるが、それはこの戦争を皮切りに、教皇と皇帝を中心とする普遍的なキリスト教世界の統一性が、各地の主権国家の形成によって決定的に瓦解し、諸国家が覇権(はけん)を争い競合する時代に突入するからである。イタリア戦争はハプスブルク家とヴァロワ家という2つの王朝間の争いを中心としながらも、その背景にはオスマン帝国をも巻き込みながら、イタリア諸国家や教皇、イギリス、ドイツ諸侯とのあいだで複雑な同盟関係が結ばれ、戦勝の行方は、西ヨーロッパの勢力均衡をはかって干渉するそれら周辺諸国が握っていたといっても過言ではない。

こうしたなかで、外交使節を相手の宮廷に駐在させ、文書を通じて情報を交換し、外交交渉をおこなうという15世紀末にイタリア半島で一般化していた慣行が、フランスでも浸透していった[Labourdette 1998]。派遣された各大使から本国宮廷に送られたおびただしい数の書簡は、当時の政治状況や滞在した宮廷の慣習を今に伝える極めて重要な情報源である。また、マキアヴェッリの『戦術論』が認めるように、この戦争では大砲と歩兵隊の導入により戦争の技法がこれまでと大きく変わった。このことは防備施設の重装備化ももたらし、アングロ＝サクソンの歴史家たちはこれらを「軍事革命」と呼んだ[Balsamo 1998]。「軍事革命」は膨大な戦費調達を必要とし、中世的な観念とはまったく異なる国家規模での税徴収といった租税・財政制度の改革をよぎなくしたという意味において、内政にも大きな影響を与えたのである[Hamon 1994]。

1494年から1559年まで繰り広げられた戦争の概略は以下のとおりである。はじめに、フランス王家と血縁関係にあるアンジュー家の権利を主張して

ナポリ王国を占拠したのは、シャルル8世であった。この侵攻に対し教皇、皇帝、スペイン、イタリア諸都市はヴェネツィア同盟を結成し、シャルルのナポリ支配を放棄させた。つぎのルイ12世はナポリ王の権利に加え、祖母の血統を根拠にスフォルツァ家に対抗してミラノ公国の制圧に乗り出す。巧みな外交交渉によりミラノでの支配が一時的に成功したものの、ルイ12世は「神聖同盟」を結成した教皇ユリウス2世に追撃され、ミラノから撤退させられた。1515年、王位に即いたばかりのフランソワ1世は先王たちの夢を引き継ぎ、マリニャーノの戦いでミラノを奪回する。ボローニャの政教協約は、この勝利を利用して結ばれたのである。

1519年、皇帝マクシミリアンが没すると、今度は皇帝位をめぐり、勢いに乗るフランソワ1世はハプスブルク家のスペイン王カルロスに選挙戦を挑んだ。しかしカルロスが皇帝に選出されたことにより、フランスはハプスブルク家の領地で周囲を取り囲まれる事態になる。1521年に戦争が再開されると、戦場はイタリアはもとより、ネーデルラント国境、ピレネ国境にも拡大した。1525年にフランソワ1世がパヴィアの戦いで大敗すると、イギリスはじめ多くの君侯がフランスに肩入れし、ブルゴーニュの放棄といった皇帝の過大な要求を退けさせた。この後フランスは皇帝に対抗するために、ドイツのプロテスタント諸侯や反皇帝派カトリック諸侯、さらにはオスマン帝国とも同盟を組むという前代未聞の外交をおこなっている。

両者の戦闘は一進一退のまま息子の代、アンリ2世(在位1547～59)とフェリペ2世に引き継がれた。莫大な戦費負担による財政悪化と、この間に国内で進展した宗教改革運動を収拾するという内政上の配慮のため、ついに1559年、カトー・カンブレジ条約においてフランスはイタリアへの夢を断念する。フランスはサヴォワやピエモンテを放棄し、三十年戦争までハプスブルク家を中心とする国際関係が形成されることになった。そのためこの条約はかつてフランス側の失策・敗北ととらえられたが、現在ではむしろこれを契機に、フランスが国王を頂点とするよりコンパクトなまとまりをもつ主権国家の確立へと舵を切った地点として理解される[高澤1997]。しかしようやく結ばれたこの条約を祝う場においてアンリ2世が不慮の死を遂げたことは、16世紀後半の長い内乱を予兆させるものであった。

ルネサンスと民衆文化

　中世末期以降芽生え始めていた新しい時代の息吹に決定的な刺激を与えたのが，イタリア・ルネサンスとの接触であった。イタリア戦争は，ルネサンスがフランスに伝えられる契機となり，1516年にフランソワ１世が大量の文物とともにレオナルド・ダ・ヴィンチを連れ帰ったことはよく知られているが，王侯や貴族の保護のもとで多くのイタリア人芸術家がフランスに移り住み，建築，彫刻，絵画，文学の刷新がみられた。1530年にはギヨーム・ビュデのイニシアティヴで，のちにコレージュ・ド・フランスとなる王立教授団が創設され，ギリシア語，ヘブライ語，ラテン語を中心に哲学や数学，医学を学ぶ人文主義者の拠点となった。こうしたギリシア・ローマの古典に対する関心の高まりや，クレマン・マロやフランソワ・ラブレーなど人文主義者の著作の影響は，印刷術の急速な普及に支えられた。1530年にフランスで印刷された書物は９割がパリとリヨンで出版され，パリで50，リヨンで30カ所以上の印刷所が稼動していたという［宮下 1989］。新しい思潮に好意的であったフランソワ１世は1536年，施策の背景には出版統制もあったようだが，王家の図書室を充実させるために，都市でつぎつぎと印刷される書物の納本制度を定めた。さらに，アンリ２世がロレンツォ・ディ・メディチの娘カトリーヌと結婚したこともあわせて，フランスの宮廷や儀礼にイタリアの芸術や作法が取り込まれた。こうした文芸はしだいにフランスの風土や地域の価値体系に合わせて独自の様式を確立し，また世紀後半に増大していく反イタリア感情とともに，フランス固有の古典主義文化を誕生させる下地へと変化していくのであった。

　ところで，19世紀のジュール・ミシュレやヤーコプ・ブルクハルトをはじめとする歴史家によって形成されたルネサンス観，すなわちルネサンスとは「革新性」や「近代」を意味し，芸術と思想の偉大なる刷新がおこなわれたイタリアに近代ヨーロッパの起点があるとする考え方は，すでにいくつかの点で修正されている。それは例えば当時の技芸に特徴的な古代の模倣という流行が，キリスト教文化に代わるものとしてではなく両者の調和のなかに実現されていることや，この傾向がすでにロマネスク芸術にも看取される点である。つまり，ルネサンスは中世との断絶が否定されると

同時に近代との連続性も疑問視されており,地域的特性や文化的な文脈のなかで,この時期の変化をとらえ直す試みが始まっている[バーク 2005]。

他方で,社会史研究の隆盛以来,こうした知的階層に属する人びとのいわゆるエリート文化に加えて,民衆文化に対しても研究の裾野が広がってきている。いうまでもなく史料上の制約はあるが,例えばエマニュエル・ル・ロワ・ラデュリは祝祭空間のなかで展開した叛乱から社会の構造的軋轢を照射し[ル・ロワ・ラデュリ 2002],ロベール・ミュシャンブレは,祭りやシャリヴァリを通じて保たれていた共同体的一体性と16・17世紀におけるその変化について興味深い提言をおこなった[Muchembled 1995]。ミュシャンブレによれば,16世紀まではエリートと民衆のあいだに文化的な価値意識の隔たりはなかったが,王権の影響力の増大とカトリック改革による民衆文化や民間信仰の差別化を通じて,両者が分離していく傾向が生じたという。つまり宮廷を中心に礼儀作法が重んじられるようになっていく社会的規律化や,正統なキリスト教信仰が追求されていく過程と連動しているのである。

また,16世紀後半から17世紀にかけては魔女狩りの最盛期でもある。熾烈な魔女狩りは,民間信仰が根強く残る農村部で多発した。この時期に大規模な迫害がおこなわれた理由については,終末論的不安や恐れが社会全体を覆っていたこと,カトリックもプロテスタントもキリスト教の教義を社会の末端まで徹底させようとしていたこと,貧富の差が拡大していた農村において,エリート層が魔女という社会的悪を創出し,処罰することによって共同体の緊張や不安を解消しようとしたことなど,宗教的要因と社会的要因が指摘されている。こうした側面からも,この時期に司法官をはじめとする一部のエリートによって,呪術性や民俗的な信仰,さらには民衆文化が否定され,共同体内での文化的な一体性が失われていったことが推察されるのである[二宮宏之・樺山・福井 1982]。

変革の気運

宗教改革の原因については,これまでさまざまな説が論じられた。かつてはカトリック教会の堕落が強調され,その後アンリ・オゼールやヘン

リ・ヘラーが1529年にリヨンで起きた大暴動を事例に,手工業者や小商人など都市で貧しい生活を強いられた者たちによって牽引された改革運動として,その背景に社会・経済的危機との関連を主張した。しかし前者に関しては,カトリック教会の腐敗が16世紀にはいって急に悪化したともいえず,また後者についても,プロテスタントは社会のあらゆる階層に広まっており,またカトリックにとどまった貧しき者たちも多く存在したことが判明している。こうしたなかで,人びとの心のありように注目したジャン・ドゥリュモやドゥニ・クルゼは,戦争,疫病,災害が猛威をふるい,オスマン軍の脅威が迫る中世末期において,人びとは死への不安が募り,また神の裁きを恐れ,厳しい現実から魂を救済してくれる存在を求めていたが,既存の教会が十分な対応をとれなかったことに対する宗教的な感情の波紋のなかで,改革運動が醸成されたことを明らかにしている[Delumeau 1994;Crouzet, D. 1996]。

フランスにおいてはまず,聖書をフランス語に翻訳した人文主義者ルフェーヴル・デタープルを中心に,彼を師と仰ぐ「モーのグループ」と呼ばれた福音主義者たちによって教会内部の改革運動が進められた。時を同じくして,ルターの思想がフランスにも波及し,高等法院やパリ大学神学部の弾圧にもかかわらず根本的な改革を要求する考えが生まれていく。当初,人文主義者に理解があったフランソワ1世はこうした事態に寛容な態度をとっていた。またそれは,ハプスブルク勢力に対抗するために,神聖ローマ帝国内のプロテスタント諸侯との同盟を必要とする外交上の配慮からでもあった。しかしながら,1534年檄文事件を境にプロテスタントへの迫害が激化し,王権も弾圧に乗り出すにいたる。

こうして教会の内部改革が行詰りをみせると,『キリスト教綱要』を著したカルヴァンが中心となり,運動は別の新たな教会の設立へと向かった。これに対し,フランソワ1世は1540年のフォンテーヌブロー王令ですべての世俗裁判所に異端取締りの権限を与え,アンリ2世は47年パリ高等法院内に異端取締り専門の火刑裁判所を設置する。ところが,1550年代後半からカルヴァン派は全国で着々と組織化を進め,改宗者は都市エリートや手工業者,小商人のみならず,貴族や官職保有者も多く含むことで一大政治

勢力へと成長し、しだいに内戦の火種と化していく。その証となったのが、1559年にパリではじめて開かれた改革派全国教会会議であり、このときすでに2150もの改革派教会が各地に設立されていたことが明るみにでたのである [Venard et Bonzon 1998]。

宗教戦争

ギーズ公の一党が教会に集うプロテスタントを襲撃して始まった宗教戦争(ユグノー戦争)は、1562年から98年まで8次にわたって繰り広げられた。宗教戦争は信仰上の対立に端を発しながらも、錯綜した政治的・社会的対立と深くかかわっていた。まず、筆頭親王家のブルボン家、ロレーヌ地方に地盤をもつ急進派カトリックのギーズ家、全国に所領をもち筆頭元帥を頂点とするモンモランシ家といった、各地に固有の勢力を保持する大貴族間の覇権争いがあった。こうしたなかで、狂信的カトリックであったギーズ一門に対抗するために、ブルボン家はプロテスタントに改宗して同盟を結び、カトリック派門閥を牽制するといった駆引がおこなわれた。これらはそれぞれ恩顧関係におく中小貴族や都市をも巻き込んだため、勢力関係はいっそう複雑化した。そのうえカトリック陣営はスペインのフェリペ2世および教皇の支援を受け、他方プロテスタント陣営はイギリスのエリザベス女王およびドイツのプロテスタント諸侯と手を結んでおり、王権もまた、こうした国際的干渉のもとで政策を選択していかざるをえなかったのである [リヴェ 1968]。

民衆の心性も戦争の長期化に影響をおよぼした。カトリックの民衆は異端の存在を社会の穢れと考え、完全に撲滅してこそ神の怒りからまぬがれることができるはずという信念に支えられており、プロテスタントにとっては自らの存亡をかけた闘いであった。それゆえ両者の対立は必然的に長期化し、最終的に異宗派の存在が不可避の現実と認識されるまで続いたのである。

宗教戦争は大きく3つの局面に分けられる。勃発から1572年までの3次にわたる戦争では、王権はプロテスタントに信仰の自由と特定の身分・地域に限定された礼拝の自由を認めることで和平をはかるが、それを不服と

する両陣営は早々に武装蜂起を再開した。王権はいずれの陣営にも属さず宥和のもとに和平をはかり,さらにいえば各党派の共倒れを暗に期待していたが,それは裏を返せば王権の指導力のなさを内外に示すことになった。

摂政カトリーヌ・ド・メディシスと大法官ミシェル・ド・ロピタルの宥和政策が結局功を奏さないまま,1572年,聖バルテルミの虐殺を機に,宗教戦争は第二の局面を迎えてしまう。和解の象徴になるはずであった国王の妹マルグリットとプロテスタントの首領アンリ・ド・ブルボンの婚儀において,ユグノーの大虐殺が始まり,それが全国に飛び火した。これを受けてプロテスタントの民衆勢力は抵抗の動きをみせ,ドイツからの救援軍を得てますます過激化する。それまで権力に公認されることを望み,国王に対して忠誠の立場をとっていたプロテスタントの姿勢は一転し,暴君と化した王権に対する武力抵抗を呼びかけ始めた。こうして第5次宗教戦争の和議ボーリュー王令では,パリと国王滞在地を除いてプロテスタントの礼拝が認められ,8カ所の安全保障地や,高等法院における両派合同法廷が設けられるなど,プロテスタントは最大の勝利を手にした。今度はこれに危機感をいだくギーズ公を中心とした有力貴族がカトリック同盟を結成し,スペインと連携して王権との対立を激化させていく。

そして第三局面,1589年にアンリ3世(在位1574～89)が暗殺されると,王国基本法によりプロテスタントのアンリ・ド・ブルボンが王位に即く。カトリック同盟は当然この異端の王を認めず,都市を含む広範な層を統合して徹底抗戦にはいる。しかし,パリ16区総代会の過激化と内部分裂,そしてアンリ4世の改宗を受けて,1598年,礼拝などに関して制限はあるもののプロテスタントに信仰の自由を認めるナント王令が発され,36年間におよぶ内乱は幕を閉じた。高澤紀恵は宗教戦争末期に結成されたパリ16区総代会の活動と構成員に着目し,王権の伸張にともなって都市社団の自律性が大きな危機に瀕していたことを明らかにした[高澤 2008]。

この王国分裂の危機は,国政論の大きな高まりを引き起こした。1570年代にプロテスタントが『暴君に対する反抗の権利』などの暴君放伐論を展開していた頃,政治的配慮を優先させるポリティーク派は国王権力の優越性を主張し,強力な王権のもとでの平和の実現を説く国政観を認めた。そ

の代表的著作がボダンの『国家論』(1576年)である。それまでの王権は諸社団の上に立ちながらもそれらによって制約を受けるのが前提であったが,ここにいたって国家の立法権を司る国王が,教皇や皇帝の上位権からも,封建諸侯や諸団体の下部組織からも同意を必要とせず,不可分の主権を独占的にもつという認識が示された。もはや伝統的な国政観では国家が成り立ちゆかない現実を目の当たりにするなかで,絶対王政を理論的に準備する思想が彫琢(ちょうたく)されていったのである。他方で,16世紀の国民意識について分析したミリアム・ヤルデニは,カトリック同盟の急進派はプロテスタントと同様,国家的統一よりも宗派に基づく国際的連帯をめざしたとしているが[Yardeni 1971],アラン・タロンは,宗教的な優越性を信条とするフランス人の記憶のなかでは,国家の形成とクローヴィス以来のガリア・カトリック教会の伝統とが深く結びついており,この伝統は,プロテスタントはもとより王権が排他的に国家理念を具象するという考えとも対立したと述べている[Tallon 2002]。

さらに近年では,こうした宗教戦争期においても,都市や集落で住民が自発的に友好協定や平和維持誓約を結び,共同体レベルで実験的に「他者」との共存が模索されていた事例も注目され,内乱期における社会の多面性が俎上に載せられている[Christin 1997]。宗派対立に関連する歴史的事実は,現代世界の動向や政治的な関心,あるいは近代ヨーロッパの起源探しといった観点から多様な解釈が与えられるなかで,カトリックとプロテスタントの共存のルールを定めたナント王令の同時代的意味や,寛容概念の歴史性など,新たな歴史解釈上の問題が提起されている[深沢・高山 2006;和田 2005a・2009]。

アンリ4世による王国再建

1594年2月にシャルトルで聖別式を挙行し,パリ入市式をへて実質的な統治を開始したアンリ4世(在位1589～1610)には,内乱後の秩序の回復,財政再建,宗教問題などの課題が山積していた。幾度もの改宗をへて生き延びた国王は,安定した権威を広めるため,版画や著作物を用いて,寛容の王や理性の王,フランスの復興者,父なる良き王といった表象化に心血

をそそいだ。アンリ4世の政治を支えたのは、プロテスタント下級貴族であり財務卿に就任したシュリー公や穏健派カトリックであったが、ギーズ家などこれまで王権に対峙してきた大貴族も国政に帰順した。

王権が引き継いだ膨大な借金のためにシュリーが敢行した財政改革は、まず債権者であるイングランド国王やドイツ諸侯、トスカーナ大公に対する外交交渉をおこなって、債務の引伸しを約束させることであった。また国内においては、タイユ税の徴収方法の見直しと軽減、塩税の導入、官職価格の60分の1を国庫におさめることで官職の世襲と売官を認めたポーレット法(1604年)の制定が実現し、これらが財政再建の足がかりと官僚機構の拡充に繋がった[Greengrass 1984]。

宗教戦争期にカトリック同盟の拠点となり王権に叛旗を翻した都市に対しては、重い借金を肩代わりさせると同時にその軍事的特権を剝奪したり、市参事会選挙に介入して信頼のおける国王役人を市長に指名するなど、王権は軍事的・政治的自律性を削減しつつ監視の目を強めていく[林田 1978]。高澤は、都市民のあいだのソシアビリテ(社会的結合)とそれを支える共属意識が揺らいでいくこの時期に、都市エリートが王権と協働することを選び取っていくさまを、パリを事例に描き出した[高澤 2008]。こうして内乱は過去のものとなり、王国は安定化への第一歩を歩み出したかのようにみえたそのとき、アンリ4世は狂信的カトリックによって暗殺されてしまう。この事件が象徴するように、宗派問題はまだこののちも王国の運命に少なからぬ影響を与えつづけるのである。

小山啓子

2 | 17世紀のフランス

アンリ4世後の内外状況

アンリ4世没後、その子がルイ13世(在位1610〜43)として即位したが、新国王は幼少であったため、母后マリ・ド・メディシスが摂政として国政の主導権を握った。しかし、それまで王権の強化を推進したアンリ4世によって抑えられていた大貴族たちは失地の回復をはかり、摂政政府に揺さ

ぶりをかける。彼らは母后による寵臣コンチーニの重用や，それによって彼ら自身が国務会議で大きな役割をはたせないことを非難する。さらには，王室の縁戚にあたるコンデ親王とその伯父ソワソン伯にこそ幼い国王に対する後見権が与えられるべきだとして，マリによる摂政政治の正統性さえ問題視した。そして，1614年春，東部国境の2つの砦を占領した。この叛乱を鎮めるため，政府は全国三部会の召集を約さざるをえなかった。この年の9月にはルイ13世が国王の成人年齢たる13歳に達するために，いずれにしろ統治のための新たな正統性が求められていたのである。三部会はこの年の10月から翌年にかけて開催された。だが，官職売買制度を通じての社会的上昇により貴族の既得権を脅かしつつあった平民の上層と，官職売買の廃止を求める貴族の利害が鋭く対立し，国政における新たな方向は見出されなかった。母后マリ中心の政治を変化させたのは，王室内部の争いだった。1617年，国王の成人年齢に達しても実権を譲り渡されずに不満を募らせていたルイ13世が，側近のリュイーヌらとはかってコンチーニを暗殺し，母后を宮廷から放逐した。

大貴族以上にこの時期のフランスの政治にとって重要な存在は，プロテスタントである。ナントの王令は条件付きながらプロテスタントの信仰の自由を認めていたが，アンリ4世死後は，ベアルン地方(プロテスタントの牙城のひとつで新たに王領に統合されていた)において，1569年に没収されていたカトリック教会の財産を回復するなど，カトリック寄りの施策を王権はあいついで採った。これに対してプロテスタントは，各地で武力による対抗を決議した。王権は，こうした大貴族やプロテスタントの勢力にどのように対処すべきかの判断を迫られていた。

また，対外政策においても重大な判断が必要とされていた。1598年のヴェルヴァン条約以降，フランスとスペインの関係は改善されていた。1612年には，教皇の強い働きかけもあって，ルイ13世とスペイン王女アンヌ・ドートリッシュ，ルイ13世の妹エリザベートとスペインの王太子フェリペという2つの婚姻が決定された。こうした親スペイン政策が国内のプロテスタントの抵抗に拍車をかけてもいたのだが，フランスをぐるりと取り巻くような領土を有するハプスブルク家が，潜在的にはフランスにとってヨ

ーロッパの覇権を争う最大のライバルであることに変わりはなかった。そうしたなか，1619年に皇帝となったフェルディナント2世は翌20年にベーメンのプロテスタント勢力を打破した。またスペインは21年にオランダとの休戦期間が終わり，戦いを再開する。こうした動きはフランスにハプスブルク家の脅威を想起させるものだった。

　この時期についての研究は少ない。アンリ4世死後の過渡的な混乱の時代にすぎないとみなされてきたからである。こうした見方を否定し，この時期を「近世においてもっとも豊かで輝かしい時期のひとつ」とするのがベルセである。ベルセの考えでは，宗教戦争やフロンドの乱などあいつぐ内乱の危機の経験がフランスを強力な王権の出現に向かわせたのであり，ルイ14世的な絶対王政の出現は必然的なものではなく，他のヨーロッパ諸国のように中世以来の代表制度が大きな役割をはたしつつ近代国家が形成される可能性もあった。それゆえ，アンリ4世後のこの時代を含めた16・17世紀前半を，ルイ14世時代を前提にしてそれにいたる過程としてのみみるべきでないと述べ，また，その観点から，1614年のそれを含めた16・17世紀の三部会の役割の再評価を提唱している［Bercé 1992］。

リシュリューの施策と抵抗

　先にみたような岐路に立つフランスを，強力な指導力によって絶対王政の確立へと導くのがリシュリューである。小貴族の家に生まれたリシュリューははじめ軍職に就くための教育を受けていたが，次兄に代わってこの一族が手中にしていたリュソンの司教職に就いた。ところが，1614年の三部会で聖職身分の代表として演説したことで，その能力を母后マリにかわれて国政にかかわることになった。1622年には国王の推薦を得て枢機卿に任じられ，このことが政界における地位も高めることになった。1624年には国務会議にはいり，同年，宰相となり政治の実権を握った。リシュリューの政策は，国家の利益を最優先させる国家理性の理念から発している。

　まず，対外的には，ハプスブルク家の勢力伸長の阻止を最大の目的とする。イタリアにおけるハプスブルク家の優位を覆すためにミラノの北ヴァルテリーナに1624年に出兵したのを皮切りに，イタリア北部での拠点づく

りをおこなった。同時に三十年戦争においては，反ハプスブルク陣営に財政的援助を提供することで介入を始め，1635年にスペインに宣戦布告をおこない正式に参戦した。この対外戦争は，国内政策をも大きく規定した。膨れ上がる軍事費を賄うために，大増税がおこなわれ，とくに直接税タイユはおよそ2倍になった。この徴収を可能にするためにリシュリューがとったのが，国王直轄官僚である地方長官制度の整備である。国内における敵対勢力も厳しく抑圧した。貴族に対しては，1630年の「欺かれた者たちの日」などのリシュリュー追落しの陰謀をくぐり抜け，また決闘の禁止や城塞の破壊命令など貴族の自律性を弱める政策を打ち出した。他方，プロテスタントに対しては，大西洋への出口となりイギリスとも提携していた点で他の拠点以上の重要性をもっていたラ・ロシェルを1627～28年に攻囲し，降伏させた[Bonney 1978]。

しかし，増税は各地で民衆蜂起を引き起こした。とくに1636～37年に南西部で起こったクロカンの乱，39年のノルマンディ地方のニュ・ピエの乱は大規模なものとなった。この蜂起が大規模になったのは，貴族や本来ならば取締りをおこなうべき地方の諸機関が蜂起を黙認したり，場合によってはそれに積極的に参加さえしたためである。貴族や都市役人たちは，増税が三部会や名士会の召集という伝統的な手続きをへずおこなわれるなどリシュリューの施策により自分たちの伝統的「自由」が侵されたと考えたし，高等法院やその下の審級の国王裁判所を構成する官職保有官僚は，地方長官制度の整備によって既得権が脅かされることを恐れたのである。

民衆蜂起は，マルクス主義の階級闘争論の立場に立つ旧ソ連の史家ボリス・ポルシュネフの研究[Porchnev 1963]が呼び水となり，1960年代，70年代に歴史家の注目をあびたテーマである。フランスでは，蜂起の原因は王権の急速な中央集権化によって既得権益を侵されたさまざまな社会集団の抵抗にあるとして，ポルシュネフの見解を批判したロラン・ムーニエとそのグループが中心となって研究が進められた[Mousnier 1970]。しかし，1970年代の半ば頃から，研究の方向は，民衆それ自体の文化や意識を探る方向に変化し[二宮宏之 1973]，その際，しばしば文化人類学や民俗学の手法が取り入れられた[ベルセ 1980；ル・ロワ・ラデュリ 2002]。

マザランとフロンドの乱

病床に臥したリシュリューは、その政治的能力を評価していたマザランを自らの後継者に指名した。そして、1642年12月リシュリューが没すると、ルイ13世はマザランを国務会議に加えた。そのルイ13世も翌1643年5月に世を去り、息子がルイ14世（在位1643〜1715）として即位したが、このときまだ4歳であったため、母后アンヌ・ドートリッシュが摂政となり、彼女と親密な関係にあったマザランが政治の実権を握った。

ルイ13世死去の数日後、北東部国境ロクロワでフランス軍が大きな勝利をおさめた。フランドルから侵入してきたスペインの大軍を、アンガン公（のちのコンデ親王）率いるフランス軍が撃退したのである。マザランはリシュリューの内外政策を継承するのだが、この勝利は、その政策の正しさを証明しているかのようであった。実際、1648年のウェストファリア条約ではアルザスに対する原則的領有権を得、59年のスペインとのピレネ条約では国王フェリペ4世の長女マリ＝テレーズとルイ14世の婚姻を取り決め、この当時まだ世継ぎをもっていなかったフェリペ4世死後のスペイン王位についての権利を獲得することに成功するのである。

しかし、国内政策の面では、リシュリューからマザランに引き継がれた路線に対する抵抗は激しさを増していた。1648年7月、パリの最高諸院は連合して、地方長官制の廃止、タイユ税の減免などを内容とする国政改革の声明を出した。これに対して、8月にマザランが最高諸院の運動の中心にいたパリ高等法院評定官ブルセルを逮捕すると、これをきっかけにパリの民衆が蜂起し、ここに1652年まで続くフロンドの乱が始まった。フロンドの乱は、民衆、ブルジョワ、官職保有者、そして貴族とさまざまな階層がかかわり長期の内乱の様相を呈し、この間、宮廷もたびたびパリを離れざるをえなかった。

フロンドの乱については、王権の視点に身を寄せた伝統的なフランス制度史は、封建貴族の「最後の空しい叛乱」と性格づけていたが、戦後になってこれを早産の市民革命とするポルシュネフらの見解も出された。しかし、いずれの見解も乱の全体像をとらえたものとはいいがたい。無節操ともみえる諸勢力の連携や反目の様相からみると、乱の本質は、支配秩序の

転換か否かではなく，諸勢力のヘゲモニー争いだったと考えるのが適当であろう。

ルイ14世親政

1661年，ルイ14世は宰相マザランの死によりようやく政治の実権を握ることができた。国王は親しく政治をおこなうべきだとの信念をもっていた彼は，宰相制を廃し，また自らの政治の妨げになる勢力の力を削ぐことに努めた。すなわち伝統的な帯剣貴族に対しては，王国の政策決定機関である最高国務会議を改組することで王族や大貴族を排除し，治世下の2度にわたる「貴族改め」によって，中世以来の自生的な社会集団としての貴族を王権によってその身分を法的に承認された身分団体に変質させた［阿河 2000］。また，売官制を通じて統治機構の主たる担い手となりながらも，同時に官職を自らの資産とみなし王権からの独立傾向をもちがちな法服貴族に対しても，高等法院の建白権を制限するなどして統制を強めた。その一方で，王権の政策の担い手として重要性を増しつつあったのが，法服貴族層を主たる母体としつつも近代的な任用システムのなかで王権に対する忠誠心をもつにいたっていたエリート行政官僚の一群であった［安成 1998；2000］。

1682年，ルイ14世は宮廷をヴェルサイユに移した。これ以降，1715〜22年の摂政時代を除いて，ヴェルサイユが王国の政府機能の中心になるのである。社会学者ノルベルト・エリアスによる研究［エリアス 1981］を別とすれば，宮廷が本格的な検討の対象となってきたのは，最近のことである。フランス革命期ないしその少しあとの時期に形成された，宮廷は廷臣たちの濫費と陰謀の場にすぎないというネガティヴなイメージが長く引き継がれてきたことが専門の歴史家を宮廷から遠ざけていたからである。しかし，1980年代半ば以降，王権の支配に欠かせない装置としての宮廷の意義が，儀礼研究や貴族研究とリンクしながら，明らかにされてきている［Solnon 1987］。

絶対王政と近世社会

このようにして確立した絶対王政の性格は、どのようにとらえられてきたのだろうか。フランスにおいて第二次世界大戦前まで支配的であった制度史的な研究では、絶対王政が中世の権力分立状態を克服し、国家機構を発展させたことに、何よりも目が向けられた。発展史観に強く規定され、近代国家の発生史として歴史をみる視点がそこにはあった。これに対して大戦後になると、国家の基礎にある社会との関わりが問われることによって、この時代に特有の権力構造の考察へと向かうことになり、結果として、絶対王政がかつて想定されていたほど強力なものではなかったことが明らかにされた。画期となった研究は、ムーニエの『アンリ4世・ルイ13世時代における売官制』であった。制度史研究では、国王直轄官僚たる地方長官が近代官僚の前身として着目されていたが、ムーニエは、官僚組織が固有の利害をもつ社会集団としての官職保有官僚に大きく依存し、またそれによって制約を受けていることを明らかにしたのである[Mousnier 1945]。

このように社会との関わりを重視した権力秩序の考察は、日本における近世フランス史研究でも力がそそがれてきたところであり、千葉治男[千葉 1969]、二宮宏之[二宮宏之 1979]、成瀬治[成瀬 1979]から始まり、司法[浜田 1998；志垣 2000]、財政[常見 1973；阿河 1989；伊藤 1994；佐村 1995]、官僚制[安成 1998；林田 2005・2011]、軍政・治安[佐々木 1989；正本 2001]といった統治機構や、それと貴族[宮崎 1994]、都市[林田 1978；永井 2001]、三部会[伊藤 2001ab；高橋清徳 2003]といった中間的諸権力との関わりについて研究の蓄積がなされてきた。

古典的絶対王政像を修正することになるこれらの諸研究のあいだでも見解が分かれるのが、王権と他の諸権力との関係である。制度史的な研究から一歩を踏み出しつつもそれがもっていた近代国家を肯定的にとらえる視点を継承していたムーニエによれば、国王直轄官僚たる地方長官が近代的な性格を有していて、官職保有官僚を監視したり中間団体の特権を縮小するなどして社会に強い影響をおよぼしていく。しかし、王権を他の諸権力とほとんど同じレベルにまで引き下げてとらえた社会史家ピエール・グベールら[Goubert 1969/73；Emmanuelli 1981]をへて、近年は、そのように王

権と官職保有官僚・中間団体を対立関係としてとらえるのではなく，協働関係にあったと考える傾向が強くなっている[Hamscher 1987;ケタリング 1995;仲松 2010]。

二宮は「フランス絶対王政の統治構造」において，絶対王政の基底には職能や地縁の絆に結ばれた自律的団体が存在していたことを示した。そうした団体に対して王権が特権を与え，その代わりに規制のもとにおくことで法的団体(社団)として再編成したとする。この見解も上述の絶対王政像の修正を踏まえてのものであるが，二宮の場合，社会のさまざまな団体を特権や機能の面だけでなく，社会的結合関係の視点を取り入れて考察し，それによって権力秩序の考察を社会史研究と関連させる道を拓いた点が特筆されるべきである[二宮宏之 1979]。

ところで，16世紀そしてとくに17世紀前半に多くみられた民衆蜂起や貴族叛乱は，民衆蜂起については1675年のブルターニュの印紙税一揆以降，貴族叛乱についてはフロンド以降，大きなものは生じていないのだが，これをどのように説明するかも絶対王政と社会の関係の捉え方にかかわってくる。絶対王政を強力な国家と考えるならば，そうした変化は，抵抗勢力を圧伏し終えての中央集権化の完成と考えられる。これに対して，強力な国家ではないと考えるならば，この変化は，つぎのように説明されうる。リシュリュー・マザラン期は対外戦争を遂行する必要から生じた急速な中央集権化政策のために官職保有官僚や中間団体との軋轢が起こったが，ルイ14世親政期には王権は彼ら地方名望家層とのあいだに妥協を成立させる。ウィリアム・ベイクによれば，ラングドックにおいて1677年に徴収された国家の直接税のうち35.4％は，人口の1割程でしかないこの地の名望家層の懐に，公債の利子や税金徴収にかかわる手数料などのかたちで還流し，彼らの取り分は世紀の前半よりもはっきりと増加していた[Beik 1985]。このため，貴族を含めた名望家層はルイ14世の体制に抵抗する必要はなくなり，彼らが隊列に加わらない民衆蜂起は大規模なものに発展しないのである。

近世社会の構造と社会的結合関係

　近世社会については，これを階級社会とみるか身分制社会とみるかで，かつて論争があった。ポルシュネフやアルベール・ソブールのように階級社会とみる論者は，封建的土地所有者層と農民を中心とした広汎な民衆の対立関係が社会の基本であり，この時期に頻発した民衆蜂起がそれを証明しているとする。これに対してムーニエらは，近世社会は社会的評価や名誉が基準となって階層的に序列化された身分制社会であり，19世紀的な経済的基準による階級概念をこの時代にあてはめるのは適当ではない，と批判した[Mousnier 1965]。階級社会の視角から近世社会を考えようとするときの難しさは，中世における領主対農民，19世紀におけるブルジョワジー対労働者のようには，対立関係をはっきりと説明しにくい点であろう。というのは，売官制を通じて国家の官職を保有した数多くのブルジョワたちが統治機構に参入し，国王の金を扱う金融業者や特権商人らの活動が経済の面では重要さを増すなど，台頭した富裕なブルジョワ層の存在が社会関係を複雑にしていて，彼らをどのように位置づけて説明するかが問題となるからである。他方，身分制社会論についても，ムーニエらが主張する社会的序列とその意味づけは，当時の支配層の観念をあらわしたものにすぎないとの批判があった[Goubert 1969]。

　しかし，現在では歴史家の関心が，こうした社会構造論から社会的結合関係の問題へと移行しているようにみえる。近世の人びとは，心性・身体両面で不安定な状況におかれていたために，また，そこから生じる怖れを緩和し厳しい環境下で生き延びるために，連帯の絆を形成した[Mandrou 1961]。その絆は地縁集団や職能集団，また血縁集団というかたちをとった[二宮宏之 1995; 高澤 2008]。

　さまざまな集団のなかでもとくに重要だったのは家族である[二宮宏之・樺山・福井 1983]。家族を形づくる契機となる男女の結びつきは，この時代にあっては，愛情ではなく家を存続させるための利害であるといわれてきた。これに対して，民衆層については愛情を軽視すべきでないとする主張もあるが，伝統的な社会において支配的な価値観は共同体的なものであって個人的なものではないから，それが親の同意を得て結婚に結びつ

くかどうかは，その男女がどれほど近い社会集団に属しているか，地理的に同一の生活圏に属しているかに左右される可能性が高い。

人びとの心性や身体がおかれていた環境は，教区簿冊を史料として明らかにされた人口動態がよく示している[グベール 1992]。人口動態は多産多死を特徴とし，平時には出生数が死亡数をわずかに上回るが，多数の死者を出す危機の時期が周期的にやってくる。そうした危機の原因は，ジャン・ムーヴレやグベールによってつぎのようなメカニズムにあると説明された。危機の中心にあるのは食糧価格の高騰であり，それによって栄養不足に陥った貧しい階層の者たちを疫病が襲うことによって大量死がもたらされる，と。これに対して，食糧価格が高騰しても死者がでないこともあるので，大量死の原因は決まったメカニズムによるのではなく，疫病，食糧価格の高騰による飢え，軍隊による劫掠がそれぞれ単一の原因となる場合もあれば，それらが複合して原因を構成することもあるなど，より多様であるとの指摘がなされている[Dupâquier 1988]。17世紀には，食糧危機の発端となる凶作が多かったが，これをもたらしたのは厳冬と長雨の夏をもたらす小氷河期の気候であった。

統治の理念と王権の象徴機能

16世紀半ば以降に発展した新しい王権の理論は，王権を制限する伝統的な政治理論とも調和をはかろうとするものであったが，17世紀にはいると王権の伸長を背景に，王権の至高性が一方的に説かれる傾向が強くなった。国王は伝統的な法や諸団体によって制限されず，神にのみ責任を負うとされる。王権は神から授かったものとする思想はすでに中世から存在していたが，絶対王政期になると，王権の絶対性を根拠づけるために，それが体系的に理論化されることになった。王太子である長男のためにルイ14世が遺した『国政覚書』やボシュエの『聖書の言葉に基づく政治論』が代表的な著作である。

ところで，国王の絶対的な権力という場合の「絶対」とは，当時の用法では，国王が法の上にあってそれから解放されているという意味であった。国王は諸侯とは次元が違う存在であることをあらわしていたのである。と

ころが,「絶対」という強い印象を与える言葉は, 革命前の体制を神秘化する19世紀の市民社会のなかで, やがて「専制」と混同されることになった。歴史家さえもそうした誤解をしていたのであり, それが正されるのはヨーロッパが全体主義を体験した第二次世界大戦前後のことであった。

このように絶対王政が専制的な権力でなかったのはもちろんのこと,「法の上にある」というのも, 現実をあらわしたものではなく王権の側の主張ないし願望にすぎなかった。実際にはさまざまな面で国王の権力は制限されていた。そうした物理的な権力の弱体を補うために, 王権は儀礼を通じて国王の権威を人びとに示そうとした。17世紀にはいっての国王儀礼の特徴は, 成聖式・葬儀・巡幸・入市式といった伝統的かつ開かれた場でおこなわれる儀礼に重きがおかれなくなり, 代わって宮廷社会という狭い空間のなかでおこなわれる国王の起床の儀や就寝の儀などが中心になったことである。儀礼の舞台装置としてのヴェルサイユ宮それ自体も王権の象徴機能を担った。このことは, 国王がもはや生身の姿をさらす必要はない段階に達していたことを意味する。そして宮廷外の世界に対する働きかけは, 教会でおこなわれる神への感謝式テ・デウム, 主要都市における国王騎馬像の設置, 国王肖像を描いた版画の流布などによりおこなわれるようになった。二宮「王の儀礼」が示すように, 儀礼研究において難しい問題であると同時に今後深められなければならないのは, 儀礼を通じて王権の権威が民衆のレベルにまでどのように伝達されたのか, という点であろう [二宮宏之 1990;石井 2002;バーク 2004;佐々木真 2008]。

規律化と逸脱

王権は1666年から67年にかけてポリス改革のための諮問会議を開き, 67年にはポリスを司るパリ警視総監職を創設した。この時代における「ポリス」の意味するところは, 19世紀以降と異なっていて, 公安・浮浪者取締り・公衆衛生などの秩序維持, 食糧供給, 同業組合に対する規制・監督など幅広い領域を含むものであった。パリのポリスの内容については, シャトレ警視ドラマールが著した『諸事取締り要綱』から多くを知ることができるが, こうした領域については, それまでは中央政府以外のさまざまな

諸権力が担当していたり、あるいは公権力がかかわらなかったのであるが、絶対王政期とりわけ17世紀中葉以降、国家がこれに介入するようになった。王権がポリスを重視し始めたということは、都市の日常空間の統制に目を向けるようになったことを意味していた［高澤 2008］。また、農村部と領主管轄外の公道における治安維持には、騎馬警邏隊(けいら)があたった［正本 2001］。

ポリスについての関心は近年高まってきているが、歴史家たちはこの点について、権力による社会的統制という哲学者ミシェル・フーコーの手がけた問題に少なからぬ影響を受けている。フーコーは1656年の王令によって設立されたパリ総救貧院への着眼から、この時期に国家が不良分子を一般社会から隔離して秩序を維持する政策が始まると主張していた［フーコー 1977］。ただし、フーコーのいう組織的な「閉じ込め」政策については、その後歴史家からも批判がでている。この時期の救貧体制を全体としてみれば、国家のはたす役割を誇張しすぎてはならないのであって、カトリック改革によって新たな活力を与えられた教会・慈善団体の救貧における役割を軽視すべきではない、というのである［Kettering 2001］。

カトリック改革は、フランスでは、教皇権至上主義に対する警戒と宗教戦争の存在によって他地域よりも取組が遅れ、本格的におこなわれたのは17世紀にはいってからだった。このカトリック改革については、トリエント公会議で採択された教令の内容やその実施についての研究が主であったが、近年は民衆文化との関わりで取り上げられるようになった。これがエリート文化の民衆文化に対する攻撃の一環をなしていて、これによって、民俗信仰の要素を色濃く残していた民衆の信仰に正統的な教義が浸透していった、とされる［Muchembled 1995］。

コルベルティスムと対外戦争

1660年、ルイ14世は前年のピレネ条約に基づいてスペイン王女マリ＝テレーズと結婚した。しかし、依然としてこの時期のフランスは、ハプスブルク家を最大のライバルとみなしていた。このため、1661年の王弟オルレアン公とイギリスのチャールズ2世の妹との結婚、62年のオランダとの同

盟など，対ハプスブルク包囲網を築いていた。しかし，他方でイギリス，オランダは，ルイ14世親政開始前後こそフランスと友好的な関係にあったものの，フランスの勢力拡大を好まなかった。ヨーロッパにおける勢力均衡の維持を望んでいたし，フランスが国際商業の面で先を行く両国を脅かしつつあったからである。

この時代のヨーロッパ諸国はいずれも，国内産業を育成すると同時に輸出を増やし輸入を抑えることによって多くの貴金属を獲得しようとする重商主義政策を採った。その際フランスは，財務総監コルベールの指揮下に経済活動に対して国家による強力な統制と保護を他国よりも徹底して推し進め，イギリスのような有力な国内産業をもたない欠点を補おうとしたのである。また，この時期は，経済の縮小によって特徴づけられる17世紀の危機のただなかにあったから，コルベルティスムはこの危機へのフランスなりの対応という性格ももっていた。このコルベルティスムが成功したかどうかについては，議論の分かれるところである。日本の戦後歴史学はこれを「下からの」ブルジョワ的発展を阻害したものと否定的にみてきたが，服部春彦は，コルベルティスムはフランスの国民経済の「近代化」をもたらし，フランスがイギリスに対抗する基盤を形成したと評価する［服部 1992］。

ルイ14世親政期には，フランドル戦争，オランダ戦争，アウグスブルク同盟戦争そしてスペイン継承戦争と対外戦争があいついだ。これらの戦争は，発端が王位継承問題であったケースの多いことが示すように王朝的利害の衝突という面をもっていたが，同時に，国際商業をめぐる主権国家間の争いという新しい性質を帯びていた。このため，当初のフランス対ハプスブルク家という対立軸は後景に引き，オランダそしてとくにイギリスがフランスの主要な敵としてしだいに浮上した。オランダ戦争以降，ルイ14世の対外政策を警戒したヨーロッパ諸国が一致してフランスにあたったために，フランスは目論んでいたほどの領土の拡張ははたせず，並行して戦われた植民地における戦争では劣勢で，イギリスが植民地帝国を築くのを許した。

ジェフリ・パーカーらの「軍事革命」論がフランスにあてはまるかどう

かは別にしても、この親政期の戦争を含めて、戦争と軍隊が近世の国家や社会に与えた影響は大きなものであった。リシュリュー期以降、兵員の数は急速に増大し、17世紀末には総計60万に達した(ただし、ここから、この時期の軍隊に特有の問題であった逃亡兵や水増し報告の分を15～20％割り引く必要があると推定されているが)。そして、そのうちには、1688年の王令によって始められ、各教区から兵士となる者を強制的に出させる国王民兵制[佐々木真 1989]に基づく兵士も含まれていた。また、財政にも大きな影響があった。ルイ14世の治世末年までには、年間の収入が6900万リーヴル程のところに、34億6000万にのぼる負債をかかえることになったが[佐村 1995]、債務返済金とともに軍事費が歳出全体に大きな割合を占めていたのである。

宗教政策と絶対王政の曲り角

　カトリック教会は、絶対王政の統治にとって欠かせないものであった。王権神授説は支配の正統性を保証したし、また、国王がその任命権を掌握している司教など高位聖職者は、地方におけるその大きな政治的影響力を、王権を利するように行使した。その代わりに、王権は教会に免税特権をはじめとする特権を与え、教会批判を犯罪として取り締まり、他の宗教を抑圧する。とくにルイ14世時代は宗教統制が進んだ。その最大のものは、プロテスタントに対する迫害である。彼らはナントの王令によって制限付きながらも信仰の自由を認められていたが、親政の開始とともに抑圧的な政策が採られ、ついに1685年にはフォンテーヌブロー王令によりナントの王令の廃止が宣言され、プロテスタントのすべての礼拝が禁止され、教会の破壊が命じられた[木崎 1997]。

　信仰が禁じられて以降、約20万(当時の国内居住プロテスタント人口は、約100万)と推定されるプロテスタントが近隣のヨーロッパ諸国に逃亡した。国内に残った者の多くはカトリックに改宗したが、改宗せずに信仰を維持する集団に対してはさらに迫害が加えられた。これに対して、1702～04年のセヴェンヌ地方におけるカミザールの叛乱をはじめとする抵抗運動が各地で生じた。抑圧はジャンセニスムにも向けられた。ポール・ロワイヤル

修道院を拠点に勢力を拡大したジャンセニスムは，カトリック教会を内部から改革しようとするものであったが，教皇庁はこれを教会軽視の異端と断じ，正統カトリックを国教として国内の統一を強化しようとするルイ14世も，1713年にジャンセニスムを弾劾する教皇の勅書を得て，これを取り締まった。しかし，教皇と手を携えてのジャンセニスムに対する弾圧には，国家教会主義の立場から一部の聖職者たちが反対し，また，その構成員のあいだにジャンセニスムが広まっていた高等法院も反対した。こうしたルイ14世の宗教政策は成功したようにはみえず，治世後半の動揺のひとつの要因になった。また，ジャンセニスムの問題は，18世紀の中葉に王権と高等法院のあいだに影響の大きな政治問題も引き起こすことになる。

絶対王政の曲り角をうかがわせるのは，宗教問題だけではなかった。ルイ14世の治世末年になると，絶対王政の経済統制や重商主義に対する批判的な思想が登場する。また，政権に近い立場の者たちのあいだでは改革案が練られた。ヴォーバンは『国王十分の一税草案』によって税制改革案を提示し，ボーヴィリエ公やシュヴルーズ公とともにルイ14世の孫ブルゴーニュ公の周囲で新たな政治体制を構想していたフェヌロンは『統治計画案』を草していたのである[森村 1998]。

林田伸一

3｜18世紀のフランス

摂政制とローのシステム

1715年9月1日に国王ルイ14世が没すると，曾孫のルイ15世(在位1715～74)が跡を継ぐが，まだ5歳半の子どもにすぎず，政治をおこなうには摂政が必要となる。その資格を有するのは筆頭王族のオルレアン公フィリップであり，ルイ14世も遺言で彼を摂政に指名していた。しかし王はオルレアン公の人柄を信用していなかったので，遺言では庶子のメーヌ公とトゥールーズ伯も摂政会議に加えてオルレアン公を牽制させようとしていた。だがこの遺言は9月2日の朝に召集されたパリ高等法院で破棄され，同月15日，新王ルイ15世が出席した最初の親臨法廷で破棄が確認された。

こうしてオルレアン公が国政を担当することになったが，彼は協力してくれた高等法院に対して，ルイ14世が剝奪していた王令登録権と建白権を回復した。これにより国政に介入する権利を回復した高等法院は，この後，フランス革命が始まるまで絶えず王権を批判し，国王を悩ませる存在となる。摂政の下に摂政自身が主催する「摂政評議会」がおかれ，その下に，それぞれ宗務，外交，軍事，海事，財政，内務，商事を担当する7つの「個別評議会」がおかれた。これが「ポリシノディ」(多元会議制)の名で知られる新たな政治体制で，1718年まで続いた。各個別評議会の主催者には王族や名門貴族が任命され，メンバーの多くは旧貴族が占めたのであって，絶対王政以前の政体への復帰を望む伝統的貴族の願望に応えるものだった。もっとも，ポリシノディは合議制であるため機能性に欠け，ルイ14世によって政治の中枢から遠ざけられていた名門貴族には実務能力に欠ける者が多かったため，1718年以降には個別評議会はしだいに廃止されていく。こうしてポリシノディは3年で崩壊し，その後1723年に国王ルイ15世が成人するまでの5年間は，「権威主義的」な摂政制が出現するのである。

　ジョン・ローとその「システム」が脚光をあびるのは，まさにポリシノディが崩壊して摂政のイニシアティヴが強化された時期であった。ローはスコットランド出身の銀行家で，経済理論家としても知られる。彼が提案した経済再建策は，発券銀行を設立して銀行券を発行すること，植民地との貿易会社を設立することの2つを柱としていた。すなわち銀行券を貿易会社が引き受けて国庫に貸与し，政府がそれで負債を償還する一方，貿易会社は株券を発行して政府から市中に流れた銀行券を吸収し，集めた資金を植民地に投資する。それによって得られる収益が株券，さらには銀行券の信用を保証するはずであり，また市中に残って流通する信用紙幣は金属貨幣の不足を補い，それによって流通を刺激し，経済を活性化させるであろう。これがローのシステムであった。当初，システムは機能したかにみえ，1720年1月にはローは財務総監に任命された。しかし，ルイジアナの開発が即座に莫大な利益をもたらすわけはなく，インド会社株への投機は経済の実態からあまりにもかけ離れていた。1720年初めに何人かが売り逃げに着手すると，すぐにパニックが生じて株価は暴落した。ローは通貨流

通量の調節について無知だったのであり、その懸命の努力もむなしく彼のシステムは崩壊し、5月には財務総監職を解かれた。

ローの「システム」については佐村明知の紹介が参考になる［佐村 1995］。従来「システム」の失敗は、人びとに銀行券や信用制度に対する不信を植えつけ、長い目で見ればフランスにおける銀行制度の遅れ（その結果として、フランス資本主義の慢性的な資本不足）に繋がったとして、否定的に評価されてきた。しかしローの財政思想は、秘書であったムロンをとおして18世紀フランスの経済学の発展に一定の寄与をしている。この点に関しては米田昇平が全体的な展望を与えてくれるので、最初に参照すべきだろう［米田 2005］。

ルイ15世の成年

摂政制の開始とともに、宮廷はパリに移っていたが、1722年6月にルイ15世は再びヴェルサイユに戻り、翌23年の2月には成年に達して、摂政制は終りを告げる。オルレアン公に代わって政治の中心になったのが、宰相のブルボン公である。彼がまず取り組んだのが国王の結婚問題だった。王の世継ぎを1日も早く確保するのが緊急の課題だったのである。じつはルイ15世は1721年にスペイン王女と婚約していたが、彼女は婚約当時まだ3歳だったので、ブルボン公は25年に強引に婚約を解消してしまった。代わりに選ばれたのが、1709年にポーランドの王位を追われた貴族の娘で、国王より7歳年長の22歳であるマリア・レシチンスカである。出産の可能性が最優先されたのであるが、王女が恥をかかされたスペインはフランスに不満をいだく。ここでスペインに対して強硬な態度を示したブルボン公は国王から退けられ、1726年に自己の所領に追放された。

代わって政治の中心になったのが、摂政時代に国王の教育係を勤めていた聖職者のフルリーである。国王の信任が厚かった彼は73歳の高齢になって政治の表面に登場し、没するまでの17年間フランス政治を指導した。彼がめざしたのは平和と安定であった。フルリーのもとで1726年にエキュ銀貨が6リーヴル、ルイ金貨が24リーヴルと定められ、以後フランスは、革命期の混乱を除けば、20世紀初頭にまでおよぶ通貨の安定を享受すること

になる。また対外的にも，基本的には英仏協調路線を守って平和の維持に努めた。この時期には穀物の凶作も減って民衆生活が安定するとともに，治安維持組織の整備も進んだ。1743年にフルリーが没すると，33歳になっていた国王はもはや宰相をおかずに自ら統治することを宣言するが，実際に決断をくだすことは少なく，財務総監や国務卿の主導に頼ることが多かった。

18世紀のフランスはこのようにしてかたちを整えてきたが，この時代の全体像を詳しく知るには，ダニエル・ロッシュの概説書[Roche 1993]が社会史や心性史の成果を取り込んでいて興味深く，Peuples et Civilisations叢書の合計4冊[Soboul et al. 1977; Vovelle et al. 1997]はフランス以外の世界各国についても記述している。個別テーマを調べるには，政治や社会の全般に関してはリュシアン・ベリーの『アンシャン・レジーム事典』[Bély 1996]，制度に関してはマルセル・マリオンの『制度事典』[Marion 1923]，文化史に関してはミシェル・ドロンの『啓蒙事典』[Delon 1997]を参照すべきである。国制や社会構成は17世紀から延長している部分が多いので，前節にあげられた論点紹介と参考文献が18世紀に関しても多くの示唆を与えてくれるだろう。

ジャンセニスム・イエズス会と高等法院

本来はキリスト教の教義の問題であるジャンセニスムは，18世紀には，これを断罪する国王政府と擁護する高等法院のあいだの政治問題として再燃した。結局は国王が，政府当局者と高等法院の双方に対してこの問題に関する沈黙を命じて一件は落着したのだが，高等法院が「民衆の父」を自認し，世論の支持をバックにして国王政府の「専制」を批判するというパターンはこのあとも繰り返されることになる。高等法院の王権に対する反抗については，ジャン・エグレの研究が現在でも必読文献である[Egret 1970]。高等法院は国王の「専制」から国民を守る存在だったのか，王権がめざす中央集権的改革に抵抗する保守的・反動的な勢力だったのかという論争に決着がついてはいないが，現在ではむしろそうした論争から距離をおき，高等法院が都市社会のなかではたしていた社会的・文化的な役割

を実証的に検証する研究がめだつようになっている[Chaline et Sassier 2004; Bidouze 2008 など]。

また近年においてはロジェ・シャルチエやキース゠マイケル・ベイカーが，ジャンセニスムをめぐる論争がのちにふれる世論の興隆に刺激を与えたことを重視しており[Baker 1990; シャルチエ 1994b]，デイル・ヴァン・クレイはジャンセニスムをめぐる世論の動きにフランス革命の起源を求めている[Van Kley 1996]。カトリーヌ・メールの大著も，ジャンセニスムと高等法院の動きがフランス革命のイデオロギーを生み出していく過程を詳細にたどったものである[Maire 1998]。

イエズス会は，ローマ教皇への服従を宣誓する点が反ガリカニスム的であると批判されていたが，1761年にたまたま1人のイエズス会士が破産したのに乗じて，パリの高等法院はイエズス会という組織全体を有罪と認定し，62年に管区内からイエズス会士を追放する処置をとった。宮廷はイエズス会に親近感をもっていたのだが，地方の高等法院にもパリの決定に倣うものが続いたため，ついに国王も追随して，1764年に王令によりフランス王国全体にわたってイエズス会を禁止した。ここでも高等法院は世論の支持を味方につけて，国王政府に対抗したのである。オーストリア継承戦争(1740〜48年)，七年戦争(1756〜63年)に際しては，軍事支出を賄うために新たな税の徴収を政府が試みたが，その際にも各地の高等法院は同じパターンの反抗と国王政府批判を繰り返したのだった。

18世紀のフランス経済

従来，フランスは18世紀に織物業が伸び悩み，これが経済的にイギリスに差をつけられる原因となったとされていた。しかし1970年代以降の研究では，フランソワ・クルゼがイギリスとフランスは経済活動において18世紀の初頭と末期で比べるとほぼ同じ伸び率で成長しており，両者のあいだに従来いわれていたほどの差はなかったことを明らかにしている。ただし世紀途中での経過をみると，イギリスが世紀前半の伸び率が低くて，世紀後半に急速に成長するのに対して，フランスは世紀前半には順調に経済が進展するのに，世紀後半に伸び悩むようになる[Crouzet, F. 1985]。フラン

ス工業はイギリスとの競争などにより,世紀後半には国民経済における比重を相対的に低下させたのである。

同じ現象を貿易面からみると,18世紀初頭には食糧輸出に頼っていたフランスの貿易が,世紀半ばには工業原料輸入・製品輸出を中心としたものになる。ところが,1750年代後半に変化の兆しがあらわれ,70年代にははっきりと,砂糖とコーヒーを中心とする植民地産物の輸入とそれらのヨーロッパ諸国への再輸出がフランス貿易の基軸になるのである[服部 1992]。七年戦争においてアメリカ大陸にある植民地の市場を失ったが,砂糖とコーヒーの主要産地である西インド諸島は確保できたことも,こうした傾向を促進したのだった。

このような変化はあるものの,1730年代以降の「経済史上の18世紀」は総体的にみれば繁栄の時代だった。フランスの人口は,1710年には2260万だったが1750年代には2500万を超え,1789年には約2800万となっている。農業,工業,商業のいずれの分野においても,生産額や取引量の増加,品目の多様化,技術の進歩がみられた。しかし,こうした経済発展のもとで社会の二極化・格差の拡大も進展している。農作物価格の上昇は地主や土地をもつ農民には有利であったが,賃金は物価ほどには上昇しなかったため,農業労働者は相対的に貧困化している。工業においても類似の現象がみられた。また裕福な宮廷貴族や大ブルジョワジーは,大企業や貿易業に投資してさらに裕福になり,身分の相違を超えて社会的に一体化する傾向がみられる一方で,地方貴族や中小ブルジョワジー,民衆は経済発展からそれほど大きな利益を得られなかった。繁栄のもとで,アンシャン・レジーム社会の基盤は少しずつ掘り崩されていたのである。このような経済の変化をウォーラーステインは独自の「近代世界システム」の枠組に位置づけようとしており,従来の一国経済史的視点を超える試みとして注目できる[ウォーラーステイン 1993;1997]。

18世紀フランスの社会

中世以来の身分制はアンシャン・レジーム末期まで残存しており,17世紀を扱った前節におけるフランス社会についての記述は,基本的には18世

紀についてもあてはまる。しかし18世紀,とりわけその後半に資本主義的な経済が発展して,社会全体に変化をもたらした。ソブールの概説書は経済史を中心とし,「伝統的な領主制に立脚する貴族と新たな資本主義に立脚するブルジョワジーの対立」という図式を基盤として,18世紀フランスの社会を整理したものである[ソブール 1982]。描かれている個々の事実や全体像の展望に関しては今でも参考になるが,この本が立脚する図式についてはその後の研究が新たな視点を提出している。

　まず,この時期に伝統や血筋・家柄よりも個人の能力と経済的な富を重視する価値観が人びとに受け入れられるようになると,とくに貴族はアイデンティティが問われることになったし,宮廷貴族と地方貴族の経済的・社会的な溝は18世紀のあいだにしだいに拡大した。1750年代後半に,地方貴族は商業に参加して経済的に立ち直ることで貴族の体面を維持すべきか,貴族はあくまで軍人にとどまって営利活動は控えるべきかが争われた「商人貴族論争」は,森村敏己が適切な紹介をおこなっているが[森村 2004],まさに貴族のアイデンティティの危機,さらには身分制の建前と商品経済の発展という現実のあいだの矛盾を如実に示すできごとだったのである。この点は実業家貴族の存在を強調するギー・リシャールの研究も示唆に富む[Richard 1974]。ブルジョワジーのなかでも,徴税請負人,国庫への融資を引き受ける金融業者,銀行家などがしだいに経済的な実力を蓄え,宮廷貴族とともに社会の頂点を占めるようになった。彼らは通婚などによって社会的にも一体化する傾向がみられ,1980年代からは,ウィリアム・ドイルのように,彼らを身分を超越した「エリート」としてとらえる説も説得力を得ている[Doyle 1988]。これが「修正派」と呼ばれる人びとの説(ソブールなどが「正統派」と呼ばれる)である。

　「正統派」と「修正派」の論争は明確な決着をみないまま霧消したが,その後の研究は,社会経済史にとどまらず,心性史や民衆文化論なども視野に入れながら,人びとの生活の実態に迫ろうとしている。一例のみあげると,カスタン夫妻は南仏の犯罪を研究することにより,都市において窃盗などの所有に対する犯罪が世紀後半に増加すること,農村でも農民が種々の負担の増加に苦しめられていることなどを明らかにした[Castan,

Nicole et Yves 1981]。それらの背景として，18世紀の物価上昇のなかで民衆の社会的地位は相対的に不利となっており，都市に流入して根なし草的な生活を営む者も増えたこと，農村においては世紀後半，とりわけ1770年代以降に，領主的反動と呼ばれる試みが進展し，領主層が商品経済の発展に対応するために証書をチェックして失効していた地代を復活させたり，通行税・市場税などの徴収を厳格化したり，農村の共有地を分割して，その3分の1を領主直営地に組み入れたりしたことなどが指摘できる。貧農は家畜の飼料や薪を共有地に求めていたので，その消滅は痛手だったのであり，またそれ以外の農民にとっても，領主的反動は不満と憤慨の種であった。純粋に経済的な損失もさることながら，領主と農民のあいだの擬似家族的な温かみのある関係が失われて，金銭ずくのドライで他人行儀な人間関係に変わっていくことに対する精神的な不満にも注目せねばならない。

18世紀のフランスは，経済の繁栄がもたらす華やかさの陰で，貧富の拡大や，伝統的な生活様式・価値観の喪失ないしは希薄化に起因するアイデンティティの危機が進展していたのである。他方において，中層以上の生活全般に関しては，「快適さ」を求める「消費生活」の成立が指摘されるが[Roche 1997]，より便利な居住空間における快適な私生活や親密で気のおけない交際を求める新しい生活意識の出現は，他の研究によっても指摘されている[コルバン 1990；ヴィガレロ 1994]。

啓蒙，出版，世論

18世紀における変化は，心性や思想においてとくに顕著にあらわれており，多くの研究者がここに関心を寄せるようになっている。人間の理性を信頼し，合理的な推論によって真理に到達しようとする思想的態度は17世紀のデカルトに始まるが，18世紀の半ばからは宗教，とりわけカトリック教会の不合理と「狂信」を正そうとする態度，さらには政治や社会全般における不合理を改めようとする態度としてあらわれた。これが啓蒙思想と呼ばれる。「啓蒙思想」についての最初の1冊としては，ロイ・ポーターの概説書が小著ながら適切な入門書となるだろう[ポーター 2004]。また本格的に研究するなら，ポール・アザール，エルンスト・カッシーラー，

ベルンハルト・グレトゥイゼンのいわゆる「啓蒙研究の三大古典」は依然として必読書である[カッシーラー 1962；アザール 1973；グレトゥイゼン 1974]。しかしながら近年のシャルチエやロバート・ダーントンなどの研究によれば、通俗的なポルノ小説のなかに鋭い政治批判が含まれることもあれば、宗教や君主制の伝統を擁護とする側にも合理的な説得に頼ろうとする態度がみられることもあり[シャルチエ 1994a；ダーントン 1994]、いわゆる「啓蒙思想家」の古典的著作だけを啓蒙思想と考えると、当時の思想交流の実態を見誤ることになるのである。

また、いわゆる「啓蒙思想家」からはずれる人びとについても、「進歩的な啓蒙思想に対する反動的な敵」という単純な図式から離れて新たな光をあてようとする研究がみられる[Masseau 2000；今野 2006]。ソブールの前掲書は啓蒙思想を「ブルジョワジーの思想」として紹介しているが、このように特定の社会階級と直線的に結びつけるのは避けたほうが賢明だろう。モンテスキューについては、封建的な反動とみなす説[例えば Althusser 1959]から共和主義者とみなす説[例えば Hulliung 1976]まで多様な解釈がある。ルソーの読者は宮廷の大貴族から地方の中小ブルジョワまで多くの階層におよんでいることを、ダーントンは明らかにしているし[ダーントン 1990]、ガラス職人のメネトラもルソーと親交があった[メネトラ 2006]。18世紀の社会は流動的であり、各人のアイデンティティが曖昧になっていたことを、思想研究の際にも忘れてはならないのである。

出版は王権による事前検閲によって統制されており、出版許可を得なければ公式には書物を出版できなかった。正式に許可を得たものに限っても、18世紀初頭の年間出版点数は約200点だったのが1750年には300点を超え、80年には約600点となる。書物の需要と供給は18世紀のあいだに着実に増加していたのである。さらに、国内でこっそり印刷・出版されたり、外国で出版されてフランスに持ち込まれたりする非合法出版物を考慮せねばならない。啓蒙思想の発展とともに、非合法出版物の質的・量的な重要性は増していた。近年は、思想それ自体よりも出版、読者、読書行為など、思想の流通と受容のほうに、研究者の関心は向いてきており、それに関連して、民衆本(青本)を民衆文化の表現とみるロベール・マンドルーの見解[マ

ンドルー 1988]に対して，シャルチエが民衆本と通常の書物の差を否定することで批判する[シャルチエ 1994a]といった論争も生じている。書物ないし出版の研究はフランソワ・フュレなどによる共同研究[Bollème, Ehrard et Furet 1965]から本格化したといえるが，新たにこの分野に取り組む場合にも，まずこの共同研究を踏まえるべきだろう。

　思想は，書物以外にも，種々の社交組織を通じて普及した。サロン[赤木昭三・赤木富美子 2003;Lilti 2005]，地方アカデミー[Roche 1978;山崎 2007]，フリーメーソン[Beaurepaire 2000;ボルペール 2009]，カフェ，読書協会などである。これらは，開設されている都市や地域，参加者の人数や社会階層などはまちまちであるが，社交もしくは友愛をめざす活動をともないながらも，そこでの会話や討論が，結果的には新思潮が人びとのあいだに広まることに貢献したのだった。また，これらの会合には貴族と平民が並んで参加し，身分の相違はほとんど意識されず，むしろ才気や弁舌で人びとの評価を得るほうが重要であったことにも注目せねばならない。血筋や家柄よりも当人の能力を重視する価値観や，身分の差を超える「平等」の理念は，開明的な人びとのあいだでは，社交的な実践のなかでの実際の振舞い方として，しだいに受け入れられていったのである。

　書物に話を戻すと，18世紀にみられる顕著な特徴として，宗教書の比率の急激な低下が指摘されるが，こうした宗教への関心の低下は別の指標にも示される。例えばミシェル・ヴォヴェルが研究した遺言書の調査からは，自己の死後にミサをあげることを要求する遺言書が18世紀後半から急速に減少していることが確認される[Vovelle 1973]。婚外出産や「家族計画」に基づく避妊はカトリック教会が禁止するものであるが，これらの増加が同じ時期に認められる。18世紀後半には人びとの教会離れが確認されるのである。たしかに，民衆層においてはカトリックの影響下にある人びとが多数だったが，それは習慣的な祈りやミサへの出席なのであって，全体としてみればキリスト教は知的関心の対象としては重要性をもたなくなったのである。こうして人びとが宗教的ならびに政治的な権威から離脱するのと並行して，世論が重視されるようになる[Baker 1990]。同時代人がその重要性を指摘しているのであるが，そこでの世論とは「理性を正しく行使

できる人の意見・判断」を指す。高等法院や啓蒙主義的な文人，マルゼルブのような開明的な官僚が世論の名において発言した。国王やカトリック教会は，それ自身の権威において人びとに認められ，受け入れられるのではなく，世論によって承認されなければならなくなったのである。

18世紀は，また，「子どもの発見」の時でもあった。すなわち，子どもはたんなる「小さい大人」ではなく，大人とは異なる独自の時期だという認識である［アリエス 1980］。18世紀半ばから一種の家族計画が一般的になり，子どもの数を限る代わりに，生まれた子どもの育成により気を配るようになった。それにともない，教育に関する配慮も浸透した［天野 2007］。18世紀に識字率が向上するのも，こうした動きによるものであろう。

王政改革の試み

高等法院と王権の対立は，1760年代後半にはいるとますます激しくなった。いまや問題は税制や宗教といった個別問題にとどまらず，国制のあり方をめぐる根本的な理念の対立となったのである。業を煮やした国王は1770年に高等法院と近かった外務卿ショワズールを解任し，大法官モプー，財務総監テレ，外務卿デギュイヨンの「三頭政治」を出現させた。モプーは上級評定院の設置と高等法院の改組・権限縮小，他の最高法院の廃止などを通じて司法組織の抜本的な改革を試みた。テレも財政に大なたをふるい，債務の一部履行停止と新税の設置によって財政収支の赤字をほぼ解消させた。この大改革は，高等法院関係者やその支持者たちからは当然ながら激しい批判をあびた。「三頭政治」は世論を敵にまわすことになったため，つねに悪評につきまとわれていたが，中央集権の新たな段階への試みとして注目すべき面もあり，肯定的に再評価しようとする研究もでている［Laugier 1975］。改革の前途は予断を許さなかったが，1774年5月にルイ15世が天然痘で没し，孫のルイ16世(在位1774～92)が即位すると，世論を重視する新王は三頭政治の不評をきらって，モプーら3人を解任した。改革は中途で消滅し，高等法院が復帰した。

代わって財務総監に任命されたのが，リムーザン地方長官だったテュル

ゴである。彼は重農主義、すなわち農業のみが生産的であると考えるとともに、経済政策としては自由放任を唱える経済学説の信奉者だった。その理論に基づく経済・社会の全面的な改革を志向した彼は、1774年9月に穀物と小麦粉の取引を自由化した。あいにくこの年は穀物が不作だったこともあり、翌年の春から秋にかけて「小麦粉戦争」と呼ばれる大規模な食糧暴動が引き起こされた。1776年1月には国王道路賦役と同業組合を廃止した。彼の改革構想は税制、地方行政制度、領主権の廃止など、多方面におよぶが、急進的で理念が先行する彼の改革は多方面からの批判を引き起こしたので、世論を重視する国王は同年5月にテュルゴを罷免した。その直後に、彼が主導した王令はすべて廃棄された。テュルゴの改革の内容は三頭政治とは異なるが、ともに王権と国民のあいだに介在する社団の排除をめざした点で、両者には共通性がある。エドガー・フォールの『チュルゴーの失脚』は、テュルゴにいたるまでの財政政策も丁寧に紹介・分析しており、18世紀のフランス財政を研究するなら、まず最初に参照すべき必読文献である［フォール 2007］。

1776年10月に、ジュネーヴ出身の銀行家ネッケルが財務長官（ネッケルはプロテスタントだったので、財務総監ではなかった）に任命された。おりからのアメリカ独立戦争の出費を借入金で賄ったため、国庫の赤字は拡大したが、戦争に際しても増税しなかったため庶民からは人気を得た。彼は地方行政に関するテュルゴの構想を実施に移す努力をしたが、地方長官や高等法院の反対を受け、1781年に罷免された。

1783年に財務総監に任命されたカロンヌも当初は借入金に頼ったが、国庫の赤字が限界に達した86年8月、抜本的な税制改革を中心とする改革案を国王に提出し、高等法院との対決を避けるために名士会を召集して、この会議で改革案を承認させようとした。しかし名士会は王権を批判して紛糾し、これがフランス革命をもたらすことになる。この点に関してはエグレの研究が現在においてもほとんど唯一の参考文献である［Egret 1962］。

ルイ16世の時代

ルイ16世は1754年に生まれ、70年にオーストリア皇女マリ゠アントワネ

ットと結婚していた。即位後すぐにテュルゴを登用するが、この財務総監のもとには重農主義者のデュポン・ド・ヌムール、啓蒙思想家のコンドルセやアベ・モルレなど、開明的な知識人が集まっていた。国王自身、フランス革命中に逮捕されてタンプル塔に監禁されたときには、モンテスキューの『法の精神』を読んで時を過ごした。新王は啓蒙思想に一定の理解があったのである。ただ、反対を押し切ってでも改革を貫く意志が欠けていた。テュルゴやネッケルの改革に対して、高等法院は伝統的な身分制秩序を打ち壊そうとするもの（これは高等法院側の理念においては「専制」とされる）、すなわち国制の基盤そのものの破壊として批判したが、国王は「世論の尊重」を重視して、自らの大臣を罷免したのだった。この国王は、フランス革命が始まってからの行動が結果的には王政の廃止をもたらしたこともあって、鈍重、優柔不断といった否定的な評価につきまとわれているが、近年に翻訳がでたジャン＝クリスチャン・プティフィスによる伝記は国王の能力や才能にも目を配った評価をくだしている［プティフィス 2008］。

1775年にアメリカ独立戦争が始まると、フランスの世論は、まさに宗主国イギリスの「専制」に対する植民地人の自由の戦いとして、独立支持に傾いた。テュルゴは介入に消極的だったが、外務卿ヴェルジェンヌは積極的であり、1778年にアメリカ合衆国の独立を承認するとともに、イギリスに宣戦を布告した。独立戦争の帰趨を決定づけたヨークタウンの戦い（1781年10月）にはフランス軍も大きく貢献している。しかし1783年のパリ条約ではフランスはたいした収穫をあげられず、結局のところ、アメリカ独立戦争への参戦は、宿敵イギリスに勝ったという満足感と巨額の財政赤字を残す結果となったのである。

1786年に外務卿ヴェルジェンヌはイギリス外相イーデンと交渉して、英仏通商条約を締結した。外務卿の背後にはデュポン・ド・ヌムールがおり、重農主義の理論に基づく自由放任主義の原則を可能な限りこの条約に盛り込み、低関税政策を実施したのだった。しかし翌年にこの通商条約が施行されると、安価なイギリス綿製品が大量にフランスに流入し、フランスの織物業はノルマンディを中心に、壊滅的な打撃を受けた。ワインなどの農

作物は同条約の恩恵を受けたといえるが，フランス工業が受けた被害は大きく，経済的にはこの通商条約がフランス革命の遠因のひとつになったと考えることができるのである。

山﨑耕一

第5章 フランス革命とナポレオン時代

　この章では,フランス革命の開始からナポレオンの没落までの約25年間が扱われる。

　フランス革命がいつ始まり,いつ終わったかについてはさまざまな議論があるが,ここではもっとも一般的な時期区分に従って,1789年から99年までの10年間をフランス革命と考えておこう。このうち1789年から94年のテルミドールのクーデタまでの前半の5年間は,劇的で激しい事件の連続という様相を呈しており,政治に関する新しい考え方や実践が生み出されたという点で,極めて重要である。従来の内外の研究も圧倒的にこの時期に集中している。そこでここでも,1789〜94年の5年間により重点をおいて政治的激変の様相を概観し,研究史上の論点を整理していこう。とはいえ,テルミドールのクーデタから1799年のブリュメール18日のクーデタまでの後半の5年間も無視しえない。たしかについ最近まで,テルミドールのクーデタ以後は「反動」の時代とされ,研究対象としては軽視されてきた。しかしこのような負のイメージは革命200周年以後の研究によって修正されつつある。総裁政府における共和政の安定化の試みもさまざまな矛盾をまぬがれておらず,政治的・経済的実験の場であったことが確認されつつある。

　1799年のブリュメール18日のクーデタからナポレオンの失脚までの約15年間はナポレオンの時代である。このうち前半の5年間の統領政府期をどう考えるかは議論の余地がある問題である。ここではこの時期をナポレオン帝政に引きつけて扱ったが,共和政の維持という点に着目して,10年間のフランス革命との連続面を強調する見方も有力になりつつある。その意味で位置づけが定まっていない統領政府期に対して,1804年から始まるナ

ポレオン帝政期は，ナポレオンによるヨーロッパ支配と権力の個人化という点で，それ以前の時代とは明確に異なる局面を構成している。それゆえにこそ従来，この時期はナポレオンの生涯と不可分のものとされ，その時期の研究もナポレオンの伝記によって支配されてきた。このようなナポレオン帝政とナポレオンの同一視からいかに脱却するかが，ナポレオン帝政研究の課題となっているといえよう。

この章の叙述は，以上のような時期区分を念頭においてなされているが，そのような時間軸にそった叙述にはなじまない問題も革命にはある。通時的な叙述とともにテーマ別の叙述を併用したのは，そのためである。以下ではまず，フランス革命の解釈を概観することによって，どのような観点からこの章を叙述するのかを定めておこう。なお，この章で取り上げることができた文献は限られている。より立ち入った研究のためには，フランス革命のさまざまなテーマに関してこれまで獲得されてきた基礎的データと網羅的な文献リストを参照することが不可欠である[Bonin et Langlois 1987-2000]。

1 | フランス革命の解釈

「ブルジョワ革命論」とその否定論

フランス革命史研究において長らく主流的位置を占めてきたのは，「ブルジョワ革命論」である。この革命論は，フランス革命という政治現象を，「封建制」から「資本主義」への生産様式の移行という経済的観点から理解しようとするものであった。つまりフランス革命は，アンシャン・レジームにおける資本主義の発達によって社会的・経済的力を増大させた新興のブルジョワジーと，既存の支配階級である封建貴族との階級闘争を原因として勃発し，ブルジョワジーが政治的に勝利した結果，封建制が廃止され，資本主義の順調な発展がもたらされたというのである。そこでは，フランス革命の革命たるゆえんも，社会的・経済的レベルでの断絶に求められていた。ジャン・ジョレスに始まり，アルベール・マティエ，ジョルジュ・ルフェーヴル，アルベール・ソブールと続くフランス革命史研究の巨

匠たちや, わが国を代表する革命史家のひとり高橋幸八郎は, 大枠としてほぼこのようなフランス革命論を展開した[高橋幸八郎 1950;ソブール 1953;マチエ 1958-59]。そして「ブルジョワ革命論」の普及は, フランス革命史研究の重心を政治史から社会経済史へと決定的に移動させた。

だがこのような革命解釈に対して, 1950年代半ば以後, 厳しい批判があびせられた。これは,「ブルジョワ革命論」の中核的論点, つまりフランス革命の社会的・経済的な原因と結果に関する論点を実証的に批判するというかたちをとった。例えば, 貴族とブルジョワジーの両者のエリートのあいだには生活様式や価値観, 財産形態の面で同質化が進行していたことなどが実証され, フランス革命の原因は, 貴族とブルジョワジーとの階級闘争にではなく, 両者のエリート(混合エリート)による自由主義的改革の要求に求められた。また, フランス革命の結果に関しても, 革命はブルジョワジーではなく基本的にエリートの支配を強化したのであり, 資本主義の確立に寄与したどころかその発展を遅らせたのだ, とされた。

このように, フランス革命史研究は, 1970年代初めまで「ブルジョワ革命論」を軸として展開された。だがこれは, 革命史家の発想を縛る磁場のような役割をはたしてきた。フランス革命はブルジョワ革命だったのか, こう問いを立てれば, フランス革命の本質はその社会的・経済的基盤にある, という「ブルジョワ革命論」の解釈図式を受け入れ, それを前提にした議論をおこなうことを意味した。つまり,「ブルジョワ革命論」は, フランス革命の原因をブルジョワジーと貴族の階級闘争, 革命の結果をブルジョワジーの支配の確立とし, そのあいだに介在する革命は, ブルジョワジーの支配の確立に寄与するものだ, とした。これに対して「ブルジョワ革命論」を否定する側も, 革命の原因はエリートの自由主義的改革の要求, 革命の結果はエリートの支配の強化であるとし, 1792〜94年の革命の激化は民衆層の介入によって生じた「スリップ」であり, 19世紀のエリート支配にいたる潮流からの一時的な逸脱であった, と主張した。

つまり「ブルジョワ革命論」とその否定論は, それぞれの主張は正反対ながら, どちらもフランス革命の社会的・経済的な原因と結果をまず問題とし, そのあいだに介在する革命政治の意味は, それらの原因と結果に見

合うかたちで解釈したのである。こうして1970年代初めまでのフランス革命史研究は、革命経験それ自体や革命家の意図は正面きって問うことがなかったのである。

政治文化論

だがこのような事態は、1970年代末以降変化することになる。現在では、フランス革命の革命たるゆえんは、社会的・経済的レベルの断絶にではなく、むしろ政治や文化のレベルでの断絶に求められるにいたっている。また、フランス革命の原因や結果よりも、フランス革命という政治現象そのものが関心の的となっている。いまやブルジョワ革命論者のあいだでも、フランス革命期の政治的・文化的実践への関心が増大しつつある［ヴォヴェル 1992a］。そして、フランス革命を「ブルジョワ革命」とする古典的な社会経済史は、フランス革命の他のさまざまな領域の歴史のなかのひとつとなるにいたっている。

社会経済史から政治文化史へ、というフランス革命史研究におけるこのような移行のきっかけとなったのは、1970年代末に刊行されたフランソワ・フュレの研究である［フュレ 1989］。この研究においては、全国三部会の召集からテルミドールにいたるまでのフランス革命の絶えざる急進化(恐怖政治への移行)という現象が、革命家の語る言葉＝イデオロギーの論理的帰結として説明された。つまりフュレは、革命家のイデオロギーの自律的な政治的機能を明らかにすることによって、革命政治をその社会的・経済的基礎から理解するという観点に立つ研究からはみえてこない革命政治の自律性の一面を浮彫りにしたのである。しかもフュレは、フランス革命においては政治とイデオロギーが社会を全面的に覆ったという理由で、社会的ファクターは問題とする必要がない、とさえ主張した。

フュレの研究自体は、政治はその社会的・経済的基礎によってのみ理解されうるという思考様式が疑問視されるにいたった学問風土一般の転換を、フランス革命史の領域でやや極端なかたちで表現したものにすぎなかった。だがそれは、従来の革命解釈の前提を問い直したことや、革命期の言語を政治＝権力の問題として考察したこともあって、新たな方向の研究を生み

出すいわば触媒となった。なかでも興味深いのが, リン・ハントの研究である[ハント 1989]。

ハントがまず強調するのは, フランス革命の固有の成果はレトリックやシンボルや儀礼の実践によって構成される新しい「政治文化」の創造であり, この「政治文化」が革命期の政治行動の論理を提供していた, ということである。またハントは, この新しい「政治文化」を担い, フランス革命を遂行した「新しい政治階級」にも目を向け, この階級がアンシャン・レジームの政治指導者に対して新しいだけでなく, その顔ぶれが革命の10年間に絶えず変化したことを実証した。さらにハントは, この実証研究の成果を新しい「政治文化」と関連づける。すなわち, 革命の進行とともに「政治文化」が急進化し, 現存のあらゆる慣習や伝統との決裂がより強く主張されるにつれて, 「新しい政治階級」の顔ぶれも, アンシャン・レジームの権力の中枢に近い者からよりマージナルな者へと, 絶えず変化したというのである。したがって, そもそも「新しい政治階級」は, ブルジョワ革命論者が想定したような, 安定したひとつの社会的カテゴリーではなかったのである。このハントの議論は, 階級や階級闘争といった概念に反省を促すと同時に, 階級や職業と「政治文化」との関係に関して極度の一般化をおこなうことの危うさに注意を喚起した点で, 重要であった。

フュレやハントの研究以後, フランス革命史研究の焦点のひとつとなっているのは「政治文化」である。とはいえ, かつてのように, 議会や政治指導者に関心が向けられているわけではないし, 従来の政治史にたんに文化領域が付け加えられたにとどまるわけでもない。レトリックやシンボルや儀式, そういった文化に表現された政治の活力や権力性が問題とされているのである。その点は強調しておきたい。

フランス革命史研究の現在

では現在は, 社会経済史から政治文化史への移行が完了し, フランス革命史研究は政治文化史によって全面的に支配されているのだろうか。

たしかに, 革命期の政治文化に関する研究の比重は増大している。そのことは, 1989年の革命200周年を機会に世界各地で開催された約500のシン

ポジウムのテーマ調査によっても傍証される[Vovelle 1991]。それによれば、フランス革命の国際的性格を反映して「フランス革命と世界」や「フランス革命の遺産」をテーマとしたシンポジウムが全体の30％におよんだが、政治史と文化史をテーマとしたシンポジウムが全体の約35％、さらに心性史にかかわるシンポジウムが約5％を占めている。それに対して、かつて隆盛を誇った社会経済史をテーマとしたシンポジウムは8％に満たない。実際、フランス革命200周年を機に4回にわたって開催された最大の国際シンポジウムの共通テーマは、「フランス革命と近代政治文化の創造」であった[Baker, Furet, Lucus et Ozouf 1987-94]。

　しかしながら、フランス革命200周年から現在までのフランス革命史研究が政治文化史によって全面的に支配されているわけでは決してない。そのことは、革命史研究の現状を総括するために2001年と04年に開催された2つの国際シンポジウムの記録をみれば納得できよう[Lapied et Peyrard 2003；Martin 2005]。とくに前者では、「政治史」「文化と世論の歴史」「画像とフランス革命」といった政治文化史にかかわるテーマとともに、「経済史」「社会史」がテーマとして掲げられ、革命200周年以後の研究動向が総括されているからである。ただしより強調すべきなのは、「経済史」や「社会史」の残存や復活ではなく、その変質なのかもしれない。というのも、そこでの「経済史」や「社会史」は、伝統的な経済史や社会史の枠組を逸脱してしまっているからである。そのことは、「経済史」のなかに「穀物取引と食糧問題」が組み込まれていることに端的に表現されていよう。つまり「経済史」でも、「政治史」や「社会史」との橋渡しが考慮されているのである。この傾向は、ジャン＝クレマン・マルタン編の後者ではさらに顕著である。そこでは、「経済史」「社会史」「政治史」といった伝統的名称そのものがテーマから消滅し、「社会と諸制度」「政治的なものの領域」「国民，闘争，暴力」「芸術と知の領域」がテーマとして採用されているからである。事は研究分野の区分の問題にとどまらない。既存の概念や時間的・空間的区分など、自明視されてきたあらゆる問題が再検討の対象になっているのである。

　以上のように、フュレやハントの政治文化論以後、とりわけ革命200周

年以後今日までのフランス革命史研究を特徴づけているのは、伝統的に継承されてきた考え方や枠組への疑念や問直しである。政治文化論自体、そのような疑念や問直しの産物であったが、いまやそれが政治文化史以外の分野にもおよんでいる。現在の革命史研究は政治文化史によって全面的に支配されているわけではないと前述したのは、その意味においてである。いまや革命史研究は、多様な視点からの、多様な領域への、多様なアプローチに開かれている。そしてそのような革命史学の新たな展開の結果として再認識されたことは、革命現象が謎と複雑性に満ちているということだった。そのため、拙速な総合や単純な定義づけに対しては極めて慎重な態度が一般的になっている。数量的・統計的研究が減少し、ひとつの村や地域などのミクロな対象を微細に分析する歴史や伝記などがめだっているのは、そのような態度の反映でもある。その反面、フランス革命史研究の専門化と蛸壺化への危険も増大している。そこで以下では、「フランス革命とはまずもって政治文化の変換の過程だった」というハントの指摘を踏まえてフランス革命の概略をたどり、そこに新旧の研究成果を盛り込んで、研究史上の問題点を整理していくことにしたい。

2 | 政治文化の革命としてのフランス革命

革命への序曲

政治文化の革命という観点からフランス革命をみるとき、そのもっとも大きな転機は、1789年8月の「封建制」の廃止決議と「人間と市民の権利の宣言」(「人権宣言」)であった。しかしながら新しい政治文化が創造されるためには、そのための政治空間が切り開かれることが必要だった。そしてそれは、「貴族の反抗」によって絶対王政の統合力が解体することによってもたらされた。

フランスの国家財政は、アメリカ独立戦争への参戦によって完全な破産状態に陥った。このため、財務総監カロンヌは、1787年2月に「名士会議」を召集して特権身分への課税をも含む財政改革案の承認を求めたが、名士会議はその承認を拒否する。1787年7月にはパリ高等法院も、新税の

登録を拒否して全国三部会の召集を要求する。さらに，1788年5月に大法官ラモワニョンが高等法院の王令登録権を奪うという強硬策にでると，高等法院所在都市を中心としてフランス全土で激しい抵抗が生じた。破産状態にあった王権は譲歩するしかなく，8月に，翌年5月に全国三部会を召集することを約束する。こうして，王権に対する貴族の反抗によって絶対王政の統合力は破綻し，フランス革命の口火が切られることになるのである。

ところで，全国三部会の召集が決定した直後の9月，パリ高等法院が全国三部会は身分別討議にすべきだと主張し，11月には名士会議も，第三身分代表の倍増にさえ否定的な態度を示した。このような特権身分の非妥協的態度は，ブルジョワの特権身分への敵意を高めた。こうして自由職業のブルジョワは，自由主義的貴族とともに「愛国派」(パトリオット)を形成し，第三身分代表の倍増と三身分合同の討議と個人別票決を要求して，特権身分に激しく対立した。これに対して王権は，第三身分代表を倍増することに決定するが，票決方式に関しては全国三部会開催後の選択に委ねた。だがこのような全国三部会の形式の問題を超える革命的な議論が，ほぼ同じ時期に展開されていた。とりわけ，シエイエスが1789年1月に刊行した『第三身分とは何か』は，第三身分は特権身分を排除して単独で「国民議会」を構成すべきだと主張し，きたるべき全国三部会の課題を明確に提示していた。

以上のように，名士会議の召集，高等法院の反抗，そして全国三部会の召集決定というプロセスから明白なのは，王権と貴族の対立から貴族と第三身分の対立へと対立の軸が移行していることであり，政局の争点が，当初の財政問題から身分別の投票の問題をはじめとする国制問題へと拡大している点である。革命への序曲ともいうべきこのプロセスに関しては，ジャン・エグレの研究が現在でもまず参照されるべきである［Egret 1962］。1789年3〜4月にはフランス全土で全国三部会への代表の選出と陳情書の作成のための集会がもたれた。従来，この集会は地方名士によって支配され，陳情書の多くも「愛国派」によって流布されたモデルを模倣したものと考えられてきたが，最近の諸研究は，現実はもっと複雑であったことを示している［Grateau 2001］。

1789年5月5日，全国三部会がヴェルサイユで開会されると，翌6日に第三身分代表は，「第三身分」という名称を拒否して「コミューヌ」を自称し，6月17日には自らを「国民議会」と称することに決定する。第三身分によるこの「国民議会」の結成は，過去の身分制社会全体を拒否するとともに，王権に対する挑戦の意志を示すものであった。国王が6月23日に「国家は古来3つの身分に区分されてきたが，この区分は王国の基本法に本質的に結びついたものであり，余はこの区分が全面的に保持さるべきことを求める」と宣言している点からも，「国民議会」の革命性がうかがえよう。結局のところ，第三身分代表の強硬な態度とそれに同調する一部の貴族と聖職者の代表を前に，国王も6月27日に特権二身分に「国民議会」への合流を勧告し，7月9日に「憲法制定国民議会」が発足することになる。こうして，新しい国制を定める憲法起草作業が開始されることになるのである。

1789年の断絶

　1789年7月14日のパリ民衆によるバスティーユ牢獄の占領に続き，7月下旬にはその影響を受けて全国的規模の農民叛乱（大恐怖）が起こった。この事態を沈静化するために議会は，8月4日夜に「封建制」の廃止決議をおこない，8月11日に法令として成文化した。この法令によって，領主裁判権や賦役などの人格的隷属をともなう領主権の一部や教会十分の一税は無条件で廃止され，免税特権や地域特権の廃止などが決定された。だが同時に，領主地代＝年貢は一種の所有権とみなされ，買い戻されうる，と定められた。

　ついで国民議会は，8月26日には「人間と市民の権利の宣言」（「人権宣言」）を採択し，フランス革命の理念を提示した。前文と17条からなるこの宣言では，まず「人間は生まれながらにして自由であり，権利において平等である」（第1条）と人権宣言全体のエッセンスが提示されたうえで，不可侵の神聖な自然権として「自由，所有，安全，および圧制への抵抗」（第2条）があげられ，自由の内容が，「他人を害さない限り何でもすることができること」（第4条）として明確にされている。さらに，これらの権利や

自由のありようを定めるのは,「あらゆる主権の根源」である「国民」によって形成される「法」であるとされ,「国民に由来するものでない権限」は拒絶されている(第3条)。

以上のように,「封建制」廃止の法令と「人権宣言」は,特権をもつ「社団」に基礎をおく絶対主義国家を全面的に否定し,自由で平等な個人の結合に基づく「国民」に基礎をおく「国民国家」の創出をめざそうとするものであった。

この権力秩序の原理上の転換は,革命政治にとって重要な転機となった。すでに18世紀半ば以後,「世論」の支持をいかに調達するかは,王権にとっても重要な課題となっていた。しかし,絶対主義国家から国民国家へ,という権力秩序の転換は,国王の意志から「国民」の意志へと,権力の正当性の根拠を決定的に移動させた。いまや「国民」の意志を無視することは,政治権力にとって不可能となった。こうして革命期の政治は,自由・平等な個人によって構成される「国民」を創造しようとすると同時に,権力の正当性の根拠としての「国民」に働きかけるというかたちをとることになる。また,特権をもつ「社団」に基礎をおく過去のフランスが拒否されたため,「社団」を想起させる政党や組織は認められず,自由主義的な政党政治の可能性が閉ざされることになった。その結果,政治闘争が狭義の政治領域の外部に拡張し,シンボルや儀礼の領域で展開されることになった。例えば1789年10月のヴェルサイユ行進は,ヴェルサイユの近衛兵たちが三色の帽章を踏みつけ,ブルボン家の色である白や貴族の色である黒の帽章を身につけて「国民」を侮辱したという噂がパリに流れたことをきっかけとして生じたのである。

1789年5月の全国三部会から10月のヴェルサイユ行進までに,フランス革命を貫く基本的な諸勢力(貴族,議会ブルジョワ,都市と農村の民衆)の運動が明らかになる。これらの諸勢力の運動がもたらす矛盾・緊張と絡み合いについては,ルフェーヴルの研究が基本文献である[ルフェーヴル 1998]。このうち議会ブルジョワについては,集団伝記の手法によって彼らがどのようにして革命化したのかを明らかにしたティモシー・タケットの研究が重要である[Tackett 1996]。都市民衆に関しては,パリの革命的

事件に参加した人びとが職人・親方や小店主であったことを実証したジョージ・リューデやソブールの研究, 農民に関しては, 革命史におけるその自律性を浮彫りにしたルフェーヴルの研究が, まず読まれるべきである[ルフェーヴル 1956;リューデ 1963;ソブール 1983]。個別的事件を扱ったものとしては, ブルゴーニュのカリオン事件を素材として「農民の革命」を再検討しようとした佐藤真紀の論文, 1792年のダンケルクの食糧暴動に対する地方ブルジョワジーの対応を論じた同じく佐藤の論文, 89年10月に生じたパン屋殺害事件を検討した早川理穂の論文をあげておこう[佐藤 1994;1998;Hayakawa 2003]。だが農民の動員という点で無視しえないのは, 国有財産の売却と共同地の問題である。前者については最新の総括的研究[Bodinier et al. 2000], 後者については, 多様な観点から共同地の問題を検討した研究が参照されるべきであろう[佐藤 1996;Vivier 1998;中島 2003]。

　以上あげた諸勢力の運動の結果として実現された1789年の政治文化上の転換については, 既出のハントの研究が包括的である。とくに政治文化上の転換の核心をなす「人権宣言」については, 「人権」が誕生するために必要な人間観・身体観の形成から「人権宣言」の普及までを論じたハントの新著, 議会内外で公表された宣言案と「人権宣言」成立までの議会での討議をおさめた富永茂樹編の史料集が興味深い[ハント 2011;富永 2001]。なお, 革命期の都市と農村の民衆運動には女性も大量に参加したが, ここ20年余りの女性史研究の進展にはめざましいものがある。天野智恵子は革命期の女性についての研究史を整理し, 小林亜子は革命期における女性の排除と統合の問題を論じている[小林 1997;天野 2005]。革命期の政治を家族イメージやジェンダーといった視点から読み解いているハントの研究も刺激的であり, 方法論的にも興味深い[ハント 1999]。

「人権宣言」の制度化と1791年憲法

　1789年秋以降, 国民議会は, 旧来の「社団」的な国家構造を否定し, 自由・平等の原則に立脚する「国民」と国家の創出をめざして一連の作業を進めることになる。

まず，1790年6月の法令により世襲貴族が廃止され，貴族も「市民」となった。また1789年11月には教会財産が国有化され，収入源を失った聖職者を対象として90年7月に「聖職者市民化法」が制定され，聖職者も公選によって選出され，国家によって俸給を支給される公務員となった。さらに1790年11月から91年3月にかけて，課税負担平等の原則に基づき，直接税中心の租税体系が確立された。

行政制度も，1789年12月に再編され，旧来の「地方（プロヴァンス）」が面積や人口などの点でできるだけ均質な83の県（デパルトマン）に分割され，さらにこれらの県が，郡（ディストリクト），小郡（カントン），市町村（ミュニシパリテ）に下位区分された。また，高等法院を頂点とする旧来の裁判制度は廃止され，小郡の治安判事，郡の民事裁判所，県の刑事裁判所，唯一の控訴院（破棄院）からなる裁判制度が設けられ，県の裁判では陪審制が導入された。ちなみに，地方行政官僚や判事については，公選原則が確立された。

1790年から91年にかけては，国内関税の撤廃，消費税の廃止，統一的な度量衡制度の導入など，農・商工業における経済活動の自由が保障された。とくに，1791年6月の「ル・シャプリエ法」によって，あらゆる種類の同業組合（コルポラシオン）を組織することが禁止された。

こうして「社団」的な国家構造の廃棄が具体化され，経済的自由主義の原則が確立されたが，この点に注目してフランス革命の意味を「社会的結合関係（ソシアビリテ）」における変化という観点から明らかにしたのが，二宮宏之の論考である［二宮 1979］。その点については，フランス近代を特徴づける中間団体の不在の起源としてル・シャプリエ法などを論じた富永や高村学人の研究も逸することができない［富永 2005；高村 2007］。また，ソシアビリテのひとつとしてのジャコバン・クラブとその活動については，竹中幸史がルアンのそれを対象として論じている［竹中 2005］。しかしジャコバン・クラブ以外の政治クラブ，例えばコルドリエ・クラブやフイヤン・クラブなどは，まだ十分に研究がなされていない。

こうして，1789年秋以降の作業の集大成が，91年9月3日に可決された91年憲法である。しかしこの憲法は，「人権宣言」の提示した原理に反する面をもっていた。例えば，3日分の賃金に相当する直接税を支払う25歳

以上の男性市民だけが「能動市民」として参政権を与えられ、それ以外の貧困な市民は「受動市民」として政治的権利を与えられなかった。また、国王の権力も立憲君主政というかたちで維持された。91年憲法については、貴重な情報を提唱している史料集を参照されたい［東京大学社会科学研究所 1972］。また、革命期に新たに導入された選挙制度については欧米でかなり研究が蓄積されつつあるが、選挙全般について基本情報を提供している研究ガイドをあげるにとどめよう［Aberdam et al. 1999］。投票方法に焦点をあてて革命期の選挙の意味を問い直した田村理の研究も興味深い［田村 2006］。

立憲君主政の崩壊と国王裁判

政治文化の転換という点で、封建制廃止の法令と「人権宣言」に続いて重要な意味をもったのは、1791年6月に国王一家がオーストリアへの逃亡を企て、国境付近のヴァレンヌで発覚してパリに連れ戻されたヴァレンヌ逃亡事件である。この事件は、外国によって支援された「アリストクラートの陰謀」という疑念に確証を与え、国民的規模の動揺を引き起こした。また、王政にかかわるシンボルが攻撃・除去され、国王の廃位を要求する請願書などがコルドリエ・クラブなどから提出された。そして国王は「暴君」「裏切り者」とされて、否定すべき過去としての「アンシャン・レジーム」や「アリストクラート」と結びつけられていく。

このプロセスをさらに推し進めたのが、1792年春に始まる戦争だった。緒戦におけるフランス軍の敗北は国王や貴族や将校の裏切りのせいだ、と考えられ、ルイ16世は完全に亡命貴族の陣営に組み込まれる。こうして1792年5～6月には、近衛兵を解散する法令やパリ近郊に義勇兵の基地を創設する法令などが可決された。国王は、これらの法令に対して拒否権を行使し、ジロンド派の大臣を罷免して抵抗した。だがプロイセン軍侵入の危機が迫るなか、パリの民衆が義勇兵とともにテュイルリ宮を占領し、王権は停止されることになる。

従来、ヴァレンヌ事件はそれほど重視されてこなかったが、革命史におけるこの事件の重要性を明らかにしたという点で、タケットの研究は見逃

せない[Tackett 2003]。タケットは，この事件以後，パリだけでなく地方においても「世論」が国王に敵対的になるとともに，「陰謀」への強迫観念が一般化したことを実証し，事件が共和政と恐怖政治への序曲となった，と主張している。ヴァレンヌ事件以後の立憲君主政の崩壊のプロセスに関しては，マルセル・レナールの研究が参照されるべきである[Reinhard 1969]。

ヴァレンヌ事件以後，国王の裁判の問題が幾度か議論にのぼっていたが，王政廃止以後の国民公会では国王裁判をめぐる議論が展開された。この議論の過程でジロンド派と山岳(モンタニャール)派の力関係が逆転し，その結果として1793年1月21日に，かつての国王ルイはギロチンの露と消えることになる。このルイの裁判と死刑が確定する経緯については，遅塚忠躬が詳細な検討をおこなっている[遅塚 1996]。なお，「ジロンド派と山岳派」の問題は古くからの研究史上の争点であるが，かつてのように両派の対立に商工業ブルジョワと小ブルジョワとの社会的対立をみる主張はもはや説得力をもたない。両派の議員はいずれも同一の社会職業カテゴリーに属し，極めて近い思考習慣をもっていたからである。2つのシンポジウムがこの問題にアプローチするための出発点を提供してくれよう[Soboul 1980; Furet et Ozouf 1991]。

さて，国民公会は，国王を裁判にかけ，公開処刑にするという形式をとって，アンシャン・レジームとの断絶を完全なものとした。しかしかつての表象システムの中心に位置していた国王の現実の死は革命家自身に大きな不安をもたらし，国民のさらなる一体化を心理的に要請することになる。例えば1793年10月末に，ある新聞は，共和国を「構成員全体の団結によってしか存立しない国家」と表現している。こうして，国民を構成する個々人を団結させ，国民のさらなる一体化を実現するための実践が新たに要請されることになるのである。

3 | フランス革命とユートピア

人間の再生と「教育」

フランス革命期の革命家の最大の関心事のひとつは、フランスの過去を全面的に否定し、新しい「国民」をつくりあげることだった。だが過去との断絶と国民の創造という課題がただちに達成されたわけではなかった。革命当初こそ、祭典を開催し、共通の誓約をおこなうことで、新しい国民は自動的に成立すると一般に楽観視されていた。しかし、革命が進行するにつれて課題と現実との距離が革命家自身によって自覚され、この距離が埋まらないのはアンシャン・レジームの「心の習慣(ムール)」が残存しているからだ、と考えられるようになる。とくに共和国が樹立され、国民のさらなる一体化が要請されるようになると、新しい法にふさわしく「心の習慣」を、ひいては人間を再生することが繰り返し叫ばれることになる。新しい法にふさわしく人間を再生するための「教育」。それが革命期の政治の課題となった[松浦 1983；小林 1986；1990；Ozouf 1989]。

まず、新しい世代をつくりあげるための学校教育制度がさまざまに構想された。人間の自己教育能力に信頼をおき、「初等学校」も読み書き計算と新知識を提供する場と考えられていたコンドルセ案。これとは対照的に、子どもの生活全体を「国民学寮」において管理して道徳教育を施し、子どもを共和国にふさわしい人間に成型しようとするルペルティエ案。そして初等学校だけでなく政治集会や演劇や国民祭典を「公教育」の一環として含み、教育対象を子どもから大人にまで拡大したブキエ案。これら革命期の主要な教育論を編集・翻訳した史料集は問題の所在を知りうる点で不可欠である[コンドルセほか 2002]。また天野は、革命期の教育や子どもの問題をより広い文脈で考察している[天野 2007]。

結局、新世代をつくりあげるという構想は時間と金の不足のために中断され、大人の再教育に重点がおかれることになる。軍隊でのプロパガンダ、ジャコバン・クラブによる世論啓蒙活動などが展開されただけでなく、社会空間と日常生活の全体が「学校」と考えられ、時間や空間の再組織化や度量衡の統一が試みられた。1793年には、十進法に基づいて1週10日、1

カ月30日からなる共和暦(革命暦)がグレゴリウス暦に代えて導入され，長さや重さの単位も十進法に基づくメートル法(メートル，グラム)に統一された(メートル法は，憲法制定議会期に原則が定められ，統領政府期の1799年に正式に採用された)。王政やカトリシズムを連想させる広場や建物や市町村の名称なども，革命的なものに変更された。そして「国民」の分裂を培うと考えられた方言を撲滅し，言語をフランス語に統一する政策がとられた。さらには，「自由」「平等」「国民」「法」「再生」といった新しい権力秩序の理想を表現するようなシンボルや儀礼，つまり，三色の帽章，自由の木，自由の女神，印章，貨幣，衣服，家具，陶磁器，トランプ，そして祭典も，人間の再生に寄与するものと考えられ，政治的意味を込めて作成され，あるいは挙行された。

以上のようなシンボルや儀礼に表現される「政治文化」の転換の考察にとって既出のハントの研究が必読だが，革命祭典の形態分析によって新たな国民的統一をつくりだそうとした革命家たちのユートピアとそれへの障害を明らかにしたモナ・オズーフの研究，革命祭典に焦点をあてて革命史をたどりなおした立川孝一の研究も興味深い[オズーフ 1988；立川 1988；1989]。革命期の図像研究については，3000以上の膨大な図像を収録したミシェル・ヴォヴェル編の史料集が重要であるが，この史料集を利用した多木浩二の著作も興味深い革命論となっている[Vovelle 1986；多木 1989]。

このように，フランス革命期にはもっとも一般的な事物や慣習でさえも政治的シンボルとなり，「教育」を担った。自由，平等，人権などの抽象的な理念や価値はシンボルやアレゴリーによって視覚化され，さまざまな祭典や儀礼は多くの一般民衆を巻き込んだ。その結果として革命は，一般民衆の生活にまで影響を与えることになったのである。

非キリスト教化運動

18世紀半ば以後，故人へのミサの要求の減少，避妊行為や婚姻外出生の増加，コンフレリ(信心会・兄弟団)の衰退，司祭や修道士の数の減少といった現象にみられるように，エリート層だけでなく都市の民衆層の一部にもカトリシズムからの離脱が進行していた[シャルチエ 1994]。そして

「聖職者市民化法」によって憲法への宣誓が聖職者に課されて以後は宣誓拒否司祭への敵意が表明されるなど，反教権主義の動きもしだいにめだつようになっていた。しかし，1793年10月5日に国民公会が「共和暦」(革命暦)の導入を決定すると，既存宗教を根絶しようとする「非キリスト教化運動」が激発した。

既存宗教の否定の動きは，共和暦の採用以前から始まっており，フランス中部では，神を冒瀆する仮装行列や宗教的シンボルの破壊などの運動が増加していた。だが共和暦の導入はこの動きに拍車をかけた。とりわけパリでは，非キリスト教化運動が政策として展開された。「聖(サン)」という言葉が街路名から除去され，マラの肖像が宗教的な像に取って代わり，聖職者の衣服の着用が禁止された。11月7日には，パリ市の圧力のもとに，パリ司教ゴベルが国民公会にきて聖職放棄を宣言した。そして11月10日には，「理性の祭典」がノートルダム大聖堂で挙行され，オペラ座の女優が「自由と理性の女神」に扮して，運動がその頂点を極めることになる。

この時期(1793年7月〜94年3月)には，フランス各地で多様な形態のキリスト教否定の運動がみられた。例えば，聖職者が聖職放棄や妻帯を強制されたり，教会が閉鎖されて「理性の神殿」に転用されたり，教会での礼拝が禁止されたりした。また，教会の銀器や鐘が没収されたり，教会の聖具や聖画像が略奪・破壊されたりもした。さらに，司教冠をかぶせられたロバの行進，国王や聖職者の人形の火刑，教会の広場に設けられた火刑台の前で踊らされる司祭，聖杯で酒を飲み，神を冒瀆する言葉を吐くことなど，反宗教的で反聖職者的なカーニヴァル的表現が頻発した。

こうして，非キリスト教化運動の嵐は，フランスの約3分の2をおそった。これは，派遣議員の熱意だけでなく，地域住民の意志の表明の結果でもあった。したがって非キリスト教化運動は，パリ盆地やフランス中部など，上からの政治的働きかけと下からの同意が結びついた地域で，とくに激しい様相をとったのである。この非キリスト教化運動についてはヴォヴェルの研究が詳しく，この運動以前に反教権主義の高まりが風刺画の検証から浮彫りにされているのが印象的である[ヴォヴェル 1992b]。

4 │ フランス革命と暴力

革命における排除と抵抗

　フランス革命においては，一体的な「国民」の創造がめざされ，そのための政策がやや強引に進められた結果，一方では国民からの異質性の排除が，他方では強制的な社会変化に対する抵抗が，革命期を特徴づけるものとなる。そもそも1789年にはすでに，「国民議会」が貴族身分を排除して成立したことや，バスティーユの占領やヴェルサイユ行進が貴族の亡命の波を引き起こしたことにみられるように，「国民」から貴族が排除されている。

　だがさらに重大な結果をもたらしたのは「聖職者市民化法」であり，1790年11月に議会が「国民と法と国王」への忠誠誓約を聖職者に課したことだった。そして1791年初めの宣誓の儀式が，いたるところで騒擾(そうじょう)を引き起こした。タケットによれば，フランス全体で約半数の司祭が宣誓を拒否した。とはいえ，地域による相違は大きく，パリとその周辺部，ピレネ地方，南東部などでは宣誓司祭が多かったのに対して，西部や北部などでは宣誓拒否司祭が多かった。この地域的相違の存在自体，宣誓が司祭個人の問題にとどまるものではなく，教区の信徒の意向を反映するものであったことを示している[Tackett 1986]。こうして聖職者市民化法は，カトリック教会や聖職者の分裂をもたらしただけでなく，宣誓拒否司祭とそのもとにあるカトリック大衆を「反革命」の陣営に押しやり，国民を分裂させることになるのである。

　1792年4月に開始した戦争もまた，国内の分裂を促進し，「敵」と「味方」との境界線を尖鋭なものにした。そして1793年2月に決定した30万人の募兵は各地で騒擾を引き起こし，さらなる分裂をもたらした。とりわけフランス西部の「ヴァンデ」では，農民と織布工の集団が「カトリック王党軍」を形成して都市をつぎつぎと襲撃し，共和国を脅かす叛乱に発展した。国民公会は，この叛乱を「反革命」とみなして厳しく弾圧し，「国民」から農民の一部が排除されることとなった。また，1793年6月2日のパリの民衆蜂起の際に「ジロンド派」のかなりの議員が地方に逃げ，パリに対

する「連邦主義(フェデラリスム)」の叛乱を組織した。とくに,ノルマンディのカン,マルセイユ,リヨン,ボルドー,トゥーロンなどの中南部の重要都市が,「国民代表」に対する武力行使を非難して叛乱の拠点となった。これらの叛乱も,「反革命」や王党派の叛乱とみなされて,武力をもって鎮圧された。

「ヴァンデ」や「フェデラリスム」の叛乱は長らく「反革命」とされてきたが,現在では見方が大きく変化している。1985年の国際シンポジウムがそれらの叛乱を「抵抗」ととらえたのは,その点で象徴的だった[Lebrun et Dupuy 1987]。実際「ヴァンデ」の農民は1789年の革命を支持しており,国有財産の売却や聖職者市民化法など,その後の諸改革によってはじめて革命に敵対するにいたったのである。「ヴァンデ」のプロセスを具体的な局面と革命との関係性を追求するかたちで明らかにしたマルタンの研究は,そのような新たな見方に立った成果であった[Martin 1987;1998]。また,「フェデラリスム」の叛乱も,あくまで共和国の一体性を前提にした運動であったことが確認されている。リヨンの叛乱もリヨン固有の闘争の産物であり,叛乱を担った人びとの関心と行動様式は,パリの民衆のそれと類似していた[小井 2006]。いずれにしろ1793年の都市と農村の叛乱は,地方の複雑な現実に由来する革命への対応であった。しかし当時の政治的エリートは,これらの運動を,革命か,反革命か,という政治的二分法の枠組において解釈したのであり,これがさらに政治的対立を助長することになったのである。

民衆運動と暴力

フランス革命は,当初から民衆の運動によって特徴づけられている。これには,「人権宣言」において主権が「国民」にあるとされ,「国民」を構成すると考えられた民衆の動員・介入が持続的に促されたことも大きかった。また議会内がつねに2つの陣営に分裂し,急進的な少数派陣営が議会外の民衆に訴えることによって権力を掌握しようとしたことも,民衆の政治参加を促した。その結果フランス革命は,同時代の人びとに衝撃を与えるほど劇的で激しい民衆的事件の連続という様相を呈することになったのである。

これら革命期の民衆運動を研究する際に無視できないのは，それらの運動が当初から暴力と流血によって彩られていた点である。そもそもバスティーユ牢獄の襲撃からして150人の死傷者を出しただけでなく，生き残った民衆が牢獄の司令官ド＝ロネーの首を切り落とし，槍の先にそれを突き刺して，パリ中を練り歩いている。このような光景は，ヴェルサイユ行進でもみられたし，地方都市の民衆運動でもかなり一般的だった。だが民衆の暴力の頂点をなしているのは，1792年9月に起こった「9月の虐殺」であろう。この事件は，9月2日にヴェルダンの要塞が陥落したというニュースをきっかけとして，義勇兵やパリの民衆がパリの監獄をつぎつぎに襲撃し，そこに収監されていた約2600人の囚人のうち約半数を監獄内に設置された「人民法廷」での即決裁判の結果を受けて虐殺し，それ以外の囚人を無罪放免した事件であった。虐殺の犠牲者のうち政治的な理由で収監されていたのは約4分の1，残りの4分の3は窃盗犯とか娼婦などの非政治犯だった。

　このような革命期の民衆の暴力を理解するには，集団心性に着目して革命的群衆の成立ちを解明したルフェーヴルや，暴力という観点からフランス革命を読み直そうとしたマルタンが出発点となろう［Martin 2006；ルフェーヴル 2007］。革命期の民衆の暴力にはいくつか共通点がある。まず，死体の冒瀆をともなわない殺人はほとんどなかった。そして裁判をともなわない殺人がなかったように，民衆は暴力を行使しながら法を適用していると意識しており，民衆の暴力の大部分において法による正当化が存在した。さらに暴力は，多くの場合，革命の現実的・想像上の危機に対する防衛反応としてあらわれた。なかでも「陰謀」に対する恐怖が大きな役割をはたした。だがフランス革命を特徴づけている民衆の暴力には，時代のコンテクストもおおいに関係していた。まず，アンシャン・レジームの治安維持システムが解体し，それに代わるべき治安維持システムは革命政府が確立されるまで民衆の暴力を抑えきれるほど強力でなかった。だがより重視すべきは，民衆とブルジョワの政治的指導者がともに「陰謀」の強迫観念を共有していたことであろう。だれもが，革命のある時期に「陰謀」や「敵」を除去する必要性を認めていたのであり，おそらくこのため，9月

の虐殺のような凄惨な暴力が当時の政府によって黙認されるままになったのである。

革命政府と恐怖政治

1789年の「人権宣言」からわずか4年後,政治指導者たちは革命政府体制(革命独裁体制)を樹立し,国家による暴力を行使して恐怖政治(テルール)をおこなうにいたる。ここではまず,革命政府体制と恐怖政治への移行のプロセスをたどっておこう。

革命政府体制の成立のきっかけは,1793年春の内外の危機だった。この危機に対処するため,国民公会は3月には「革命裁判所」と「監視委員会」(「革命委員会」)の設置を決定し,3〜4月には全権をもつ議員を県や軍隊に派遣する法令を可決した。4月には強力な権限をもつ「公安委員会」を設置し,7月にはこの委員会にロベスピエールが加入する。さらに国民公会は,9月上旬の民衆運動の圧力を前にして「恐怖政治」を日程にのせ,食糧徴発を主要な任務とする「革命軍」を創設し,「反革命容疑者法」や生活必需品の価格と賃金の上限を定めた「総最高価格法」を可決した。しかし同時に「過激派(アンラジェ)」の指導者ジャック・ルーらを逮捕し,10月には「革命的共和主義女性協会」を閉鎖に追い込んだ[天野 1981]。10月10日には憲法に基づかない「革命政府」の樹立を追認する。さらに,1793年12月4日(フリメール14日)の法令で革命政府が国家の物的・人的資源を総動員する体制を構築したことによって,戦況も好転する。

こうして議会内では左派のエベール派と右派のダントン派との抗争が激化したが,ロベスピエールを中心とする公安委員会は,「外国の陰謀」との関わりを理由に両派を粛清した。しかし両派の粛清と危機の緩和にもかかわらず,革命政府は恐怖政治をなおも強化しようとする。1794年6月10日(プレリアル22日)には裁判手続きを簡素化・迅速化した「プレリアル法」を可決して「大恐怖政治」を制度化し,6〜7月の2カ月だけで1500人以上の囚人がパリで処刑された。こうして恐怖政治期には,約50万の人びとが反革命容疑者として収監され,その死亡者総数は,死刑判決を受けて処刑された人びとが約1万6000,裁判なしで処刑された人びとも含めれば約

3万5000から4万に達した。

なぜ恐怖政治にいたったのかという問題は,現在もっともホットな研究史上の論争点となっている。従来支配的であった解釈は,内外の戦争や無政府状態の危機から革命を防衛するために革命指導者が一時的に暴力に依拠したとするものである。ソブールに代表される主流派はみな,このような危機的状況によって恐怖政治を説明した。また,民衆の凄惨な暴力を抑えるために恐怖政治が導入されたとする解釈も有力である。しかしフュレを中心とする修正派は,恐怖政治は危機的状況の結果ではなく,1789年の「愛国派」が政治的多元主義を排除するルソーの一般意志論を採用した結果である,と主張した。このフュレらの主張は実証的弱点をもっていたが,他方で,ここ十数年程のあいだに研究者の関心を政治指導者層に移す結果をもたらした。こうして革命200周年以後の伝記研究の進展もあって,政治指導者の心理を綿密に分析する必要性が自覚されてきている。そして彼らの心性を支配するにいたるマニ教的世界観と陰謀の強迫観念という2要素に恐怖政治の条件を求める見解が新たな潮流となりつつある。この見解をとるタケットは,この心性は1789年には存在しなかったが戦争開始以前には存在していた,と主張している[Tackett 2005]。

わが国では,遅塚が,フランス革命がブルジョワと貧困な民衆との利害の対立を調停できない社会革命であったことやルソーの一般意志論が誤解されたことが独裁やテロルに帰結した,と論じている[遅塚 1991;2007]。他方で松浦義弘は,ロベスピエールの言説に革命当初からマニ教的世界観と陰謀の観念がみられるとし,このような言説は世俗化にともなう文化現象の側面をもっている,と論じ,さらにエベール派とダントン派の粛清は革命政府から民衆を離反させたとする定説に異議を唱えている[松浦 2002;2005]。また山﨑耕一は,サン゠ジュストの思想自体が絶えず新たな敵を生み出す仕組になっていた点に注目している[山崎 2010]。なお,恐怖政治を担った革命家の1人ロベスピエールについては,優れた研究が蓄積されている[トムソン 1955;ブゥロワゾォ 1958;井上幸治 1981;遅塚 1986]。

忘れてならないのは,恐怖政治期が国家機構の集中的な再編過程にあた

っていたという点であろう。恐怖政治期とは、議会のコントロールのもとで機能する裁判システムが構築されていく時期だった。と同時にこの時期は、行政の中央集権化が進められ、軍隊などの国家の抑圧装置が整備され、国家による暴力の独占が急速に進行した時期だった。したがって恐怖政治は、民衆による暴力を消滅させることになった。実際、1795年4月と5月にパリで2度にわたって勃発した民衆蜂起は軍隊の介入によって完全に鎮圧されるのである。

5 │ フランス革命の終結とその遺産

共和政維持の試みとその失敗

1794年7月のテルミドールのクーデタ以後のテルミドール派国民公会と総裁政府によってめざされたのは、「王政主義」と「ジャコバン主義」の復活を回避して穏健なブルジョワ共和政を構築することだった。このため1795年8月に制定された95年憲法(共和暦3年憲法)では、立法府は毎年3分の1が改選される五百人会と元老院の二院によって構成され、行政府は5人の総裁の集団指導制によって運営されると定められた。しかし1795年10月に発足した総裁政府は、中道派の議員が安定した多数派を構成することができず、左右両翼の脅威にさらされるたびに右寄りか左寄りに傾いた。発足直後の総裁政府は左寄りだったが、私有財産の廃止をめざして政府を打倒しようとした「バブーフの陰謀」事件後は右寄りになった。とりわけ1797年春の選挙で改選議員の大部分が王党派系の議員によって占められると、9月(フリュクティドール)に軍部の支援のもとにクーデタが敢行され、王党派議員が国外追放処分にされ、春の選挙結果が49県で無効にされた。

こうして総裁政府は憲法を自ら破っただけでなく、体制の安定化のために軍隊という統御不能な力にしだいに依拠していく。その後の対外戦争の再燃や国内の政局の混乱は新興のブルジョワの不安を強め、平和と安定を実現できる強力な体制が切望されることになる。こうしたなかでナポレオンがエジプトから戻り、1799年11月9日(共和暦8年ブリュメール18日)にクーデタが実行され、総裁政府は倒れて統領政府が樹立されることになるの

である。

　ところで，総裁政府下での財政危機や経済の停滞は，都市や農村の民衆と新興のブルジョワとの格差を拡大することになった。インフレーションと失業に苦しむ民衆の生活状態が悪化する一方，御用商人や国有財産を購入したブルジョワや農民は富裕化し，立身出世した軍人も社会的上昇を遂げた。こうして新興エリートと民衆との格差を維持・拡大することが，総裁政府の課題となった。初等教育が軽視される一方，中等教育では1795年2月に「中央学校」を各県ひとつの割合で創設することが決定され，94～95年には「理工科学校」や「高等師範学校」などのグランド・ゼコールが開設された。他方で，総裁政府が民衆の教育という点で重視したのが，宗教や国民祭典だった。カトリシズムの急速な復活という事態を前にして，総裁政府は反カトリック政策と並行して「敬神博愛教」を革命宗教にしようとしたり，共和暦に照応する旬日礼拝や革命期の事件を記念する国民祭典を「公教育の最大の手段」として挙行したのである。だがこれらの試みはあまり成功せず，カトリシズムへの回帰が不可避的に準備されることになる。

　テルミドール派国民公会期や総裁政府期は，つい最近まで，歴史の流れを裏切った「反動」の時期として軽視されてきたが，ここ20年程研究者の関心を集めつつある。まずテルミドールのクーデタの意味について考察するための手がかりを与えてくれるのが，ブロニスラウ・バチコとフランソワーズ・ブリュネル，そして松浦の研究である[Baczko 1989; Brunel 1989; 松浦 2011]。また，総裁政府や統領政府をめぐって開催された2つの大規模なシンポジウムの記録は，この時期を再考するために必要な多くの制度史的情報を提供している[Bourdin et Gainot 1998; Jessenne et al. 1999-2001]。わが国の研究では，バブーフの陰謀をサン゠キュロット運動とロベスピエール主義の両者の延長線上に位置づけた柴田三千雄，敬神博愛教が成立した政治思想上の背景や旬日祭典の再構築過程を検証した山中聡，さらにグランド・ゼコールのひとつ，エコール・ポリテクニークに関しては堀内達夫や中村征樹などの研究がでて，状況はかなり改善されてきているが，依然より立ち入った研究が必要とされている[柴田 1968; 堀

内 1997;中村 1998;山中 2004;2008;2009]。

ナポレオン時代

　クーデタののち1799年12月に共和暦8年憲法が制定され, 3人の統領からなる統領政府が樹立された。第一統領であるナポレオンは, 法制定のイニシアティヴ, 知事や市長や判事の任免権をもつなど, 極めて広範囲にわたる権限を所持した。一方, 護民院, 立法院, 元老院からなる立法府は弱体であり, また世論が統制されるなど, 政治的デモクラシーは後退した。他方で, 1800年にフランス銀行が創設されて財政・金融の立直しがはかられ, 02年に中央学校に代えてリセが創設されて中等教育制度が整備され, 04年には民法典が公布された。この民法典は, 家父長権を重視しながらも, 特権の廃止, 権利の平等, 契約の自由, 所有権の保障などを定め, 革命の遺産を継承するものだった。外交では, 1801年にローマ教皇ピウス7世と政教協約(コンコルダ)を結んでカトリック教会との革命以来の対立を解消し, 02年にはイギリスとアミアン条約を結んで平和を実現した。こうして内政と外交で成果をおさめた第一統領ナポレオンは, 1802年8月に終身統領となり, さらに04年には皇帝となった。

　統領政府期は, 従来一般的にナポレオン帝政の前史として扱われてきた。たしかに統領政府は軍事クーデタによって樹立され, ナポレオンがほぼ独裁的に権力を行使したが, しかし政体としては共和政の形式を維持していた。その意味で, 統領政府期を独自の時代ととらえ, フランス革命との連続性を強調するティエリ・レンツの研究は貴重な問題提起となっている[Lentz 1999]。また, コンコルダ交渉のプロセスを詳細に追求し, 礼拝の自由をめぐる諸問題を多角的に検討した松嶌明男の研究や, フランス民法典の歴史的・今日的意義について論じた研究なども看過しえない[石井 2007;松嶌 2010]。

　1803年の戦争の再開と04年の帝国の宣言は, ヨーロッパ支配と権力の個人化によって特徴づけられる新しい時代を開いた。トラファルガーの海戦でイギリス侵攻計画をくじかれたナポレオンは, 軍を大陸に転じ, アウステルリッツの会戦でオーストリア・ロシア連合軍を, イエナの会戦でプロ

イセン軍を破り，1806年には「大陸封鎖令」を出してイギリス商品を大陸市場から締め出し，イギリスに経済的打撃を与えようとした。こうして大陸のほとんどを支配下においた大帝国のもとで経済も発展した。他方で，1804年に君主政の復活を印象づける戴冠式を挙行したナポレオンは，08年には国家への貢献を理由に「帝国貴族」を創設して平等原理を否定し，10年にはハプスブルク家の皇女マリ゠ルイーズと再婚して自らの権威を高めようとした。しかし大陸封鎖を貫徹するために1808年にスペインに侵入してゲリラを鎮圧できなかったことが，最初の挫折となった。さらに大陸封鎖令で穀物輸出の道を断たれたロシアが離反すると，ナポレオンは1812年にロシア遠征に打って出た。しかしすでに大陸封鎖や重税によって商工業者や農民の不満をかい，帝国貴族の創設などによって名士の支持を失っていた体制にとって，この戦争は致命的だった。戦争にともなう新たな徴兵は徴兵忌避や逃亡を増加させた。ナポレオンの軍隊はモスクワを占領しながらも最終的には撤退をよぎなくされ，これを機に諸国民が立ち上がり，1813年にライプツィヒの戦い（諸国民戦争）でナポレオンを破った。こうしてナポレオンは失脚し，ブルボン朝が復活することになる。

　ナポレオン帝政の歴史は，従来，戦争などのエピソードがちりばめられたナポレオンの伝記というかたちをとることが一般的だった［井上幸治 1962；本池 1993］。このような帝政とナポレオンの研究の一体化という現状を考慮するなら，そこから脱却する道を模索したシンポジウムの記録は重要である［Petiteau 2003］。その点では，行政，法，軍隊，宗教，経済など，ナポレオン体制の実態に焦点をあててナポレオン帝政を論じるジェフリー・エリスの研究や，ナポレオン時代のフランス経済に生じた変化をさまざまな側面から検討した服部春彦の研究も貴重である［エリス 2008；服部 2009］。またナポレオン体制の理解にとって重要な近代的軍隊の形成については西願広望や竹村厚士の研究が参考になる［西願 1999ab；竹村 2002；2005］。とはいえ，帝政期のエリートの問題や民衆におけるナポレオンの受容など，研究を必要としているテーマはじつに多い。いずれのテーマを研究対象にするにしろ，ナポレオン時代に関する事典は不可欠であろう［Tulard 1989］。

フランス革命と世界

　フランス革命期の人びとは過去を全面的に否定し，政治によって新しい国民をつくりあげようとした。そこには，人間や社会は変えることが可能なのだ，という確信があった。こうして政治は以後，社会関係の性格そのものにかかわり，人間性を再構成する道具となったのである。それとともに，新しい国民をつくりだそうという理想は，その実現のために新しい政治的実践を要請した。マス・プロパガンダの技術，大衆政党の可能性と下層階級の政治的動員，社会や日常生活の学校化と政治化など，これらはすべて，国民を再生するために生み出された。フランス革命は，政治に関する現代のわれわれの観念や実践の多くを生み出したのである。その意味でフランス革命は，現代世界にはかりしれない影響を与えている。そのことは，フランス革命が日本やインドやイランなどのアジアの諸国に与えたインパクトを検討した研究集会の記録を参照すれば明らかである［田中治男ほか 1992］。

　しかし，フランス革命が同時代にフランス本国に近接する地域に与えた影響はより直接的であった。総裁政府の対外膨張政策の結果としてスイスやイタリアに建設された「姉妹共和国」(衛星国)，さらにナポレオン期の征服と併合によって形成された「大帝国」では，フランスと同一の制度が導入されたからである。またフランス革命の同時代的影響やその後の世界史的インパクトという点で重要でありながら，長いあいだ革命史研究者の視野の外におかれてきた植民地ハイチの革命も注目されよう。1791年夏以後，フランス領植民地，とくにサン＝ドマングでは政治的権利を求める混血人や黒人奴隷による蜂起が続いていた。だが1793年9月に白人植民者の手引でイギリス軍部隊がサン＝ドマング島に侵入するという事態を前にして，本国議会から派遣された委員ソントナクスが蜂起の指導者トゥサン＝ルヴェルチュールの助けを借りて島を奪還する。こうして1794年2月4日に議会で奴隷制廃止が決議される。その後1802年5月にナポレオンが奴隷制復活を決定するが，これはサン＝ドマングでの闘争を再燃させ，04年に史上初の黒人共和国ハイチの独立に繋がるのである。この奴隷制廃止と植民地の問題に関しては研究が急速に進展しているが，わが国における貴重

な成果として浜忠雄の研究をあげておこう[浜 1998;2003]。

　もちろん,フランス革命は革命以後のフランスの歴史にも大きな影響を与えた。1815年の王政復古は,アンシャン・レジームの王政への復古では決してなかった。そもそも,革命期の国有財産の売却によって,農民だけでなく新体制を支える多くの名士たちも土地を入手しており,国有財産の売却を問題視することは体制の根幹を揺るがしかねなかった。しかも,共和政やナポレオン帝政はそれらを具体的に表現するシンボルや儀礼を急速につくりだし,これらのシンボルや儀礼をとおして共和政や帝政が堅固な伝統や記憶として定着したため,王政復活の試みはつねに抵抗を引き起こさずにはおかなかった。フランス革命とナポレオン時代をとおして獲得された物心両面の変化とその記憶は,王政への単純な回帰を許容しなかったのである。革命とナポレオンの記憶の問題については,復古王政期における国王弒逆者への処遇をとおしてこの問題に迫った遅塚の論考や,地方都市ルアンにおける皇帝騎馬像について論じた竹中の論考が興味深い[遅塚 2001;竹中 2008]。だが記憶や伝説の問題については,ピエール・ノラの記念碑的仕事を参照することが不可欠であろう[ノラ 2002-03]。そこでは,具体的な場所やシンボルを素材としてフランス革命やナポレオンの記憶も興味深く論じられている。

松浦義弘

第6章

立憲王政から
第一次世界大戦まで

　本章ではナポレオンの没落から第一次世界大戦前夜にいたる約100年間を扱う。この間のフランスは幾多の革命や叛乱に彩られ，また頻繁に政治体制が入れ替わったが，最終的には安定した共和主義体制の成立をみることになった。こうした歴史過程について，かつては，フランス革命の成果を前提としつつ，産業革命の展開のゆえに資本家と労働者を基軸にする階級的対立が一般化し，労働者階級が中心的に担う革命や叛乱が繰り返されて自由や平等が定着したと説かれた。また，国家はそれぞれの体制の支配的階級との関連において性格づけられた。

　ところが，社会史的視角が定着するにつれ歴史家の関心は民衆層へと向かい，やがて全体的な社会編成をとらえる試みがおこなわれた。柴田三千雄が立憲王政から第二帝政までの時期の国家と社会にそくして名望家国家を語り，第三共和政以降に「国民国家」へ移行すると主張したのは，こうした方向における模索であった［柴田 1983］。都市民衆や労働者の研究が深化すると，農民やブルジョワ，中間層，そして貴族といった諸階層の実態にも光があてられた［Charle 1991］。他方，国家のはたした重要な役割が認知されて，個人に対する国家の拘束力がクローズアップされ，さらに，表象や行動規範など社会や文化をめぐる国家の働きかけが人びとの国民化を促したと論じられた。こういった動向に掉さして，教育，アソシアシオン（結社），社会保障，信仰などに焦点を合わせる歴史の見通しも提出されてきた［谷川 1983；1997；Rosanvallon 1990；田中 2006；高村 2007］。現在の標準的通史に描かれる19世紀フランスは，これら近年の成果を踏まえて叙述されている［柴田・樺山・福井 1996；福井 2001；谷川・渡辺 2006］。

　本章では，1814〜1914年を3つに区分して歴史的な経過を追い，それぞ

れの時期について研究上の論点を整理する。第1節は復古王政,七月王政という立憲王政の時代を,第2節は1848年の二月革命からパリ・コミューンまでを対象とする。また,第3節では,1870年代から第一次世界大戦前夜までの第三共和政前半期,すなわち現在にまで連なる共和主義体制の形成と定着の時期が扱われる。

1 | 立憲王政の時代

復古王政とユルトラ

1814年5月,ルイ18世(在位1814〜15,15〜24)が王位にのぼってブルボン朝は復活した。まもなく開かれたウィーン会議では,ヨーロッパの勢力均衡とフランス革命以前の状態への復帰が目論まれたが,各国間の調整が難航してナポレオンの復権を許した。しかし,諸国は急いでウィーン会議を終結させて,ナポレオン軍を撃破し,あらためてルイ18世はパリへ帰還した。ここに確立した復古王政の基本原理を定めたのが憲章(シャルト)であり,そこには,絶対王政への復帰の意思(爵位貴族の復活,王権神授説に基づく国王の非常大権など)とフランス革命に由来する市民的権利の尊重(所有権の不可侵,法のもとの平等,出版の自由など)が並び記されていた。王権神授説が復活し,カトリックも国教としての地位を回復した。議会は法律発議権をもたず,選挙権(下院)も総人口約3000万のなかの10万人程に与えられただけであった。

復古王政期の政権は,王党派なかでもユルトラ(超王党派),と立憲派(純理派)を中心に担われた。一部の市民にのみ政治能力を認める後者が王政と自由の結合をめざしたのに対し,ユルトラはアンシャン・レジームへの回帰を希求して,1815年に生まれた王党派主導の議会,21年から6年以上続いたヴィレール政権など,しばしば政局を支配した。同派の指導者アルトワ伯がシャルル10世(在位1824〜30)として即位した1820年代半ばには,文字通りのユルトラ政治が実現し,フランス革命下で没収された貴族財産を保障する10億フラン法の制定など反動的政策が強行された。しかし,市民社会の原理が掘り崩されることはなかった。これら復古王政を担った政

治的二潮流については，今でも中木康夫の政治史研究，ないし通史的叙述からはいるのがいいだろう[中木 1975；Jardin et Tudesq 1973；Caron 2000]。ことにユルトラなどの王党派，その社会的基盤になった貴族に関しては必ずしも十分な実証的研究がなく，そのため，アンシャン・レジーム下における貴族像との整合的理解や王党派と密接な関係にあったカトリックの動向など，少なからぬ課題が残されたままである。

復古王政の歴史的位置

　復古王政は歴史的にどう位置づけられてきたのだろうか。まず，政治過程と階級論を結びつけてとらえる立場から，中木は，貴族ないし大土地所有者を主要な基盤としてアンシャン・レジームの復活という王党派の主張も現実性をもったが，最終的には挫折したと主張する[中木 1975]。これに対し，民衆の動向を視野に入れて社会経済政策を追った小田中直樹は，復古王政期の秩序原理を，財産所有や業績などにそくした近代的かつ後天的なものではなく，社会的出自やそれに基づく世襲的特権など先天的なもののなかに見出した[小田中 1995]。他方，より宗教的・文化的側面に注目して，上垣豊は，ブルボン朝の復活とともに定着したカトリックの政治的影響力を重視し，復古王政をカトリック王政と性格づけている[上垣 2006]。

　1820年代の後半にはいるとヴィレール内閣そしてユルトラからの人心の離反がめだつようになり，当時，ヨーロッパを風靡しフランスでは保守反動色の濃かったロマン主義の文化・芸術運動も急速に自由主義へ傾斜した[Démier 2000]。やがてヴィレール内閣が退陣すると短命の内閣があいつぎ，自由派の影響力が拡大して，議会でも政府批判勢力が優勢を保つようになった。その延長線上で1830年3月に議会は内閣へ不信任を突きつけたが，これにシャルル10世が議会解散で応えて選挙戦に突入した。この選挙に敗北した国王は，未召集議会の解散，選挙法の改編などを記した七月王令を布告した。王令に反発したパリの民衆が7月27日に武器をとって立ち上がり，3日間の市街戦へと発展した(「栄光の3日間」)。戦闘によって，反政府側には，死者800人，負傷者4000人がでたが，そのほとんどは職人

を中心にした民衆層であった。「栄光の3日間」を受けてオルレアン家のルイ・フィリップ(在位1830〜48)が即位し,新しい立憲王政すなわち七月王政が成立した。これが七月革命である。このフランス革命以来となる革命のおかげで結社や出版などもろもろの自由は認められた。しかし,民衆における平等への希求が満たされることはなかった[Caron 2000]。

七月王政と自由主義

新国王が宣誓した改正憲章には,王権神授説の否定,下院との契約に基づく国王といった事柄がもられていたが,制限選挙制(総人口3200万中の17万弱に選挙権)の厳しさに変わりはなかった。いまや政権を担うのはオルレアン主義者であるが,彼らは改正憲章を改革の出発点とみるか到達点とみるかで左右両派に分かれていた。このうち七月王政成立当初を除き権力の座にあったのは,新憲章を到達点とみてそれ以上の改革に抵抗する右派である[中木 1975;Caron 2000]。オルレアン主義者にはさまざまな人びとが属していたが,実質的に政権を主導した者としては自由主義者がめだった。彼ら自由主義者のあいだでは立憲諸制度の整備や経済的自由の保障という主張が基本的に共有されていた。しかし,神権論でも人民主権論でもなく理性主権論を説いて復古王政下の立憲派として活動したギゾー,七月革命前夜に自由主義的な反政府派を主導して国民主権論を唱えたティエールという2人の中心人物からして,そのあいだには大きな違いがあった。ここに,ラムネが創始した自由主義的カトリシスムや七月王政下では王朝の反対派に属したアレクシス・ド・トクヴィルの民主的自由主義などを加えれば,自由主義の思想と行動が多様性に満ちていたことは明白である[中谷 1996]。なお,近代の国家や社会を考えるうえで,トクヴィルの思想には多大な関心が集まっていることを付言しよう[宇野 2007]。

オルレアン右派の統治が続いたが,それにもかかわらず1830年代には内閣の交代が頻繁におこなわれた。例えば,1840年には,エジプト総督ムハンマド・アリを支持して列強との対立を辞さなかったティエールが国際的孤立を恐れた国王の手によって解任され,議会多数派を基盤とする政権に取って代わられた。新たな政権の実権は外相ギゾーの手に握られており,

以後7年間にわたってギゾーの主導で政権が運営され,対外的平和の維持,国内改革の拒否という保守主義的施策が一貫して追求された。この相対的安定期に鉄道建設が本格化して好景気が訪れ,金融貴族(一部の上層ブルジョワジー)が国家財政を食いものにするという現象が典型的にあらわれた。

七月王政期の政治と社会

七月王政期の政治と社会にはもう少し立ち入っておこう。まず,階級的利害に関連づけて政治を追った中木によれば,立憲王政期の政治的担い手である立憲王党派のなかで,復古王政期には大土地所有者にあった主導権が七月王政期には金融貴族へ移ったという[中木 1975]。他方において,階級論からの飛翔をめざした柴田は,民衆世界を視界におさめながら,伝統的な支配体制が残存するなかで地方の合意を取りつけた名望家が,議会などの全国的諸機関への参画をとおして地方の利害を調整し,全国的な統治が実現したと述べる。名望家国家の典型をイギリスに見出す柴田であるが,フランスでも一定の限界をともないつつ,名望家国家が七月王政下で定着したと考えるのである。ここで名望家とは地方の有力者を指し,階層的にいえば貴族などの大土地所有者やごく一部の大産業家などがイメージされている[柴田 1983]。これら先行研究よりも貴族を重視した小田中は,被支配者が民衆からの支持を調達するために展開した社会経済政策の実施過程を探るなかから秩序原理を抽出し,七月王政期では財産や業績を第一とする後天性原理が貫徹するにいたったと主張する[小田中 1995]。より以上に貴族の実態に密着しながら上垣が語るのは,七月王政期にいたってカトリックの影響力が払拭されブルジョワ王政が形成されたという見通しである[上垣 2006]。

以上の諸点に関連して,いくつか付け加えよう。まず,七月王政期に正統王党派のなかに自由を擁護する潮流が存在した事実や,貴族が近代国家への適応力を示したことはすでに明らかにされている[上垣 1987; 1995]。国家とカトリックの関係は教育をめぐる協調・抗争に反映されたが,この点について,七月王政期のギゾー法(1833年,初等教育法)などに注目しながら小山勉が整理を試み,また,前田更子が中等教育の実態に迫っている

[小山 1998；前田 2009］。台頭著しいブルジョワジーをめぐっては，大ブルジョワジーによる経済的権力の独占を論じた研究や，ブルジョワの社会や文化を展望する著書が手がかりになる［ロム 1971；マルタン＝フュジエ 2001］。

　復古王政をめぐって述べたことを踏まえて，2つの立憲王政の分水嶺となった七月革命の歴史的意義を振り返れば，立憲王政期の政治的主役である立憲王党派の内部で主導権が大土地所有者から金融貴族へと移行する転機であるとの見方，社会秩序が先天的原理から後天的原理へと転換した契機とする主張，カトリック王政からブルジョワ王政への転換点とみなす立場といった捉え方がなされていることになろう。つまり，七月革命を経過して近代的な価値がさらに浸透したものの，その利は民衆層におよばなかったという点において，諸論者の見解は基本的に一致しているのである。

民衆世界の変容

　立憲王政期における国政は一部のエリート層に独占され，しかも，そのなかで政治的権力を保有する者が移り変わった。一方，たとえ革命が起こっても，都市民衆や農民にまで成果が届くことはまずなかった。そこに生まれるさまざまな矛盾や摩擦に立憲王政はうまく対応できなかったから，いずれも挫折したとはいえ，七月王政下にはヴァンデ地方の王党派の叛乱，ルイ・ナポレオンによる2度のクーデタ，革命家ブランキ率いる秘密結社(季節社)の蜂起などが生起した。そうした状況のなかで，民衆世界を背景としつつ影響力を拡大し，反王政勢力の重要な一角を占めるようになったのは共和主義者や社会主義者であった。

　19世紀前半の民衆世界は2つの要因によって変容を強いられた。まずあげるべきは，フランス革命のなかで職能的また地縁的に特権を認められた団体(すなわち社団)をベースにした社会が原理的に否定されたことである。革命後に復活した社団もあったが，極めて広い範囲で社団が解体されたため，一方では地理的・社会的流動性が高まって資本主義的発展への条件が整ったが，他方では人びとの日常的な絆が断ち切られて生活の枠組が失われた。必然的に新たな関係性や社会のあり方が希求され，これに応えよう

と初期社会主義の思想が多彩に花開いた。無秩序な自由競争ではなく調和した産業社会を語るサン=シモン、独立したユートピア的共同社会を志向するフーリエやカベ、あるいは職人や労働者のアソシアシオンの自主性に委ねられた社会を構想するビュシェなどを代表者としてあげることができる[谷川 1983;福井 2001]。また、フランス革命以前から弱体化の兆しがあったとはいえ、社団のもつ拘束力が消失したことで人びとの自由な移動が可能になり、都市への流入人口が増える現象も目につくようになった。

いまひとつの大きな要因は産業革命(ないし産業化の進展)である。産業革命については、いかなる資本主義がフランス革命をへた社会で形成されたかという観点から、かつて経済史的な関心が寄せられ、その始期についてもさまざまな説が唱えられたものである。こうした経済史的な研究はいまや影が薄くなったが、産業革命ゆえの社会的・文化的変容、さらには産業社会やその文化などに寄せられる歴史的関心までが衰えているわけではない。産業社会やその文化には第2節で言及することとし、ここでは七月王政期の民衆世界をめぐる諸問題に話題を絞ろう。

産業革命が職人などの手工業的な技術や熟練をただちに過去のものとし、一挙に機械制工場の労働者に変えてしまったわけではなかった。フランスにそくしていえば、19世紀半ばを過ぎても、手工業的・職人的な技能や熟練は重要性を保ちつづけ、産業化の動きは相対的に遅かったといわれている。ただ、いまだ限定されていたとはいえ、推し進められた機械の導入や組織の合理化には、いかに熟練を誇る職人であろうと無縁でいることはできず、徐々にしかし確実に影響を受けるようになった。産業化の影響は労働の場を超えて民衆世界の全般におよび、都市化を促したり生活環境を悪化させたりしたのである。その実態を前に、また、時あたかも民衆地区で猛威をふるったコレラなどの流行病を恐れて、ブルジョワ支配階層のあいだには、これらの現象を社会問題ととらえる見方が台頭したが、この社会問題の表出には伝統的紐帯の解体も深く関係していた[田中 2006]。

民衆世界とアソシアシオン

この時代のパリ民衆を、多大な矛盾をかかえた都市に生きて社会問題の

焦点となり，支配階層から危険視される「労働階級」として描いたのはルイ・シュヴァリエである[シュヴァリエ 1993]。彼の提起した歴史像をひとつの足がかりに，民衆世界へはさまざまな角度から光があてられてきた。例えば，喜安朗は日常的な民衆生活の諸相を活写しつつ，アラン・フォールは民衆主体の祭りをたどりながら，人びとのソシアビリテ（社会的結合）を把握し，そこに革命へいたる回路が探られた[喜安 1982；フォール 1991]。その後，民衆世界に走る亀裂や緊張を見定める方向へも研究者の関心はおよび，底辺貧民の社会的な孤立，民衆における近代的個の生成，職人の家族の実態といった事柄が明らかにされた[西岡 1987；喜安 1994a；赤司 2004]。しかし，こうしてさまざまな批判や修正にさらされながら，シュヴァリエによる民衆像は生命力を保ちつづけており，いまでも完全に乗り越えられてはいない[Ratcliffe et Piette 2007]。

　都市民衆が自らのソシアビリテを構築したのは職場，宿舎，酒場などにおいてである。これら多様な場における結びつきを前提に各種のアソシアシオンが形成され，立憲王政期にその数は着実に増加した。伝統を受け継ぎながら変容をよぎなくされる職人組合，いざというときの助け合いを本旨とする相互扶助組合，酒場などを拠点に楽しみを共有するためのサークルなど，アソシアシオンもまたさまざまであったが，いずれもメンバーが自発的に参加し，お互いに平等であることを原則としていた。こうしたアソシアシオンを，柴田は，自由主義の原理をギルド的性格の残る組織に導入したものととらえている[柴田 1983]。

　日常から生まれたアソシアシオンのなかには，例えばリヨンで発生した絹織物職人の蜂起(1831, 34年)のような機会に共和派と関係をもつことで政治性を帯びるものもあらわれた。それゆえ，民衆蜂起が鎮圧されると同時に共和主義的結社への規制が強まったのも理由なしとはしないのである。こうして，七月王政初期のリヨンやパリの蜂起ののち，1834年の選挙で大敗した共和派は指導者を逮捕され，また国王暗殺未遂事件(1835年)を口実に出版検閲も厳格化されて，ティエールやギゾーなどオルレアン右派政権のもとで共和派はしばらくのあいだ活動の沈滞を強いられることになった。

　しかしながら，アソシアシオンとその構成員は全体として増加しつづけ，

アソシアシオンと共和派そして社会主義者との関係はむしろ緊密さを増した[福井 2006]。例えば、新聞『アトリエ』を軸に職人や労働者が集まるグループは、急進的な共和主義の主張に耳を傾けながら、すでに言及した社会主義者ビュシェの思想と共鳴するかのように、民衆主導のアソシアシオンの形成を訴えた[谷川 1983]。また、ルイ・ブランは産業革命で激化した競争を否定して、人間の能力を引き出すアソシアシオンの必要を訴えるベストセラー『労働の組織化』を世に送り出した。もっとも、ブランは、社会主義者でありながら、むしろ施政者の立場から労働者の参画する社会作業場(社会工場)の創設を語ったのである[高草木 1994・1995]。なお、アソシアシオンなど初期社会主義関連のテクストが、二月革命を意識しつつ選ばれ訳出されている[河野 1979]。

　経済情勢の悪化や上流階層の醜聞で政府に対する信頼が揺らいだ1847年、パリから改革宴会が始まり、長期にわたったギゾー政治に批判を突きつけて選挙法改正を迫った。この事態にギゾーは外相兼任のまま首相となって対処しようとしたが、反政府派による改革宴会は全国へと拡大し、そこにおける共和派の発言力が強まった。こうして七月王政の土台は掘り崩され、まもなく民衆が表舞台に躍り出た共和主義的革命へと結びつくことになった。

2 | 第二共和政と第二帝政

二月革命と第二共和政

　全国で高まる改革気運を背景にして、1848年1月14日にパリの第12区で計画されていた改革宴会は、急進的な動きが顕著になったため、政府の手で禁止され、2月22日に延期された。その22日へ向けてパリの情勢は緊張を増し再び中止命令が出されたが、しかし、当日の朝から民衆の示威行動が始まり拡大した。国王ルイ・フィリップはギゾーを解任して鎮静化を試みたが、翌日の夜には軍隊がデモ隊に発砲して約50人の死者を出した。これを機に事態は民衆蜂起へ発展し、兵営や市庁舎が占領された24日に国王が退位して七月王政は崩壊した。パリ民衆の見守るなかで臨時政府が樹立

され、翌日には共和政(第二共和政)が宣言された。これが二月革命である。革命は他のヨーロッパ諸国へ波及して、30年以上続いたウィーン体制を瓦解させた。この第二共和政期のフランスについては、中木による政治史的検討が今でも有益である[中木 1975]。また、同時代人トクヴィルの回想は豊かな事実と鋭い洞察に満ちている[トクヴィル 1988]。

樹立された臨時政府は、民衆運動とは距離をおいてきたブルジョワ的な穏健共和派、ルドリュ=ロランに代表される急進共和派、そして民衆の支持を受ける社会主義者ルイ・ブランと労働者アルベールによって構成されていた。ただちに、労働時間の制限が実現し、また、ブランを委員長とするリュクサンブール委員会(正式には「労働者のための政府委員会」)や国立作業場が開設された。出版や集会・結社に関する制限が撤廃されたことで、新聞の創刊があいつぎ、多数のクラブが叢生し、アソシアシオンも活気づいた。ただ、最終的には実権が穏健共和派の手中にあり、このため、リュクサンブール委員会は諮問機関にすぎず、国立作業場もブランの唱えた社会作業場とは似て非なる失業対策にとどまった。

二月革命における民衆や急進的共和派はカトリック教会を攻撃しなかったが、その理由を谷川稔は、教会が七月王政と敵対関係にあり、かつアソシアシオン諸潮流が宗教性を帯びていたことに見出している[谷川 1997]。また、田中拓道によれば、この時期の共和主義が新たな宗教によって平等な共同体を実現し、それをとおして社会変革をめざしたがゆえに教会との協調も可能になったという[田中 2006]。他方、七月王政下で影を潜めていた伝統的保守勢力が、革命後に共和派を自任する「翌日の共和派」として息を吹き返し、教会の支持を得たという見方も無視しえない[Agulhon 1973]。こうした教会との関係を含め、二月革命前後の共和主義、民主主義については第三共和政への途上にあるという意味で、過渡的性格が強調される傾向にある。

普通選挙と六月蜂起

直接普通選挙制の実施は歴史的な事件であり、国(州などではなく)を単位として考えれば、世界ではじめて21歳以上の男子による直接普通選挙が

実現した。その実施の時期については紛糾したが, 結局1848年4月末に選挙がおこなわれ, 有権者900万のうち84%が投票所に足を運んだ。ここに誕生した憲法制定国民議会には, 地方の保守的な名望家が数多く選出されたため, 穏健なブルジョワ共和派と「翌日の共和派」とで議席の過半数を制することになった。正統王朝派とオルレアン王朝派からなる王党右翼も大勢力となり, 急進共和派・社会主義者などの左翼を圧倒した。新たに任命された5名の執行委員会には社会主義者の姿はなく, 焦燥感を覚えた共和派が議場乱入事件を起こしたが, 急進的な都市パリの孤立を際立たせたのみであった。

保守勢力の発言力が強まるなかでリュクサンブール委員会は解散をよぎなくされた。おりからの経済危機で失職者たちが国立作業場に救いを求めて集まったが, それはブルジョワ市民などの目に危険な現象と映り, 国立作業場の解散が決定された。反発したパリの民衆は, 6月23日, バリケードを築き正規軍との市街戦を展開したが, 全権を委任された共和派の将軍カヴェニャックが地方からの軍隊も動員して鎮圧した。これが犠牲者3000人にのぼった六月蜂起である。

民衆の声を反映した点で二月革命は七月革命と明らかに異なっている。それだけに, いかに民衆のあり方と関連づけて二月革命とそれ以降の展開をとらえるかは重要な歴史研究上の課題となってきた。パリ民衆について, 喜安は二月革命下の動きの再現を試みたうえで, 革命前と関連づけて六月蜂起参加者の実態へ迫り, 同様に西岡芳彦は民衆地区における国民軍などの事情を踏まえつつ蜂起参加者を検証したが, そこから二月革命や六月蜂起を担った民衆の主体が伝統的な職人からなっていたことが明らかにされた[喜安 1994b; 西岡 1987; 1988]。同様に, 伝統的部門の職人や小商人を革命の中心の担い手と看破しながら, 柴田は, 職人たちとルイ・ブランのあいだに横たわる食い違いや, 革命を鎮圧する側に立った非熟練労働者の存在などを指摘し, 民衆世界の複雑な実相を示唆した[柴田 1983]。他方, 南仏農村では19世紀前半に社会的結合が変質したが, そうした農民が二月革命と第二共和政のもとで政治化し, 地域によっては共和主義勢力の基盤となったと考えられている[Agulhon 1973; 小田中 1988; 槇原 2002]。

ルイ・ナポレオン・ボナパルト

　カヴェニャック政治のもとで補欠選挙や地方選挙があいつぎ，また1848年11月には第二共和政憲法が成立した。言論・出版・集会などの自由は明記されていたが，もはや労働の自由への言及はなかった。また，直接普通選挙に基づく大統領制が導入されて，任期4年で再任されない大統領に行政権が委ねられ，やはり直接普通選挙による立法議会と並立する体制が規定されていた。大統領選挙へ向けては，ナポレオン1世の甥ルイ・ナポレオン・ボナパルトが頭角をあらわし，ブルジョワや地主とともに，都市の民衆やとりわけ農民にも支持を広げ，カヴェニャックなどを破って当選をはたした。

　1848年12月20日，共和国大統領に就任したルイ・ナポレオンは，ただちに王党派のみからなる政府を任命し，翌49年1月，共和派優位の憲法制定国民議会の解散を断行した。その結果，穏健共和派は影響力を失って，1849年5月の立法議会選挙では，急進共和派を核とする山岳派に，王党派と「翌日の共和派」からなる秩序派が対峙する構図ができ，結果として秩序派が圧倒的な勝利をおさめた。劣位に立たされた山岳派は示威行動で挽回をはかり，それがパリでは暴動へと発展し，地方の都市に呼応の動きが生じた。しかし，たちまち軍事的に鎮圧された。

　秩序派支配の立法議会では，言論や集会などの自由に制限が加えられ，1850年3月，公教育に対する聖職者の影響を容認するファルー法が制定された[小山 1998]。何よりも，1850年5月の選挙資格制限法で，有権者960万人のうち280万人から選挙権が剥奪され，また，出版への検閲も強化された。この非民主化しつつある立法議会に立ちはだかったのは，大統領ルイ・ナポレオンとその一派つまりボナパルト派（ボナパルティスト）であった。大統領は議員を排除した内閣を任命し，大統領再選禁止条項の廃止，選挙資格制限法の廃止をあいついで提案した。いずれも議会で否決されると，1851年12月2日に彼は軍事クーデタを敢行し，立法議会の解散，憲法の廃止を断行した。ここに第二共和政は事実上の終焉を迎えたが，この事態にパリはほとんど反応をみせず，むしろ中部や南部の農村で共和主義を唱える農民蜂起が起こった。ただ，直後の国民投票（人民投票）ではクーデタ支

持票が9割を超えたから、これらの蜂起がすべて反ナポレオン的性格をもっていたとはいいがたい。農村社会の近代化や社会的結合の政治化を背景に、名望家支配への不満が噴出したという面も強かったのである[西川 1984]。

第二帝政の成立とボナパルティスム

1852年にはいってすぐ発布された新憲法のもとで、ルイ・ナポレオンは、50年の選挙資格制限法を撤廃して普通選挙制度を復活させ、国民に支えられる体制を整えた。しかし、そこでは立法権が弱体化させられたうえ、巨大化した行政の権限が任期10年に延長された大統領に集中していた。帝政への移行を実現するための布石が打たれ、1852年11月の国民投票において帝政の樹立が圧倒的な支持を得た。クーデタから1年後の12月2日、ルイ・ナポレオンはナポレオン3世(在位1852～70)となり第二帝政が成立した。こうして、普通選挙制議会と国民投票制度を採用し国民主権の原理に立脚していながら、実質的には皇帝に権力が集中する帝政、いわゆる権威帝政が生まれた。

この権威帝政はやがてより政治的自由を容認する自由帝政へ質的に転換したと、一般には考えられている。ただ、その転換点をどこにおくかという点で、論者のあいだに認識の隔たりがみられる[野村 2002]。わが国では1860年の英仏通商条約締結を転機とみなす傾向にあるが、おそらく、それは経済を重視するマルクス主義的観点が支配的だった研究史上の理由からであろう。また、第二帝政を語る際、しばしばボナパルティスムという言葉が用いられるが、この言葉には大きく2つの意味が認められる。第一にマルクス主義的立場から近代国家の一形態を意味する場合があり、この用法が日本ではおこなわれてきた。いまひとつ、ボナパルト家に関する思想、党派、体制などを指すこともあり、フランスではこちらのほうが一般的である。ここでは、前者の用法を手がかりに、第二帝政の特質を考えてみよう。

マルクス主義的観点からのボナパルティスムとは、ブルジョワジーとプロレタリアートという資本主義的階級対立において、両階級間に均衡が生

じるとき，その均衡のうえに国家が自立し肥大化して生まれる独裁体制を指している。そうした事態が第二帝政では典型的に観察されるというのである[西川 1984]。こうしたボナパルティスム論には1970年代頃から批判が加えられるようになった。なかでも西川長夫は第二帝政の捉え方をめぐる再検討をおこない，強大化した官僚制と国家装置，近代的国民経済の創出，ナショナリズムの高揚を不可欠とする民主的かつ人民的な体制といった点に，第二帝政の特徴を見出し，これをブルジョワ国家の一形態とみなした[西川 1984]。同様の批判的視点は，第二帝政に名望家支配の排除のうえに新興産業資本家が主導し生まれた体制を見出す中木の叙述にもうかがえる[中木 1975]。他方，柴田によれば，第二帝政とは，本質的には名望家支配と相入れないはずの普通選挙を不可欠としながら，しかし名望家に依存する体制であり，そこでの名望家の支配は皇帝と官僚制への従属によって保障されていた。こうした体制を経過することで社団的要素が払拭されて産業革命が完成し，国家の凝集性が高まったというのである[柴田 1983]。

これに対し，ナポレオン3世の秩序構想を起点に統治構造へと接近した野村啓介は，権威帝政下においても施策決定にはさまざまな機関が関与しており，個人独裁とはいいがたいと主張する。ただし，全般的な社会や文化への目配りはあまりない[野村 2002]。もっとも，「馬上のサン゠シモン」と称されるナポレオン3世は，大ナポレオンの継承者というだけでなく，マルクスやプルードンの同時代人として社会問題に強い関心をいだいていた人物でもあり，労働者住宅の建設をおこなう産業家に政府補助金を支給するといった施策を実行に移した。こういったナポレオン3世自身の思想に興味を引かれる歴史家は少なくなく，また第二帝政が彼の個性にそくして論じられることも多いのである[河野 1977]。

政治文化と外交政策

皇帝の専制的独裁を可能とした権威帝政は，ほとんど議会に発言権を認めず政治的自由も制約した独裁体制であった。しかし，国民投票に政権の正当性を求めるナポレオン3世は，普通選挙制の議会や国民投票での勝利

のため,社会的諸階層からの支持を不断に意識していた。すでに大統領時代からルイ・ナポレオンは遊説を繰り返していたが,第二帝政の確立以降は,官選候補者制度をつくって行政の威信を利した選挙の勝利を追求し,また国民的祭典を挙行して民衆の支持を固めようと努めた。好調な経済にも助けられて民衆からの不満は表面化せず,民衆も積極的に祭典へ参加したから,国民統合の実があがったと考えられている。こうした国民統合ないし民衆動員への働きかけをおこなった点において,第二帝政は国家として新しい近代的相貌を帯びていた[工藤光一 1994;Price 2001;Hazareesingh 2004]。

　第二帝政にとって支配の正当性は国民からの支持を得てはじめて達成されたから,外交面における成功や栄光は有益のみならず必要でもあり,外政と内政は密接に関係していた。こうして,ナポレオン3世は,クリミア戦争(1853～56年)において,1854年からイギリスと連合してロシアと戦い,56年のパリ講和会議を主宰して威信を高めた。その延長線上で,1859年5月,イタリア統一戦争に関与してオーストリアと戦火を交えたが,イタリア各地での革命政権の樹立や強力な隣国の出現を恐れて,最終的にはイタリアの統一に背を向けた(7月)。この一連の行為はイタリア統一運動を歓迎する共和派の反発を招く一方で,イタリア介入に抗議するカトリックをも政府反対派へ追いやる結果になった。それでも,ここには国民主義に基づく新しいヨーロッパ秩序への模索が垣間見られる。また,1860年の英仏通商条約の締結がきっかけとなり,一時的ながら,ヨーロッパに自由貿易の時代が訪れた。他方,アロー号事件(1856年)を機に中国へ英仏連合軍を派遣して通商上の利権を獲得し(58年6月),インドシナでも,アンナンの制圧(57年),コーチシナの併合(62年),カンボジアの保護国化(63年)をはたした。また,セネガルを基点に西アフリカ進出をはかり,マダガスカルやチュニジアなどでも影響力の拡大に努めた。このようにして植民地帝国に繋がる足がかりが築かれたが,ただ1860年代に始まったメキシコ遠征は,南北戦争を克服したアメリカの介入もあって,無残な失敗に終わった[Garrigues 2000]。

ブルジョワ産業社会の到来

　第二帝政期のフランスでは，おりからの好調な経済に支えられて，金属業や機械加工業などの急発展が生じた。かつて盛んであったフランス資本主義の特質をとらえ産業革命の完成時期を確定しようという経済史的研究はいまや完全に後景へと退いたが，産業化の実態やそこに現出した産業社会の諸相に対する歴史的関心は決して衰えておらず，テーマによってはむしろ高まりさえみせている。

　第二帝政による経済政策の中核は，企業へ資金を供給して産業発展を促すために金融機関を充実させることと，鉄道建設の継続や首都パリの改造を軸とした公共事業を進めることにあった。こうした施策にも後押しされ，第二帝政のもとで鉄道の総延長距離は約5倍となり，製鉄業，機械工業，石炭業といった部門のめざましい成長が実現した。全国的ネットワークが敷かれ，日常生活も向上して，いわばブルジョワ産業社会が形成されたのである［柴田・樺山・福井 1995；Garrigues 2000］。

　ブルジョワ産業社会の形成にはさまざまな角度から光があてられてきた［河野 1977］。なかでも関心を集めるテーマに，皇帝の意を受けて遂行され欧米都市に影響をもたらした首都パリの改造事業があげられる。じつに多くの研究がこの主題に捧げられてきたが，近年の成果として，松井道昭は事業内容の検討を踏まえてブルジョワジーの要請に応えるものであったと断じ，地理学者デヴィッド・ハーヴェイはモダニティ（近代性）をキーワードにパリ改造を産業社会のなかに位置づけようと試みている［松井 1997；ハーヴェイ 2006］。

帝政の自由化，労働運動，パリ・コミューン

　産業化が急進展した第二帝政は民衆世界の変容が進んだ時期でもある。産業の重心が繊維業から金属業や機械加工業へと移り，それにともなって資本の規模が拡大して大工場の生まれる条件が熟した。フランスでは比較的緩慢な変化が起き，依然として小規模な作業場やそこで働く職人的な労働者が圧倒的な比重を占めたというが，それでも，民衆の世界を動揺させた産業化は，日常生活に全般的な影響をおよぼし，労働の場に立脚する労

働運動の重要性を増大させた。もっとも,二月革命期に叢生した労働者組織はすでに壊滅しており,おりからの好景気もあってストライキが頻発することはなかった。結社一般は法的に禁止されたが,一方で,日常的な助け合いや疾病保障・老齢退職年金などの生活保障を担う相互扶助組合は階級協調の観点からむしろ推奨されたから,着実にその数は増加した。そのなかから,ストライキをリードして労働者の利害を貫こうとする相互扶助組合も出現した[高村 2007]。

1860年代にはいると,第二帝政は,自由化へと舵を切り,議会の権限はわずかに拡大した。また,ロンドン万国博覧会への労働者代表団派遣を支援するなど,労働者への接近をはかるようになった。こうした転換にはナポレオン3世の個人的イニシアティヴが作用していたとされる。すなわち,イタリア統一戦争をめぐって共和派に離反が生じたとき,議会を巻き込み労働者を取り込んで権力基盤の強化をはかったというのである。1863年の立法議会選挙は政府側の勝利に終わったとはいえ,オルレアン派や共和派も一定の議席を確保し,翌年の補欠選挙では労働者の政治的自立が訴えられた。ロンドンで国際労働者協会(第一インターナショナル)がイギリスとフランスの労働者の手で結成され,労働者の団結権が法的に認められたのも1864年のことである。1867年には,大臣質問権を承認するなど議会権限を強める一方で,パリ万博労働者代表団が組織され,労働者評議会(労働組合の先駆的形態)誕生の足場となった。翌年には出版規制が緩和され,政治への言及は禁じられていたとはいえ集会の自由も認められた。政治的自由化も手伝ってか全国でストライキが増加する一方,パリでは頻繁に公開集会が開かれるようになり,また,インターナショナルが反帝政的性格を濃くして影響を広げた。1870年には議会重視の内閣が誕生して,自由主義的改革にも国民投票で支持が集まり,そうした「議会帝政」のもとで政治的な安定は回復されるかに思われた。

第二帝政末期の労働運動,社会主義運動,民衆運動については,パリ・コミューンと関連させつつ,数多くの歴史研究がおこなわれてきた。そこでは,ストライキを指導する戦闘的な相互扶助組合が登場したのと呼応するように,プルードンの相互扶助主義からインターナショナルに結集する

プルードン主義者へは一種の飛躍があったと確認され、また、帝政末期の労働運動とパリ・コミューンを媒介するものとして公開集会の重要性が明らかにされてきた。パリ・コミューンそのものについても、フランス革命以来の民衆運動の系譜に位置づけ、また都市パリをめぐる状況を踏まえつつ、実態をとらえる努力がかさねられてきた［柴田 1973；谷川 1983；木下 2000］。これらの作業を通じて「史上初の労働者政権」といったパリ・コミューン像は修正され、産業化や都市改造を経験したパリに生起した民衆叛乱という見方が前面にでてきた。そうした観点を共有しつつ、木下賢一は、ロンドン万博への労働者派遣、労働信用組合、公開集会、インターナショナルなどに論究し、労働者エリートの運動が民衆世界と絡み合うことで、パリ・コミューンへ連なったと展望している［木下 2000］。ただ、さらなる研究の進展には新たな視座が必要になっているというのが、パリ・コミューン研究の現状であろう。

「議会帝政」による安定が予感されていた1870年、スペイン王位の継承をめぐってフランスとプロイセンのあいだに軋轢が生じ、プロイセン宰相ビスマルクはこの機会を利してドイツ統一への障害を取り除くべく、フランスに戦争を迫る策謀をめぐらした。この策謀に乗せられたナポレオン3世はプロイセンと開戦し（普仏戦争）、窮地に陥った味方の救援に駆けつけたスダンで自ら捕虜となって9月2日に降伏した。その知らせがパリに届くや、ただちに民衆蜂起が起き、第二帝政は瓦解したのである。

3 | 第三共和政の形成と展開

第三共和政の形成

1870年9月4日、パリの民衆蜂起を受けて共和政が宣言され、共和派で構成される国防政府が誕生した。まもなくパリはプロイセン軍に包囲されたが、そうしたなか翌年2月に実施された国民議会選挙では王党派が共和派を圧倒した。新しい議会で行政長官に指名されたティエールは、講和交渉をおこない、アルザスなどの割譲を含む仮条約に調印した。この事態に不満を募らせたパリ民衆は首都の実権を握り、3月28日、独自の議会を選

出してパリ・コミューンを成立させた。しかし，その後，パリはヴェルサイユに避難したティエール政府の攻撃にさらされ，流血の抵抗戦をへて5月末に鎮定された。この民衆叛乱の歴史的評価については前節で言及した。

1871年8月に初代大統領となったティエールは王党派との確執からやがて退陣をよぎなくされ，マクマオン元帥に取って代わられた(73年5月)。ここに王党派が大統領，内閣，議会を握るにいたったが，他方で，共和派は，ガンベッタが「新しい社会階層」に訴えるなど，勢力を伸ばした。1875年公権力に関する3つの法律(これを第三共和政憲法という)が成立し，普通選挙による下院が間接選挙の上院に優越する二院制など，共和主義体制の根幹が固まった。翌年の下院選挙で共和派が圧勝し，穏健共和派に内閣が委ねられたが，大統領との亀裂は深まり，1877年5月16日，マクマオンは首相を解任して王党派に組閣を命じた(5月16日の危機)。しかし，同年10月の下院選挙で共和派が過半数を維持し，1879年1月に王党派が上院で過半数を割り込むと，マクマオンは大統領辞任に追い込まれた。代わって共和派のジュール・グレヴィが大統領の座に就き，ようやく議会が大統領に優越する第三共和政の基調が定まった[Furet 1988；柴田・樺山・福井 1995]。

オポルチュニストと称される共和派に主導され，普通選挙による国民の支持を背景に多様な改革が遂行された。やがて改革への熱気が後退すると，急進派(急進主義者)が台頭し，パリ・コミューン弾圧から立ち直った社会主義者や労働運動からの政府批判も強まった。これら以上に深刻だったのは，議会制的共和主義への不信や不満が対独「復讐将軍」ブーランジェへ向かい，クーデタの可能性さえも生まれたことである。しかし，1889年初めのクーデタの好機を逸し，ブーランジェは亡命を強いられて表舞台から姿を消した(4月)[Garrigues 1992]。

ブーランジスムの危機を乗り切った第三共和政は，おりからのパリ万博(1889年)において，自らの威信を内外に向けて謳い上げた。ところが，まもなくパナマ運河会社をめぐる汚職事件が表面化し，これに指導者が連座した急進派は政治力を低下させた。このため，当面，共和派プログレシスト(進歩派)が政局の主導権を握り，共和政の容認へ転じたカトリックに寛

容な姿勢をみせつつ，やや保守色の濃い政治を展開した。

多岐にわたる改革

　1870年代から20世紀初めにかけての諸改革は多岐にわたっており，たんに第三共和政を安定させただけでなく，その後のフランス社会を強く規定することになった。以下では，これら諸改革に関する歴史研究の広がりを展望しよう。

　第三共和政はフランス革命の継承者を任じ，革命歌「ラ・マルセイエーズ」を国歌に(1879年)，三色旗を国旗に，バスティーユ占領記念の7月14日を国民の祝祭日と定めた(80年)。共和政を名に冠する広場や通りが誕生し，共和政を象徴する女性(マリアンヌ)像が立てられた［アギュロン 1989; Ihl 1996; 工藤光一 1998］。また，集会・出版や結社の自由を認め，地方自治制度の改革や上院終身議員の廃止を実施した。日曜日の労働の自由化，離婚の合法化も実施されたが，そこにはカトリックへの牽制という狙いも込められていた。とりわけ重要なのは学校教育制度の改革である。とくに1881～82年制定のジュール・フェリー法では，初等教育制度の無償化，義務化，中立化(世俗化)が実現した［小山 1998］。以後，中等教育，高等教育，女子教育と改革が続き，第三共和政を到達点と位置づける歴史や地理などの教科の内容もあって，学校教育は国民意識の涵養に寄与した。また，社会的上昇の回路としての機能もはたした［桜井 1984］。こうしたなか，1889年の国籍法は「意志に基づく国民」との定義を明確化し，そのうえで移民第2世代(外国人の子にしてフランス生まれの人)に国籍を認めて，帰化条件を緩和した。しかし，反面では，国民と外国人の峻別，外国人の排斥を後押しする効果も発揮した［渡辺 2007］。なお，労働関連諸法についてはのちに言及する。

　いまや国家の眼差しは家族のなかにまでおよぶ。すでに離婚の合法化には言及したが，家族内の子どもの状態には大きな関心が寄せられ，1889年の児童保護法を端緒として，親権を剝奪しても子どもを保護するという共和政の強い姿勢を反映した制度が整えられた［Rollet-Echalier 1990］。他方，パストゥール細菌学の定着に促されて，公衆衛生の観点から生活全般が公

的監視下におかれ始め、民衆向け住宅の建設を促す住宅立法や、予防接種の義務化などを定める公衆衛生法が成立した[Murard et Zylberman 1996; 中野 1999]。さらに、急進派レオン・ブルジョワの連帯主義など、全体として社会は相互に関連しているという認識に立って、労働災害補償法(1898年)や労働者農民老齢退職年金法(1910年)が生み出された。こうして民衆層も視野におさめた社会保障の形成が端緒につき、福祉国家への一歩が刻まれた[Rosanvallon 1990; 田中 2006]。

第三共和政による諸改革の研究は、近年におけるもっとも注目すべき成果のひとつである。そこでは、要するに、国家の主導のもとに、一方では社会的上昇の機会を介して自助努力を引き出し、他方ではセイフティ・ネットワークを下支えとしつつ、社会を構成するひとりひとりを組み込んだ国民統合が実現したと主張される。ただ、どうしても国家の側から見た光景という様相が色濃く出ており、それだけに、いっそう生活者の立場からの切込み、アソシアシオンへの注目など、さまざまな角度からの照射が必要であると思われる[ペロー 1989; 槇原 2002; 福井 2006]。

帝国としてのフランス

ナポレオン戦争をへて、海外植民地をほとんど手放したフランスは、ことに1880年代以降、植民地帝国の再建設に邁進した。アフリカでは、復古王政が占領に着手したアルジェリアでヨーロッパ人入植者の声を本国に反映させる道が開かれ、また、新たにチュニジア、マダガスカル、コンゴなどへと進出をはたした。インドシナ半島では、清仏戦争の勝利でアンナンを保護国とし、まもなくカンボジア、ラオスを合わせてインドシナ連邦を成立させた。これらの植民地化はフェリーを筆頭とするオポルチュニストによって推進され、そこにはドイツ宰相ビスマルクの主導で現出した国際的孤立のなかで国民の対ドイツ復讐心をやわらげる狙いもあった。こうしたなかで、フランスは再び植民地帝国としての地位を固め、植民地行政の人材育成、植民地軍の創設、植民地省の設置など、支配・統治の体制を整備した。アフリカではさらなる支配領域の拡大に努め、やがて彼の地でイギリスやドイツとの軍事的摩擦を招くことになる[平野 2002]。

第三共和政が安定を増しつつあった時代，上層から下層にいたるまで，フランスによる植民地支配に反対する者はほとんどなく，いわば帝国意識が深く国民に浸透していた。こうした点には，ジュール・ヴェルヌの小説を素材に杉本淑彦が接近を試み，黒人や中国人への偏見，植民地建設の推進力となった「文明化の使命」の考え方などを析出して示唆的である［杉本 1995］。また，人類学・民族学の形成と変容を，19～20世紀の植民地事業との相関においてたどる竹内尚一郎の試みも重要な問題を提示している［竹内 2001］。

近現代フランス史研究において植民地は必ずしも重大な問題として扱われてこなかった。しかし，今日では，共和主義フランスの必須の要素として植民地を組み込むべきだという認識が少なくとも日本ではほぼ定着したようにみえる。そして，共和政による植民地の占領・支配・統治が，本国や植民地に，いかなる影響をおよぼし，どんな変化を強いたか，本国と植民地の状況を擦り合わせつつ検討することが不可欠となっている。

ドレフュス事件

1894年10月，スパイ容疑で逮捕されたユダヤ人将校ドレフュスは軍法会議で有罪判決を受け，南米ギアナへの流刑を言い渡された。この事件は1897年に再審請求の対象となり，翌年1月13日の急進派系『オーロール』紙上にエミール・ゾラの記事「私は糾弾する！」が掲載されるや一挙に世間の耳目を集めるようになった。人権の尊重を掲げる急進派，社会主義者などドレフュス派と，国家の威信を重視するナショナリスト，反ユダヤ主義者，王党派，カトリックからなる反ドレフュス派のあいだで論争が繰り広げられた。1899年，再審法廷までが有罪の判決をくだすと，急進派，社会主義者中心のヴァルデック＝ルソー政権は，ただちにドレフュスに対する大統領特赦を決定し，ようやく事態は沈静化した［ミケル 1990］。両陣営に分かれた教養ある人びとに担われた論争は，新聞などを通じて広く国民へ知らされた。これをきっかけに，知識人という社会集団が認知され，ジャーナリズムの役割も増大した［シャルル 2006］。

ドレフュス事件をへて，共和政は，民主主義や反教権主義の徹底をめざ

し、国家優先の体質を忌避する傾向を強めた。また、1901年の結社法制定を踏まえて、いまや政権の中枢に座る急進主義者(急進派)は急進・急進社会党を結成し、穏健共和派もゆるやかな結びつきながら政党への転身を遂げた。また、社会主義諸潮流は1905年に統一をはたした。他方、反ドレフュス派に与したカトリックはあらためて反共和政の勢力として位置づけられ、国家の威信を重んじるナショナリストは反ユダヤ主義へ傾斜しつつ極右勢力として議会外活動に活路を見出した[ヴィノック 1995]。こうして、ドレフュス事件を境に政治的構図は大きく変化して、第三共和政が急進派に担われる時代が訪れ、おりしも経済的好況であったこともあって、いわゆるベル・エポック(麗しい時代)が現出した。電気照明、地下鉄、百貨店、マスメディアが根づき、新しい生活様式や文化が広まり、しかも、それが民衆層にまで達して大衆文化、大衆社会の様相を呈したのである[福井 1999]。

急進主義的共和政とカトリック教会

ドレフュス事件以降、議会主義的共和政に敵対する勢力は、カトリック教会、革命的サンディカリスム率いる労働運動、そして極右ナショナリズムにほぼ限られていた。

これらのうち、カトリックは1902年に誕生したエミール・コンブ内閣による熾烈な攻撃の標的となった。陸海両軍、行政、司法などの領域で共和主義化が進められたが、なかでも学校教育の現場で反教権主義的政策が強行され、1901年の結社法における宗教結社の例外扱いを厳格に適用しつつ、教育から修道会や修道士を排除した世俗化がめざされた。その結果、修道会系学校の閉鎖、修道士の亡命、カトリック的伝統の強い地方での暴力的衝突などが生じた。1905年には、宗教への国家の財政的援助の停止を定めた政教分離法が成立し、教会と共和政の関係はさらに悪化した。しかし、同法には国家干渉を排除して信教の自由を保障する側面もあり、長期的には、フランス固有の国家(共和政)と教会(カトリック)の新たな関係の形成に寄与した[谷川 1997 ; 高村 2007 ; ポベロ 2009]。

革命的サンディカリスムと社会主義

　革命的サンディカリスムに目を転じよう。パリ・コミューン弾圧ののち，全国労働者大会の開催を軸として再生した労働者の運動では，ほどなく社会主義的諸党派が主導するところとなり，資本家，雇用主との対決も辞さない活動が展開されるようになった。1884年の職業組合法（ヴァルデック＝ルソー法）によって労働組合が合法化され，現実味を帯びた全国労働者組合連合をめぐって主導権争いが続いたが，その過程で労働運動より議会政治を上位におくゲード派は排除され，また，その後も絶えざる抗争のゆえに，全体として社会主義者は影響力を減退させた。他方，各地で自治体が設立した労働取引所が労働者の運動の拠点と化し，1892年には全国労働取引所連盟（FBT）が結成された。その指導者フェルナン・ペルティエは日常的相互扶助活動やストライキ支援と並行しつつ，労働組合を基盤にする新しい社会の実現を志向する自律的活動を繰り広げた。その理念は，1902年に労働取引所連盟を吸収した労働総同盟（CGT）へと受け継がれ，革命的サンディカリスムの最盛期を現出し，また，1906年にアミアン憲章として定式化された。これに対応すべく急進派政権は，未成年や女性を対象とする労働時間の制限や，すでに言及した労災法などセイフティ・ネットの整備を進め，担当官庁を労働局そして労働省へと昇格させた。労働問題は極めて重視されていたのである。

　革命的サンディカリストはドレフュス事件を自分たちの問題ではないと考え，ほとんど関与しなかったとされるが，これは社会主義者の一部，ことにゲード派にもあてはまる指摘である。ただ，ほぼすべての社会主義者は1890年代以降，第三共和政を受け入れて議会重視へ転換し，ついには独立派ミルランがヴァルデック＝ルソー内閣に参加するにいたった。彼の入閣問題は社会主義陣営を二分する一大争点へ発展したが，やがて入閣容認派のジャン・ジョレスが存在感を増し，第二インターナショナルからの勧告もあって，彼の主導のもとに統一社会党が誕生した（1905年）。もはや社会主義者における議会共和主義の尊重は揺るぎないものとなり，ことさら革命的労働運動との分岐は明確化した。

　以上のような社会主義と労働運動の相互に自律的な関係は19世紀末から

20世紀にかけてのフランスに特有の現象であるが、かつて1970〜80年代の社会運動史研究では大きな関心を集め、少なからぬ研究が公表された。革命的サンディカリスムについては、現在でもなお、喜安の実証研究がまず参照されるべきである。思想的系譜を重んじてきた従来の見方に、金属業などの熟練労働者からなる「行動的少数派」に導かれた運動という見解を対置し、革命的サンディカリスム像を定着させた。アミアン憲章について、その妥協的な性格を指摘してもいる[喜安 1972]。一方、谷川はより思想史的視角を重んじながら、サンディカリスムの歴史像を提示した[谷川 1983]。これに対して、民主主義の行方を指し示すものとみなされてきた社会主義については、冷戦崩壊後の1990年代以降、その視座や方法が根源的な再検討に付されざるをえず、そこから、福祉国家形成の流れを視野に入れつつ、同時代のコンテクストに社会主義を文化史的に位置づけたり、相互扶助主義や協同組合に光をあてたりする試みが登場した[Prochasson 1993; Dreyfus 2001]。しかしながら、他の国や地域を取り上げる場合と同様に、社会主義に関する歴史研究の困難な模索は今でも続いている。

　最終的には共和主義体制打倒をも目標にする革命的サンディカリスムは、ジョルジュ・クレマンソー、アリスティド・ブリアンなど、急進派指導者の目には許しがたいものと映った。このため、炭鉱、金属業、建設業などのストライキは軍隊を投入して容赦なく弾圧し、メーデーなどを前にヴィクトル・グリフュールら幹部を拘束して、革命的サンディカリスムを実力で制圧した。やがて、1910年の鉄道ゼネストが無残な敗北に終わると、グリフュールの後継者レオン・ジュオーは革命路線から現実路線への転換をはかった。ここに、フランスの労働運動は急進主義的共和政の枠組のなかに自らの位置を見出すようになり、そこから共和主義体制を否定しない限り街頭行動を許容するフランス特有の政治的システムが根をおろしていった。

ナショナリズムと戦争への傾斜

　ドイツ宰相ビスマルクは1890年に辞任した。これはフランスにとって国際的孤立から脱却する転機となり、1894年までに露仏同盟の締結に成功し

た。他方，アフリカにおいて，フランスは，西海岸セネガルのダカールから東海岸ジブチへと勢力の伸長をはかったが，1898年に上ナイル川流域（スーダン）でイギリスとのあいだで，あわや軍事的衝突という事態が生じた（ファショダ事件）。この衝突をフランスは譲歩することで回避して，イギリスとの関係改善へと踏み出し，1904年には英仏協商を締結した。そこでは，エジプトに対するイギリスの優先的支配権を容認する代わりに，フランスのモロッコにおける優先権が認められていた。その3年後の1907年，英露協商が結ばれることで，英仏露による三国協商が成立した。他方，イタリアとも秘密協定をかわし（1902年），イタリアのリビア進出を承認する代償として，モロッコにおける行動の自由を確保した。一連の動きはドイツの反発をかったため，まもなくモロッコを舞台として独仏間の摩擦が顕在化した。1905年，ドイツ皇帝ヴィルヘルム2世がモロッコのタンジールに上陸し，モロッコをめぐる国際会議の開催を要求したのである（タンジール事件）。ところが，アルヘシラスで開かれた国際会議は，モロッコにおけるフランスの経済的優越権を認めるなど，ドイツの思い通りには進まなかった。このため，1911年にドイツはあらためてモロッコのアガディールへ軍艦を送って圧力をかけ，フランスからコンゴ主要地域の割譲をかちとった。その反面において，フランスによるモロッコの保護国化は動かしがたいものとなった。

モロッコ問題に刺激されて，フランスの反ドイツ感情は強まりナショナリズムが高揚した。この風潮を助長した極右ナショナリズムにも言及しよう。王党派などの右翼諸勢力の一部は，ドレフュス事件の頃から，反議会主義，反共和主義へと傾斜し，革命や共和政のゆえに失われたフランスの美質の回復へ向けて活動をおこなうようになった。組織を充実させたアクション・フランセーズや，旺盛に著作を生み出した思想家モーリス・バレスなど，極右ナショナリズムは当時の青年に多大な影響を与え，その後も近現代フランスの重要な一面をなしつづけるのである［ヴィノック 1995；中谷 1996］。

1912年，愛国者として知られたレイモン・ポワンカレが首相となり，三国協商を強化する一方でドイツへの対決姿勢を鮮明にした。翌年，ポワン

カレは急進派の候補を破って大統領に当選し、バルカン半島の戦争などで国際的緊張が高まるなか、彼のもとで2年から3年への兵役延長、累進所得課税制度の導入など、戦争への備えが進んだ。ドイツに対する国民感情が悪化し、ナショナリズムの風潮も熱を加えたが、こうした流れに抵抗したのは、国際連携を求めて論陣を張る社会主義者ジョレス、軍隊を標的に反戦運動を繰り広げる一部の労働運動指導者など、わずかな数でしかなかった。そうしたなか、1914年6月28日に、セルビア青年がオーストリア帝位継承者フランツ・フェルディナントを暗殺するサライェヴォ事件が発生した。事件の影響は局地的なものにとどまるとみられていたが、ドイツを後ろ盾とするオーストリアはセルビアに対する強硬姿勢を崩さず、思いもかけぬ速さで世界戦争へと発展していった[Agulhon 1990;柴田・樺山・福井 1995]。

中野隆生

第7章

第一次世界大戦から現在

　この章では，第一次世界大戦の開始から今日にいたるまでの約1世紀間を対象とする。第一次世界大戦以後，変化はより急激なものとなった。重工業は大戦後にようやく本格的な成長軌道にはいり，農村や隣国からの人の流れを速める。社会生活の変動は，職場や地域，いたるところで人びとの結びつきを一変させ，規範やモノの見方にも，それらを表象する文化にも変成が進む。一連の激しい変動は，統治の態勢にも変容を迫る。急速な都市化を背景に，インフラの整備や社会保障の拡充が進められた。中央集権国家がその触手を人びとの日常生活の隅々にまで伸ばしていくことになる。こうした複合的な構造変動を的確に分析するには，多くの視座をかけあわせることが欠かせない。

　しかるに，フランスの「現代史」研究者は，年々公開される膨大な史料のフォローに追われがちである。日本を除く先進各国同様，フランスでも史料の公開は20世紀後半についても比較的順調に進みつつある。近年の法改正も加わって，現時点で1980年代以降を歴史研究の対象とすることも史料面では可能である。勢い，新しい史料を使った博士論文が量産される反面，問題設定や分析視角はますます細分化され，おのおのがそれぞれの方法で全体を見通すと称しながら，現実には蛸壺的状況に陥りやすい。時期がくだるほど，同時代の社会科学者による分析が蓄積を増し，その知見と方法とが歴史家の出発点になるため，知的な断片化はいっそう進む。日本での研究に限ればこの歪みはさらに著しい。日本では，大革命を中心とする近代フランス史が長らく脚光をあびてきたのに反して，20世紀以降のフランスの現代が一般の知的関心を引くことはあまり多くない。その結果，社会科学を足場とする研究者がフランスの歴史的事例を比較のなかに位置づけようとする業績の比重が増す一方，いわゆる「史学科」でおこなわれ

る研究には、フランス流共和主義／植民地主義の批判など、いくつかの問題意識に根ざしたものがめだつ。

このような研究状況ゆえに、本章の使命も困難なものにならざるをえない。邦語文献の紹介が他章より少なくなるのは避けられない。より問題なのは、研究領域を貫く共通の動向を見出すのが、概念や分析枠組の面でも、アプローチの面でも不可能に近いことだ。やむをえず、筆者の専門である政治史を軸として、これに関連づけられる範囲で、各領域のおもだった業績を紹介することにしたい。とくに大きなインパクトをもった3つの時期を軸に、1960年代までを3つに分け、第1節で第一次世界大戦と20年代、第2節で大恐慌と第二次世界大戦、第3節では、戦後高度成長期として、第四共和政からドゴールの退陣までを扱う。最後に、第4節として、まだ歴史となって日の浅い70年代以降についても言及する。

1 │ 第一次世界大戦とそのインパクト

開戦と神聖同盟

第一次世界大戦の開戦後ただちに、最左派の社会党(SFIO)が祖国防衛への協力を打ち出し、議会の「神聖同盟」に加わった。開戦前、高まる反独感情に抗して、ジョレスら社会党の一部は、労組CGT(労働総同盟)とともに反戦平和・国際連帯の声をあげてきたが、活動家の熱意も、開戦前日のジョレス暗殺の衝撃も、社会全体が粛々と国防の義務へと向かうなかでかき消された[桜井 1983]。他方、首都などでみられた好戦的反応もまた例外的なものにすぎなかった。ジャン=ジャック・ベッケルは、この点を含め、フランス人が開戦をいかに迎えたかを克明に実証し、以後の世論史研究に方法論的な礎を築いた[Becker, J.-J. 1977]。

他方、左翼研究は、戦時協力が社会党や労働運動にどのようなインパクトを与えたかに着目した。社会党は、1905年の左右両派の統一以来の鉄則を棚上げし、はじめての政権参加にまで踏み切った。労組CGTでも、多数派が唱えてきたブルジョワ国家の打倒をめざす「革命的サンディカリスム」の教義を振り捨て、戦時動員体制の構築・管理に協力した。社会党統

一以来，党と労組は反目を深めていたが，「CGT＝社会党行動委員会」が結成され，戦時動員にともなう失業などの問題処理について協力を進めた。

戦時動員体制

4 年余りにわたる第一次世界大戦は「旧大陸」がはじめて経験する総力戦だった。植民地を含む全土からの兵士動員，軍需生産から食糧の配給にいたるまで，戦争遂行の喫緊の要請に応えるため，平時とはまったく異なる制度や態勢が随所で導入され，効果をあげた。そのほとんどは，休戦後，「平常への復帰」を求める人びとに拒絶され，撤廃された。しかし，リチャード・キュイゼルや廣田功は，戦時動員体制が多くの点で，戦間期の経済「近代化」構想に改革のモデルを提供したことを明らかにした。

1915年5月，社会党のトマが軍需相(最初は閣外相)に任命された。開戦直後，兵士の召集にともなう労働力不足などで軍需生産は一時危機を迎えたが，その後，持ち直したのは，労働力配置をめぐるトマの対策や労組の協力が効果的だったためである。CGT は労働力配分，移民労働者の導入などに関する政府の委員会に労働者代表として幹部を派遣した[Fridenson et Becker 1977; 深沢 1984]。協力への見返りとして，強制仲裁制度や職場代表委員制度などが導入された。このような政労使の協力による効率的な経済運営は，フランスでは史上類例がなく，以後の経済「近代化」の処方箋の柱のひとつとなった[Kuisel 1981]。

戦時動員の主体はやはり産業界，とくに鉄鋼を中心とする重工業である。フランスではドイツなどに比べて，カルテルなどを通じた業界ごとの集中・組織化も，国家官僚制とのあいだの協力関係も，大きく立ち遅れていた。そこへ総力戦が勃発し，一足飛びの対応を迫った。鉄鋼業界は例外的に組織化が進んでいたため，業界団体「鉄鋼協会」加盟の大企業を中心に，軍需省からの発注を取り仕切る態勢をつくりあげ，巨額の利益をあげつつ，破綻しかけた軍需生産を軌道に載せた[Godfrey 1987]。ほかのほとんどの産業部門については，政府，とくに商務省が上から「コンソルショム」の組織化を進め，原材料の配分を軸にした戦時産業統制の手段として使おうとした。商務相クレマンテルの「商務省再編計画」(1917年12月)は，この戦

時統制システムの恒久化を唱え，経済組織化を通じて「近代化」をめざす構想の嚆矢となった[廣田 1994]。

総力戦と国民心性

しかし人びとの意識は容易には変わらない。クレマンテルらの「組織化」構想は産業界の猛反発を受け，終戦とともにコンソルショムなどはすべて廃止された。同様に，社会主義や労働者運動でも急進路線が盛返しをみせる。1917年にはいると，戦争の長期化で食糧や石炭の不足が深刻化し，ストライキが拡大した。前線では塹壕戦で無数の戦死者を出しつづけ，ついに大規模な命令不服従が発生した。厭戦気分が高まるなか，社会党やCGT内部に戦争協力に批判的な勢力が息を吹き返し，社会党は17年9月に閣外に去った。戦後，急激なインフレーションを背景に，ストなどの労働運動が高揚したが，20年の鉄道労組を中心とするゼネストの敗北とともに終りを迎えた。退潮のなかでも，「ブルジョワ国家」との妥協を拒否しつづけようとする急進的な勢力は，社会党でもCGTでも根強く，20年末と22年初めに共産党と共産系労組CGTU（統一労働総同盟）を結成し，分裂した[谷川 1983；森本 1996]。

しかし，大戦が民衆の心性に大きな足跡を残したのもまた確かである。1990年代以降，兵士から子どもまで，戦争が人びとにいかに受容され，いかなる表象（「戦争文化」）を残したかの研究が盛んである。戦後直後から国中のいたる所で自発的に大戦戦没者の慰霊碑が立てられた経緯は，140万超といわれる犠牲の大きさとともに，一丸となって国土を防衛したという記憶が国民の集合意識にいかに深く刻み込まれたかを示す。この国民統合の効果がもっとも顕著だったのが，これまで共和制に敵対してきたカトリック勢力である。兵士となったのは平信徒だけではなく，教会も，動員された司祭らの7分の1，5000人近い戦死者を出した。この「塹壕経験」が戦間期の共和制への接近の礎となる一方，大量の戦死者を迎えた銃後でも，民衆の一部には宗教的覚醒がみられた。

戦後政治の混乱と「国家改革」

　1920年代の議会政治は戦争の負の遺産の処理に費やされた。外交的にはドイツに対する安全保障の確保が最大の課題となった。19年6月のヴェルサイユ条約でドイツ軍の兵力の制限やラインラント（ライン川左岸地域）の非武装などの成果を得たが，ドイツの賠償金不払いに対して，19年総選挙に圧勝した右派「国民ブロック」の歴代政権は，もっとも重要な重工業地帯であるルールを数次にわたって軍事占領した。しかしこの強硬策は，ドイツ側の「受動的抵抗」と米英の反発によって，成果なく終わった。これに対して，24年の総選挙で成立したエリオの「左翼カルテル」政権は，ドイツの弱体化の徹底よりも，米英と協調しながら国際連盟の枠内で安全保障を追求する路線に舵を切り，25年に外相となったブリアンによってロカルノ条約などに結実した。

　しかし「左翼カルテル」はもうひとつの課題である戦後の財政的安定化には失敗した。戦後復興などのために大量に発行された短期公債が国家財政と通貨フランを恒常的な危機に陥れていたため，解決策としてエリオ政権は資本課税を強行しようとした。しかし資本逃避などにより，逆に通貨価値の下落とインフレを招いた。フランス銀行からも支援を拒まれるなど，資本市場の敵対的行動，いわゆる「金権の壁」(mur d'argent)に阻まれるかたちで政権は崩壊した。中道左派の急進社会党は以後も議会で最大の勢力を維持したが，社会党との連携による左派政権は戦間期を通じて安定しなかった。責任の一端は社会党にもある。共産党に対抗して党の左派を引き止めるため，ブルム率いる党指導部が戦前の政権不参加原則に回帰したからである。戦間期の議会政治のうち，各党内部の構造や過程については，社会党や急進党だけでなく，右派[Sirinelli 1992]についても分析が進んでいるのに対して，議会の委員会や本会議の独特のあり方[Barthélémy 1934; Roussellier 1997]については研究が手薄で，新たなアプローチが期待される。

　このように，1920年代半ばまで，議会の左右の多数派いずれも戦後の課題を解決できず，逆に混乱を招いたため，不安定な議会政治に対する不信が高まり，政治の改造を訴える声が力を増した。議会への権限集中を是正

する，いわゆる「国家改革」は50年代まで繰り返し唱えられるテーマだが，20年代の特徴は，「国家改革」が経済の組織化や「近代化」の構想と密接に結合している点にある。その背景には，戦争で明らかになった米独の組織された資本主義に対するフランス経済の劣位に対する危機感があった。25年に登場したヴァロワ率いるファシズム型の運動「フェソー」(Faiseau)はこの点で典型的である。左翼でも，ジュオー率いるCGTが19年の最小限綱領以降，各産業の「強制シンジケート(組合)化」と経済計画化の構想を唱えていた。計画化を指揮するのは労組が主導する「労働経済評議会」であり，経済運営については，議会の権限を一部奪い取る「国家改革」が前提になっていた[廣田 1994]。職能団体が議会に代わって経済運営を掌握するという点では，電力大企業の経営者であったメルシエが興した政治結社「フランス復興」も同様の構想をもち，加えて大統領制による執行権の強化など，より明示的に「国家改革」を提起していた[畑山 1985]。議会右派が唱える「国家改革」にCGTが加担するのは，フランス左翼に特徴的な，社会主義政党と労組のあいだの対抗関係を象徴している。組合運動が沈滞するなかで，国家機関への「参加政策」を掲げ，25年「左翼カルテル」政権がCNE(国民経済評議会)を設置すると，積極的に参加して影響力を行使しようとした。ピエール・ロザンヴァロンは，こうした職能団体の政策決定への参加をジャコバン的な国家優位の政治モデルの転換ととらえる[Rosanvallon 2004]。

高度成長のインパクト

1920年代後半，政治・財政はようやく安定に向かう。この間に化学・電機など重工業がようやく本格的な発展をみ，フランス経済は高度成長を達成した。「左翼カルテル」の後をおそった右派のポワンカレ政権は，増税と国債の整理などで通貨危機の緩和に成功し，28年総選挙での勝利ののち，大戦前の5分の1の平価で金本位制に復帰し通貨の安定化を達成した。このときの為替水準は「ポワンカレ・フラン」と呼ばれ，大恐慌まで輸出部門を中心としたフランス産業の繁栄を支えた。

この高度成長は，農村や国外(ポーランドやイタリア)から都市部や工業

地帯への労働者の流入と人口集中を引き起こし、政治社会的変動の源となって多くの研究を生み出した。ジェラール・ノワリエルは、共和制国家がいかに国外からの移民の波を選別し統合しようとしたかを明らかにした[Noiriel 2007]。同時に、こうして生み出された大量の非熟練労働者が、伝統的な労働運動の世界を変えたことが20年代末以降の共産党の台頭を支えたことも示した[Noiriel 1986]。大都市郊外における共産党の台頭についてはほかにもさまざまな視角からの研究があり、例えば、欠陥分譲住宅問題がパリ郊外のコミューン市政を握った共産党の組織化を助けたと指摘される[Fourcaut 2000]。社会住宅（HBM）建設と並んで、社会保障に関しても、企業や産業ごとの福利厚生（年金や家族手当など）や共済組合などの役割が大きかった諸制度に対して、公的介入が強化されていった。他方、農村にも都市文明の恩恵を均霑（きんてん）し、若者の離農・離村を防止するため、どんな僻地にも電灯を引く農村電化などの事業が巨額の公費を投じて遂行され、「公共サービス」の内実が飛躍的に拡充する契機となった[中山 2010-11]。

共和制に距離をおいてきたカトリック勢力が積極的に政治に参与するようになったのも1920年代である。好んで結社に注目する日本の研究でも、カトリック系の組織はなぜか軽視されがちである。24年、左翼カルテルに選挙で対抗するべくFNC（全国カトリック連盟）が結成される一方で、教皇庁の方針に従い、青年層を軸に「カトリック活動団」の組織化が進んだ。脱キリスト教化の進む社会を「再征服」するこの動きは、1890年代に続く、共和制への「第二のラリマン（ralliement：同調）」に繋がった。1926年のアクション・フランセーズの破門はこうした動きが優位に立ったことを示し、第二次世界大戦後、カトリックを完全な政治的統合へと導く指導者層が養成された。

2 │ 大恐慌と第二次世界大戦

大恐慌と人民戦線の起源

1929年に始まった世界大恐慌がフランスに波及したのは2年後の31年だ

った。しかしその影響は長引き、持続的な回復が始まったのはようやく38年、戦争の足音に備えて「再軍備」を開始してからである。36年までは急進党右派が保守派との連合によって、公務員給与や年金などの財政支出の削減を通じたデフレ政策が繰り返された[Jackson 1988]。この硬直化した対応は、財政当局や政界で支配的な伝統的経済自由主義の教説の所産であり、金本位制の堅持と通貨価値の維持を第一とする態度と対になっていた[ムーレ 1997]。ミッシェル・マルゲラズによれば、大蔵官僚らがケインズ主義に基づく国家指導経済(dirigisme)モデルへ「転換」するには、大恐慌と第二次世界大戦の戦時経済の経験を要した[Margairaz 1991]。

重工業の大規模経営の比重が相対的に小さいフランスでは、労働者の失業は米独などに比べれば軽かった反面、旧中産層への影響は甚大だった。農産物価格の下落により農民の破産があいつぐなか、ドルジェールら農村アジテーターの指揮する抗議活動が続発した。議会諸政党の基盤である農村社会の動揺は共和制の安定を脅かし始める。

人民戦線運動の起点となる、1934年「2月6日事件」は、その延長線上に発生した。地方都市の起債話を舞台とする大がかりな詐欺事件であるスタヴィスキー事件は、議会と政治家の腐敗を象徴すると受け取られ、反議会主義の抗議運動を高揚させた。退役軍人団体の呼びかけでデモ隊がパリ市中を下院に向かって行進した結果、コンコルド広場で治安当局と衝突が起こり、十数名の死者を出す暴動に発展した。さらにこの街頭の圧力に屈してダラディエ中道左派政権が退陣し、中道右派政権に代わるという前例のない事態となった。労組CGTや社会党などの左翼勢力は、これを「ファシズム」によるクーデタの試みとみなし、12日に対抗デモを打って成功させた。この動きに34年6月以降、共産党と共産党系の労組CGTUが合流することで人民戦線(正式名称は人民連合〈Rassemblement populaire〉)運動への流れがつくられた。12日の対抗デモには参加したものの、共産党はそれまで社会党を「社会ファシズム」と激しく攻撃してきたし、2月6日事件には共産党系の退役軍人団体も参加していた。しかし、春以降、コミンテルンの指令に従って社会党との統一行動をめざす方針に転換したのである。

人民戦線が「ファシズム」の脅威に対抗する運動だったとすれば、フラ

ンスにもファシズムはあったのだろうか。フランスの学界では，独伊などの事例に照らして適切にファシズムを定義した場合，フランスで真のファシズム運動といえるのは，ヴァロワの「フェソー」などのごく小さなグループのほかは，共産党の最高幹部だったドリオが党除名後の1936年に結成した「フランス人民党」くらいしかなかったというのが50年代からの定説である。これに対して，イスラエルのステルネル(Zeev Sternhell)や，ロバート・スーシー(Robert Soucy)ら英米系研究者が異論を唱え，前者は名誉毀損裁判まで引き起こすなど，派手な論争となった。たしかに退役軍人団体や，ラロック中佐率いる「火の十字団」などの極右リーグは，通常使われるファシズムの概念には該当しない。反面，さまざまな基盤をもつ運動を反議会主義の一点で糾合した「2月6日」は，左翼にとって現実の，しかも深刻な政治的脅威だったのも事実である。60年代までのフランスの伝統的左翼にとって「民主制＝共和制＝議会中心体制」という等式は心性にしみついており，議会の政治的優位に挑戦する勢力の台頭は民主主義の危機そのものにみえた。実際，既存の政治社会的秩序は行詰りを露呈しており，経済運営の計画化を唱える「プラニスム」がテクノクラート層を中心に政官界全体の流行となるなど，いわゆる「非順応主義者」[Dard 2002]の革新的な政治思想が左右の別を超えて多彩に展開されていた。

経済財政政策の挫折と人民戦線の解体

1936年4～5月の総選挙で人民戦線が勝利し，6月，社会党のブルムを首班とする政権が成立し，ただちに労働者への分配を増やす「購買力実験」が開始された。組閣直後の「マティニョン協定」で政労使三者のトップが平均12％の賃上げで合意し，ついで週40時間労働法や有給休暇法が成立した。しかし，リフレーション政策は景気の回復には結びつかず，激しいインフレを招いただけに終わった。選挙での人民戦線派の勝利とともに始まった全国的なストの波は，夏を過ぎても収束せず，これが人民戦線政権の挫折の始まりとなった。工場占拠をともなうストは，これまで組合に無縁だった無数の非熟練労働者を呼び込み，「祝祭」の様相を呈した。3月に共産派と非共産派が再統一したCGTも，新規加入者で瞬く間に膨れ

上がり,末端組織への統制も効かなかった。

「購買力実験」の破綻については,1970年代以来,研究が蓄積されてきたが,これを総合した廣田は,政権を主導する社会党やCGT(非共産派)が,「プラニスム」の示した「構造改革」の処方箋を採用しなかったことに根本原因があったと分析する[廣田 1994]。プラニスムは,20年代にCGTが展開した経済「計画化」構想の延長といえるが,ベルギーのデ・マンの影響を受け,金融や基幹産業の国有化などを結合した点に新味があった。しかし,共産党は,34年秋から35年春にかけて,再度モスクワの指令により「ファシズム」との闘いを優先させてブルジョワ政党との連携をめざす路線に転換したため,急進党やその支持基盤である中産層をおびえさせる「構造改革」に強く反対し,CGTや社会党のプラニストは抑え込まれた。

その結果,まず,信用国有化がおこなわれなかったため,人民戦線政権は,8月以降繰り返された資本逃避の波に対してなす術がなかった。為替管理に踏み切れば,潮目を変える可能性もあったが,経済自由主義のドグマが根強い米英からファシスト政権の同類とみなされるのをブルムらは恐れた。また,マティニョン協定の敗北から反撃に転じた経営者層は,設備投資の再開や増産などに踏み切ろうとせず,スト抑制のための労働側との協力にも応じなかった。ここでも基幹産業の国有化をおこなわなかったツケが「実験」の失敗を運命づけた。結局,1937年2月,ブルム政権は改革「休止」の宣言に追い込まれ,6月崩壊した。

経済政策の破綻のみならず,政治的にも人民戦線は解体を早めた。1936年7月に勃発したスペイン内戦に対して,ブルム政権は不干渉を打ち出した。既存の研究と史料を突き合わせた渡辺和行の詳細な分析によれば,心情的には共和派支援が閣内社会党幹部の大勢だったが,イギリスの態度と急進党の反対をみて自制に転じた[渡辺 2003]。議会内外の世論の大勢も関与を忌避していた。人民戦線政権は外交でも伝統的な政策判断の枠をでることができなかったのである。しかし,社会党でも左派は不干渉政策に対して批判を強め,閣外支持の立場だった共産党は12月,下院で棄権票を投じて抗議を示した。最終的に38年11月,急進党は公式に「人民連合」からの離脱を宣言するが,それ以前に,政権の政策は右に傾いて人民戦線の

実体は失われていた。人民戦線の掲げた再分配に代わって，迫りくるナチス・ドイツの脅威に対抗するための再軍備が政権の第一の課題となっており，労働運動は抑え込まれ，40時間労働などの人民戦線の成果も棚上げされた。

1980年代以後，人民戦線の研究は文化・余暇政策[Ory 1994]などを除き低調だが，人民戦線期に対峙した左右の政治勢力については史料の公開とともに研究の蓄積が進んだ。伝統的な指導者の伝記的研究に加えて，エリートのプロソポグラフィ(集合的伝記)研究とネットワーク分析が盛んである。ただし，「火の十字団」の後身たるフランス社会党(パルティ・ソシアル)が，なぜ30年代半ば以降躍進し，右派最大の勢力となる勢いを示したのか，なお十分な説明は与えられていない。

敗戦とヴィシー政権

大恐慌の長期化と人民戦線の動乱でフランスが消耗するあいだに，ドイツ経済を立て直したナチス政権は外交的・軍事的攻勢にでた。フランス政府内部や政界ではドイツの脅威にどう対抗するのかをめぐって分裂が深刻になったが，再軍備も後手にまわったこともあり，ヒトラーの要求に譲歩することで戦争回避をいわば「買い取る」選択肢のほうが優勢だった。背後には先の大戦の傷跡を引きずり戦争回避を願う一般世論の大勢があった。1938年9月末のミュンヘン協定にいたる宥和(ゆうわ)政策はそうした世論を忠実に反映していた。

1939年8月の独ソ不可侵条約の1週間後，ドイツ軍のポーランド攻撃で第二次世界大戦が開始された。40年5月に西部戦線でも攻勢が開始されるとフランス軍は1カ月もたずに崩壊した。第一次世界大戦の英雄ペタン元帥が首相となって，6月22日，ドイツと休戦(すなわち降伏)協定を結んだ。第三共和政に「フランス国」(État français)が取って代わり，その「国家首班」にペタンがおさまった。政権の権限がおよぶのは中部から南部の自由地区のみであり，首都はヴィシーにおかれた。

この通称「ヴィシー政権」は，戦後，ロベール・アロン(Robert Aron)らによって，ナチの絶対的な命令に対して「盾」の役割をはたしつつ，連合

国側に通じる機をうかがう「ダブル・ゲーム」を演じていた,と描かれていた。こうした理解を完全に覆し,ヴィシー体制の歴史像に「革命」をもたらしたのは,ハーヴァード出身のロバート・パクストンだった[パクストン 2004](原著1972年,仏訳1973年)。ナチから一定の自律性をもった体制が,国内では復古的な「国民革命」を実行しつつ,自らの意思で対独協力や反ユダヤ主義を実践していたことを明らかにしたのである。これによって,ヴィシー政権を共和制の伝統からの逸脱として「括弧」に入れ,敗戦後の4年間については対独抵抗と国土解放のみを語ろうとする「レジスタンス史観」も同時に打破された。

これがフランス政府や世論,教会などによる戦争責任の認識と反省にいたる長い国民的議論の出発点となる[渡辺 1998]。「記憶をめぐる政治」は,戦後,警察最高幹部や閣僚も務めたパポンの訴追(ユダヤ人狩りへの協力)にまで発展し,いまやフランス人研究者によって「共和制のなかのヴィシーの起源」が語られるようになった。第三共和政は,農民を保護し不足する産業労働力を移民の調整で補うという急進党主導の「妥協」を政治的・社会的安定の基盤としており,その帰結である外国人排除・差別の諸制度がヴィシー体制の起源となったというのである[Noiriel 1999]。

国民革命とテクノクラート支配

ヴィシー政権は共和制を全否定し,議会ももたない権威主義体制であった。当初,世論にはペタンの個人崇拝が強まった。政権には,王党派・復古派などの極右勢力のほかに,ラヴァルら反人民戦線の共和派や,左翼のサンディカリストなどが入り混じっていたが,ペタンらは「国民革命」を唱え,「労働・家族・祖国」のスローガンのもとに共和主義的秩序を一掃し,カトリック精神と農村生活を軸にした「伝統的」価値観に基づいて国民の生活と意識を改造しようとし,映画やラジオなどを通じた宣伝も積極的に展開された。この側面が近年のヴィシー研究の核となり,ペタン崇拝のキャンペーンや,「伝統的」な道徳を強制するための家族政策や教育政策(母性と主婦の称揚,出産奨励)や法改正(離婚の制限・堕胎罪は死刑など),青少年の「健全」育成のための運動などが取り上げられている[Azéma et

Bédarida 1992；渡辺 1994］。

　復古的な政権のプロパガンダとは裏腹に，1930年代に経済「近代化」を
めざした官民・労使各界のテクノクラートが，戦時経済の組織化を通じて
経済運営の実権を握った［Kuisel 1981］。大恐慌に直面して産業界は「強
制アンタント」などのかたちで上からの組織化を進め［原 1999］，38年以
降の再軍備過程では業界団体に統制権限も付与された。ヴィシー体制はこ
の枠組を利用して戦争経済体制を構築した。業界団体は全廃されて強制加
入の「組織委員会」COに取って代わられ，原料の配分権限をもつ中央機
関(OCRPI：工業製品配分中央機構)と一体となって，投資，生産や原材料配
分，価格決定など，計画経済の中枢を担った。ただしCOを牛耳ったのは
多くの場合，各業界の大企業だった。COを統括する工業生産省には，ブ
ランCGTのプラニストも主要な役割を担っており，関連の機関で産業
「近代化」の構想も練られたが，ドイツの軍需充足が最優先された［剣持
1992］。労働力調達(STOと呼ばれる強制労働制度)にいたるまで，経済全体
がドイツの戦争経済に組み込まれた。CO＝OCRPIの原料配分統制機構は，
解放後，存続させて戦後復興・「近代化」政策に転用することが検討され
たが，産業界・世論の反発で廃止された。他方，農業部門では既存の組合
が廃止され，同じく強制加入の「農民コルポラシオン」が設立された。
「土への回帰」を主張する政権のイデオロギーを鼓吹する役回りが期待さ
れたが，実態は占領下の食糧調達・農村労働に関する統制業務の下請け機
関だった。ただし，戦後の農民組合運動を担う農民出身の指導者層を養成
する役割をはたした。

　1942年11月，連合軍の北アフリカ上陸に対抗してドイツ軍が自由地区も
占領して以降は，傀儡政権の様相が濃くなり，ドリオやデア(元社会党
〈SFIO〉幹部)ら対独協力派が幅を利かせた。占領下の国内各地ではレジス
タンス運動が発展する一方，敗戦時にレイノー政権の国防次官だったドゴ
ール准将が抗戦継続を訴え，ロンドンで亡命政権「自由フランス」を立ち
上げていた。43年6月，自由フランスが「フランス国民解放委員会」に改
組され，国内レジスタンスや政党の代表が参加して内外のレジスタンスが
統一された。44年6月ノルマンディ上陸作戦が成功し，9月ドゴールと臨

時政府が首都にはいった。国内レジスタンスの武装組織のうち、共産党系は正規軍への編入に抵抗していたが、11月、党書記長トレーズがモスクワから帰国すると、合法的に権力に到達する路線を選択し、その解散に同意した。

3 | 戦後高度成長期のフランス

戦後改革と第四共和政の政治体制

社共とキリスト教民主主義のMRP（人民共和運動）3党に支えられたドゴールの臨時政府は、基幹産業・銀行などの国有化や包括的な社会保障制度の創設など、第二次世界大戦後の社会経済体制を支える基盤をつくりだした。レジスタンスの戦後構想では、戦間期のプラニスムなどを引き継ぎ、国有化は労働者管理などをともなうはずだったが、冷戦による労組CGTの分裂（1947年）などの結果、EDF（フランス電力）やルノーなどの基幹部門の大企業は、早期にテクノクラート管理に移行した。フランス銀行を中心とする信用国有化は、人民戦線の改革で始まった銀行業界の組織化と高級官僚支配をさらに進め、大蔵省による信用配分統制を可能にした［権上1999］。国有化大企業と信用配分統制、この2つこそが高度成長期フランスの産業政策の基盤である。他方、社会保障制度のほうは、左翼政党と労組主導で制度がつくられ、金庫理事会で労働者代表が3分の2を占めたため、CGTの分裂後も、労組が強い影響力を維持した［Galant 1955；加藤1995］。

政治制度の面では、1946年1月、ドゴールは憲法草案などをめぐって三大政党（社共とMRP）と対立して下野し、結局、第三共和政とあまり変わらない議会中心の体制を定めた憲法が採択された。しかし、小党乱立の議会で繰り広げられる合従連衡は、50年代後半、ヨーロッパ統合をめぐる紛糾や植民地戦争の泥沼のなかで行き詰まり、国民の信を失っていった。最後は58年5月、アルジェリア「放棄」に反対する現地駐留軍の叛乱に対処できず、ドゴールに権力を委譲せざるをえなくなって終焉を迎えた。この誕生と崩壊の経緯から、第四共和政をめぐる研究史は、ドゴールを神話化

しようとする圧力との闘いとなった。ミッテラン政権以後，第五共和政の(半)大統領制は左翼にも受け入れられ，誇るべき統治制度となった。その創設者として，ドゴールは60〜70年代のような党派的論争の対象ではなくなり，憲法や外交・安全保障など彼の歴史的選択の多くが左右を超えて「正解」として描かれるようになった。こうした「ドゴール史観」では，第四共和政は，敗戦ですでに破綻が明らかになった戦前の議会体制が諸政党のエゴのために延長されただけで，無意味な回り道だったことになる。中等教育の教科書でも，政党が議会で政争に明け暮れ，対外的威信をそこなう一方で，官僚制と科学者は経済復興と原子力開発などに成功したと描かれる [Gaïti 1998]。

こうしたドゴール史観に風穴を開けたのは外国の研究者だった。アンドリュー・シェナンはレジスタンス以来，各分野についてどのような刷新の構想が展開されたかを丹念に分析し，第四共和政が少数の大政党に基盤をおく，効率的で民意を反映した議会体制への刷新をめざしていたことを明らかにした [Shennan 1989]。中山洋平はこの見通しを確認したうえで，それではなぜ，刷新をめざしたはずの「組織政党」が，結果的には議会体制の機能不全を亢進させ崩壊にまでいたらしめたのかという謎を，社会党・MRPの独特の内部構造から説明した [中山 2002]。

冷戦と経済「近代化」

第四共和政は冷戦，戦後復興，脱植民地化，ヨーロッパ統合の開始といった困難な政治課題を同時に背負わされたが，その多くについて一定の解決をもたらし，その成果をドゴール以後の第五共和政が享受した。反面，ヨーロッパ統合と戦後復興(第10章参照)は，それぞれドイツとの和解，アメリカへの外交的従属という，いずれも国民世論に不人気な政治的帰結をともない，体制と諸政党に重くのしかかった。

フランスにおいて冷戦をとくに困難にしたのは，1947年4月，ドゴールが極右的な RPF（フランス人民連合）を設立し，反議会主義的な世論をあおり立てたためである。47年春から秋の共産党との決裂については，同時代から論議の対象となってきた [柳田 1981]が，5月の共産党閣僚の罷免は，

社会党のラマディエ首相らが追放したのではなく、共産党側がビヤンクールのルノー工場のストなどをみて、末端労働者に対する党の威信を回復すべく、自らいったん下野する道を選択したという解釈が定着した。下野後、ストを先導する共産党は、「第三勢力」政府と力比べをしつつも、早々に政権復帰するつもりだったが、9月末のコミンフォルム大会でイタリア共産党とともに批判され、戦略転換を強いられた。秋のゼネストは政府との全面対決になり、機動隊(CRS)や軍隊による鎮圧にいたった。この時期、大都市郊外の共産党の地盤では、党系結社の濃密なネットワークが形成されていた[Fourcaut 1992]。

叛乱を起こしたのは共産党系の組織労働者だけではない。経済「近代化」から取り残され淘汰の危機に直面した旧中間層が1953年以後、繰り返し街頭での抗議活動に打って出た。50年代初頭、朝鮮戦争休戦を機に戦後インフレが終息に向かうと、その恩恵をこうむってきた零細流通業者は危機に直面する。同じく中小規模の農民(ワインや畜産農家)も高度成長から取り残されたうえに、過剰生産による価格下落の打撃を受けた。一連の抗議運動のなかでも、小売商・手工業者のプジャード運動は中西部を中心に商業会議所選挙を席捲したのち、56年総選挙に進出し躍進した。旧中間層はこれまで政治社会的安定の基盤だっただけにその衝撃は大きかった。しかし、圧力を受けて旧中間層の保護を手厚くすれば、間近に迫ったヨーロッパ市場統合のなかでフランス産業全体が競争に敗れる危険が増す。

このディレンマに対して、1954年に首相となったマンデス＝フランスは、「統治とは選択である」というキャッチフレーズで、インドシナ即時停戦の公約を実現するとともに、「近代化」を優先させ旧中間層の淘汰を進める産業構造の「転換」(reconversion)を訴えた[Margairaz 1989]。55年の政権崩壊後は、所属する急進党の改革[Rizzo 1993]に乗り出し、政治や経済の「近代化」を主導するなど、第四共和政を代表する政治家となった。

第四共和政の「崩壊」

1952～54年のヨーロッパ防衛共同体問題など、ヨーロッパ統合をめぐる争点も議会の麻痺・諸政党の分裂を促進したが、最終的に第四共和政を

「崩壊」に導いたのは，54年11月に始まったアルジェリアでの植民地戦争だった。

平野千果子によれば，戦間期には，いわゆる「帝国」意識が，植民地帝国をつくりだした穏健共和派を超えて保守派などにも拡大した［平野 2002］。ヴィシー政権は自らの統治の正統性を補強するため［松沼 2007］，解放後には傷ついた「大国」の威信を癒すべく［杉本 1990］，「帝国」との結合を称揚するプロパガンダを積極的に展開した。かくして「帝国」意識が国民のあいだで高揚し，本土との経済的結合も強まってきた［菊池 1996］まさにそのときに，脱植民地化が政治的・軍事的に不可避となったのである。なかでも，最古の植民地であるアルジェリアは，極東のインドシナや保護領だったチュニジア・モロッコなどと違って，本土の一部と考えられており，貧しい白人入植者（コロン）も多く，独立を容認することには，とくに抵抗が強かった。

1956年総選挙で勝利した社会党モレの政権が早期和平の方針を覆すと，アルジェリアでの戦争は長期化した。民族解放戦線（FLN）のテロ攻勢に対抗するなかで，駐留軍は特殊部隊（パラ）による拷問に手を染め，国内外の世論から激しい批判をあびた。高まる代償に議会も分裂を深め，安定した多数派を欠く政府は，駐留軍など軍部の独断専行とコロンの抗議行動に対してなし崩しに譲歩を迫られた。58年5月，アルジェのコロン群集が総督府を占拠し，これに駐留軍幹部が関与する事件が発生した。ドゴールはこの機会を巧みに利用し，舞台裏で暗躍する側近を使いながら，アルジェの蜂起勢力とパリの議会諸政党の双方に，自らを唯一の解決策として受け入れさせることに成功した。ミッテランら，同時代の左派の一部はドゴールの「クーデタ」を糾弾する一方，オディール・リュデル（Odile Rudelle）は将軍の権力復帰をあたかも愛国の使徒がその歴史的使命を達成するかのように描く。さまざまな政治的バイアスに対して，ルネ・レモンやミシェル・ヴィノックは，比較の手法や政治学的な分析が有効な解毒剤となりうることを示す［Winock 1986; Rémond 1999］。

ドゴールの政治指導

　1960年代以降については，歴史研究の対象となってからまだ日が浅く，研究の蓄積も手薄である。その分，同時代のジャーナリズムなどの業績の比重が増し，そこに含まれるバイアスの影響も色濃くなる。史料は続々と公開されつつあるが，大統領ごとに財団や研究所が設置されるなど，研究・出版助成の態勢にはバイアスを再生産する危険さえはらまれている。なかでもドゴールが絡む研究分野では，さまざまな圧力にさらされる。

　経済運営や外交の戦略はもちろん，政党制の枠組も憲法の運用さえ流動的だった1960年代，ドゴールという個人が例外的に大きな刻印を残したのは間違いがない。ただしドゴールは，崇敬者が描くように，あらかじめもっていたプログラムを一貫して実現していったわけではない。実証研究が進むほど，状況の転換に機敏に対応して自らの戦略を切り替え，巧みに世論を動員して目標を実現していった姿が浮かび上がる。政権復帰直後の最大の難問だったアルジェリア戦争への対応は典型的である。当初は第四共和政末期の歴代政権同様，軍事的な「平定」優先の方針を採っていたが，59年9月の自決権承認，62年3月の独立を承認するエヴィアン協定へと，国内外の世論の動向をにらみながら対応を切り替えていった。

　他方，ドゴールを「聖人化」しがちなフランス国内の論調とは対照的に，同時代の英米のドゴール外交に関する研究の多く（ホフマン[1977b]を顕著な例外として）は，NATOの軍事部門脱退や，1964年の中国承認や66年のソ連訪問などの「東方外交」を一貫した「反米」の動きととらえ，国内世論から支持を得るために非合理なまでにアメリカの覇権に挑戦したと解釈してきた。実証が進めば，この見方も相対化が避けられない。例えばベトナム戦争について鳥潟優子は，ドゴールが米軍の極東での過剰なコミットを避けるために，当初は和平を真剣に追求していたが，軍事的エスカレーションにはまり込んだジョンソン政権が耳を貸さないのをみて，本格的なアメリカ批判に踏み切ったと説く［鳥潟 2009］。

　ドゴール政権を特徴づける，国家主導の経済「近代化」も，政権復帰直後から体系的に進められたわけではない。たしかに，1959年の「リュエフ（=ピネ）・プラン」は，財政再建とインフレ抑制に成功し，ヨーロッパ共

同市場(ヨーロッパ経済共同体〈EEC〉)の発足にともなって，貿易の自由化も進めた(第10章参照)。しかし，労働者や農民の動員に対して小出しの譲歩をおこなうという点では，当初のドゴール政権の対応は，第四共和政下と大差なかった。急進的な「近代化」路線への転換は，60年春以降，ドブレ首相が中心となっておこなわれた。公開されたドブレ文書を使って組織された共同研究[Berstein, Milza et Sirinelli 2005]はこの転換の過程に切り込む。集中・合併の産業政策と農業の構造改革(規模拡大による生産性の向上)は，どちらも官房などの官僚によって上から強力に推進された。かつてピエール・ビルンボームは，高級官僚が議員経験のないまま大臣に登用されるなどしたドゴール政権を第四共和政の議会支配とは対照的なテクノクラシーとして描いた[ビルンボーム 1988]。近年，実証研究も着実に進み，大蔵官僚などについては，大蔵省が出資する「経済財政史委員会」がつぎつぎに学位論文や回顧録を刊行しており，この大転換の全体像の再構築が期待される。

こうした急激な「近代化」路線は，これまで妥協を維持してきた既成政党との対決を意味する。加えて，ドゴールは1962年4月，憲法・政権運営が過度に大統領中心となることに反対する首相ドブレを解任してポンピドゥーに代えたうえで，9月，大統領直選制への憲法改正を提起し，しかも議会の頭越しに国民投票の手続きにかけることを決定した。5月，既成政党の大勢が推進するヨーロッパ統合を露骨に侮蔑してMRP閣僚の辞任を招いた事件を考え合わせれば，ドゴールは既成政党とのあいだの対立点をすべて重ね合わせて一気に決着をつける道を選んだことになる。この選択にいたるプロセスを実証的に明らかにする必要があろう。

ドゴールの憲法改正提案に諸政党は強く反発したが，第四共和政末期以来，社会党の多数派を含む議会の諸政党も，議会中心体制の限界を痛感していた。まして世論は，1962年10月の国民投票と11月の総選挙の結果が示したように，非効率な議会体制にはすでに愛想をつかせていた。議会中心体制と共和制や民主制を同一視する第三共和政以来の根深い国民意識が，数十年の試行錯誤をへてようやく転換した。62年改憲の成功によって，ドブレら憲法制定者の意思がねじ曲げられたかたちとなったため，首相解任

権などの憲法運用はドゴール自身の実践によって形づくられ、国民の支持を得て定着していった[Hayward 1993]。

高度成長と社会変容

政府の「近代化」政策と高度成長は急激な社会変化を生み出した。戦間期同様、不足する労働力を補ったのは移民であり、その中心は、戦後、アルジェリアやイベリア半島の出身者に移っていった。政府が受入れを促進したこともあり、1950年代末以降、年10万程度のペースで移民は増加しつづけた[渡辺 2007]。農業「近代化」政策は小規模農家の淘汰を進め、大量の離農者は都市で労働者・職員層を形成した。膨張する都市人口を収容するため、HLM(低家賃住宅)などの公共住宅と都市インフラの大量供給が優先目標となり、大規模団地、ニュータウンなどが各地の大都市郊外につぎつぎに形成された[中野 2006;Tellier 2008]。

これらの地方公共投資を支えたのは、省庁の補助金とCDC(預金供託金庫)などの公的金融機関の資金であった。これらの資金の配分を握る知事や技術省庁の出先機関は、市町村長や県議会議員らへの影響力を増していった。「地方名望家」は、知事らが任地を統治するのに協力する代わりに、地元の利益を中央省庁に代弁してもらう。しかし、この時代の地方名望家の多くは非ドゴール派で、急進的な「近代化」路線や大統領中心の政権運営に反対していた。1960〜70年代の組織社会学の業績で繰り返し研究対象となり、「共犯関係」[Worms 1966]とも呼ばれたこのネットワークは、64年の地域圏(région)創設のような制度改革を乗り越え、地方政治の基盤として機能しつづけた[Grémion 1976;川崎 1982]。にもかかわらず、ドゴール政権の与党が下院選挙で過半数を維持できたのは、ドゴールのカリスマや外交指導で説明されてきた[シャルロ 1976]。

他方、高度成長は大衆消費文化を発展させ、産業構造の変化を通じてホワイトカラーなどの新中間層を増大させ、大学など高等教育への進学率を高めた。社会的地位が大幅に低下した大学生が叛乱を起こすことで始まった1968年の「五月事件」は、このような社会変動の帰結であり[壽里 1984]、翌69年春に退陣に追い込まれたドゴール政権は自らが推し進めた

高度成長の犠牲になったともいえる。「事件」については，同時代以来の蓄積が厚いものの，歴史研究は緒に就いたばかりである。しかも分析の対象は，運動の過程には決してとどまらない。異議申し立ての運動を主導した学生組織や労組などを通じて，新たな政治的エネルギーが供給され，新社会党(PS)を生み出すなど，70年代以降の政治的風景を一変させた。何より，規範・文化・生活様式の自由化など，大衆の心性に巨大な変化をもたらし，現代社会の起点となったため，分析にも多面的なアプローチが試みられている。他方，金融・財政政策の自由化など，深層の地殻変動は，すでに68年に先行して始まっていたことも指摘されている[Margairaz et Tartakowsky 2010；中山 2010-11]。

4｜現代フランスへの史的接近

1970年代以降については，歴史研究はまだここ10年のあいだに開始されたばかりで，史料の公開も極めて不完全である。大統領文書などの場合，一部の研究者に限定して先行公開し，分析の基調をつくるという手法が顕著である。そこで本節では，同時代の分析と先駆的な歴史研究を照らし合わせながら，今後実証研究によって明らかにされるべき課題を概観しよう。

保守政権の変容と政権交代への道

1969年4月，憲法改正の国民投票に敗れてドゴールが劇的に退場した。続くポンピドゥーの5年間の統治は，さまざまな面で新たな路線が模索された時期だった。ドゴール派左派のシャバン゠デルマスが首相に任命され，五月事件の衝撃を踏まえ，「新しい社会」を標語に労組との協調や再分配の重視など，社会民主主義的とさえいえる方向がいったんは打ち出された。しかし，ドゴール派政党や保守的な大統領との摩擦を生み，改革は停滞した。72年7月，シャバン゠デルマスが解任されたのちは，ドゴール派の政権や党は，それまでの左右を超越した結集の担い手というイメージを失い，急速に「普通の」保守へと変化していった。ポンピドゥー期については大統領文書へのアクセスにほぼ制約がなくなり，本格的な研究が開始された。

ただ、指導者個人に焦点をあてた研究が先行しているため、ポンピドゥーの政治指導を首相期(62～68年)と連続的にとらえる傾向が顕著である。政権の保守化も、農業や農村地方開発に力点をおくポンピドゥーの指向が前面にでたものと理解される[Noël et Willaert 2007]。「新しい社会」路線の行詰りについても、議員団の抵抗を大統領や側近が支えた点が重視される。対照的に、同時代の中木康夫やビルンボームは、政権基盤の切替えの背景にフランス資本主義の構造転換をみる[中木 1976; ビルンボーム 1988]。バランスのとれた像を結ぶべく、今後の実証分析は、与党の選挙戦略、政官関係、中央地方関係などさまざまな側面から保守陣営の戦略転換を描くことが期待される。

1974年4月、在任中のポンピドゥーが白血病で死去すると、後継をめぐってドゴール派は分裂し、58年以来、連合を組んで政権を支えてきたジスカールデスタンが左翼統一候補ミッテランを僅差で破った。非ドゴール派の若い大統領(当時48歳)は、国家統制の緩和・自由化を進め、なかでも妊娠中絶の合法化をはじめとする女性の権利の拡大は注目された。他方、石油危機以降、長期化する不況に対して、経済学専門家のバールを首相に起用し、緊縮策と価格などの自由化によって対応をはかったが、インフレ率は再び二桁にのぼり、失業率も悪化する一方となり、81年の選挙で左翼のミッテランに政権を奪われるにいたる。

ジスカールデスタン政権下でも、下院では首相シラク率いるドゴール派が大統領支持の中道右派(1978年にUDF〈フランス民主連合〉に結集)を凌駕しており、1976年8月のシラクの首相辞任劇が示すように、政権・与党内の緊張は小さくなかった。保守政権の変質をとらえるため、独立共和派などUDFの勢力伸張の過程に興味が集まるが、ジスカールデスタンが存命中のため、公開済みの文書も利用にはなお制約が大きいようである。70年代後半以降はドゴール派政党も、シラクの指揮のもと、他党同様、市町村長職などの地方基盤の強化に成功した[Knapp 1994]。本人が市長を務めたパリ首都圏などにシラクらの個人的な地盤がつくられたのもこの時期である。

他方、左翼の諸党派については同時代以来の研究蓄積が厚い。旧社会党

(SFIO)は1960年代を通じて長期低落にあまんじた。46年以来,書記長の座にあったモレが大統領制を受け入れず,反共主義に固執しつづけたことに最大の原因があったとされる。71年に新社会党の実権を握ったミッテランの功績も,この2点で戦略転換に成功したことにある[Bell and Criddle 1988]。党組織の面でも派閥構造を復活させ,政治の刷新をめざすクラブ運動[井上 1989]や,68年運動から登場した新左翼,とくにカトリック左翼や「自主管理」の社会運動を結集・統合することに成功した。他方,党地方組織の実証研究が進むにつれ,50～60年代を通じて,党所属の市町村長や県議会多数派のもつ資源(予算,人員など)への依存が深まったことが知られている[Girault 2001]。こうした党の伝統的組織基盤と,70年代の「刷新」とがどのような関係に立つかはいまだ明らかではない。

ミッテラン左翼政権の実験と挫折

1981年の大統領選挙に勝利したミッテランは,構造不況打開のために大胆なリフレーション政策に打って出たが,第10章に紹介されているとおりの挫折に終わり,失業は逆に増加した。産業政策においても,社共連立政権は基幹部門の大企業や大銀行の国有化を断行し,ドゴール時代を思わせる,国家介入によるナショナル・チャンピオン養成の路線に戻ろうとした。しかし,緊縮財政への回帰とともに放棄され,市場原理の導入(補助金の削減,株式の売却・公開など)で競争力と採算性の回復をはかりつつ,鉄鋼・石炭などの構造不況産業では合理化(企業の閉鎖や人員整理)を進める方針に転換した。

以後,いわゆる「コアビタシオン」を含め,左右の政権交代は頻繁に繰り返されたが,グローバル化とヨーロッパ市場・通貨統合が進行するなかで,フランス政府がとりうる経済財政政策の幅は著しく限られ,左右の陣営間の政策的差異は不鮮明になった。第五共和政創設以来,憲法の解釈運用をリードしてきた憲法学者デュヴェルジェは,左右両極化とコアビタシオンの定着をもって,国民が選挙で政権と首班を選択できる国制になったと胸を張ったが,その直後から,経済財政運営についてはその選択は意味を大幅に減じた。以来,新たな意味を探しつつ政権交代を繰り返している

のが今日のフランスの政党政治である。

　他方、ミッテラン政権は体系的な地方分権化を実施し、大革命以来の中央集権国家を一変させることには成功した。いわゆる「ドフェール改革」である。地域圏や県の執行権を内務官僚である知事から各議会の議長に移し、中央の権限も大規模に地方に移転された。社会党内の1968年5月の流れを汲む勢力にとっては、地方分権化はGAM（コミューン行動グループ）などの掲げた住民「自主管理」の実現を目的としていたが、実際の改革を牛耳ったのは、ドフェール内相ら、地方公選職を兼任する実力者であった。他方、改革は大きな副作用をともなった。地方自治体の首長（市町村長、地域圏・県議会議長）が知事らの統制を受けずに使える資源（予算や人員）が増えたため、地方公選職を兼職する国会議員らは高級官僚や所属政党中央に対して立場を大幅に強めた。大規模な不正・汚職も頻発した。社会党などの党ぐるみの裏金作りがあばかれたほか、左右両陣営の有力者が多数摘発され、捜査の手はシラクら最高指導者周辺にもおよんだ。

ミッテラン改革の歴史的位置付け

　このようにミッテラン政権初期の政策選択は、今日のフランス政治のあり方を生み出すうえで決定的な転換点となったようにもみえる。しかし、1970年代にすでに構造変動が発生していたことを重視する見解も無視できない。権上康男の近刊の実証研究（第10章と参考文献参照）は、金融・通貨政策について、急速に進むグローバル化（為替管理の撤廃と資本移動の自由化）に対応すべく、フランスでも大蔵省やフランス銀行は、75～76年頃には市場重視のマネタリズムへの転換をすませていたと説く。ドイツ・オランダ・イギリスなどの隣国に比べてこの転換が遅れ、ミッテラン政権の緊縮への転換（83年）までずれ込んだとする通念は相対化されよう。地方分権化についても、ジスカールデスタン政権下で準備された「ボネ法案」などがドフェール改革を先取りしていた側面が指摘されている。さらに財政面では構想にとどまらず、補助金や公的融資の包括化によって70年代半ばにすでに実質的な分権化が始まっていた［中山 2010-11］。政権獲得のためのスローガンを超えて、ミッテラン政権に政策選択の実質的な余地がどの程

度残されていたのか、さまざまな分野について検証が必要だろう。

労使関係の分野でもミッテラン政権は野心的な改革をおこなったが、グローバル化にともなって否応なく進む構造変化のなかで、実際にどのような役割をはたしたのかは見極めにくい。戦後フランスでは、労使間の交渉がほとんど機能せず、集権的な団体協約法制に基づく政府の介入がこれを代替してきた。労組も、政府の仲裁を引き出すために、ストやデモなどの実力行使に訴えるのが主たる戦術となる。これに対して、1982年のオールー法による改革を立案した労相官房のオブリ(ドロールの娘)らは、CFDT(フランス民主労働組合連合)などの労組が掲げた「自主管理」を退けつつ、英米流の労使交渉の定着をめざしていた。しかしオール―法で協約交渉が分権化された結果、産業レベルに代わって企業・事業所レベルが軸となり、80年代を通じて「非政治的な」企業組合の結成が趨勢となって従来の全国労組は空洞化したという見解もある[Howell 1992]。さらに、残った労組組織でも、活動家がオール―法で与えられた企業委員会の公選ポストを占める「組合の制度化」が進み、一般組合員との溝が深まったとされる[Labbé 1996]。今後は、こうした同時代の分析を歴史的に検証する作業が望まれる。

激変する世界と民衆の心性のあいだで

1990年代半ば以降、主要な選挙のたびに、極右・極左勢力が世論の不満の受け皿となり、既成政党と国民の乖離をまざまざと映し出した。とくに、ルペン率いる「国民戦線」は、大量失業と移民という構造的問題を我が物とし、すでに20年以上、キャスティング・ヴォートを握りつづけてきた。同党は、国政の場に躍り出た80年代半ばまでは伝統的保守層を基盤にしていたが、90年代にはいると、今度は民衆階層(とくに低学歴の若年男性労働者)の支持で躍進を続けた。大量失業のなかで、かつて社共両党を支持していた労働者・民衆階層が排外的ナショナリズムに走る「左翼ルペン現象」である[Perrineau 1997]。左翼勢力、とくに、かつて大都市郊外の(ヨーロッパ系移民を含む)労働者層を掌握した共産党も、郊外の「団地」に集住する膨大な非ヨーロッパ系移民は取り込めず、他方、古い党の支持層は

国民戦線に流れた。

　国民戦線は，当初，市場自由主義・福祉国家批判などを訴えていたが，支持基盤の切替えにともなって，社会経済政策も180度転換させた。手厚い社会保障を維持しながら，そこからの移民排除を訴える新路線は「福祉排外主義」と呼ばれ，西ヨーロッパ諸国の多くの極右政党が採択した戦略である。その背景には，グローバル化・ヨーロッパ統合のなかで，歴代政権が左右を問わず進めてきた規制緩和により市場競争が激化し，民衆階層がその皺寄せを受けている，という各国共通の状況がある。とくにフランスでは，介入志向の強い福祉国家が1世紀近くにわたって中央集権的に平等と公正を国民に保障してきた。アメリカ流の市場自由主義・「野蛮な」グローバル化に抵抗し，「社会的ヨーロッパ」を求める声も，この厚い歴史的蓄積に根ざしている。難問に解決策を見出すのは為政者の仕事だが，直面しているディレンマの歴史的な文脈に的確な理解を促すのは歴史家の重要な役割である。

中山洋平

第 8 章

文 化 史

　「文化の国，フランス」というイメージは世界中に広まっている。こうしたフランス像は，ときに国家や権力者による文化振興策と密接に絡みながら，あくまでも歴史的に形成されてきたものである。ただちに，リシュリュー，ルイ14世，フランス革命，ナポレオン，ナポレオン3世，第三共和政創設期の指導者たち，最近ならドゴール政権やミッテラン政権などの文化政策が想起できるであろう。

　ところで，長く読み継がれてきたジョルジュ・デュビーとロベール・マンドルーによる『フランス文化史』(原著は1958年刊，原題を直訳すれば『フランス文明史』)の冒頭で，2人の著者は，歴史の要点を展望しつつ，自らの好みに従って各時代の文化を選びだして体系的に総合したとし，これによって歴史のなかで定まってきた現代フランスの特性を把握できればと，希望を表明している。いかにもアナール派の泰斗の若き日らしい序文である。そのうえで，異民族侵入の時代が終焉し資料の信憑性が高まる10世紀末に，フランスやフランス文明という言葉が端緒的にあらわれたと述べながら，この時期を基点に叙述が開始される。それぞれの時代にそくして簡潔に経済，社会，国家の重要事がまとめられ，中世の宗教文化や世俗文化，宗教改革の諸思想，啓蒙思想，ロマン主義，科学文明，等々への言及がなされるが，そこで関心が向かうのはまず思想であるようにみえる[デュビー，マンドルー 1969-70]。

　それから約40年後，アナール派の全盛期をへて，ジャン=ピエール・リウ，ジャン=フランソワ・シリネリを編者とする『フランス文化史』全4巻が公刊された。このシリーズを繙く読者は，フランク王国のもとにあった5世紀から叙述が始められていること，歴史的文脈にはるかに深く組み込まれつつ文化の諸相が語られていることに気づくであろう。扱われてい

る時代や担当した著者によって偏差がありはするが,文化的諸事象へ注目することで歴史像を再構築する試みが展開されている。日常生活に文化を看取し,文化のなかに政治性を読み解く,アナール派が定着させてきた視座と方法を前提としつつ,フランク時代の言語,中世における知や絵画,ルイ14世治下の演劇,啓蒙時代の文化的実践,共和主義の文化的刻印,大衆文化としてのスポーツや映画など,かつて以上のさまざまな文化的事象が取り上げられ,歴史叙述として提示されるのである。むろん,中世史家たちが「文化史」概念に感じている居心地の悪さなど,無視しがたい問題をはらみながらではあるけれども[Rioux et Sirinelli 1997-98]。

これら2つの通時代的な文化史から伝わってくるのは,政治,経済,社会などと同様,文化を,全社会的関連においてとらえたいというフランスの歴史家たちの強い思いである。この点を承知のうえで,本章では,あらためて建築,美術,音楽という3領域に焦点を絞り,その歴史的展開を追うことにしよう。専門的な眼差しから得られる知見が,総合的な歴史認識をさらに豊かにしていくことは疑いないからである。なお,建築に関する言及は,現在のフランスの地に残された先史時代・ローマ時代の事績に遡及しておこなわれる。これに対し,美術については,重複を避ける意味もあって,ほぼ16世紀以降に限って叙述が展開される。他方,音楽史の場合,中世から20世紀までの事象が取り上げられている。

いうまでもなく,フランスにおける文化活動は,以上3領域のほかにおいても大きな足跡を残してきた。そのうち文学と演劇については,さしあたり,長く親しまれてきたフランス文学案内[渡辺・鈴木 1990],アラン・ヴィアラによる小著[ヴィアラ 2008]にあたられることを推奨する。

中野隆生

1│建 築 史

先史時代からローマ支配下のガリアまで

フランスはその恵まれた土地と気候条件によって,人類の美術発祥地のひとつとして知られる。とりわけラスコーの壁画を中心とする洞窟芸術は

先史時代の芸術活動が活発におこなわれていたことを示している。激情的な作家であり、哲学者でもあるジョルジュ・バタイユは、こうした死への不安と芸術との関係に着目し、「序言」で「この書物で私は、ラスコー洞窟が芸術の歴史に占める位置を、広げていえば人類の歴史のなかに占める卓越した位置を明らかにしようとした」[バタイユ 1975]と述べ、人類による芸術の誕生をそこに見出そうとしている。またスピロ・コストフも、ラスコーのような洞窟を人類最初の宗教的祭儀空間として位置づけている[コストフ 1990]。

ガリアのローマ建築については、概してローマの属州建築の一部として紹介されることが多く、ガリアにおけるローマ建築の独自性や特徴を明確に論じる研究はあまりない[ウォード゠パーキンズ 1996]。そのようななかで、ローマ支配下のフランスにおいて、ローマの建築文化がどのように移植されたのかを述べた渡邊道治の論文は注目に値する。渡邊は、ローマ建築が現在のフランスであるガリアに移植し、浸透していった過程で、地中海沿岸部と北側内陸部で大きな差異を見つけることができる、としている。さらに、渡邊は、以上のようなフランスにおける古代ローマ建築への移植の二極化が、中世のフランス・ロマネスク建築にも影響をおよぼすとしている。つまり、ナルボネンシス州を中心とした南フランスのロマネスク建築には、古典ローマの意匠と比例概念を意識したものがみられるのに対して、北側内陸部のフランスでは帝政ローマの文化的影響を受けており、南フランスに比べて古典建築の影響が極めて薄くなったのである[渡邊 1996]。

以上のような、ギリシア・ローマの刻印の深さが中世のロマネスク建築に影響をおよぼし、さらにはつぎのゴシック建築誕生の謎にまで関わりをもつことになる。すなわちゴシック建築が誕生したのは北フランスのイル・ド・フランス地方においてであり、古典建築の伝統が根強く残った南フランスやイタリアではゴシック様式が定着しなかった事実にまで着目するならば、ガリアにおけるローマ建築の研究について、その重要度が増してくる。

中世

　中世美術史は、キリスト教が誕生したあとの古代後期(3〜5世紀)に始まり、ルネサンスが開花する15世紀にいたるまでの芸術を扱う。そして、初期中世、ロマネスク、ゴシック、という大きな3つの段階に分けて考えることが一般的である。フランス建築史において、中世はもっとも輝かしい時代のひとつだけに、研究書の数はかなり多いが、フランス中世建築史だけに限定した通史としては、アラン・エルランド゠ブランダンブルらの文献しかない。それに対して各時代ごとに扱う研究書はかなり豊富にそろっているが、フランスだけを扱うというよりもヨーロッパ全体のなかで、フランス中世をみていく場合がほとんどである。例えば美術出版社『世界の建築』シリーズ、本の友社『図説世界建築史』シリーズなどの中世建築を扱ったもの、そして美術全集などで西洋の中世美術を解説するなかで、フランス中世建築はたびたび登場し、多くのページがそこで割り当てられている。

初期中世からロマネスクへ

　コンスタンティヌス帝によるキリスト教の公認は、新しい建築文化を誕生させることになる。すなわち旧来の宗教では賛美者は神像を祀る建物内にはいることが許されなかったのに対して、キリスト教徒たちは最後の晩餐でイエスがおこなった奇跡を褒め讃えるために司祭のもとに集合するのであり、宗教建築の新たな展開をよぎなくさせたのである。ところで、4世紀のガリアに建てられた教会堂は、古代ローマのバシリカ・プランを採用していたことが、発掘からわかっている。そのために、初期キリスト教の教会堂建築をバシリカ式教会堂と呼ぶようになる。このように古代ローマのバシリカがキリスト教の教会堂に継承されたことについては、尚樹啓太郎が『教会堂の成立——キリスト教世界の歴史的記念碑序説』(東海大学出版会、1968年)で、詳しく述べており、異教の空間とはいえ集会施設としての共通点が2つの建築を結びつけたのである。キリスト教の普及にともない、教会堂建築がフランスにも多く建てられ、メロヴィング朝(6〜8世紀)、カロリング朝(9世紀)の建築遺構がわずかながら残っている。それらは主に地下聖堂や洗礼堂であり、ローマの建築技術や装飾を継承したも

ので，飛躍的な建築を誕生させるにはいたらなかった。

そのようななかでフランスが建築的に大きな飛躍を遂げるのは，11〜12世紀のロマネスク時代を迎えてからである。1000年までの建築傾向は，ルイ・グロデッキによれば，北部地方のゲルマン色が色濃く残った木造天井建築圏と南仏地方のローマの技術を継承した石造ヴォールト天井建築圏で二分されていた［グロデッキほか 1976］。ところが，サンティアゴ巡礼路の流行や修道院の発展にともなった人的・文化的交流が教会建築に技術的・芸術的改革を促した。そして，南仏の石造ヴォールト天井で覆われた堅固な構造と北仏の上昇感あふれる高い塔と天井への空間指向が合体してロマネスク建築が誕生したという説があり，その背景に至福千年の思想が関係していたのではないかとする研究もあったが，明らかではない［フォション 1971］。

ルイ・ブレイエは，ロマネスク様式の原則を「多様性の中の統一」という言葉で定義している［ブレイエ 1968］。地方色豊かな多様性を示していながら，終末論的世界観によるキリスト教信仰の表現としての統一性を根底に含んでいたからである。それゆえ，研究方法としては，地方流派別に類型化する場合が大多数であり，また共通の戒律下で信仰生活をおこなっていた修道院に着目した研究も少なくない［Conant 1959］。

研究対象とする項目としては，内陣を中心とした平面構成と構造形式を扱う場合が多い。とりわけ巡礼者が多数訪ねてくる教会堂では，内陣の回りに周歩廊をめぐらし，小さな礼拝堂を放射状に配する（放射状祭室）形式が，オーヴェルニュ地方から発せられ，サンティアゴ巡礼路沿いの教会堂に伝播した。この巡礼路教会堂の平面タイプがロマネスク教会堂の典型例として取り上げられる。また，構造形式の分類では，天井をより高くして，石造のヴォールト天井で覆うためにトリビューンという2階を設け，ヴォールト天井の横力を支えようとするタイプと，トリビューンを設けずに控え壁やアーチを尖頭形にして横力を極力軽減させようとする解決策を施したタイプに大別できる。

一方，ロマネスクの装飾芸術は，建築の枠組を逸脱することなく表現された彫刻や壁画の美を同時に鑑賞できる点が特徴的であり，あふれんばか

228 第Ⅰ部

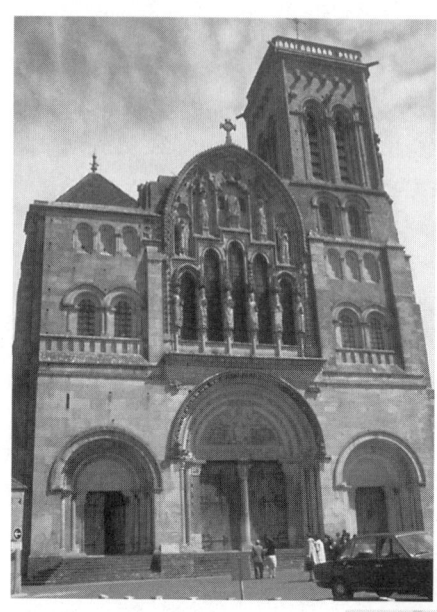

図1 サント・マドレーヌ教会堂（ロマネスク）

図2 アミアン大聖堂（ゴシック）

りに施された彫像や動植物の装飾が扉口上部のタンパン，柱頭，入り口左右の側柱などを埋めつくし，しっかりと建築の枠のなかで建築の構造を視覚的に強調している［フォシヨン 1976a］。

ゴシック

　ゴシック建築は，構造的実験の限界に挑戦した中世建築を代表するものではあるが，彫刻，絵画（ステンド・グラス），美術工芸品といった諸芸術がすべて盛り込まれた総合芸術として位置づけられる。しかし，ゴシック大聖堂ほどに高大な空間と内部空間の荘厳化を追求した時代は，建築史上類例がなく，ゴシック空間の構造的ダイナミックさと神秘性に憧れた多くの人びとが研究対象としてきた。ゴシック建築の一般的特徴には，天井が高く上昇感の強い室内構成と壁面一杯に開けられたステンド・グラスの窓からはいる神秘的光をあげることができるが，これらの特徴はゴシックの工匠たちがロマネスクやイスラームの建築ですでに用いられていた建築技術の成果を踏まえて総合させた結果なのである。そうしたゴシック建築でもっともめだった要素とは，尖りアーチ，リブ・ヴォールト，飛梁（フライング・バットレス）である［ランベール 1968］。

　エルランド゠ブランダンブルによれば，フランスのゴシック建築は，初期ゴシック，古典ゴシック，レイヨナン，フランボワイヤンの4期に分けられる［Erlande-Brandenburg et Mérel-Brandenburg 1995］。初期ゴシックは，ゴシック建築の誕生に大きな役割をはたしたとされるサン・ドニ修道院付属聖堂内陣の献堂式（1140年）をきっかけとして，イル・ド・フランスの大都市に伝播していく。とりわけ，この献堂式に司教たちが参列したあとに，すぐさま建設を開始したサンリス，ノワイヨン，ランなどのノートルダム大聖堂が初期の代表例に含まれる。これらの大聖堂では，依然としてロマネスク時代からの平面構成と側廊2階のトリビューンが残り，ゴシック建築の豪快な構造がまだ完成していない。1190年代からはフライング・バットレスを巧みに使用し，トリビューンを排除した古典ゴシックが出現する。ブールジュ，シャルトル，ランス，アミアンの大聖堂（図2）がその代表例である。そして，13世紀半ばの聖王ルイ9世の治世下に開花したレイヨナン式では，宮廷的な性格が顕著にあらわれ始め，王の権力が地方におよぶ

に従ってパリの様式が地方に伝播していく。聖ルイの建てたパリのサント・シャペル，トロワ大聖堂内陣部，カルカソンヌのサン・ナゼール教会堂内陣部などがその代表例である。一方南仏地方では，パリ様式とは異なる単廊式教会堂が出現する。アルビやトゥールーズの大聖堂やドミニコ会の修道院聖堂は，このタイプに含まれる[フォシヨン 1976b]。

14世紀後半頃から，装飾を主体とするイギリスのゴシック建築から影響を受けたフランボワイヤン式が登場する。ヴォールトのリブ(ヴォールト天井の縁取りに設けられた肋材)が複雑化し，古典期のゴシック建築でみられた構造と意匠の呼応関係はもはやなくなり，リブや反曲点のある曲線で飾られたトレサリー(装飾的な石造の窓桟)の窓構成などが構造体すべてを覆い隠してしまう。ルーアンのサン・マクルー教会堂，パリのサン・セヴラン教会堂などが代表的である。ここにおいて，高さとステンド・グラスの大空間を追求してきたフランスのゴシック建築の歴史は，終焉を遂げるのである。

ゴシック研究の分野で，建設に携わった石工などの職人を対象とする文献も少なくない。そのなかでもジャン・ジャンペルとピエール・デュ・コロンビエの文献は，大聖堂がどのような背景で計画され，いかに施工されていったのかを理解するのに役立つ基本文献である[ジャンペル 1969; Du Colombier 1973]。また，彫刻，絵画の図像学的研究では，エミール・マールによる一連の著作が欠かせない。そこには教会堂を覆いつくすさまざまな図像群がみごとに整理されて明解な解説がなされていることから，図像の意味と美しさを深く理解するためのバイブルということができる[マール 1980]。

なお，フランスの中世建築に関する最近の研究動向については，西田雅嗣の「学界展望 フランス中世建築史」[西田 2010]が詳しいので最後に付け加えておく。

近 世

ここでは，ブラントとペルーズ・ド・モンクロの文献に倣って，イタリアで開花した新しい様式に影響されて，建築のイタリア化が進んだルネサ

ンス,バロックから,ルイ14世の没後,政治の中心がヴェルサイユからパリに移り,ヴェルサイユでの生活に反発して生まれたルイ15世様式(ロココ)をへて,フランス革命までの時代を扱う。フランスがイタリアの建築文化をいかに受容し,フランス独自の近世建築を創造していったのかを探り,また,崇拝の対象だったイタリア建築を乗り越え,フランスが主導的立場になる近代への道を歩み始めたかをみていこう。フランスの近世建築に関する研究としては,大著であるルイ・オートクールの『古典主義建築史』[Hautecœur 1948-65]をまずあげなければならないが,その他にアンソニー・ブラント[Blunt 1970]とジャン=マリ・ペルーズ・ド・モンクロ[Pérouse de Montclos 1995]の著作がある。

ルネサンス

　イタリアのルネサンス芸術がフランスに輸入される契機となったのは,15世紀末にシャルル8世とその配下の貴族たちがミラノ公国を侵略するためにアルプスを越えてイタリアに滞在したことにあった。彼らは重苦しい中世から解放された明るく人間味のあるルネサンス芸術にはじめて遭遇し,その魅力に取り憑かれたのである。シャルル8世は,イタリア遠征からの帰国に際してイタリアの職人を多く連れ帰ったといわれるが,それはアンボワーズの城館(シャトー)の改修でイタリアの新しい様式を採り入れたいがためだった[鈴木博之 1983]。そのようにして,フランスにルネサンス芸術が本格的に導入されることになるわけだが,その立役者はフランソワ1世である。イタリア芸術の熱狂的愛好者だったフランソワ1世は,レオナルド・ダ・ヴィンチをはじめとする芸術家たちを宮廷に招き,自らが所有するロワール川沿いの城館の改修や新築を命じる。こうしてフランスにおける初期ルネサンス建築がロワール川沿岸地域に点在するフランソワ1世の城館で誕生するのである。ブロワ城フランソワ1世の翼屋と大階段,シュノンソー,アゼー・ル・リドー,そしてレオナルドの発案で実施された二重の螺旋階段で有名なシャンボールの城館などがその代表例である。ロワールの城館で採用されたルネサンス様式は,既存部分に用いられたゴシック様式の伝統的形式(急傾斜の大屋根,螺旋階段,屋根窓,十字格子の長方形窓)を残すかたちで導入され,イタリア・ルネサンス様式のめざした

水平性を強調した美しいプロポーションの外観を完全にあらわすまでにはいたらなかった。

フランソワ１世は，ロワールの城館に続いてパリ近郊のフォンテーヌブロー宮の大改修を決意し，1528年，ジル・ド・ブルトンがこれに着手するが，イタリアからやってきた芸術家ロッソ・フィオレンティーノとフランチェスコ・プリマティッチョによる室内意匠は初期ルネサンスの特徴を示している。そのなかでもロッソによる「フランソワ１世のギャラリー」は，イタリアの先例に基づきながらも，高浮彫りのスタッコに枠付けされた装飾絵画で飾られ，フランス・ルネサンスの優美な側面を伝えている［マレー 1998］。

フランス・ルネサンスが独自の様式として完成の域に達するのは，1540年以降のことであり，そこで重要な役割をはたしたのが，才能豊かな建築家たちだった。すなわち，ピエール・レスコー，フィリベール・ド・ロルム，ジャン・ビュランの３人である。レスコーによるルーヴル宮中庭西南隅は，彫刻家ジャン・グージョンの協力を得て，古典オーダー（古典建築様式における円柱の形式とそれに付随する構成の比例体系）を正確に踏襲しながらも重厚で簡素なイタリア・ルネサンス建築とは対比をなす装飾性豊かな美が表現されている。イタリアでの留学を経験して古代建築を現地で実測してきたド・ロルムは，イタリア建築をたんに模倣するのではなく，フランスの社会的・技術的あるいは風土的条件に合わせた独自の古典主義を達成させた。とりわけ国王アンリ２世の愛妾ディアンヌ・ド・ポワティエのための別荘としてドゥルーの森付近に建てられたアネの城館は，ド・ロルムの独創性が際立っている傑作である［Potié 1996］。最後のビュランは，イタリア留学で習得してきた後期ルネサンス（マニエリスム）の研究成果をパリ近郊にあるエクーアンの城館で発揮した。全体構成は中世的であるが，ローマのパンテオンで用いられた円柱を範とし，マニエリスムの大オーダーを大胆にファサードに加えて，以後のフランス建築に大きな影響を与えることとなる。

バロック

アンリ４世の治世下でようやく政治的にも経済的にも安定した時代を迎

えたフランスにおいて，新興のブルジョワが台頭してくる。一般的にフランスのバロック建築は，ローマにおけるカトリックの反宗教改革と並べられてルイ王朝の絶対王政を表現するために採用されたように理解されることが多いが，最初にこの新しい様式を認めたのは，権威と格式を誇示するのを目的とした王室ではなく，イタリアの新しい芸術の素晴らしさを見極める見識を備えていたブルジョワ階級だった。それゆえフランスのバロック建築は，パリ近郊の貴族の城や宮殿において萌芽し，イタリアのバロック建築のような変則的で曲線的なオーダーを用いることなく，抑制のきいたバロックとして発展するのである。

　フランスにおける初期バロック建築としてまず取り上げるべき作品は，サロモン・ド・ブロスがイタリアから嫁いできたマリ・ド・メディシスのために設計したリュクサンブール宮殿である。現在ではパリ市民の憩いの場となっているリュクサンブール公園に面する，そのファサードの中央部におけるオーダーの扱いや彫刻的な凹凸のある構成は，まさにバロックの手法によるものである。この他にド・ブロスが手がけた作品としてパリ市庁舎の裏に建つサン・ジェルヴェ教会堂のファサードがある。これは，ド・ロルムがアネの城館で採用した三種のオーダーを三層に積み上げるファサード構成を教会堂にはじめて適用した例として知られている。

　作品の少なかったド・ブロスとは対照的に，生涯を通じて多数の建築に携わり，フランスに独創性あふれる古典主義を誕生させたのは，フランソワ・マンサールである。彼の傑作であるメゾン・ラフィットの城館において，マンサールは主屋の両端にパヴィリオンを張り出させる「パヴィリオン形式」を採用し，それぞれにゴシック的な急勾配の屋根を架けることで，フランスの伝統的枠組を継承する一方で，バロック建築の変則的オーダーの使用や彫刻的な凹凸のある中央部の構成などを盛り込み，フランスにおける初期バロック建築の代表作をつくりあげた。クリスチャン・ノルベルグ＝シュルツは，マンサールについて，「バロック建築に内在する力動性や非合理な変奏を，合理的で周知の形態言語を用いて，うまく客観化している」[ノルベルグ＝シュルツ 2003]とし，古典主義の合理性を求めた先駆的建築家の１人として評価している。

図3 ピエール・レスコーの設計によるルーヴル宮中庭西南隅

図4 ル・ヴォーの設計によるヴォー・ル・ヴィコント城

図5 ルドゥの設計によるアルケ・スナンの旧王立製塩所

フランス・バロック建築を代表するのが、ヴェルサイユ宮殿であることは周知の事実である。その原型となったヴォー・ル・ヴィコントの城館(図4)は3人の芸術家が一堂に会して完成させたものだった。すなわち、建築を担当したルイ・ル・ヴォー、室内装飾家のシャルル・ル・ブラン、造園家アンドレ・ル・ノートルの3人である。彼ら3人の設計によるバロックの躍動感あふれる力強さは、ルイ14世に認められ、ヴェルサイユへと繋がるわけだが、室内装飾や庭園のバロック的な豪華さや演劇性に対して、ル・ヴォーによる抑制のきいた秩序ある古典主義は、イタリアに誕生したバロック建築を超えた崇高さを示している。

ルイ15世様式から新古典主義へ

ルイ14世の没後、ヴェルサイユでの形式主義的生活に反発していた貴族たちは、パリでサロン中心の生活を楽しむようになり、新しい芸術が生まれる。時代はルイ15世の治世下であり、フランスではルイ15世様式と称されることが多い。しかし、ロカイユという貝殻のような特異な彫刻装飾のモチーフを多用していることから、一般的にはロココ様式と呼ばれる。古典的モチーフを極力抑制した簡素で平坦な外観とは裏腹に、優雅で女性的な曲線で飾られ、機能的で心地よい家具類が使用されたロココの家具と室内装飾は、貴婦人たちの社交場として一世を風靡した。すなわち、建築というより室内装飾が主体の様式だといえる[山田 1982]。しかし、ロココの時代は、すでに理性の時代にはいっており、表層的な装飾のみに着目するのではなく、根底にある機能性や合理性を見逃してはならない。ロココの代表的建築であるオテル・ド・スービーズを設計したガブリエル=ジェルマン・ボフランについてエミール・カウフマンが指摘したように、「高貴なる単純」を称揚していたことを忘れてはならないのである[カウフマン 1997]。

18世紀後半になると、ロココの退廃的な流行への反動として、新古典主義様式の建築が台頭してくる。ポンペイの発掘による古代研究の進歩と百科全書派の知的探求が人びとを理性の時代へと導いていく。そして、建築形態の合理性を追求したジャック・フランソワ・スフロによるパリのパンテオン[Pérouse de Montclos 2004]や徹底的にプロポーションの美を追求し

たアンジュ・ジャック・ガブリエルのプティ・トリアノンが登場する。また，新古典主義建築の合理性を唱えた偉大な建築教育家であるジャック・フランソワ・ブロンデルのもとで学んだ若者のなかから未来を予告する幻視的建築家が生まれる。建築を単純な幾何学的形態で表現しようとしたクロード・ニコラ・ルドゥである。幻視的建築家たちの計画案は，あまりにも壮大で，現実離れしたアイディアだったために実現されないことが多かったなかで，王室建築家だったルドゥは実作品を多く残している。例えば，パリ19区に残るラ・ヴィレットの通行税徴収所の市門やアルケ・スナンの旧王立製塩所(図5)などがその代表例である[Rabreau 2005]。

しかし，フランス革命の勃発によってルドゥの夢は破れ，時代はナポレオン・ボナパルトの第一帝政にはいる。ローマ皇帝に憧れをいだいたナポレオンは，ローマの威光をパリに求め，エトワール凱旋門やマドレーヌ教会堂のようなスケールの大きなモニュメントの建設を命じ，バロック都市パリへの拠点づくりを準備したのである。

近現代の建築

フランスにおける建築の近代化は，産業革命にともなう社会的・文化的変化と技術革新を起源とするのではなく，18世紀における新古典主義の「ラショナリズム」(合理主義あるいは理性主義)に由来する。マルク゠アントワーヌ・ロージェが著した『建築試論』[ロージェ 1986]の影響で広がったギリシア建築の構造的合理性を讃美する建築観は，新古典主義の建築家だけではなく，反古典主義的様式観をいだくゴシック・リバイバルの建築家にも受容され，近代精神の発揚へと繋がる。とりわけ近代建築の偉大な理論家であるヴィオレ゠ル゠デュクは，ゴシック建築を構造合理主義的に解釈するだけではなく，それを新しい時代の建築へ応用することを提唱し，鉄の率直な使用とその創造的表現を探求しようとした[羽生 1992]。時代は，まさに鉄の導入による建築の革命が起きようとしていたのである。パリ万国博覧会で登場した機械館とエッフェル塔は，それを予感させる衝撃を人びとに与えた。また，ベルギーのブリュッセルで誕生したアール・ヌーヴォーが建築家たちに大きな影響をおよぼすことになるが，それをフラ

ンスに持ち込んだのは，エクトル・ギマールであり，彼が設計したメトロの出入り口（図6）は，世紀末パリを象徴する風景の一部となる［橋本 2007］。

しかし，現在のパリの街並みを築いたのは，ナポレオン3世の命でセーヌ県知事オスマンが実施したパリ改造計画によるものである。オスマンは，幹線道路の貫通，都市公園の増設，下水施設の整備，街並みを形成するアパルトマンの高さおよび外観の規制などを大胆におこない，今日のパリの美しい景観の礎石を築いた。こうした大規模な都市再開発に対して，古きよき時代のパリを愛惜する知識人たちの激しい抵抗が沸き上がるのは当然であった。それを代弁したのが『パサージュ論』を著したヴァルター・ベンヤミンであり，オスマン以前のパリを象徴するパサージュ空間に庶民文化を郷愁的に表現した。しかし，じつはパサージュ建築は科学技術の進歩なくては誕生しなかった近代建築でもあり，オスマンがめざした近代都市パリと根底では共通するものだった。もはや表層的な建築様式や階層の違いが建築文化を左右する時代ではなく，技術の発展，機能性，合理性が優先する時代へと向かっていたのである。古典様式中心の建築教育を独占していたエコール・デ・ボザールに対抗して科学と実生活の連繋を目的とするエコール・ポリテクニク（理工科学校）が徐々に建築界の領域に立ち入ってきたのは，以上のような背景があったからである。

ヴィオレ゠ル゠デュクらの合理主義思想や様式論争に終焉を告げる折衷主義の流行で彩られたフランスにおいて，もうひとつの大きなできごとが起こる。それは鉄筋コンクリートの発明である。19世紀末に園芸家だったジョセフ・モニエが鉢の重みを軽減するために金網を入れたモルタルの植木鉢をつくったことを発端にして，土木・建築に応用されるようになる。そして，この新しい工法を採用した最初の教会堂であるサン・ジャン・ド・モンマルトル教会（1904年）がアナトール・ド・ボドーによって設計された。ド・ボドーはアンリ・ラブルーストとヴィオレ゠ル゠デュクの弟子であり，新しい材料の特性に合わせた建築の創造を師匠の教えに基づいて実行したのである。また，ちょうど同じような時期に，鉄筋コンクリート造りのアパート建築が登場する。オーギュスト・ペレ設計のフランクリン街アパート（1904年）である。エコール・デ・ボザールで学んだ古典主義の

図6　ギマールの設計によるメトロのポルト・ドフィーヌ駅

図7　ル・コルビュジエの設計によるロンシャン礼拝堂

様式と新しい材料への果敢な挑戦が生み出すペレの建築は，瞬く間にパリの町に広がり，鉄筋コンクリート造り建築のパイオニアとしての地位を築いた［吉田鋼市 1985］。

このペレの事務所でドラフトマン（製図者）として働いていたのが，スイス出身のル・コルビュジエだった。彼は，フランクリン街アパートの1階にあったペレの事務所で，この新しい材料の魅力に取り憑かれ，生涯をとおして鉄筋コンクリートにこだわりつづけることとなる。ル・コルビュジエは，建築家としてだけではなく，都市計画家や画家・彫刻家として，精力的な創作活動を展開し，近代建築の巨匠と称されるまでにいたるが，初期においてはなかなかフランスの建築界に認められず，『エスプリ・ヌーヴォー』誌につぎつぎにエッセイを発表して自己をアピールした。工業化社会に迎合する建築表現を提唱した「住宅は住むための機械である」という有名なキャッチフレーズは，この時代に書かれたものであり，彼の膨大な著作活動のルーツはそこにあった［フーゼ 1996］。また，当時の建築家たちの共通課題であった都市と住宅問題に対する提案にも果敢に挑み，新しい都市像を提案する『輝く都市』やCIAM（近代建築国際会議）での指導的役割をはたすことで諸外国からの注目をあびるようになる。日本でもル・コルビュジエに師事する建築家たちが多くあらわれ，日本における近現代の建築界に多大なる影響を与えた［高階ほか 1999］。

第二次世界大戦後のフランスは，都市復興と建築の再建がさかんにおこなわれる。その方向性としては，木造の町並みが多数残るルーアンのような歴史的建造物を復元する修復型再開発と，完全に新しい都市計画で復興する都市再建の2タイプがある。ペレが中心となって計画されたル・アーヴルは，鉄筋コンクリート造りの特徴を存分に活かして建築施工の合理性を追求するとともに，ペレ・スタイルの古典美をあらわした戦後復興都市として評価され，世界文化遺産に登録されている。ル・コルビュジエもマルセイユのユニテ・ダビタシオンという集合住宅を設計し，ひとつの建物にすべての都市機能を盛り込んだ新しい都市構想を実現した。こうした戦後復興がおこなわれる一方で，花の都パリを未来に向かって蘇らそうという計画が大統領らの決断によって実現された。ポンピドゥー・センターを

はじめとする「グラン・プロジェ」である[松葉 1990]。それは，歴代の大統領が人種や国籍を問わない時代を代表する大建築家たちを重用し，その才能を存分に発揮させた結果であり，フランスが世界文化の頂点としてありつづけたいという，ルイ14世からナポレオン3世までの為政者たちの誇りを受け継いだ大統領たちの意気込みがうかがわれる。このようにフランスは，外国人建築家の作品をすべて自国の代表的建築として包含し，国や人種の偏見をもたない合理精神から，世界をリードする建築家を育てつづけているのである。

羽生修二

2 │ 美 術 史

フォンテーヌブロー派

フランソワ1世はパリに近いフォンテーヌブローの城館の改修に際し，ロッソ・フィオレンティーノ，フランチェスコ・プリマティッチョなどのイタリアのマニエリスム世代の芸術家たちを招聘して内部装飾を委ねた。
「ローマ劫掠（ごうりゃく）」を逃れてきたロッソは，城館内の「フランソワ1世のギャラリー」壁面装飾を通じて，古代神話への参照を多用した「現代史」の寓意的表現や華麗で冷ややかな官能性など，フォンテーヌブロー派の基本的性格を決定した。その後はジャンおよびフランソワ・クルーエ，ジャン・クーザン，アントワーヌ・カロンなどのフランス人芸術家がこの派を継承し(図1)，新・旧教の対立とヴァロワ朝からブルボン朝への移行という混乱期の宮廷周辺で，さまざまな世相を複雑な寓意画にあらわし，冷たいエロティシズムをたたえた貴婦人たちの姿態を描き，王家の人びとの肖像を残した。この派への関心はいわゆる近代主義的美術史の終焉とともに本格化した[Chastel et Beguin 1972]。同時代の彫刻家としては，ジェルマン・ピロンやジャン・グージョンが重要である。

旧体制時代

日本では美術全集の巻名などにおいて，17世紀ヨーロッパ美術を便宜上

「バロック」と名づけていることが多い[神吉・若桑 1994；坂本・高橋 1995]。だが豊麗な現実感と目くるめくような幻視効果によって宗教的法悦や聖性を表出するイタリアのバロック美術と，静的な均衡を感じさせるこの時代のフランス美術を同じ語でくくることには無理があり，研究レベルでは後者を「古典主義美術」と呼ぶのが一般的である[大野 2003]。

ルイ14世の治世前後のフランス美術については，制度と実作の両面から考察する必要がある。制度面では，絶対王政下における文化の中央集権化の表れであった，1648年の王立絵画彫刻アカデミーの創設が重要である。王立絵画彫刻アカデミーは画家シャルル・ル・ブランを院長にいただく強力な組織であった。理論・実践両面における教育機関の役割をはたしたほかに，1667年以降官展(サロン)を開催して美術の普及に貢献し，ル・ブランを中心とする構成員は，ヴェルサイユ宮殿などの装飾を通じて王権の視覚化に努めた[Gareau et Beauvais 1992]（ヴェルサイユ宮殿造営には，造園家ル・ノートル，建築家ル・ヴォーやアルドゥアン゠マンサールなども関与した）。また古典古代やルネサンス美術を規範とするアカデミーの姿勢は，近世ヨーロッパの美術観形成に寄与し，17・18世紀にはフランス各都市やヨーロッパ諸国に各種アカデミーが創設された。なお，1671年設立の王立建築アカデミーも，理論・実践・教育を通じて，中央集権国家にふさわしい大様式の建築の普及に貢献した。

実作面においても王家がはたした役割は大きく，アンリ4世妃マリ・ド・メディシスがフランドルの画家リュベンス（ルーベンス）に描かせた王妃の一代記連作は，フランス絵画に大きな影響を残した。ルイ13世，14世時代の主要な画家としては，13世に召還されるまで長期間ローマに滞在して，華麗な色彩と端正な造形感覚によって国際的名声を得ていたシモン・ヴーエ，静謐な夜の世界や無言劇のような情景を描いたジョルジュ・ド・ラ・トゥール，宗教的含意を感じさせる農民画を残したル・ナン兄弟などがいる。またニコラ・プッサンは，短期間ルイ13世によって召還された以外は生涯の大半をローマで過ごしながら，深遠な思索と知的理論によって構成された歴史画（物語画）によって，たとえていえばイタリア美術史にとってのラファエッロのような重要な位置をフランスにおいて占めている

(図2)。風景画家クロード・ロラン(ジュレ)もまた，ほとんどの活動をローマでおこなったにもかかわらず，フランス美術史の流れで語られる。

18世紀ヨーロッパ美術は日本では便宜上「ロココ」の語でくくることが多いが[坂本 1996]，大革命以前の18世紀フランス美術には「ロココ的」と「啓蒙主義的」の二面がある。摂政時代とルイ15世親政時代には，17世紀的壮大さ，儀式性，観念性に，軽妙洒脱さ，自由奔放さ，親しみやすい日常性と感覚性が取って代わった。ロココとは，こうした感性を示す美術様式の蔑称として，新古典主義時代に用いられるようになった語である。

ロココ様式は美術諸分野にわたるが，装飾美術においてはガブリエル＝ジェルマン・ボフランのオテル・ド・スービーズの〈楕円形の間〉に代表される，富裕層に快適な日常生活を保証する小振りで曲線的な室内装飾や多様な家具什器が制作された。絵画もそれにふさわしい展開を示し，ルイ14世晩年から活動を始めたアントワーヌ・ヴァトーが夢幻的な風景を背景に特権階級の恋の戯れを描く「雅宴画」の分野を完成させ(図3)，内省的な洞察に満ちた芝居や舞踏の絵を残した。ヴァトーの影響下に出発したフランソワ・ブーシェは，ポンパドゥール侯爵夫人の支配するルイ15世の宮廷で，現世的な官能性に満ちた女神の登場する神話主題の装飾画など多数の作品を制作した。ブーシェの弟子ジャン＝オノレ・フラゴナールは，柔らかでスピード感にあふれるタッチでエロティックな女性や恋の情景を描いた点ではロココ的であるが，同じ軽妙な筆遣いで市民や農民の理想化された家族像を表現している点では啓蒙主義思想に通ずる面がある[鈴木杜幾子 1995]。ジャン＝シメオン・シャルダンは，台頭しつつあった市民階級の生活の情景という新鮮な主題で特権階級にも人気があった。ジャン＝バティスト・グルーズは道徳性を露骨なまでに表現した風俗画によって，ディドロの称賛を受けている[鈴木杜幾子 1995]。

革命とナポレオン時代

ディドロはジャック＝ルイ・ダヴィッド(ダヴィド)の〈ベリサリウス〉を1781年のサロンで見て，「この若者の作品には偉大な手法(ラ・グランド・マニエール)が示されている」と激賞した。フランス革命とナポレオン支配の時代の美術はダヴィ

第 8 章 文化史 243

図1 ジャン・クルーエ〈フランス国王フランソワ1世〉1535年頃, パリ, ルーヴル美術館蔵

図2 ニコラ・プッサン〈詩人の霊感〉1630年頃, ルーヴル美術館蔵

図3 アントワーヌ・ヴァトー〈シテール島の巡礼〉1717年, パリ, ルーヴル美術館蔵

図1～図10：ユニフォトプレス提供

ドの軌跡を中心にたどるのが効率的である[鈴木杜幾子 1991]。

18世紀前半のポンペイ,ヘルクラネウムの発掘開始によって古代愛好が広がり,ドイツのヴィンケルマンの『ギリシア美術模倣論』(1755年)などの影響によって,フランスでもルイ15世の治世末期からルイ16世時代にかけて,のちに新古典主義と名づけられる傾向が生じていた。ダヴィッドは,イタリア留学後の1780年代に〈ホラティウス兄弟の誓い〉(図4)〈ソクラテスの死〉〈ブルートゥスの邸に息子たちの遺骸を運び込む警士たち〉などによって,道徳的教訓を含んだ古代主題を簡潔な構図で描くという新しい歴史画の様式を完成させた。

革命の勃発直後,古代ローマの有徳の英雄を描いたこれらのダヴィッドの作品が革命の理想を表現しているとみなされ,また自身も王政に反感をいだいていたこともあって,ダヴィッドは革命の渦中に身を投ずることとなる。憲法制定の誓いを描いた〈ジュ・ド・ポームの誓い〉素描,〈マラーの死〉などの革命の殉教者の肖像,いくつもの革命祭典の演出などがこの時期の作品である。

テルミドール反動による投獄をへて,ダヴィッドは総裁政府の将軍ナポレオン・ボナパルトに出会い,1804年の帝政開始と同時に皇帝の首席画家に任じられた。〈皇帝ナポレオン1世と皇妃ジョゼフィーヌの戴冠式〉など,皇帝の事績を描いた大画面によって歴史画主題の現代化を実現し,〈書斎のナポレオン〉などの肖像画も残している。

ダヴィッドは皇帝の首席画家でありながら戦争画は制作しなかったが,弟子アントワーヌ゠ジャン・グロは,〈アイラウの戦場のナポレオン〉などで,死や敗北という負の要素に対するロマン主義的感受性を示した。

このほかのナポレオン時代の美術としては,古典古代風を志向する新古典主義建築や室内装飾が,高価な素材,華麗な装飾性,戦いの陣営を思わせるテント型調度を特色とする帝政様式としての展開を示したことも付け加えておきたい。

研究動向として特筆すべきは,歴史学と美術史学の両面をもつ政治文化研究が,革命期の視覚文化における象徴や寓意を分析の対象としていることであろう[Vovelle 1986]。また制度面の動きとしては,王立アカデミー

図4 ジャック=ルイ・ダヴィッド〈ホラティウス兄弟の誓い〉1784年, パリ, ルーヴル美術館蔵

図5 ユジェーヌ・ドラクロワ〈サルダナパールの死〉1827〜28年, パリ, ルーヴル美術館蔵

が革命期に廃止され，1816年に絵画彫刻アカデミーと建築アカデミーが含まれるアカデミー・デ・ボザールとして復活したこと，またアンシャン・レジーム期からあったルーヴル宮殿の美術館化計画が，1793年中央美術館という名で実現したこと(1803年にナポレオン美術館と改称)などがあげられる[鈴木杜幾子 1991]。

19世紀前半から中葉へ

1815年復古王政，30年七月王政，48年第二共和政と移行するこの時代の美術史は，従来ロマン主義から写実主義へという流れでとらえられてきたが，今日ではそれに並行する流れとしての「アカデミスム」，または「19世紀の新古典主義」についても語られるのが普通である[高階 1993;馬渕 1993]。当時の正統でありながら近代主義的美術史学によって無視されてきたこの第二の潮流は，範囲や力点の置き方を少しずつ変えながら，「中庸派」「サロン絵画」などとも呼ばれる。
ジュスト・ミリュー

テオドール・ジェリコーは，王政復古期の微温的な社会で時事的な主題を反政府的立場から描いた新しい「歴史画」，〈メデューズ号の筏〉を世に問うたが早世した。その後継者となったのがユジェーヌ・ドラクロワである。一方ダヴィッドの弟子ドミニク・アングルは，兄弟子グロ亡きあと，アカデミー陣営の総帥となった。1820年代にドラクロワとアングルが発表した絵画の対照性は，ロマン主義対新古典主義の対立を当時の観衆の目に明らかにした。ドラクロワの〈キオス島の虐殺〉(時事主題)とアングルの〈ルイ13世の誓い〉(フランス史とキリスト教の主題)，〈サルダナパールの死〉(図5)(東洋古代の主題)と〈ホメロス礼賛〉(ギリシア古代の主題)。さらに技法(色彩のドラクロワ対素描のアングル)，構図(対角線と深い奥行のドラクロワ対垂直・水平線と浅い奥行のアングル)の点でも，両者の対照は際立っていた。

だが，ドラクロワは七月革命をテーマとした〈民衆を率いる自由の女神〉(1830年)を最後に，文学，歴史，東洋の主題に移行し，少なくとも主題面では彼とアングルの対比はさほど明瞭ではなくなった。この後，二者の対照は，在野と体制という社会的立場，芸術上の自由主義と伝統保持という思想的問題となってくる。

他方，ドラクロワが開発した文学，歴史，東洋の主題をさらに逸話化し，アングル的な緻密な描写でわかりやすく描く「中庸派」(ジュスト・ミリュー)は，七月王政で重用された[Boime 2004]。ルイ＝フィリップ王は1837年にヴェルサイユ宮殿の歴史美術館化の方針を明らかにしたが，その中心となる「戦争の間」は，正統王朝派，ボナパルティスト，共和主義者，自由主義者，カトリック教徒などの，国内諸勢力のすべてを満足させるという観点から選ばれたフランス史上の戦いの絵で飾られた。このような政策を「中庸派」(ジュスト・ミリュー)と呼ぶところから，「戦争の間」の主だった画家の1人オラース・ヴェルネや，この時代に多様化したさまざまな主題を挿話的克明さをもって華麗に描いたポール・ドラローシュなどが「中庸派」(ジュスト・ミリュー)の呼称を得たのである。

以上のような状況に対し，世紀中葉に新たに台頭してきたのは写実主義であった[Nochlin 1990]。世紀前半にフランスの身近な風景を描いたバルビゾン派や絵入り風刺新聞にリトグラフのカリカチュアを長年発表しつづけたオノレ・ドーミエを皮切りに，1850年代には油彩画に転じたドーミエ，バルビゾン派出身のジャン＝フランソワ・ミレー，「レアリスム」の語を自ら標榜して農村の無名の人びとを大画面に描いたギュスターヴ・クールベなどが勢揃いし，同時代の人びとや風景を描くという近代絵画の基本を示した。

19世紀前半の彫刻家としては，対象の性格をえぐり出すような肖像彫刻に優れたダヴィッド・ダンジェ，ロマン主義的情念がほとばしる文学，宗教，寓意的作品を残したオーギュスト・プレオーをあげておこう。

19世紀中葉から世紀末へ

クールベの〈オルナンの埋葬〉(図6)や〈画家のアトリエ〉によって，「周囲に実在する人びとを描く」という明確な自覚をもって展開した1850年代のレアリスムに続き，60年代にはエドゥアール・マネが〈草上の昼食〉や〈オランピア〉を発表した。この2作品は，同時代の舞台設定で同時代の人物を描いている点では写実主義の系統に属するが，伝統的な肉付け法を無視した大胆な平塗りは従来の絵画の破壊とすら思わせる。一方で

〈昼食〉はジョルジョーネ, 〈オランピア〉(図7)はティツィアーノの作品を下敷にしている点で, 西欧絵画の正統に繋がろうとする意思も感じられ, 都市化や写真技術などの新しい現象の一方でアカデミーや官展(サロン)という保守的な要素も残るこの時代に, マネが示した複雑な反応を物語っている。

1870年代に登場した印象派は, クロード・モネを筆頭に, マネの「形象破壊」を前提とする「筆触分割」と「視覚混合」によって, 美術史上はじめて外界の明るさに近い画面を生み出した(図8)[リヴォルド 2004]。彼らは主にパリとその郊外を舞台に, 中産階級市民と彼らの目をとおして見た労働者や歓楽街の女たちを描いた[Herbert 1988]。印象派展への参加者のなかで, エドガー・ドガはさまざまな社会階層の人びとを観察して独特の構図にまとめ, オーギュスト・ルノワールは裸婦像の伝統を進化させ, アメリカ出身のメアリ・カサットは大胆な構図上の実験と中産階級女性の主体の表現を組み合わせた。

現実を主題とする写実主義や印象派に並行して, 精神的・観念的要素を重視した画家としては, 壁面装飾の伝統を蘇らせたピエール・ピュヴィ・ド・シャヴァンヌ, 細密な装飾性と大胆な筆触を組み合わせて多様な文学的世界を描き出したギュスターヴ・モロー, 内面世界を近代主義的な技法で表出したオディロン・ルドンなどがおり, 基本的に進歩史観に基づいて構成されている近代美術史のなかでの位置づけを拒んでいる[高階・千足 1996]。また, トマ・クチュール, アレクサンドル・カバネル, ジャン=レオン・ジェローム, ジャン=ルイ・エルネスト・メソニエ, バスティアン・ルパージュなどのアカデミー系の画家たちに対する関心もいわゆる修正主義的美術史においては高まっている。

世紀の転換期に印象派の影響から出発しつつ異なる道に進んだ画家たちとして, 伝統的な遠近法や肉付け法によらずに空間や量感を表現するという力業を成し遂げたポール・セザンヌ, 印象派の点描を厳密化して写実と抽象のあわいに作品を成立させたジョルジュ・スーラ, 平塗りの色面構成によって想像的テーマを扱ったポール・ゴーガン, オランダ出身で筆触分割を外光ではなく精神的不安を表出するために用いたヴィンセント・ファン・ゴッホなどがいる。彼らはそれぞれに20世紀絵画の方向を定めた画家

第8章 文化史 249

図6 ギュスターヴ・クールベ〈オルナンの埋葬〉1849〜50年,パリ,オルセー美術館蔵

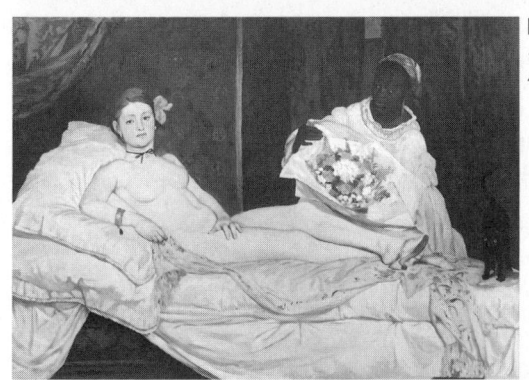

図7 エドゥアール・マネ〈オランピア〉1863年,パリ,オルセー美術館蔵

図8 クロード・モネ〈印象,日の出〉1873年,パリ,マルモッタン美術館蔵

たちであった。

　彫刻ではジャン=バティスト・カルポーが, 第二帝政から第三共和政にかけて建設されたシャルル・ガルニエ設計のオペラ座の正面彫刻など, 伝統と軽妙な近代性とを融合した作品で都市パリを飾り, オーギュスト・ロダンが, ロマン主義的芸術家の強烈な自我に裏打ちされた膨大な数の作品によって, 彫刻の「近代」を確立した(図9)。ロダンの弟子カミーユ・クローデルは, まるで師の陰画のように, 傷つきやすさという主体の新しいありようの表現によって現代に繋がる面を示している。

20世紀初頭から中葉へ

　前世紀に引き続き, 20世紀初頭においてもフランスは世界の美術の主導的役割をはたした。1905年サロン・ドートンヌの一室に出現した若い芸術家の一団は, スーラ, ゴーガン, ゴッホなどの試みに啓示を受け, 大胆なタッチの原色の線や面で構成された, 対象の再現ではなく自己表現を目的とした絵画によって野獣派と命名された[島田・千足 1994]。この派の中心アンリ・マティスは, 洗練の極ともいえる作品によって現在にいたるまで幅広く愛好されている。1907〜08年頃, パブロ・ピカソとジョルジュ・ブラックによって創始された立体派は, セザンヌに倣って対象をいくつもの面に分割して表現したところからその名を得た(図10)[乾ほか 1996a]。この2つの派は, フランスに限らず20世紀美術の最大の特徴であるさまざまなタイプの抽象絵画の淵源となった[乾ほか 1996a]。

　第一次世界大戦中にチューリヒで始まったとされるダダやそれに続くシュルレアリスム以降, 前衛芸術のさまざまな傾向は欧米各地を舞台とするようになったが, 20世紀の前衛の多くの局面の萌芽となった活動を展開したマルセル・デュシャンがフランス人であり, 渡米以前に印象主義からキュビスムにいたる世紀転換期のフランス美術の洗礼を受けていたことは特筆すべきである[乾ほか 1996b]。

　両大戦間のフランス美術としては, 世界各地からやってきてパリを活動の場とした具象画家たちの総称であるエコール・ド・パリが重要である[千足 1995]。その多くはロシア出身のマルク・シャガールのようなユダ

第8章 文化史 251

図9 オーギュスト・ロダン〈バルザック像〉1897年, パリ, ロダン美術館蔵

図10 パブロ・ピカソ〈アヴィニョンの娘たち〉1907年, ニューヨーク, 近代美術館蔵

ヤ人であったが、モーリス・ユトリロや藤田嗣治などもよく知られている。彫刻家としては、アントワーヌ・ブールデルやアリスティド・マイヨールが、地中海的美術の伝統であるモニュメンタルな人体表現の近代化ともいうべき作品を制作した。また、1925年にパリで開催された現代装飾・産業美術国際展を名の由来とするアール・デコは、幾何学的形態と文様を基本とする家具什器類によって、世紀転換期のアール・ヌーヴォーと近代デザインの中間に位置している。同じ頃建築家ル・コルビュジエは、理論と作品において、装飾を廃した近代建築の基本的方向を決定した。

20世紀中葉から21世紀へ

第二次世界大戦中から戦後にかけて、世界の美術の主導的役割はヨーロッパからアメリカに移行したが、ピカソ、ブラック、マティス、シャガールなどは基本的には戦前の作風の延長上に活動を継続し、フランス美術の健在ぶりを示していた。一方、アメリカの抽象表現主義やアクション・ペインティングに呼応して、フランスではアンフォルメルと呼ばれることになる傾向が戦中から生じていた。画家の腕の動きを残す速度感のあるタッチ、絵肌の物質的な存在感を感じさせる厚塗りなどを特徴とする一派である。ジャン・フォートリエの「人質」連作は対独レジスタンスの記憶の表象とされ、ジャン・デュビュッフェのいかなる美術的伝統とも無縁な人物表現は、児童画や精神障害者の美術(「なまの美術」)などの評価への道を開いた。

アンフォルメル[乾ほか 1996ab]には外国出身者も多数かかわっている。前述の2人とともに重要な役割をはたしたヴォルスはベルリンの出であったし、日本からも今井俊満、堂本印象などが渡仏している。またアンフォルメルの命名者である評論家ミシェル・タピエの来日は大きな反響を呼び、彼に評価されたことをきっかけに、関西を中心としてアンフォルメルを超えるラディカルな活動を展開していた「具体派」は世界的認識を得るようになった。

ピエール・スーラージュ、ハンス・アルトゥング(ドイツ出身でフランスに帰化)、アンリ・ミショーなどを代表とする、画家の腕の運動を感じさ

せる速度感のあるタッチというアンフォルメル絵画の特徴は，書(カリグラフィ)と共通性があり，この点でもこの派は中国や日本と深い関わりをもっている。

アンフォルメルや抽象表現主義以後，欧米で継起したさまざまな前衛(ポップ・アート，オプ・アート，コンセプチュアル・アート，アースワークなど)においてフランスの牽引力はさほど強いものではなくなったが，つぎの2人の芸術家は独自の作風によって知名度を得た。1950年代に世界的に知られるようになったバルテュスは，イタリア・ルネサンスとシュルレアリスムの融合のような独特の人物表現によって熱心な愛好家を得，ベルナール・ビュッフェは針のように尖った洗練された人物像によって人気を博した。

一方，フランス独自の動きとしては，ヌーヴォー・レアリスム(「新しい現実主義」)やシュポール/シュルファス(「支持体/表面」)があげられる。前者は1950年代から21世紀に続く恒常的な傾向で，フェルナンデス・アルマンの〈ひげそりブラシのヴィーナス〉(1969年)のように，樹脂などの透明な容器(この場合マネキン人形型)に工業生産品(ひげそりブラシ)を多数詰め込む「集積」と呼ばれる作品群，セザール・バルダッチーニのつぶした自動車をプラスティックの角柱に詰め込んだ〈黄色のビュイック〉(1967年)などの「圧縮」や，親指などの身体部分を巨大化した彫刻作品「拡張」シリーズなどがよく知られている。また，神秘思想に惹かれて1950年代，60年代に多彩な活動を展開したイヴ・クラインは，ブルー一色のモノクローム絵画や，女性の裸体に絵の具を塗って平面に写し取る「人体測定」シリーズなどの即物的手法ではヌーヴォー・レアリスム的であるが，何もない画廊空間を作品とする「空虚」展の開催や，自ら空中に飛び出す「空中浮遊」の実施においては，コンセプチュアル・アートやパフォーマンスなどとの共通性を感じさせる。

シュポール/シュルファスは，1960年代末から70年代初頭にかけての運動で，その名のとおり絵画の物理的側面(顔料を塗られる「支持体」と塗った結果である作品の「表面」)や，美術を成立させている制度までを問い直す急進的な試みであったが，中心人物クロード・ヴィアラの，布地に空豆型

のパターンを繰り返し型押した作品などには、南フランスらしい明るい優雅さが感じられる。

彫刻ではスイス出身ではあるが、フランスのシュルレアリスムや哲学者サルトルとの関係の深いアルベルト・ジャコメッティが、空間に屹立する人間の実存を形象化しえて高い評価を受けた。

20世紀末以降のいわゆるポスト・モダン美術において、フランスは必ずしも先鋭的な試みを生み出してはこなかったが、近年あいついでヴェネツィア・ビエンナーレのフランス代表となった女性芸術家、アネット・メサジェとソフィ・カルの活動がめざましい。

さらに1938年以降アメリカに移住した女性彫刻家ルイーズ・ブルジョワも、作品のほとんどが移住以前のフランスでの生活を素材にしている点でフランス美術の系譜に入れてもよいかもしれない。というより、女性であるがゆえのトラウマティックな体験というブルジョワのテーマ自体が地球上のすべての場所に共有されるものであり、国別の美術史記述の可能性の終焉を告げるものと考えることもできよう。『カラー版 20世紀の美術』の文献[末永 2000]はこうした女性芸術家の活動を丁寧に拾っている。

鈴木杜幾子

3 | 音 楽 史

音楽史の基礎概念と方法

「音楽」を歴史的に考察するということは、いったいどういうことであろうか。歴史学が「事実」に基づいておこなわれるように、それは「音楽的事実」に基づいてなされるはずである。では音楽史で、「史料」に相当するものは何であろうか。例えば「楽譜」はその答えの一部でしかない。なぜなら、それは音楽を媒介するメディアにすぎず、世界には楽譜が存在しない、あるいはそれが部分的にしか意味をもたない音楽もある。そもそも楽譜の様式や機能は、時代によって大きく変化するからである[皆川 1985]。また「作曲」「作品」「様式」「芸術」といった音楽について考える際に重要な諸観念も、それ自体が歴史性を帯びたものであり、それゆえに

第8章 文化史　255

使用された時代と場所によって変化しうるものなのである。

　こうした音楽史の基礎概念については，研究をおこなう際にまず整理しておかなければならないことである。そこではカール・ダールハウスの書が，よい手引となるであろう［ダールハウス 2004］。

　この節ではフランスにおける音楽（「フランス音楽」ではない）について述べるが，今日における研究の対象や手法はじつに多様である。特定の「大作曲家」の伝記や「音楽様式の変遷」の説明で音楽史が事足りると考えている研究者は，もはやいない。彼らの対象は，音楽や作曲者あるいは音楽様式だけではなく，その担い手である演奏家やその実践形態，パトロンや聴衆，音楽メディアと流通の関係，音楽のもつ政治的な機能やその受容のあり方，など多岐にわたる。ここでは「芸術音楽」(Musique savante)と，それにかかわる人と制度の歴史に絞ってみることとする。

　具体的に研究を進めるときに出発点となるのは，『ニューグローブ世界音楽大事典』である［Sadie 2001］。各項目には，その事柄についての現在の第一人者による解説（作品目録を含む）と参考文献が所収されている。またアンシャン・レジームについてはマルセル・ブノワ，19世紀についてはジョエル゠マリー・フォーケが編纂した事典も有益である［Benoit 1992; Fauquet 2003］。

　通史的な概説書に関しては，西洋音楽全体を対象とするもの［グラウト，パリスカ 1998-2001］と，フランス音楽に焦点をあてたもの［今谷・井上 2010］が，入門書として最適である。またシリーズ『西洋の音楽と社会』もあげておこう［セーディ 1996-97］。これは音楽が営まれた場（とくに都市）に注目した，新しいタイプの概説書である。

　最新の文献に関しては，国際音楽文献目録委員会(RILM)が提供しているデータベース MUSE（ミュゼ）があり，いくつかの大学図書館で利用可能である（邦語文献については，同委員会日本支部発行の『音楽文献目録』〈1973年からの文献を収録，現在も刊行中〉を参照）。

聖歌隊と楽師

　中世・ルネサンス（すなわち5世紀から16世紀にかけて）に音楽が生産され，

消費される主要な場は、まずもって教会と宮廷であり、やや時代がくだるとそこに都市が参入する。この時代の音楽史については、リチャード・ホッピン、皆川達夫、アラン・アトラス、リーマン・パーキンスなどが教科書的な文献である[Hoppin 1978；皆川 1986；Atlas 1998；Perkins 1999]。また今谷和徳は、音楽を取り巻く社会的背景を平易かつ丁寧に叙述している[今谷 2006]。

キリスト教会は、その当初から、礼拝に音楽を用いていたようである。旧約・新約聖書を繙けば、歌ないしは朗唱に関する多くの記述を目にすることができる[金澤 2005]。やがてそれは典礼というかたちで制度化され、8〜9世紀には「グレゴリウス聖歌」という名称があらわれる。それら典礼の歴史と種類は地域によって大きく異なるものの、基本的な点については、ジョン・ハーパーの概説書が参照できる[ハーパー 2000]。

さて、それらの聖歌を歌っていたのはだれか。教会の職務には先唱者（カントル）という職があり、初期中世においては、歌唱の監督と教育を担っていたようである。しかしながら、中世半ば以降、この職は顕職（ディーグニタース）のひとつとなり、実際に音楽に携わることはなくなった。代わって登場したのは、司教座聖堂や参事会教会における参事会員（シャノワーヌ）であった。ギヨーム・ド・マショー、ギヨーム・デュファイ、ジョスカン・デプレといった、この時代の大音楽家は、それぞれランスやカンブレなどの参事会員であった。とはいえ、聖務日課やミサなど日々の過酷な聖務を担っていたのは、彼らの「代理」である下級聖職者である。また教会の聖歌隊学校（メトリーズ）では、成人の教師のもとで、4〜8名程度の少年が、音楽を学んでいた[Wright 1989]。

世俗諸侯の宮廷には、礼拝堂付司祭（シャプラン）と楽師（メネストレル）という2つの集団が存在した。前者は、君主の私設礼拝堂（シャペル）での聖務をおこなう聖職者≒歌手であり、その有利な立場を利用して、各教会の不在聖職禄を獲得する者も少なくなかった。後者は、当初からその身分や組織構造が確立していたわけではなく、「ハープ弾き」「ラッパ吹き」「曲芸師」など、担当する楽器なり芸能で呼ばれたり、あるいはたんに「部屋付従者」と記された者たちの総称にすぎない。しかし、中世後期になると、

彼らの組織制度も徐々に整備され始め，後述するアンシャン・レジーム期の「宮廷楽団」に近づいていく[Cazaux 2002]。

中世盛期における商業活動の活発化や人口の増加によって，都市もまた音楽の生産・消費の重要な拠点となった。裕福な市民や同業者組合は，教区教会の礼拝堂に祭壇を寄進し，自分たちのための聖務をおこなわせた。他方で，都市を活動の拠点とする音楽家たちは，雇用条件の改善や権利の保持，組織の規律化，社会的身分の向上，あるいは親睦や信仰生活を深めるためなど，さまざまな目的から団結し始める。例えばパリでは，1321年にサン・ジュリアン楽師兄弟会という同職者組合が結成されるが，この団体はフランス革命期まで存続した[上尾 1995]。

王の音楽

バロック期(フランスでは「古典期」の名称も好まれる)にはいると，器楽曲の発展，オペラという新ジャンルの出現，印刷楽譜の普及などによって，音楽は社会に広く浸透していく。したがって，多様な角度からの研究が可能であり，その一端は，1950年代よりピカール社から刊行されているシリーズ『ブルボン王政下のフランスの音楽生活』にみることができる[Dufourcq et Benoit 1954-]。標準的な概説書としては，ジェイムズ・アンソニーと服部幸三のものがある[Anthony 1997；服部 2001]。

この時代のフランス王家の音楽組織はおもに，室内楽団(シャンブル)，グランド・エキュリ楽団，礼拝堂音楽隊(シャペル)の3つの部門から構成されていた。そこに仕える者たちは「王の音楽家」と呼ばれ，例えばルイ14世の時代では，合計で150〜200名程度いたと見積もられている[Benoit 1971ab]。

まず室内楽団だが，これは歌手，リュート，コルネット，ヴィオール，オルガンやクラブサンといった鍵盤楽器の奏者らによって構成され，基本的にソリストの集団である。彼らを管理するのは，1592年に創設された総監督職であり，2名が任命され，それぞれ半期ずつ担当した。総監督を補佐する者として，室内楽団教師がいる。彼は室内楽団に割り当てられた小姓の教育や衛生管理をおこなっていた。また室内楽団には専任の作曲家も

所属していた。なお、ジャン=バティスト・リュリは上記の3つの役職すべてをかね、強大な権勢を誇った。ゆえにこの時期を「リュリの時代」と呼ぶこともある。

エキュリは通常、「厩舎」を意味するが、グランド・エキュリは、1582年以降はパリのテュイルリ宮殿の北側、1682年以降は、ヴェルサイユ宮殿の正面右手(北側)にあった壮麗な建物とそこに属する組織のことである。そこには音楽家も含まれ、「グランド・エキュリ楽団」と呼ばれた。彼らは伝統的に、軍隊と野外での祝祭にかかわる音楽を演奏した。そのため、担当する楽器は、木管、金管、打楽器などが多かった。

礼拝堂音楽隊は、中世以来の礼拝堂付属聖歌隊とさほど変わらず、宮廷におけるキリスト教の礼拝を担当した。その構成は、礼拝堂付司祭、少年聖歌隊員、ファルセット歌手、カストラートなど声楽家に、コルネットなどの楽器が加わった。また正式な構成員ではないが、ときとして女性の歌手も演奏に参加していたようである。組織のトップは礼拝堂楽長だが、これは一種の名誉職であり、パリやランスの大司教などが就いていた。実質的な音楽監督は2人の副楽長が担った。

市井の音楽

音楽は、何も王侯貴族のためのものだけではない。この時代のフランスの都市、とりわけパリではさまざまな音楽が流れ、そして音楽について語られていた。ここではとくに、音楽の演奏を企画・運営していた2つの団体と、当時の音楽に関する論争について述べよう。

「アカデミー」はいうまでもなくプラトンの学園アカデメイアに由来し、15世紀後半より、とりわけイタリアを中心に数多く創設された集団のことを指す。当初それは、メンバー間の知識や技術の向上を目的とする一種の文芸サークルで、1570年にジャン=アントワーヌ・バイーフらによって創設された「詩歌・音楽アカデミー」は、その典型であった。それに対して、詩人のピエール・ペランらが、「フランス語の音楽作品」上演に関する(宮廷を除く)独占権を1669年に得たことに端を発する王立音楽アカデミー(オペラ・アカデミーともいう)には、音楽家のみならず王権や興業主らのさま

ざまな思惑が交錯していた。詐欺による負債で投獄されたペランは，上記の権利をリュリに売り渡した。稀代の音楽家であると同時に類まれな実業家でもあったリュリは，王権からの財政支援を要求する一方で，他の劇場における楽器や声部の編成に制限を課すといった非情な手段で，王立音楽アカデミーを発展させた。リュリの死後，この組織は深刻な財政問題をかかえたが，1816年に芸術アカデミーに統合されるまで存続し，フランス・オペラの展開に少なからざる貢献をおこなった[Gorce 1992]。

18世紀になると，アカデミー以外にも多くのコンサート団体が生まれた。その代表格が，1725年に名門音楽家系フィリドール家のアンヌ・ダニカンによって設立され，66年にわたり続いたコンセール・スピリテュエル(聖楽演奏会)である。とはいえ，王立音楽アカデミーが保持する諸特権のため，自由に演奏会がおこなえたわけではなかった。彼は同アカデミーに年間1万リーヴルを支払い，テュイルリ宮殿での演奏会はアカデミーが興業をおこなわない年間24日程度の祝日に限られた。レパートリーに関しては，その名が示すように，宗教音楽(独唱，合唱，管弦楽からなるグラン・モテが最低ひとつは含まれた)を中心としたものだが，器楽曲も多く演奏された[Constant 1975]。

以上のような各種の演奏会とともに，音楽をめぐる言説も活発になっていった。とりわけ著名なのは，イタリア・オペラとフランスのそれの優劣をめぐって戦わされた「ブフォン論争」であろう。これは，1752年にあるイタリア人楽団——彼らは「道化師ども」(ブフォン)と呼ばれた——がパリで「オペラ・ブッファ」の公演をおこない，大成功をおさめたことが引き金となり，18世紀中頃におけるオペラのレパートリーや作曲家，演奏家に対してくすぶっていた不満が爆発したものである。論争にはジャン＝ジャック・ルソーをはじめとした「百科全書派」の思想家が参戦し，60を超える書簡やパンフレットがかわされた。小規模な喜劇オペラであるイタリアのオペラ・ブッファに，高尚さ荘厳さを特徴とするジャン＝フィリップ・ラモーの抒情悲劇(トラジェディ・リリク)を対比するなど，そもそも比較すべき対象はずれていた。したがって今日において，この論争の可否を云々することに積極的な価値を見出すことはできないが，「フランス音

楽」という明確な意識の芽生えや音楽批評の形成過程を考える点では, 興味深い事件であったといえよう[Cowart 1981]。

革命の歌

　フランス革命は, 音楽にどのような影響を与えたのか, あるいはこの激動の時代において, 音楽がはたした役割はどのようなものであったのか。革命期における音楽の諸相は, アデライード・ド・プラースの書が詳しい[プラース 2002]。ここでは「国民祭典」のための音楽と教育制度の2点についてふれておこう。

　革命を記念する連盟祭, 戦勝記念祭, 著名人の葬儀, そして「理性の祭典」など, 革命期にはさまざまな国民祭典が執りおこなわれたが, そこで音楽は不可欠な要素であった。重視されたジャンルは, 祭典に参加する民衆が平易に歌え, また団結心を高揚させることができる合唱曲であり, また力強さを示すのに格好な軍楽・吹奏楽である。フランソワ゠ジョゼフ・ゴセックらの音楽家は, そうした楽曲をさかんに書いた。

　フランスの国歌「ラ・マルセイエーズ」も, このような音楽のひとつといえる。1792年4月にルジェ・ド・リールによって作詞作曲されたこの曲は, もともとは「ライン軍のための軍歌」と題し, オーストリア・プロイセンへの宣戦布告にちなむものであった。それが, 同年の夏にマルセイユからパリに駆けつけた連盟兵が歌っていたのをきっかけとして, 人口に膾炙したのである。国歌としての規定は1795年の法令におこなわれていたが, それが実際に施行されるのは, 紆余曲折をへて1879年まで待たなければならない[吉田進 1994]。

　図書館や博物館などと同様に, フランス革命は音楽教育のあり方についても重要な貢献をおこなった。その最大のものは, パリ国立音楽院(コンセルヴァトワール, 現在はパリ国立音楽・舞踏学校と改称)の設置である。この教育機関は王立音楽・朗読学校と国立歌唱・朗読学院という2つの組織が合併するかたちで1795年に設立された。前者はオペラ歌手の養成を目的としたものであり, リュリの時代にはすでに企画されていたが, 実現したのは1784年になってからであった。それに対して後者は, 国民衛兵大尉ベ

ルナール・サレットが私費を投じて設立した国民衛兵無償軍楽学校に端を発し，それが1793年に国立歌唱・朗読学院として再編されたもので，国民祭典で演奏するための管楽奏者の養成機関であった。なおその一方で，中世以来の音楽教育を支えてきた教会の聖歌隊学校は，聖職者民事基本法の制定にともない，おおむね廃止された。

音楽の「大衆化」

19世紀から20世紀初頭にかけて，フランスにおける音楽の特徴を一言であらわせば，それは「大衆化」につきるであろう。音楽は，劇場やコンサートホールのみならず，市民生活のあらゆる場面を占めるようになる。巷では「カフェ・コンセール」が催され，また「さくらんぼの季節」など流行のシャンソンが歌われた。裕福な家庭は子女に楽器を習わせた。「近代的聴衆の誕生」に呼応して，音楽は大きく，そして激しくなる。近代ピアノなど楽器は大音量が出せるようになり，管弦楽は巨大化し，「ヴィルトゥオーゾ」はその超絶技巧で大衆を魅了した[渡辺裕 2004]。それを支えていたのは，機械化された楽器製造業であり，今日まで続くものも少なくない楽譜出版社や音楽雑誌であった。またこの時期に，音楽は学術的な研究対象にもなる。「音楽学」という語は1872年頃から使われ始め，1903年には，作家としても知られるロマン・ロランが，ソルボンヌ大学における最初の音楽学教授に就任した。そして，パリで開催された数回の万国博覧会は，こうした音楽を取り巻く諸状況の縮図であった[井上 2009]。

この時期の作曲家の組織と制度について概観しよう。革命期にパリ国立音楽院が設置されたことはすでに述べたが，1803年には「ローマ大賞」が創設され，同院の学生が音楽家として成功するための登竜門となる（受賞者のなかにはエクトル・ベルリオーズなどがいる）。1851年には，作詞・作曲家や楽譜出版社の権利を守るために「音楽著作権協会」(SACEM)が設立された。また1871年には，カミーユ・サン゠サーンスやガブリエル・フォーレらによって「国民音楽協会」(SNM)が立ち上げられた。「アルス・ガリア」(フランスの芸術)を標榜し，若手フランス人作曲家の作品上演をおもな目的としたこの協会は，一方では普仏戦争における敗北と，他方では音楽

界を席捲していたイタリア音楽やドイツ音楽に抗するためのナショナリスティックな性格をもつ組織であった。クロード・ドビュッシーやモーリス・ラヴェルといった、19世紀末から20世紀初頭にかけて活躍した作曲家の作品の多くは、この協会主催の演奏会で初演がおこなわれている。

2つの世界大戦と戦間期

　第一次世界大戦が勃発すると、音楽家は前線、銃後を問わず、これにかかわった。アンドレ・カプレやラヴェルは進んで従軍を志願し、戦闘の合間にはミニコンサートを催し兵士を慰問した。国内では芸術省の支援のもとで、「フランス音楽祭」と「フランス音楽防衛のための国民戦線」が組織され、ピアニストのアルフレッド・コルトーが音楽プロパガンダ担当に選出された。

　戦間期になると、パリは「音楽の都」としての繁栄を取り戻す。ロシア・バレエ団やジャズ、新ウィーン楽派など、そこではあらゆる音楽を聴くことができた。これを支えていたのは、定期的に公演をおこなっていた4つの主要なオーケストラをはじめとする演奏家たちであった。また、レコードやラジオ放送といった、音楽を伝える新たなメディアが登場したのもこの時期である。1934年には、ラジオ放送の専属オーケストラとして、フランス国立放送管弦楽団(現在のフランス国立管弦楽団)が創設された。

　ヴィシー政権期におけるパリ市の音楽事情については、田崎直美が近年、精力的に研究を発表しており、この時期にも音楽活動の停滞はみられず、むしろフランスのアイデンティティの再構築や雇用対策のために、積極的な財政支援がおこなわれていたことがわかっている[田崎 2004]。

　なお、第三共和政期のフランス社会の文化的・政治的思想や心性と音楽の関係、という大きな問題については、ミシェル・フォール、ジェーン・ファルチャー、ミリア・シメーヌらの研究を参照されたい[Faure 1985; Fulcher 1999; Chimènes 2004]。

フランスにおける音楽の現在

　最後に第二次世界大戦後の音楽をめぐる状況について、簡単にみておこ

う。第五共和政になると音楽は文化省の管轄となり，マルセル・ランドフスキーの陣頭指揮のもと，音楽祭の開催，現代音楽の作曲家への委嘱などがさかんにおこなわれた。その一方で，1967年にパリ音楽院管弦楽団がパリ管弦楽団に改編され，ローマ大賞は68年度で終了するなど，一時代の終焉を象徴するできごとも続いた。戦後最大の音楽事業は，1970年における「音響音楽研究所」(IRCAM)の設置であろう。その初代総裁には，ポンピドゥー大統領の求めに応じてピエール・ブーレーズが就任し，長らく君臨した(1992年まで)。この組織は音響技術や電子音楽，コンピュータ・プログラムの開発のみならず，アンサンブル・アンテルコンタンポランという独自の演奏集団を有し，研究，教育，作曲，演奏の相互的な取組がおこなわれている。現代音楽の推進と同時に，過去への眼差しも意識されている。1988年に開設されたヴェルサイユ・バロック音楽センターは，その一例といえよう。

　なお，現代のフランスにおける音楽政策については，永島茜の著作が詳しい[永島 2010]。

山本成生

第9章 ブルターニュとアルザス

　フランスの諸地方は，華やかなパリの文化の陰に隠れた存在だったが，1968年のいわゆる五月革命あたりから，様相が変わってきた。パリの学生たちと同じように異議申し立て運動に加わった地方の若者たちが，そのなかで自らのルーツを発見し，地方文化の自己主張を始めたのである。地域語で歌う歌手，地域語文学運動，自主教育運動，さらには地域政党，民族主義政党としての活動など，その領域は文化・政治を含め，広く社会運動を構成することになった。もちろん，フランスを構成する諸地方は異言語地域ばかりではないが，こうした地方が独自性を際立ってもったということになる［ジオルダン 1988］。こうした地方の社会運動の研究はおもに社会学者の仕事であり，フランスでは1970年代から［トゥレーヌほか 1984］，日本では80年代から研究がある［宮島・梶田 1991］。2000年代になると，EU（ヨーロッパ連合），国民国家，地域と重層的に考える研究，また移民との関連で，地域の領域的特徴を分析する研究などが盛んである。

　異言語地域は歴史的に考えると大きく3地域に分けられる。ひとつはフランク王国形成期に問題の根源を見出すことができるゲルマン系言語地域。フランス北部ノール県の一部に，ベルギーからはみ出すかたちで文化圏を形成するフランデレン（フラマン）語地域，ライン川中流域でドイツ語方言文化圏を形成するアルザス（エルザス）語地域である。なかでもアルザスは，独仏両文化圏の形成の起源を考えるうえでも重要である［Beaune 1985］。本章で取り上げる理由もそこにある。

　2つ目は，これもフランク人の侵入地域か否かで文化圏が形成されたといわれる，オイル語方言域とオック語方言域が元になっている言語圏である。オイル語は現在のフランス標準語に繋がり，ピカルディ地方やノルマンディ地方などには方言運動がある。オック語は現在のオクシタン語文化

圏である。オイル語圏とオック語圏はあわせてその全体でフランス語社会史の対象をなすといっていい領域であり，フランスでは20世紀前半のブリュノ以来，長い研究の歴史がある。ヨーロッパ言語社会史も本格的研究は2000年代になってからだが[バーク 2009]，日本では，フランス史のレベルでもヨーロッパ史のレベルでも，本格的な研究はまだない。

3つ目は別の歴史的文化圏に属する地域である。ケルト語系のブレイス語が独自性を象徴するブルターニュ(ブレイス)地方。ここはブリテン島のケルト語文化と関係が深い。系統不明のエウスカディ(バスク)文化圏の一部をなす北バスク地方。ここは先史時代から同一地域での居住の歴史をもつといわれる。もうひとつがイタリア文化圏に属するコルシカ島(コルス)である。

これら異言語諸地域の代表として，本章ではブルターニュとアルザスを取り上げる。それは，地域的固有性を強く保ちながら，人口規模が大きく，フランス中央との繋がりもそれぞれ独自かつ重要だからである。

フランスにおける異言語文化を考える場合，こうした地方的言語のほかに，都市に基盤をもち，したがって地方的独自性を形成しない，ロマ人やユダヤ人(とりわけセファルディと呼ばれるイベリア系ユダヤ人)，また海外県，海外領土をなすグアドループやマルティニクのクレオール語，仏領ポリネシアの諸言語，さらには近年の移民たちの言語文化にも注目する必要がある[三浦 2001]。

1 │ ブルターニュ

地方史としてのブルターニュ

ブルターニュ地方は，12世紀にはフランス語が貴族層にはいり，15世紀末には，フランス文化圏の一部をなすにいたるといっていいが，それまでは独自の歴史文化を形成した。少なくとも，11世紀まではブリテン島のケルト語系文化圏，現在のコーンウォール(ケルノウ)地方とウェールズ(カムリー)地方との関係が緊密だった。

1964年の地域経済圏の区分によって，ブルターニュ地方は，ブレイス語

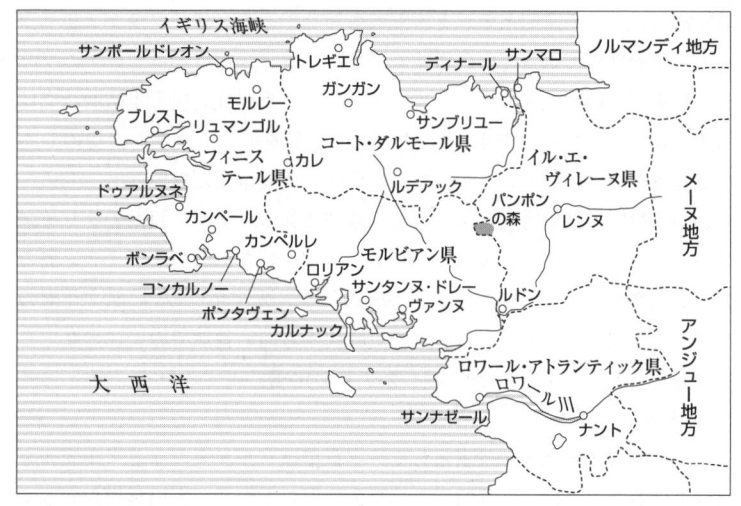

現在のブルターニュ

圏をなすフィニステール県，コート・ダルモール県，モルビアン県の3県と，ブルターニュ三部会の所在地レンヌを県庁とするイル・エ・ヴィレーヌ県に限定され，ブルターニュ公の居城の存するナントを中心としたロワール・アトランティック県はここから除外された。これは1982年に権限が明確化された現在の地域圏に続いているが，歴史的にこの5県はブルターニュ地方としての一体性をもちつづけていた。9世紀のブルターニュ王国成立時にほぼこの地域がその領土となり，16世紀のフランスへの併合後も領域性は維持された。フランス革命によって，この地方は5県に分断され，政治的一体性を失ったのである。

ブルターニュの歴史的概説については，フランス語ではプリヴァ社から地方史シリーズの1冊として出版された『ブルターニュ史』とその史料集が，基本文献として今でも定評があるが[Delumeau 1969；1971]，1980年代に刊行され始めたウェスト゠フランス社の「ブルターニュ史」シリーズは，先史時代から現代まで，最新の研究動向や詳しい文献案内もついていて，これもまた必読文献である[Legay et Martin 1982；Chédeville et Guillotel 1984]。おもに高校の教師や大学生を対象として，スコール・ブレイス社

から出版されている「ブルターニュとケルト文化圏の歴史」シリーズは，数量的データ，図版，図像を数多く掲載しており，参考になる[Boutouiller et al. 1975；Cassard et al. 1983；Grall et al. 1986；Brunel et al. 1994]。アラン・クロワとジャン゠イヴ・ヴェイヤールの編集した『ブルターニュ文化遺産辞典』は大判の1冊だが，小項目を参照するには便利である[Croix et Veillard 2001]。クロワを中心に在野の研究者を含め，100人の歴史家が執筆した『ブルターニュ史辞典』[Croix et al. 2008]は最新の情報が含まれ，必携書である。文献学，文学一般については，『ブルターニュ文学文化史』[Balcou et Le Gallo 1987]が基本文献である。邦語では，ケルト文化圏の一部としてブルターニュ史を概述した『ケルトの水脈』[原 2007]，地方知識人の歴史意識の変遷をブルターニュ成立時から論じた『〈民族起源〉の精神史』[原 2003]がある。

先史時代とケルト文化

現在のブルターニュに相当する地域での最初の人類の痕跡は，70万年前に遡る。テヴィエック村の中石器時代の遺跡（前7000年）は，この時代のフランスを代表するものとされる。前5000年紀に始まる巨石文化では，バルルネのケルン（石積み塚，前4600年）をはじめ，ロクマリアケールのメンヒル（立石，前4000年紀後半），カルナックのアリーニュマン（列柱群，前3000年頃）などがとくに有名である。前2000年頃開始の銅器時代，前1800年頃の青銅器時代をへて，ブルターニュを含むブリテン諸島一帯では，前750年頃に第一鉄器時代にはいる。これまではケルト文化の初期を構成するハルシュタット文化と鉄器文化が同一視されてきたが，現在では，ハルシュタット文化をヨーロッパ中部にのみ限定して考える傾向が強い。ブルターニュでは他のブリテン諸島より1世紀以上遅れて，前600年頃，第一鉄器時代にはいるという見方がある。前450年頃からの第二鉄器時代についても，ケルトのラ・テーヌ文化と同一にみられてきたが，今では，ラ・テーヌ文化をヨーロッパ中部に限定して考える傾向がある。

ケルト語文化が無文字性を信条とし，これを代々継承してきたのがドルイドという祭祀集団だったと，これまで一般のケルト解説書ではいわれて

きた[ジェームズ 2000]。これについても見解は修正されつつある[Collis 2003]。ドルイドが文字を忌みきらった証拠はなく、たんに導入が遅れた、その後進性を考えたほうがいいのではなかろうか、というわけである。ドルイド自体についても、その形成にはギリシア、前6〜前5世紀のピュタゴラス派の影響がかなりあり、前1世紀には集団としては崩壊していたという主張が提起されている[Brunaux 2006]。

ブルターニュの考古学研究者の主張によれば、新石器時代からガリア時代にいたるまで、骨格タイプの大きな変動はなく、文化的変容はあったとしても、人の移動、征服による入替りはほとんどなかったという[Giot et al. 1979b]。

ガリア時代のブルターニュはラテン語でアルモリカと呼ばれたが、これはもともとケルト語で、「海に近い」地方を意味する。ギリシア・ローマの文献では、前2世紀にこの地の部族が指摘され、前1世紀には、南部のウェネティイ族(現ヴァンヌ)、東部のリエドネス族(現レンヌ)など現在の地名に繋がる部族が登場する。ローマの影響は強く、とくに、ウェネティイ族の叛乱鎮圧後の前56年には、アルモリカは完全にローマの支配下におかれるようになった。この地方で行政組織の整備が確認されるのは、後2世紀である。この時期のブルターニュについては、歴史史料はほとんどなく、考古学的発掘に頼るしかないので、わかっていないことが多い[Pape 1995]。

ブリテン島からの移住

近年の研究者によれば、3世紀末にはローマ市民として、ブリテン島からアルモリカへの移住が平和的に開始されたという主張があるが、4世紀後半から5世紀前半にかけてのアルモリカはまったく荒廃していて、むしろこうした文化的空隙地域に、新規開拓者として、5世紀後半以降、ブリトン人がアルモリカへ移住したという、従来の説のほうが説得力をもつ。移住のきっかけとなったのは、450年頃に始まるとされる、アングル人、サクソン人のブリテン島への進出である。ただし、これらの人びとがゲルマン人に追われて、アルモリカに移住したというより、ブリテン島から布

教に訪れた聖職者たちに付き添って到来した人びとが村落を形成して，現在のブレイス語圏の元をなすにいたったというほうが，わかりやすいだろう。

5世紀後半には，ガリアからアルモリカにキリスト教が進出しているという記録があるが，いわばそれと並行するかたちで，ブリテン島からの布教と移住が始まり，これが7世紀後半まで続いたのである。8～9世紀を中心に作成された60点を超える渡来聖人伝があり，その大半はブリテン島からやってきた聖人の伝記である。9世紀から11世紀にかけて，ブリタニアという名称はブリテン島とアルモリカの両者を指して用いられており，コーンウォールを指すケルノウ，ブルターニュのケルネ(コルヌアイユ)地方も同族地名である。このほか共通の地名は数多い。したがって，この時代は，両者の地域が共通の文化圏をなしていたといえるのである[Fleuriot 1980]。

ブリトン人王国，ブルターニュ公国

7世紀後半，現在のフランス北西部では，フランク人の支配権が強まり，800年以降のカール大帝(シャルルマーニュ)のもとでは，完全にフランク王国に組み込まれるが，845年，史実として確認できる最初のブリトン人王ノミノエがフランク王シャルル2世禿頭王を破り，いわば独立を達成する。この時代については，ブルターニュ創始者はだれかというテーマで，まさに民族主義の起源を探る試みとして近年さかんに研究された[Rio 2000; Tonnerre 2001]。

9世紀後半には，それに続く王が，現在のノルマンディやアンジュー地方なども勢力下におき，ブリトン人王国の全盛期を形づくる。だが，9世紀末にはノルマン人(ヴァイキング)の襲来が始まり，10世紀半ばには，ノルマン人の王が「ブリトン人の公」を名乗り，この後ブルターニュは公領として16世紀のフランス王国への併合にいたるまで，存続することになった。この10世紀にノルマン人はフランス語化しており，それまでのブリタニアに代わり，ブルターニュというフランス語の地名が以降，一般化することになる。フランス宮廷文化のブルターニュへの浸透は早く，12世紀初

めのコルヌアイユ伯アラン 4 世がブレイス語を話す最後の公だったという。

12世紀は英仏両国にまたがる「アンジュー帝国」の時代であり,このなかでブリトン語文化圏を出自とする「アーサー王伝説」[青山 1985]が,13世紀にはヨーロッパ中に広がることになる。

14世紀半ば,英仏両国でブルターニュ公継承戦争(1341～64年)が起こる。これはフランス側の勝利に終わり,ブルターニュとフランスとの文化的関係が深まることにもなった。ただし,15世紀にはイングランド王の側につくこともあり,公国が全面的にフランス王の支配下にはいるというわけではなかった。この時代のブルターニュは,英仏両国が百年戦争で疲弊するなか,海洋国として繁栄を続けた。

フランスへの併合

フランス王ルイ11世の王国拡張政策はブルターニュにも圧力となり,その息子シャルル 6 世による「サントーバン・デュ・コルミエの戦い」(1488年)で,ブルターニュ公フランソワ 2 世を破り,王国が公領を部分的に占領する条約を結ぶ。フランソワ 2 世に続くアンヌ女公は,フランス国王シャルル 8 世と結婚し,シャルルが亡くなると,その世継ぎのルイ12世とも再婚することになる。ブルターニュは,1532年,三部会のフランスへの併合承認によって,フランスの一地方という地位にいたる。

ブルターニュは政治的には独立性を失うとはいえ,経済的・文化的には繁栄を続けた。ブルターニュの黄金時代は,むしろ自立を失った16世紀後半から17世紀にかけてである。16世紀末から宗教戦争によってフランスは経済的に停滞に向かい,それが17世紀も続くが,ブルターニュはそれに影響されなかったのである[Croix 1980；1993]。

17世紀後半,ルイ14世の登場によって,ブルターニュの独自の繁栄に終止符が打たれる。それを象徴するのが,1675年の「印紙税一揆」と国王軍による鎮圧である。この一揆は,農民による民主的綱領の作成など,先駆的試みとして注目されたことがある。事件をきっかけに,国王が任命する警察長として地方長官(アンタンダン)が派遣されるようになり,中央による支配体制が一段と強化された。

カトリックと異教的信仰,起源としてのケルト

ブルターニュの文化を考える場合,カトリック的な宗教基盤の確立は重要である。プロテスタントの宗教改革に対抗するカトリック宗教改革の実践の場が,まさにブルターニュだった。17世紀前半のミシェル・ルノーブレ,それに続くジュリアン・モノワール,さらに1660年代に,民衆向けの「絵解き説教」を考案したイエズス会士ヴァンサン・ユビの3人が有名である。絵解き説教は,ブルターニュでは20世紀前半まで継承され,ブルターニュに関係する宣教師によって,カナダ,マダガスカル,上海,さらには日本の長崎にまで広まることになった[ルドーほか 1996]。

ブルターニュでは異端審問の件数が非常に少ないが,これは民衆階層ばかりでなく司祭たちも民衆たちの迷信深さを熟知していて,告発されることがあまりなかったためと説明される。ブルターニュはカトリック的伝統が現在でも強固だが,その一方で,その信仰は決して純粋なキリスト教とはいえず,むしろ民間信仰の溶け込んだ,独自性の強い形態だったことがとくに民俗学者から指摘されてきた[Sébillot 1968]。これこそケルト性の残存形態だと指摘するブルターニュの民俗学者は多いが,むしろ普遍性をもつ民間信仰のかたち(いわゆるアニミズム)ととるべきだろう。

巨石の存在を背景とした,石に対する信仰(子宝願望,結婚願望など),「アンクウ」(死神)の人格化,死者の帰還,妖精(「コリガン」など)や泉への信仰などはほかのキリスト教圏でまったくないわけではないが,ブルターニュ的キリスト教の特徴として,また「ケルト性」の残存形として取り上げられた。こうした民間信仰についての研究は近年非常に増えている[Déceneux 2002;ル=ブラース 2009]。

フランスでは,王国としての基盤が固まる16世紀から,その起源論が本格的に論じられ始め,起源としてのガリアがケルトとして論じられた。ブルターニュでも同時代の歴史家では,その起源として,一方ではアーサー王を取り入れたブリテン島起源の「ブルートゥス伝説」と,他方ではフランス的なガリア起源論の両説が論じられた。17世紀には「スキタイ起源論」が登場し,18世紀になると,ケルト人こそ人類の起源をなすと主張するケルトマニアといわれる人びとが登場することになる。この名称は19世

紀になってからのものだが、この主張は19世紀にいたるまで賛同者をもった[Dubois 1972; Droixhe 1978]。

　ブルターニュにおけるケルト性の強調は、一方でフランス的ケルト、すなわちガリアの本家意識でもあるが、フランスとは異なる独自性として、とくに19世紀以降のブルターニュ民族主義形成においては重要な意味を担うことになる。ケルト起源論は、ブルターニュでは民族主義の基盤であり、以下で紹介するような数多くの研究がある。

革命期から19世紀

　革命によって5県に分割され、ブルターニュは地域としての特権をいっさい奪われた。「ブルトン・クラブ」という、山岳派の元をつくったとされる先進的クラブの存在も指摘されるが、ブルターニュ全体としては、反革命王党「ふくろう党」に象徴されるように、反革命の拠点のイメージが強い。革命期で文化的に重要なのが、1805年に設立された「ケルト・アカデミー」である。これは時の権力者ナポレオンの栄光とケルトのヨーロッパ的起源を結びつけようとする学術的試みであり、フランス民俗学の先駆をなすという評価がある[Belmont 1995]。

　スコットランドのマクファーソンによる「オシアン詩歌集」(1760年代以降)などの、農民の伝承詩歌の収集作品は、ヨーロッパ全域を巻き込む時代思想「ロマン主義」の典型として評価されるが、ラヴィルマルケの『バルザス・ブレイス』(ブレイス語詩歌集、1839年)はブルターニュにおいて同様の役割をはたした。彼は民衆の心情をケルト的民族性の残存物として理解し、ブルターニュ民族主義形成の核となったのである[Laurent 1989]。1860年代に人種主義的な民族主義が登場し、80年代には、ケルト学講座が、パリ、ブルターニュで開設される。こうした潮流が、1890年代末の民族主義団体の結成(1898年のブレイス党〈フランス語では「ブルターニュ地域主義連合」〉)に繋がっている[Tanguy 1977; Guiomar 1987]。

　フランス革命期の、宣誓司祭グレゴワールによる、ブレイス語をはじめとする地域言語の根絶の必要性を訴える演説(1793年)は有名だが、1830年代と50年代の教育改革ののち、初等義務教育法をはじめとする80年代のフ

ェリーによる改革は,地域語にとって重要な意味をもった。この帰結として,ブルターニュでは,植民地と同様の,フランス語によるフランス語教育(直接教授法)が導入され,地域語は教育現場から完全に排除されることになった。これが地方の側の反発,「地域主義連合」の結成を助長したのである。第三共和政期の一連の教育改革のなかで,1905年の政教分離法の施行もブルターニュではカトリックを教育から排除する試みと理解され,カトリックの反体制文化運動への傾斜,さらには民族主義との結びつきもみられることになる。

19世紀はフランス国民国家の形成期ということになるが,それはとりもなおさず,パリを中心とするフランス中央集権国家の生成であった。1860年代には鉄道がブルターニュを覆い始め,フランス経済圏にブルターニュが組み込まれていくのである。観光業の進展はそうした傾向に対応したものでもあった。すなわち,パリの人びとには好奇心の的になるような奇異な文化を,自らの文化として提示する,それがフォークロア的観光業なのである。1860年代からアーサー王や魔術師マーリンなどについては,観光案内書で紹介されるが,本格的には80年代以降であり,これが1900年代の新たな民俗的祭りの創設に繋がる。これは第二次世界大戦後でも重要な役割をはたし,現代ブルターニュ文化のなかでは,ロリアンの「インターケルティック・フェスティヴァル」など,大きな観光資源となっている。

20世紀のブルターニュ

政治的には1919年の民族主義派青年運動「ブレイス・アタオ」(永遠なるブルターニュ),28年の「ブルターニュ自治主義党」,32年の「民族主義党」など地域主義から民族主義へといった傾向は,第二次世界大戦後も継続されるが,政治勢力としてはごくマイナーな存在にとどまる。これは,同じケルト語圏のアイルランド,スペインのカタルーニャやバスクといったほかの西欧少数言語地域と大きく異なる点である。これについては,第二次世界大戦期,ブルターニュの民族派の一部が対独協力派となったことが大きなマイナス要因として考えられるが,このほか,イギリスのウェールズと同じように,併合が16世紀に遡り,同化の歴史が長いことが最大の理由

と考えられる[Le Stum 1998; Nicolas 2007]。

1970年代後半から開始されるブレイス語の自主教育運動「ディワン」(「芽」)は，新たなかたちの地域的言語文化運動である。これを民族主義の一部として理解するのは異論もあるが，そういう自覚をもって取り組む人たちも存在する。1981年のミッテラン政権の登場によってブレイス語学士号が認められ，その翌年には公立学校でのバイリンガル教育が開始された。

1990年代以降のブレイス語教育を含めた文化運動の進展はめざましいものがあるが，これにはいくつかの要因がある。ひとつは，1992年のヨーロッパ評議会による「地域語少数言語ヨーロッパ憲章」など，ヨーロッパ全体で地域語への取組が始まったことがあげられる。もうひとつは多様性への関心の高まりである。1993年の国連の定める国際先住民年をきっかけとして，ユネスコが危機言語のキャンペーンを始めた。2000年代には無形文化遺産として，危機言語，少数言語を評価する動きが，こうした多様性尊重の傾向を助長している。2008年，憲法が修正され，「地域語はフランス文化の一部」になった。ブルターニュのバイリンガル教育は，1990年代以降，大幅に増加し，2010年の時点で，ブレイス語圏の初等学校の4.5％(1万3500人)の児童の教育を担うまでに成長している。こうした方向性は今後とも継続されるはずである。

原　聖

2 | アルザス

アルザス史研究の特徴

アルザス地方はフランスの東北の角，ドイツ，スイスとの国境に位置し，オー・ラン県とバ・ラン県という2つの県によって構成されている。この地方の来歴は，六角形をしたフランスの形や，「フランス人であること」が，決して不変ではないことを示すものである。またこの地方に関する歴史研究のあり方は，国史と地方史のあいだの複雑な関係を浮彫りにする。フランスにおけるアルザス史研究の大半は，アルザス人研究者によってなされており，「フランスはアルザスについて関心をもたない」というアル

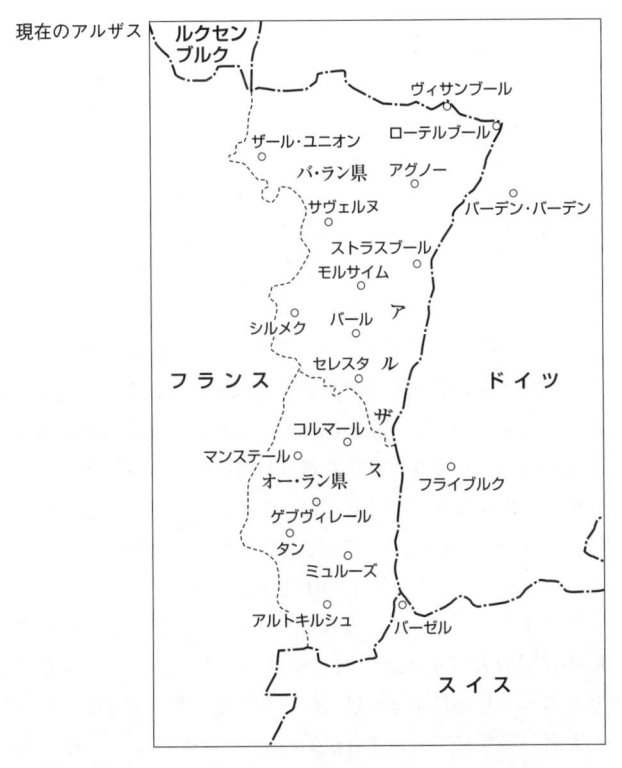

第9章 ブルターニュとアルザス　275

現在のアルザス

（地図: ルクセンブルク、ヴィサンブール、ザール・ユニオン、ローテルブール、バ・ラン県、アグノー、サヴェルヌ、バーデン・バーデン、ストラスブール、モルサイム、シルメク、バール、アルザス、セレスタ、フランス、ドイツ、コルマール、マンステール、オー・ラン県、フライブルク、ゲブヴィレール、タン、ミュルーズ、アルトキルシュ、バーゼル、スイス）

ザス側の非難がある一方,「アルザスは,自分たちの意にそわない外部の研究者に対して非協力的である」という批判もある。このような応酬からも,ナショナル・ヒストリーと地方史のあいだの緊張関係がみてとれるだろう。以下,中世以降のアルザスの歴史を追いながら,アルザスがたどってきた道と,それに関するさまざまな研究について考えていきたい。

神聖ローマ帝国からフランス王国へ

　アルザスがフランスに組み込まれたのは17世紀末である。それ以前,この地は神聖ローマ帝国に属し,そのなかでも重要な位置を占めてきた。例えば12世紀のシュタウフェン朝時代にはアグノーに宮廷がおかれている。13世紀半ばには上アルザスがハプスブルク家の領地となり,15世紀半ばに

は人文主義思想の中心地のひとつとなった。またこの地に居住する人びとは，3世紀にアレマン族が移動してきて以来，高地ドイツ語系の言語(アルザス語)を話していた。このようにアルザスは言語的にも文化的にも，そして行政的にも長きにわたって「ドイツ」の枠組に属していた。その状況が一変するのは17世紀，三十年戦争期である。カトリックとプロテスタントが混在していたアルザスは激しい戦場となり，荒廃した。そして1648年に結ばれたウェストファリア条約で，この地はフランス王国へと割譲されたのである。その後半世紀にわたってアルザスの諸侯，諸都市はフランスに対して抵抗をおこなった。フランス王国はアルザスに出兵し，神聖ローマ皇帝もまた帝国軍をアルザスに派遣した。こうして1674年から79年にかけて，アルザス争奪戦が繰り広げられる。最終的に勝利したのはフランスであった。最後まで抵抗を続けた帝国自由都市ストラスブールが降伏したのは1681年である。これ以降，スイス盟約者団に属していた上アルザスのミュルーズを除いて，アルザスのフランス王国帰属が決定した。ここから「フランスのアルザス」の歴史が始まる。

このようにフランス王国の支配に対して抵抗したアルザスであるが，当時の住民の大部分(約80%)を占めていた農民たちにとっては，最終的なフランスへの帰属は半世紀以上続いた戦乱の終了を意味していた。家や畑を焼かれ，戦闘に巻き込まれ飢餓に苦しんだすえにようやく訪れた平和である。またこれ以降，社会の上層部はフランス語の使用をはじめ，フランス領となった影響を受けたが，それ以外の人びと，とくに農民たちはそれまでと変わらぬ生活を続けた。18世紀のアルザスは，フランスのなかで非常に識字率の高い地域として記録されているが，この地で読み書きされる言語は主としてドイツ語であった。17世紀末から18世紀にかけてのアルザスは，政治的にはフランス王国の枠組に組み込まれながらも，言語・文化的にはゲルマン世界にありつづけていたといえる。ただしカトリック支配の復活，都市部の支配者層やブルジョワ，商人層へのフランス語の浸透，フランスからの人口流入にともなう，とくに都市部を中心としたゆるやかなフランス化という変化を見逃してはならないだろう[内田 2008]。

以上のように三十年戦争後のアルザスは，フランス領となったのちも

「ドイツ性」を保ちつづけていた。しかしアルザス人研究者たちによるこの時期の研究や通史には,「フランス寄り」ともいうべき傾向が, 共通してみられる[Dollinger 1972;1991;Sittler 1973]。アルザス文化の変遷を長いスパンで描き出した市村卓彦は, 膨大な数の「アルザス地方史」を渉猟したうえで, それらがもつ, 例えば三十年戦争後のフランスに対する抵抗を過小評価するといった「フランス寄り」の傾向を指摘している[市村 2002]。もちろん一定の客観性をもつ俯瞰(ふかん)的なアルザス史も存在するが, それらにおいてもフランスを前提とする記述が散見される[Vogler 1993; 1995]。したがって, とくにこの時期のアルザス研究をおこなう際には, このような傾向に注意したうえで, 文献, 資料を読み解いていく必要があるだろう。

フランス革命とアルザス

　政治的にはフランスの枠内にありながら, 言語・文化的にはドイツ圏に属しつづけていたアルザスであるが, その状況は18世紀末, フランス革命期に文字通り一変した。革命勃発(ぼっぱつ)直後から, フランスの他の地方と同様に, アルザスでも騒乱や農民叛乱が発生した。都市部ではジャコバン・クラブが組織され, アルザス語やドイツ語で革命への支持が表明された。また1792年の革命戦争勃発以後, アルザスには志願兵を多く含む国民軍が集結し, そのなかで現在のフランス国歌「ラ・マルセイエーズ」の元となる「ライン方面軍のための軍歌」が作曲されている。そしてアルザスは再び戦場と化した。オーストリア・プロイセン軍の侵入, 占領は農村を荒廃させたが, その一方で, パリから派遣された議員らによる恐怖政治(反革命派と目された人びとの処刑, 物資の徴発, 重税の取立てなど)もまたアルザスを疲弊させた。1793年にオーストリア・プロイセン軍が下アルザスから撤退した際, 同地の農民, 職人の多くが撤退する軍隊とともにアルザスから去ったことは, 革命政府による支配の過酷さとともに, 当時のアルザスにおいて「フランス人」意識が希薄であったことを示している。さらに派遣議員たちが「アルザスではドイツ語が話されている」と驚愕し, グレゴワール神父が「ドイツ語を話す者は反革命である」と述べたことからもわか

るように、アルザス語およびドイツ語が問題とされ、住民のフランス語化が求められ始めたのもこの時期からであった［フィリップス 1994］。

しかしナポレオンの台頭とともに、状況は再び大きく変化する。「彼らが何語を話していようとも、彼らの剣がフランスのものであればそれでよい」と述べた皇帝のもとに、アルザスの兵士たちは結集した。ヨーロッパを席捲したナポレオン軍中に、アルザス出身の将軍が80人近く存在したことは有名である。このナポレオン軍の記憶は、結果的にその後のアルザスをフランスに結びつけることになった。以上のように言語統一、愛国心、国民的記憶など、アルザスにとってフランス革命が「住民たちが自らをフランスという国家に属していると自覚」するという意味で「フランス人」意識形成の出発点となったこと、さらには言語の問題に象徴されるように、それが最初から矛盾を内包するものであったことがわかる。フランス革命期をへてアルザスは、アルザス語を話しドイツ語を読み書きしつつも、心情的にはフランスという国家に属することとなったといえるだろう。

ナポレオンの敗北後、ウィーン会議をへてアルザスはフランスにとどまった。その後のアルザスでは、ゆるやかなフランス化が進んでいく。政治的のみならず、経済的にも文化的にも、前世紀とは比べものにならないほどフランスとの結びつきは強まった。ブルジョワ層、商人層を中心にフランス語を習得する者が増加し、都市部には成人向けのフランス語教室が開かれた。またブルジョワ家庭を中心に、子女にフランス語教育を受けさせることが流行した。1810年には、フランス語を教える教師を育成するための師範学校がフランス内地に先駆けてアルザスに建設されている。しかし初等教育はまだ義務化されておらず、農民層の日常語はアルザス語のままであった。フランス語習得はどちらかといえば「自発的」なものであり、革命の一時期にみられたような強硬な言語統一の動きは後退していたといえる。オー・ラン県、バ・ラン県に派遣された知事たちは、公的な言語のフランス語化を求めはしたが、市町村レベルの公式文書は相変わらずドイツ語で書かれていた。また1829年にアルザスを訪れたシャルル10世は「ドイツ語を話せなくて申し訳ない」と述べ、31年にはルイ＝フィリップがストラスブールでドイツ語での演説をおこない、67年にはナポレオン3世が

「ドイツ語を話していても，立派なフランス人になることができる」との言葉を発している。このように19世紀半ばまでのアルザスは，ゆるやかなフランス(語)化とアルザス語(およびドイツ語)が共存している状態であった[フィリップス 1994]。

ドイツ帝国下のアルザス

このようにアルザスは政治的には17世紀末に，そして心情的にはフランス革命を契機としてフランスに組み込まれた。しかしフランスにはコルス(コルシカ)，サヴォワといった18世紀，あるいは19世紀になってフランス領となった地域が存在している。また非フランス語地域という点では，この章の第1節で取り上げられているブルターニュをはじめ，いくつもの少数言語地域が存在している。それらの地域とアルザスとの相違，それはアルザスが19世紀末から約半世紀にわたって，フランスを離れドイツ領となったことである。

1870年に勃発した普仏戦争はフランスの一方的な敗北に終わった。新たに成立した共和国は50億フランの賠償金とともに，アルザスおよび北部ロレーヌをドイツ帝国へと割譲した。この割譲は両国に興味深い論争を引き起こした。それは「アルザス人とは何人か」というものである。フランスは，「アルザス人はフランス人であり，彼らの意志に背いて割譲された」と主張し，それに対してドイツは「アルザス人の日常語はドイツ語の一種であり，彼らは生まれながらにしてドイツ民族なのだ」と割譲を正当化した。これ以降アルザスは両国の「国民／民族」観を象徴する場となっていく[渡辺 1997]。

それではドイツへと割譲されたアルザスはどのような状況にあったのだろうか。フランス国籍を選択してアルザスを去った者は約5万人，移住者の大半は公務員，専門職など，都市部に居住しフランス語能力に長けた者たちであった。それではアルザスに残った人びとは「ドイツ」とどのように向かい合ったのであろうか。フランス(のみならず世界各地)では，アルフォンス・ドーデの短編『最後の授業』の影響もあって，長らく「フランスを愛しつづけるアルザス」のイメージが強かったが，実際のアルザスで

はドイツ語方言が日常語だったこともあり、生活上の不便は想像されたほど大きなものではなかったといえる。たしかに抵抗運動は展開されたが、併合直後から施行された義務教育は、アルザスの子どもたちを「ドイツ人」として教育していった[Harp 1998]。そして併合直後に盛んであったフランス復帰論は、1890年代には「ドイツのなかでのアルザスの独自性の保持」および「ドイツの他の州と同等の自治権獲得」を目的とする運動へと変貌していく。そこではとくに、ドイツ語に対して「方言」「フランス訛り」と一段下におかれた「アルザス語」の保持が主張された。一方アルザスがドイツ領となっていた19世紀末から20世紀初頭は、フランスが第三共和政のもと、義務教育や徴兵制を導入し、言語統一や愛国心の育成に取り組み始めた時期である。その時期にアルザス人は「ドイツ人／ドイツ国民」として生きていたのである。

このようにアルザス人は、普仏戦争を境に「フランス人」から「ドイツ人」となった。この国籍変更は第一次・第二次世界大戦期にも繰り返される。フランス革命以降を扱った(アルザス出身者による)アルザス研究の多くは、「言語・文化的に、そして政治的にドイツ・フランスに引き裂かれたアルザスの苦難」を主要なテーマとしており、とくにその「苦難」「アイデンティティの危機」の出発点として、普仏戦争は重要視されている[オッフェ 1987;フィリップス 1994;2007;ヴェックマン 1994]。それが最初に述べた、アルザス研究における「当事者性」重視という傾向に繋がっているといえよう。その一方で、アルフレッド・ワールらがおこなったこの時期のアルザス研究は、ドイツとフランスのあいだで生きたアルザスの人びとの「日常生活」の側面に注目することで、歴史に翻弄されつつも、両国の狭間でたくましく生きるアルザス人の姿を提示している[Whal et Richez 1994]。

2つの世界大戦とアルザス

1914年に第一次世界大戦が勃発すると、アルザスは再び戦場となった。フランス軍は「アルザスの解放」を掲げてヴォージュ山地を越え、ドイツはアルザスに戒厳令を敷いた。徴兵をきらってフランスやスイスへ亡命し

た若者も存在したが。その一方で約23万人のアルザス人がドイツ兵として戦った。4年にわたる戦争のあいだ、アルザスは物資不足と、フランスへの内通を疑うドイツ当局による厳しい締付けに苦しんだ。そして1918年11月、ドイツ軍がライン川を越えて撤退しフランス軍がアルザス諸都市に入城した際、人びとは喜びをもってそれを迎えた。フランスはそれを、アルザスが変わらずフランスを待ちつづけていた証と受け取ったが、フランスとアルザスの蜜月は短かった。終戦後半年もたたないうちに、アルザスではフランスに対する抵抗運動が沸き起こったのである。アルザスを「取り戻した」フランスは、性急なフランス化政策をおこなった。とくにフランス語化は重視され、公用語および教育現場のフランス語化が1918年12月に通達されている。これに対してアルザスは、「アルザスの独自性の保持」を主張し、抵抗した。このときの「アルザスの独自性」はドイツ時代のそれとは異なり、フランス語に対するドイツ語の保持を意味していた。また1924年にエリオ首相が発した「アルザス同化宣言」は、05年にフランスで成立した政教分離法をアルザスにも適応しようとするものであり、これは親フランス的であったアルザスのカトリック界にも激しい抵抗運動を引き起こした。戦間期に展開された抵抗運動は、親ドイツ的なものから自治権獲得をめざすもの、文化的独自性の保持をめざすもの、また共産党からカトリック勢力までと多岐にわたり、「アルザスの政情不安」と呼ばれる状況をつくりだした。ワールによって編集・出版された、アルザスの小学校教師フィリップ・ユセール(1862〜1950)の日記は、第一次世界大戦までドイツ人として生きてきたアルザス人が、大戦をへて、混乱のなか、フランス人として生き直すさまが克明に記されており、「フランスのアルザス」という先入観を打ち砕くとともに、アルザス研究における日記、書簡集、回想録などがもつ重要性を示している[Husser 1989;中本 2008]。

しかし1930年代にはいると、ドイツではヒトラー率いるナチ党が台頭し、国境地帯には再び緊張が走る。アルザスでは一部の自治主義者がナチと結んでドイツ復帰をめざす運動をおこなったが、その動きは少数派にとどまった。1939年、第二次世界大戦が勃発すると、フランスは国境沿いに居住する住民を強制的に南仏へと避難させた。第一次世界大戦後にアルザスへ

と移住した人びとも，続々とフランス内地へと引き上げていった。しかし大半のアルザス人は彼らの地にとどまり，そして1940年，アルザスは再びドイツ軍に占領，併合された。

ナチはアルザスを「ドイツ」として扱い，ヒトラーは「10年でアルザスをゲルマン化すること」を命じた。公用語は再びドイツ語となり，法律や教育制度もドイツ化された。アルザスの人びとは「国際法上はフランス人のままだが，実質的にはドイツ人」となり，ナチの組織に強制的に組み込まれていった。そして1942年8月には徴兵制が施行され，約10万人が「ドイツ兵」として前線(主に東部戦線)に送られたのである。マルグレ・ヌ(心ならずも)と呼ばれるこの若者らのうち，死者，行方不明者は約3万人以上にのぼり，また戦後「ドイツ兵」としてソ連の強制収容所にとめおかれた者もかなりの数にのぼった[ロレーヌ 1989；リグロ 1999]。

この第二次世界大戦期の体験はアルザスに大きな傷跡を残した。アルザス語やドイツ語，アルザスの独自性などはナチによる併合に繋がったとされ，その保護，維持を主張する声は影を潜めた。またレジスタンス神話に沸くフランスにおいて，ナチ化の体験は対独協力ととられかねず，アルザスは「沈黙」をよぎなくされた。さらに1953年におこなわれたボルドー裁判は，実質的にはドイツ兵として戦ったアルザス人兵士を裁くものとなり，アルザスに大きな衝撃を与えた[末次 2005]。その衝撃と，第二次世界大戦期にアルザスが負った痛手は，その後半世紀にわたってアルザスをさいなみつづけたといえよう[オッフェ 1987；ヴェックマン 1994]。実際，第二次世界大戦期のアルザスに関する研究は，戦後長きにわたって内地の「レジスタンス神話」をいかに適用するかということに腐心しており，ナチ化や，マルグレ・ヌについては，表立っての研究はわずかであった。その状況に変化が訪れるのは1980年代半ばである。マルグレ・ヌの生存者への聞取り調査に始まり，1990年代にはいると，回想や証言，あるいは当時の日記や書簡などが続々と公刊され始め，そこから専門的な研究も始まった[Riedweg 1995]。当事者の高齢化や冷戦の終結にともなう資料の開示などがその要因としてあげられるが，アルザスが自らの過去を乗り越えようとする試みともいえるだろう。しかしそこには「フランスはこのアルザ

スの体験を知ろうとしない」というルサンチマンと,「アルザスの体験をフランスのナショナル・ヒストリーのなかに位置づけたい」という欲望が, 同時に存在しているようにも見受けられる。

これからのアルザス研究に向けて

　以上のようなアルザスの歴史／体験から, アルザス独自の問題だけでなく, より普遍的な問題を引き出そうとする試みは, アルザス外部からの研究では顕著である。その嚆矢としては, ステファン・ハープによるアルザスのドイツ時代・フランス時代を通じての初等教育研究があげられよう[Harp 1998]。この研究は, ２つの国家から国民化教育を受けたアルザスの特異性とともに, 愛国心教育の共通性を浮彫りにすることに成功している。このことからわかるように, アルザス研究を相対化するためには, ドイツ史のなかのアルザス(エルザス)研究を参照することが重要である[西山 2000；滝田 2006]。また近年においては, より広範な問題, 例えば移民問題やユダヤ人問題の一環としてアルザスを扱う研究もおこなわれている[長井 2004；川﨑 2008]。これらも, 国家イデオロギーからアルザス史を解放し, アルザスの内のマイノリティを可視化するひとつの方法であろう。今後もより多くの側面からのアルザス研究が進むことが望まれる。

　現在, アルザス地方は, フランスのなかでも愛国心の強い, そして保守的な地域となっている。1960～70年代, フランス各地で地域主義が台頭し, 少数言語・文化の復権運動が展開されたときも, アルザスではその動きは低調だった[マユール 2002]。また現在では, 極右政党である国民戦線への支持率も高い。しかしその一方で, ストラスブールにはEU議会がおかれ, アルザスは独仏宥和, ヨーロッパ統合の象徴としての地位を担っている。ストラスブールの都市史を「国境」ではなく「ヨーロッパの中心」としてとらえなおす試みはすでに始まっている[宇京 2009；内田 2009]。アルザス地方の歴史, 体験を,「国史」との関係だけでなくフランスの他の地方との関係性のなかに, またヨーロッパ史のなかに位置づけなおす作業が, 今後さらに重要となってくるであろう。

中本真生子

第10章 フランスとヨーロッパ統合

「フランス的なるもの」と「超国家主義」とのあいだ

　第二次世界大戦後，ゴーリスムを基本としてきたフランスはドイツとともにヨーロッパ統合を主導してきた。国民国家の祖国であり，中央集権的で，時として自律と偉大さを追求するゴーリスムを基本としてきたフランスが，なぜヨーロッパ統合を進めてきたのだろうか。これは20世紀フランス史のパラドクスのひとつといえるのかもしれない。

　国際政治学はヨーロッパ統合こそ国家を超える試みであると説き，比較政治学はヨーロッパナイゼーションの進行により国家がその機能を減じることを憂えてきた。たしかにヨーロッパ統合は，国家主権の一部移譲をともなうがゆえに，国民国家，経済・社会モデル，そしてアイデンティティといったナショナルな枠組に少なからぬ影響をおよぼさざるをえない。

　しかし近年のヨーロッパ統合をめぐる歴史学的研究は，むしろ国家の消失ではなく国家と国際社会，そして国内の経済・社会とが新しい時代により変質し，また適応する姿を描き出している。ヨーロッパ統合が進展する20世紀後半，国家は縮小するどころか，福祉国家の成長とともに，むしろ「大きな国家」としてその権力と機能を拡大させてきた。そしてヨーロッパ統合に対し，相互依存のなかで機能不全にある「国民国家のヨーロッパ的救済」[Milward 1992]の役割を求めた。つまり政府にとってヨーロッパ政策とは，国益を実現する手段であり，ヨーロッパ統合はドイツ問題，対米関係，植民地（第三世界）との諸問題を解決する受け皿であった。

　さらに相互依存とグローバリゼーションの進展とともにフランスのあり方も変質をよぎなくされている。フランスは，ヨーロッパ統合とともに，「フランス経済・社会モデル」(廣田功)や「フランス的なるもの」を，どのように進化させてきたのであろうか。これらを明らかにするには，外交史

にとどまらず、政治、経済、社会、文化におよぶ重層的な分析が必要とされているのである。

1 | ヨーロッパ統合思想の萌芽とフランスの対応

フランス史におけるヨーロッパ思想の源流

ヨーロッパ統合は、ヨーロッパ石炭鉄鋼共同体(ECSC)の成立にともない、フランス・ドイツ・イタリア・オランダ・ベルギー・ルクセンブルクの6カ国から出発した。この6カ国の領域は、地理的にはシャルルマーニュのフランク帝国の版図とほぼかさなる［本章では遠藤 2008ab、および廣田功 1996 を基本参照文献としている。フランスにおけるより詳細な研究動向については、Guieu 2006 を参照のこと］。しかし統合は国家主権の一部移譲をともなうがゆえに、国家主権や中央集権国家とつねに緊張関係にあった。ゆえに、統合により生み出された重層的なヨーロッパ空間は、中央集権国家の「敵」としばしば親和的ですらある。

フランスはヨーロッパ統合の制度構築に、官僚制度や法、何より公用語・作業言語としてのフランス語など多くのモデルを提供してきた。さらに統合思想の生成においても、フランス思想との関連性が認められる。シュリーの「大構想」に始まり、サン゠ピエール、ヴィクトル・ユゴー、プルードン、サン゠シモンらのヨーロッパ構想は統合に多様な思想的基盤と方向性を与えた。シュリーの「主権国家からなるヨーロッパ」はドゴールを髣髴とさせ、啓蒙主義や共和主義は「市民のヨーロッパ」の基盤となり、そして国家主権を敵視する無政府主義でさえ主権を解体し中間団体が活性化するヨーロッパ像を、またテクノクラシー論は今日のEU(ヨーロッパ連合)官僚、いわゆるユーロクラットを中心とするエリートのヨーロッパ論を提供してきたのである。

国民国家の矛盾とヨーロッパの可能性

今日のEUに繋がるヨーロッパ統合運動の直接的な萌芽は、第一次世界大戦の総力戦の衝撃から生まれた。戦間期にヨーロッパ統合思想が活性化

した第一の要因は,平和の追求であった。エリート,世論を問わず戦間期の国際関係の底流には,厭戦気分,反戦感情,そして平和主義が流れており,ロマン・ロランら文学者の平和と反ナショナリズム,さらに反戦の主張がしばしば民主主義的なヨーロッパの形成とともに語られたのであった[山口 2008]。学問としての国際関係が誕生するのもこうした平和を求める意識からであった。この平和への強いこだわりは,外交の民主化のもとで第二次世界大戦開戦にいたるフランス外交を強く拘束することとなる。

ところでフランスにとっては,平和とは何よりもドイツ問題の解決を意味した。1920年代のフランス外交には,ドイツ問題をめぐって2つの外交路線が存在し,両者ともその後のフランス外交を象徴する政策となる。一方の復讐主義的でドイツの弱体化を求めるポワンカレ路線。これは世論の根強い反独感情を背景にルール占領を強行したが,その結果,ルール占領に抵抗するドイツをみまったハイパーインフレーションや,ヴェルサイユ体制へのドイツ人のルサンチマンを招いた。そしてこの失敗がヒトラーの登場や,ひいては第二次世界大戦に繋がった,というフランス外交の苦い失敗の記憶となる。

他方のブリアン路線は,不戦条約やヨーロッパ連邦に象徴されるように,国際協調と独仏和解という今日に通じるフランス外交の象徴である。これは新しい理念・政策を世に問うことにより世論および国際社会の尊敬を獲得し,新しい外交の可能性を追求する,という点でソフトパワーの源流ともいえよう。そして独仏和解に加え,国際連盟などの国際機関における協調外交を重視する「ジュネーヴ精神」や,平和のみならず経済・社会分野における革新的かつ協調的な取組など,新しい外交のあり方を生み出したのである[上原 2008]。

第二の要因は,ドイツとアメリカに対するフランス経済の「遅れ」である。まずアメリカ的な大量生産システムを構築するには,たんなる生産設備の近代化に加え,販路となるヨーロッパ・レベルでの広域市場が必要であった。しかし大陸レベルの国際競争にさらされた場合,フランス経済はドイツに対し競争力をもたなかった。そこで大戦中よりクレマンテルを中心とする官僚たちは,フランス経済力の強化のための革新と近代化や「英

仏枢軸」による経済統合を構想した。また戦間期にはヨーロッパ関税同盟運動も活発化した。フランス経済の革新と近代化に加え，広域市場としてのヨーロッパの経済的再編が構想されたのである[廣田功 1994]。

これらの構想では経済統合の具体的形態や，領域，主導国（独仏枢軸か英仏枢軸か）が論争となった。とくに統合の形態について，たんなる自由貿易か，公的機関が市場に介入するディリジスム（国家主義）ないしプラニスム（計画主義）かが論じられた。こうした議論のなかからアメリカとは異なるフランス流の新自由主義が誕生し，古典的な自由主義とは異なり，自由競争を実現するために，むしろゆるやかな国家介入の必要性が認識された[権上 2006b]。

この時代に進展した資本主義の組織化は，ヨーロッパ・レベルでの再編をもともなった。ルイ・ルシュールは，独仏接近による「ヨーロッパ合衆国」や，貿易自由化およびヨーロッパ・レベルでのカルテルを構想した。そして1926年の「ヨーロッパ鋼カルテル」の結成や，27年の「ジュネーヴ国際経済会議」の開催に尽力した。20年代の経済統合構想は，こうした「民間のカルテル」を中心とする自由主義的な構想が主流であった[廣田功 2006]。

第三の要因は，ヨーロッパおよびフランスの凋落に対する危機感である。すでに第一次世界大戦直後より，ヨーロッパ文明の「危機」や，とりわけフランスの「停滞」が知識人のあいだで共有され，多くの作品が生み出された。この没落への危機感に平和主義と国際連盟への支持が加わり，その処方箋として「ヨーロッパ連邦」構想が唱えられたのであった。またクーデンホフ゠カレルギーの「パン・ヨーロッパ」運動はパリでも活発に活動を広げ，多くの知識人・作家を惹きつけ，ブリアンにも影響を与えた。

しかしながら大恐慌がヨーロッパに広がり，ブロック経済化が進展する1930年代，「自由主義的ヨーロッパ」の気運は一挙に停滞し，「管理されたヨーロッパ」論が登場する[廣田功 2006]。さらにナチがヨーロッパ大陸において実現した軍事占領による人種主義的な「新秩序」は，皮肉にももっとも中央集権的なヨーロッパ統合を実現し，フランスもその経済体制の一部として組み込まれた。

こうした流れに反発し，雑誌『エスプリ』の発行に携わったエマニュエル・ムーニエのように，リベラリスムでも共産主義でもない，もしくはファシズムでも共産主義でもない，「第三の道」を模索した若者たちも存在した。彼らは「30年代のノン・コンフォルミスト」と呼ばれ，「人格主義」を唱え，従来の民主主義にあまんじることなく，民主的かつ連邦主義的なヨーロッパの実現による刷新をめざした。パリはこうしたヨーロッパ各国にまたがるネットワークの中心に位置した[Dard 2002]。またミュンヘン会談による「平和」を明確に拒絶し，反ファシズムを掲げて亡命し，レジスタンス活動に飛び込んだ者のなかには，民主的ヨーロッパ連邦に活路を見出す者もいた。

　第二次世界大戦後のフランスのヨーロッパ統合へのイニシアティヴは，ブリアンからのみ生まれたわけではない。ヴェルサイユ体制とミュンヘン会談という外交の「失敗」と，ファシズムへの反発とが，戦後のヨーロッパ政策への転換の土台となるのである。

敗戦のショックとフランスの近代化

　1940年のドイツに対する「敗戦のショック」は，フランスの「弱さ」が軍事力にとどまらず，経済力や人口などの国力そのものにあることをあらためて認識させた。早々に休戦と対独協力を選択したヴィシー政権にせよ，フランス国内でのレジスタンスや，ヴィシーの「敗北主義」を批判し，抗戦を続けた自由フランスにせよ，フランスに近代化と革新が不可欠である点については一致していた。

　ヴィシー政権の革新官僚のあいだでは，統制経済のもとで，フランス経済の近代化計画が立案されていた。この計画は実現にはいたらなかったものの，構想そのものは戦後復興の近代化構想の出発点として引き継がれることになる[中山 1992]。一方，国内のレジスタンスのうちでも，共産党系以外の社会党やキリスト教民主党，さらに南部の地域主義の運動は，過度の中央集権やナショナリズムこそがファシズムを生んだと認識し，分権的かつ連邦主義的な戦後秩序を掲げた。

　アルジェの自由フランスの官僚たちの構想は，ドイツ問題の解決と，生

産物の輸出先としてドイツを含む近隣諸国におよぶ広域市場の設置を重視し，さまざまな西ヨーロッパの統合構想を考案していた点が特徴的である［宮下 2004；2005b］。のちに国内の近代化構想（モネ・プラン）に加え，ECSCを構想するモネは，連合国の資源調達を担い，とくにアメリカで戦時経済体制を体験し，自由フランスに参加した。これらの経験が戦後の構想に大きな影響を与えることとなる［遠藤 2009］。

2 | 「栄光の30年」とヨーロッパ統合

価値と繁栄の共同体

　解放後，1960年代後半まで，フランス経済は持続的な高成長を遂げた。この時期のフランスがめざしたヨーロッパ統合は，まさにフランスの国益に奉仕する「フランスのためのヨーロッパ」であった。

　第二次世界大戦後に成立した第四共和政の初期における課題は，戦闘により荒廃した国土を復興させることに加え，経済を近代化し，国力の強化に努めることにあった。なぜならブレトン・ウッズ体制が掲げた自由貿易の時代において停滞が危惧されるフランス経済が生き残るためには，近代化による競争力の強化が不可欠であったからである。そこでドイツを軍事的にも経済的にも弱体化させ，そのうえで近代化したフランスがヨーロッパの地域大国となることが目標とされた。

　しかし冷戦の東西対立のなかで，フランスは米ソから自立した「第三勢力」をめざすものの，実際には経済的にも軍事的にもアメリカへの依存が不可避であった。復興・近代化のために立案され，基幹産業に特化したモネ・プラン（設備近代化・拡充計画）も，その資金源としてアメリカの援助を獲得することが想定されていた［中山 1992］。

　しかしアメリカが供与したマーシャル・プランは，たんに復興資金を提供するにとどまるものではなかった。アメリカの資金に一方的に依存するのではなく，ドイツの経済復興と，加盟各国間での経済統合を実現し，相互に資源を活用するというヨーロッパ側の「自助」をアメリカは強く求めた。また援助の受け皿としてヨーロッパ経済協力機構（OEEC）が設置され

るが，超国家的な権限は付与されず，むしろ域内の経済統合を進めた。

　フランスにとっての最大の懸案事項はドイツであった。フランスにとってドイツの経済復興とは，ドイツ弱体化政策の失敗を意味した。また世論も，ドイツ経済の復活は軍需産業の復興を可能とし，ひいては軍事大国の復活を招くことを危惧した。しかしドイツの経済復興は援助供与の条件でもあった。ここからフランス外交は，ドイツの工業力と軍需産業の中枢であるルール地方の石炭資源と鉄鋼業の国際管理という新しい方式を構想するようになる。こうして1949年にルール国際機関が設置されたが，ドイツの資源を近隣諸国が消費するという不平等さゆえに，ドイツの反発を招いた[上原 2008]。

　1950年にフランスの外相シューマンは，石炭と鉄鋼の共同管理構想，シューマン・プランを提案した。対独復讐ではなく独仏和解を実現し，民間企業のカルテルではなく，加盟各国が対等かつ相互性あるヨーロッパ益を実現する構想であった。こうしてECSCが成立し，ヨーロッパ統合が誕生したのである。ECSCでは，カルテルの規制が論争となった。これはドイツの占領改革とともにアメリカの影響からカルテル規制の流れが強まるなかで，フランスがカルテル解体によりドイツ企業の競争力削減を狙った政策であった[石山 2009]。

　またこうしたEC／EU（ヨーロッパ共同体／ヨーロッパ連合）の流れとは異なる組織として，ヨーロッパ審議会も設置された。超国家性という点では失敗に終わったが，フランスは西ドイツ政府の成立を目前に控え，ドイツをヨーロッパの枠組に統合することに腐心した。この組織はヨーロッパ統合への参加条件として，民主主義や人権の遵守を求めた点が特徴的である。ファシズムや共産主義といった独裁を否定して，「民主主義のヨーロッパ」の実現をめざした[上原 2002]。

　安全保障についても，2度の世界大戦をアメリカの軍事介入に助けられ乗り切ったフランスにとって，いかに反米感情が強いとしてもその軍事力への依存は不可避であった。1949年に締結された北大西洋条約によりアメリカの軍事力に依存しながら，国内の資源を経済の復興・近代化に集中させる，という戦略的な使い分けがおこなわれたのであった。

ドイツ再軍備と共同市場の選択

　しかしながら，フランス軍がインドシナ戦争を戦うなかで，冷戦が激化するという状況下においては，フランス政府も，ヨーロッパ大陸の防衛のためにはアメリカ軍のヨーロッパ駐留のみでは不十分で，最前線にあるドイツそのものの再軍備が不可避であることは認識していた。そこで，経済統合についで，政治統合および軍事統合に着手すべく，1950年にプレヴァン・プランが提案された。しかし反独感情や，ドイツの軍事的再興を危惧する声は世論・政府内部ともに強く，大論争となった。マンデス゠フランス政権は，54年にインドシナに関する和平協定締結ののち，ドイツとのヨーロッパ防衛共同体構想の審議を中止し，自ら葬り去った。ドレフュス事件以来の激論ともいわれるヨーロッパ防衛共同体構想の失敗の原因については，さまざまな見解が存在する。軍事問題において国家主権を放棄することへの危惧や，ドイツへの恐怖，またアメリカの軍事戦略や独仏間の軍事力の不均衡の固定化，さらに植民地との関連性，核開発凍結への懸念などが指摘される。「統治とは選択である」と語ったマンデス゠フランスは，きたるべき市場の自由化に備えて，その資源を経済の近代化という第四共和政の優先課題に集中させたともいえよう。

　ヨーロッパ防衛共同体が失敗した1954年からローマ条約が調印される57年までのあいだに，ヨーロッパ統合構想は跳躍を遂げ再出発がはかられた。この時期，フランスの将来の方向性をめぐるさまざまな選択とそこにいたる過程とが議論されていた。

　第一は植民地問題である。アルジェリア独立戦争の混乱により第四共和政は危機的状況に陥るが，それでも植民地を維持し依存しつづけるのか，それとも新たにヨーロッパを土台とすべきか，あるいは両方か。これまでフランスは1956年のスエズ出兵に失敗したのち，外交の基軸を植民地からヨーロッパ共同体市場支持へ転換したと把握されてきたが，現在ではそのプロセスが二者択一にとどまらないことが明らかにされている。ユーラフリック（ユーロ・アフリカ）構想などを通じて，ヨーロッパの枠組を用いつつ，独立後も旧植民地諸国に影響力をもつことが意図されていたのである［黒田 2006；2007；池田 2008］。

第二は自由貿易協定(FTA)か共同市場か，という選択である。まず共同市場については，対独競争という点で，フランス農業に対する保護措置を獲得することが期待された。加えて，フランス農業は，戦後復興期より食糧不足を解消し，輸出国となることを目的に近代化が進められており，輸出市場の確保が必要であった。その点で共同市場は，競争力の低いフランス農業に市場を提供すると同時に，保護と，農業から工業への構造転換とが実現可能な枠組であり，フランス農業が飛躍する機会とみなされた[廣田愛理 2002；2006]。

また，石炭から石油へのエネルギーの転換のなかで，ローマ条約においてヨーロッパ経済共同体(EEC)とともに成立するヨーロッパ原子力共同体(EURATOM)については，核の民生利用にとどまらず，核兵器開発やウランの資源管理の点からの考察も必要であろう。

ドゴールのヨーロッパ

1958年はフランスにとってもヨーロッパにとっても，また欧米関係にとっても変化の時であった。58年1月1日，ローマ条約が発効し，ECSCに加えてEECとEURATOMが発足した。アルジェリア独立戦争のなかでフランス第四共和政が崩壊し(「五月危機」)，第五共和政が成立，ドゴールが大統領に就任した。そして12月にはフランは対ドル交換性を回復し，フランス経済が戦後復興から新たな段階にはいったことを印象づけた。

ドゴールは元来ヨーロッパ統合に対して否定的であり，あくまで国家主権にこだわった「諸国家からなるヨーロッパ」を掲げた。共同市場を支持したのもあくまで自立と大国化に有益な範囲内で，フランスの国益を実現するためであった。

ドゴールの国際関係における第一の目標は，米ソ超大国の覇権への挑戦とフランスの自立であった。独自核を保有し，ヨーロッパでは政治統合をめざす「フーシェ・プラン」を通じて安全保障をアメリカからヨーロッパへと軸足を移すよう働きかけた。他のヨーロッパ諸国はこうした「大構想」とは逆に，むしろ対米関係を重視した。そこでアメリカのケネディ大統領は「大西洋共同体」構想と柔軟反応戦略，そして西ドイツも参加する

多角的核戦力(MLF)構想を提案し，切崩しにかかった。独仏間のエリゼ条約は締結されたものの，必ずしもそのめざす方向は一致していなかった。結局フランスは1966年にNATO(北大西洋条約機構)軍事機構からの脱退を通告し自立をはかった[川嶋 2007]。

国内政策では，完全雇用と経済成長をめざした。1958年当初，フランス経済は，戦後復興のシステムの矛盾があらわになり，財政危機，インフレ，国際収支の危機，通貨危機に陥っていた。ドゴールはジャック・リュエフの提言を取り入れ，財政均衡と安定通貨による新自由主義的なショック療法をおこない，危機を克服した[権上 2006b]。このうち，IMF(国際通貨基金)本来の多角的な通貨体制が成立し，EECのもとで貿易数量制限の撤廃・関税引下げが進むなか，ヨーロッパ域内へのフランス市場の開放も可能となった。そしてフランスは高い経済成長を遂げ，国際的にもフランスのめざす「偉大さ」に実質を与えることとなる[権上 2006b]。

この成長重視の路線は，フランスの産業構造の変化とヨーロッパ域内市場への進出を特徴としていた。まず，農業を重視したドゴールは，就任後，オランダとともにEECにおける農業政策の実現に力をそそいだ。その結果フランスに有利な共通価格制度に加え，輸入課徴金を共同体固有の財源に組み入れたヨーロッパ農業指導保証基金(FEOGA)を獲得した。こうして成立した共通農業政策(CAP)と，1962年のフランスの農業改革は，フランスの大農場主に極めて有利な利権の構造を生み出したのである。

一方，EECには共同市場の設置を掲げたものの通商条約以外有効な政策を持ち合わせていない，という不備が存在した。当然，各国の政策はさまざまである。そこでドイツは相互依存状況のなかで域内の国際収支の均衡を維持するために，関税同盟のつぎの段階として，超国家主義的な制度のもとで政策協調を可能とする経済通貨同盟の設置を主張した。しかしフランス政府は，ドル支配打倒や共通農業政策には尽力したが，ヨーロッパの経済・通貨同盟には関心を示さなかった[権上 2006b; 2008b]。

フランス政府は，ヨーロッパおよびグローバルな自由競争に直面し，競争力あるセクターを強化したドイツとは逆に，脆弱なセクターも含めて企業の集中・合併を促し，大企業化と生産の合理化を進め，ナショナル・チ

ャンピオンを育成する産業政策をとった。また,関税や数量制限が削減されたことから,規制や規格といった非関税障壁の強化,補助金の交付を進めた。ECにおける域内貿易の自由化が進むと同時に新たな保護主義・障壁が高まったのである[Defraigne 2007]。

EUの制度については,連邦主義的な改革と経済的自立性をめざしたハルシュタイン改革に対し,ドゴールはEECからフランス代表を撤退させ,機能不全に陥らせた(空席危機)。これを収束した「ルクセンブルクの妥協」は,全会一致原則を維持させ,1980年代中盤までEEC／ECの改革を阻んだ。

また,東西両陣営が集ったヨーロッパ安全保障協力会議(CSCE)はEC／EUとは異なるもうひとつのヨーロッパのかたちである。1970年代初頭のデタントのなかで,CSCEという多国間交渉の枠組は,安全保障のみならず人権・人道という新たな要素を加え,冷戦構造そのものを揺るがすこととなる[山本 2010]。

3 | フランスモデルの動揺とEUへの再発進

オイルショックの衝撃と新自由主義への転回

1958年の「五月危機」にともなうフラン危機に加え,67年以後のポンド危機とドル危機により,フランス経済は深刻な打撃を受けていた。そして73年のオイルショック(石油危機)にいたると,こうした国際経済・金融の変化のなかで,従来の一国レベルでのケインズ主義的な経済政策は機能不全となり,フランス経済は統御不能に陥ることとなる。

すでに1971年8月に金ドル交換が一時停止し,変動相場制に移行すると,ECの共同市場を維持するためには,ヨーロッパ・レベルでの通貨統合が必要である,という声が強まった。ヨーロッパ通貨システム(EMS)が導入されたが,さらに経済通貨同盟の必要性が議論されるようになった。通貨統合の導入にあたっては,西ドイツやオランダのエコノミスト派(通貨統合の前提としてまず経済政策の収斂を実現)と,フランス・ベルギー・ルクセンブルクなどのマネタリスト派(通貨統合後に経済政策は収斂)が対立した。

と説明される。しかしながら，通貨統合にはまずケインズ主義的成長政策と訣別し，物価と通貨の安定を重視する新自由主義的な経済・金融政策へ収斂することが必要であり，また通貨統合にあたっては経済問題というより政治問題(主権の移譲と国民国家の変質を認めるかどうか)としての難しさが存在する。フランスの経済・金融政策は，結局，ジスカールデスタン大統領のもとでの76年のバール・プランにより新自由主義へと「ターン」(転回)した。ヨーロッパにおける新自由主義の導入は，グローバリゼーション論との関係でアメリカナイゼーションとして位置づけられることが多く，EUレベルではイギリスのサッチャリズムの成功の影響も指摘されている。しかしフランスにおいては，右派の官僚がドイツの「社会的市場経済論」を導入したのであった。こうした政策の収斂により，EMSやひいてはユーロの導入が可能となったのである[権上 2005；2006a；2008a；2009]。

こうした「右からの経済構造改革」(権上)に対し，左派の社会党が新自由主義へ転じるのは1980年代前半である。81年に社会党のミッテランが大統領に就任し，「社会主義プロジェ(計画)」に従い，賃上げなどによる購買力拡大政策や財政支出といったケインズ主義を復活させた。しかしながら，これはフランの投売りを招き，EMSからの離脱寸前まで追い込まれ，結局緊縮財政へと転じた。左派はこの「ターン」後，新自由主義に加えヨーロッパ統合推進派へと舵を切る。とくに社会主義のヨーロッパ・レベルでの実現や，ヨーロッパ・レベルでの連帯を説く「社会的ヨーロッパ」論は，さまざまな党派や活動家をもヨーロッパ支持へと誘う論理となる[吉田 2008]。

こうしたなかから，ジャック・ドロールが1985年にヨーロッパ委員会委員長に就任する。ドロールはECからEUへというヨーロッパの飛躍の立役者となったが，もともとはフランス社会党の政治家であり，「ターン」後の緊縮財政導入時の蔵相であった。ヨーロッパ各国では，オイルショック後，もはや一国では対応が困難となり，統合に解決策を求めていた。ドロールは，巧みなリーダーシップにより市場統合を実現する「92年ブーム」を巻き起こし，ヨーロッパ連合(EU)の実現に尽力した[遠藤 1994]。

冷戦の終焉とヨーロッパ秩序の再編成

1989年のベルリンの壁の崩壊後、ヨーロッパの国際秩序は大きく変化した。まず、ソ連・東欧という軍事的脅威が消滅したことにより、これらを仮想敵としてきた冷戦期フランスの防衛政策は再検討を迫られた。しかし何より、ドイツが早期に再統一を実現するという状況は、フランスのヨーロッパ政策全体の再検討を促した。フランスは、ドイツ統一の妨害を試みたが、結局、制度的に強化したEUのなかにドイツを封じ込めることを選択したのである。

1991年以後、旧ユーゴスラヴィアにおける紛争が激化し、和平工作に失敗したEUは、NATOおよびアメリカに紛争の解決を依存せざるをえなかった。フランス軍もNATO軍事機構には復帰しないまま、NATOと共同行動をとるようになる(2009年に復帰)。しかしイギリスの首相ブレアの登場後、1998年にサンマロでの英仏共同宣言をおこなうなど、アメリカに依存することなく、ヨーロッパによる自立的な安全保障政策も模索されている。さらに2010年には英仏防衛協力条約の調印にいたり、英仏による共同行動の可能性も生まれた。

4 │ 重層的なヨーロッパ秩序のなかのフランス

重層的なヨーロッパ空間に浮上するフランスの社団・中間団体

ヨーロッパ統合の統治は重層的であるため、政府にとどまらず、国内の諸主体が複雑に関与している。そこでは国民国家が形成される過程で、失われ、見落とされてきたエスニシティやアソシアシオン、県・コミューンといった自治体、地域などの多様な中間団体・社団が、EUを通じて復活し、接合されているのである[坂井 1995]。

戦間期に、ファシズムや共産主義のような国家主義の肥大化ではなく、むしろ社団・中間団体の活性化による分権的かつ連邦主義的なヨーロッパ秩序を構想したのは、「非順応主義者」もしくは「人格主義者」であった。ドロール・ヨーロッパ委員会委員長のように、のちのヨーロッパ統合を前進させるリーダーや、連邦主義者は、青年期にこうした知的ミリューの影

響を受けた。また，第二次世界大戦中の南部のレジスタンスも連邦的なヨーロッパを通じて地域主義の復興を構想し，自らの地域の活性化と地域アイデンティティの再生を夢見た。

戦後，こうした思想は姉妹都市運動や，ヨーロッパ審議会におけるヨーロッパ地方自治体会議，EC／EU では職能代表としてのヨーロッパ経済社会評議会，さらに1994年には地域委員会の設置に繋がる。とくに EU はマーストリヒト条約に「補完性の原理」を採用し，EC／EU と国家および下位の主体との機能分担を重視している［遠藤 2003］。とくに「地域からなるヨーロッパ」の形成には，「深部のフランス」の声をヨーロッパへ伝える，というフランスの統合運動や政治家の意向が反映されているという。これらは諮問的な機関にすぎないとはいえ，彼らのイメージする重層的なヨーロッパ秩序の象徴であるともいえよう。

グローバル化と EU のあいだで

EU はしばしば「エリートのヨーロッパ」にすぎず，民衆からは遠い存在であると指摘される。なかでもフランスはヨーロッパ統合のリーダーであるにもかかわらず，国民投票においては統合への反対票が多いことも特徴となっている。1992年のマーストリヒト条約をめぐる国民投票は僅差で承認されたものの，2005年のヨーロッパ憲法条約は否決されるにいたった。とくに農民層はフランスにおいて最大の EU の受益者であるにもかかわらず，ヨーロッパ議会選挙などではもっとも反ヨーロッパ的な姿勢をとることが多いという矛盾も存在する。

1970年代以降のヨーロッパ統合は，もはや60年代とは異なり，フランスの国益を実現するヨーロッパではなくなりつつある。とくに近年，反米的でグローバリゼーションに嫌悪感を示すフランス世論は，EU こそグローバリゼーションをヨーロッパに導入する「トロイの木馬」であると論じ，フランス経済・社会モデルを侵害する「敵」と位置づけてきた。また「社会的ヨーロッパ」を期待する人びとは，現在の「リベラル・ヨーロッパ」に対する反発を示している。政治学におけるヨーロッパ化の議論も，90年代のグローバリゼーションと EU の深化にともない，国家の活動領域は減

少傾向にあると論ずる。

　しかしながらこれらの論点に対し,フランスそのものに関する実証的な研究は十分ではない。EUの政策も,ユーロクラットが一方的に決めるというよりは,加盟各国の代表との交渉のうえで政策が決定されており,EUの政策に対し,フランスがどのように対応・適応・変化したかについては十分に明らかにされているわけではない[中山 2006]。また,グローバリゼーション論で議論となる新自由主義思想・政策などは,アメリカモデルの影響のみならず,自由競争と同時に社会問題への配慮を重視する点で,フランスは英米とは異なる展開を遂げており,単純化はできない[権上 2006b]。

　EUと加盟各国とが不可分の一体性を構成する今日,ヨーロッパをめぐる議論は,国民国家のフランスではみえなかったものに目を向けるきっかけでもある。その意味で,ヨーロッパ統合を視野に入れ,いま一度フランスを問い直すことは,フランスの特質や「フランスモデル」とは何かを読み解く契機となるであろう。

上原良子

第 II 部

第1章 フランス史全般に関する参考文献

1 | 史料・史料集

古代～中世

1 ラテン語

Recueil des historiens des Gaules et de France, Paris, 1869-80, 19 vols., in-folio.

　ガリア時代から中世までのフランス史関係史料集成。フランス語への翻訳テクストは付せられていない。

Recueil des historiens de la France, publié par l'Académie des Inscriptions et Belles-Lettres, Paris, 1899- .

　中世フランス史の史料集で，財務関連史料，教会死者名簿関連記録，教会財産管理関連史料のシリーズで構成されている。

Chartes et diplômes relatifs à l'histoire de France, sous les auspices de l'Académie des Inscriptions et Belles-Lettres, Paris, 1908- .

　シャルル禿頭王からフィリップ2世尊厳王までの国王文書を集成した叢書。メロヴィング王朝からルイ敬虔帝までの国王文書は，ドイツの史料集 *Monumenta Germaniae Historica*（Hanover/Berlin, 1826- ）に収録されているので，こちらを参照しなければならない。

　古代から中世にかけてのラテン教会著作家の作品の最良の刊本はキリスト教著作家集成 *Corpus Christianorum*（Brepols, 1945- ）である。フランス史に関しては，8世紀までの作品集成の Series Latina, カロリング時代から中世末期までの著作を集成した Continuatio Medievalis が関係している。

　テクスト編纂の水準でやや古びてしまった感があるミーニュ師の集成 *Patrologia cursus completus*, Series Latina, publiés par J.-P. Migne, Paris, 1844-64, 221 vols は，収録写本の多様さでなお参照価値があり，また電子索引が利用可能であり，この点でも利便性は高い。

2 現代語との対訳テクスト，あるいは翻訳テクスト

　フランスを地域的な枠組に設定した古代史関係のまとまった史料集は存在しない。フランスで出版され，ラテン語あるいはギリシア語とフランス語の対訳のテクストを提供する古典学の対訳叢書で，1919年創刊で現在も進行中の「フランス大学コレクション」，別名

「ビュデ叢書」が有用である。現在までギリシア語著作440点程,ラテン語著作380点が出版されている。http://lesbelleslettres.com

日本語へのギリシア・ラテンの古典作品の翻訳は「西洋古典叢書」(京都大学学術出版会)が着実に企画を進行させていて,第4期まで完了し84作品が既刊である。数は多くないが古代ガリアに関する記述を含む作品も含まれている。

同じ出版社から,ルイ・アルファンにより創設された「中世史古典叢書」(Classiques de l'histoire au Moyen Âge)がラテン語とフランス語の対訳のかたちで重要な史料を刊行している。現在の刊行責任者は中世初期史を専門にするフィリップ・ドゥブルーである。上記のURLから検索ができる。

また近年になって,クレルモン・フェランにある地方出版社「パレオ」が,基本的にギゾーなど19世紀の歴史家がおこなった翻訳を再版するかたちで,史料のフランス語訳を精力的に出版している。販売元は同じクレルモン・フェランのInstant Durableである。ただしこちらは対訳ではなく,現代フランス語の翻訳テクストのみである。http://www.instantdurable.com

中世の教会や修道院は文字記録の作成と記録保存の中心であった。12世紀以降とくに修道院で保存記録の編纂作業がおこなわれおびただしい記録集(Cartulaire)が編纂された。その総目録となるHenri Stein, *Bibliographie générale des cartulaires français ou relatif à l'histoire de France*, Librairie Alphonse Picard et Fils, 1907 (Kraus Reprint Limited, 1967) は総数4522点を網羅しており,調査に不可欠である。中世の修道院と分院(prieuré)の目録として,Dom L. H. Cottineau, *Répertoire topo-bibliographique des abbayes et priurés*, 3 vols., 1939 (Brepols, 1995) が関連研究文献の記載も含み,極めて有用である。

Dictionnaire topographique de la France, comprenant les noms de lieux anciens et modernes, sous la direction du Comité de travaux historiques et scientifiques, Paris, 1861-.

ラテン語史料に登場する地名の現在地比定は,史料に基づいた研究において必須の作業であるが,このためには地名辞典が重要な作業手段となる。1861年に開始した県別の地誌辞典編纂作業はフランス全体の県の数の半分にも満たない数しか刊行されていないが,既刊の場合には非常に有益である。

3 ファクシミリ版

研究の精密化と国際化にともない,ファクシミリ版の刊行も盛んになった。その代表格が,国際共同企画である*Chartae Latinae Antiquiores*, Urs Graf Verlag, Dietikon-Zürich, 1954-である。900年以前,すなわち現存するカロリング小文字普及以前のラテン語中世文書の原本を,すべて写真版と転写テクストを付して出版することを目的にして発足した。現在イギリス,アメリカ合衆国,ドイツ,フランス,エジプト,オーストリア,ベルギー,ギリシア,アイルランド,イスラエル,ノルウェー,オランダ,グルジア,スペインが終わり,膨大な分量を誇るイタリアと大量のオリジナルを擁すザンクト・ガレン修道院があるスイスだけが残っている。フランスは13巻から19巻までの7巻を擁している。

その事実上の後継企画として1997年に開始された*Monumenta Paleographica Medii Aevi*, Series Gallica, Brepols, 1997- は最古のクリュニー修道院所蔵文書原本や,修道院間で修道

士死去の情報を伝達した rouleaux des morts(物故者リスト)などが刊行され，研究の新分野を開く可能性を豊かに蔵している。

近世～現代

1 史料集

Jourdain, Isambert, et Decrusy (éd.), *Recueil général des anciennes lois françaises, de l'an 420 jusqu'à la Révolution de 1789*, 29 vols., Belin-Leprieur/Verdière, 1821–33.

　フランス革命以前を対象とした王令集。

Solnon, Jean-François (dir.), *Sources d'histoire de la France moderne, XVIe, XVIIe, XVIIIe siècle*, Larousse, 1994.

　16～18世紀に関する史料選。行政関係にとどまらず，社会史的な事項も含まれる。

French Revolution Collection, Pergamon Press, 1988.

　フランス革命200周年のときに出版された史料集。

河野健二編『資料　フランス革命』岩波書店，1989

河野健二編『資料　フランス初期社会主義――二月革命とその思想』平凡社，1979

　この2冊にはそれぞれのテーマに関する重要史料が翻訳集成されている。

2 刊行史料

　ここでは，近現代史に関する刊行史料に言及し，文書館所蔵の手書き史料などは扱わない。

Gazette nationale ou le Moniteur universel, 1789–1810; *Le Moniteur universel*, 1811–14, 1816–68; *Gazette officielle*, 1814–16; *Journal official de l'Empire français*, 1869–70; *Journal official de la République française*, 1870–.

　フランス革命以降の各政府が刊行してきた官報は幾度か名称を変えてきた。議会，政府など国家機関に関する情報が得られるが，時代による精粗は無視しがたい。現物あるいはマイクロフィルムとして，かなりの部分を日本で見ることができる。なお，フランス国立図書館のGALLICAには，官報をはじめ，各種の政府刊行物がアップされており，参照・ダウンロードが可能である。

　このほか，しばしば重要な史料として使われる19世紀の刊行物は，現物，リプリント版，マイクロフィッシュ，マイクロフィルムなどのかたちで，高い確率で日本の大学図書館などに収められており，とくに社会運動史，労働史，民衆史に関しては充実している。例えば，*Enquêtes sur la condition ouvrière en France au 19e siècle*, Microéditions Hachette, 1971 は，労働者状況に関する政府・議会の調査・報告など，100点以上がまとめられたマイクロフィッシュ版の文献・史料の集成である。現在では，社会衛生，医学，建築，等々へも歴史家の目が注がれるが，こうした領域については理工系・医学系の大学図書館にオリジナルの雑誌が眠っていることも多い。新聞類も少なからず日本に所蔵されているが，その中心はやはり代表的な中央紙である。

　第一次世界大戦の頃までの刊行史料は以上のような状況にあるが，その後の20世紀に関してはやや事情が異なる。もちろん，一般に向けられた新聞・雑誌，その他の文献はあら

ゆる領域にわたって日本で見ることができ、同様の指摘は公的刊行物にもあてはまる。しかし、日々生み出され公刊される史料は膨大であり、現代(史)への関心は歴史学の専売特許ではなく、文字通り多岐にわたる。これら諸事情のゆえに、研究対象によっては、刊行史料も分散して保管されており、また、日本において歴史学的関心にそくしてまとめられた刊行史料のコレクションを見出すことは難しい。

こうしてみると、Webcat など、日本の検索サイトで刊行史料を探索し、また、官報などにそくして言及した GALLICA をはじめ、フランス、その他、諸外国の文献・史料関連のサイトに目を光らせることがいまや必須になっている。これからも、その重要性はますます高まるであろう。他方、刊行史料を中心におきつつ指摘してきた諸問題は電子情報化の進展で一定程度の解決をみるかもしれないが、同時に史料・文献をめぐる状況に予想を超えた変化が生じる可能性も大きい。したがって、いま歴史研究に携わる限り、急激な史料状況の変化に大きな関心をはらわないわけにはいかないのである。

2｜地図

調査研究に利用できるのは、18世紀にカッシーニ父子によって作成された、いわゆるカッシーニ地図である。フランス革命以前の地誌情報を得るには最適である。フランス国土地理院(Institut de Géographie National, IGN)はフランス全土に関して、8万分の1縮尺のカッシーニ地図の複本を一般に市販しているので入手は可能である。

Arbellot, Guy, et al., *Carte des généralités, subdélégations et élections en France à la veille de la Révolution de 1789*, CNRS, 1986.

アンシャン・レジーム期の行政区分に関する地図。

Bonin, Serge et Claude Langlois (dir.), *Atlas de la Révolution française*, 11 vols., Édtions de l'EHESS, 1987-2000.

歴史地図のかたちをとりながら、フランス革命期に関する多様な基礎情報がまとめられている。

Mirot, Léon, *Manuel de géographie historique de la France*, A. Picard, 1929; 2e éd., ouvrage posthum revue et publié par Albert Mirot, 2 vols., 1947-50 (réimpréssion, Picard, 1979).

定評ある歴史地図。中世からの王領・大諸侯領の変遷、アンシャン・レジーム期の行政・宗教区分などが確認できる。

地図資料編纂会編、高橋正監修『パリ都市地図集成』柏書房、1994

地図資料編纂会編、福井憲彦監修『革命期19世紀パリ市街地図集成』柏書房、1995

上記の2冊にはパリの地図が集められている。これほどの都市地図集成はほかにない。

地図資料編纂会編『19世紀欧米都市地図集成』柏書房、1993

ヨーロッパ諸都市の地図を集めたもの。フランスの都市もいくつか含まれる。

最後にフランス史全体を対象にした歴史地図として、Georges Duby (dir.), *Atlas historique Duby*, Larousse, 2010 をあげよう。一般に広く親しまれ、改訂をかさねてきた。タイトルも幾度か変更されている。

3 | 事典・研究入門

中世史

Lexikon des Mittelalters, 9 vols., Metzeler Verlag, 1999.
　ドイツ語の事典であるが，フランス中世史に関連する記述も多く，信頼性が高い。

Dictionnaire raisonné de l'Occident médiéval, préparé par Jacques le Goff et Jean-Claude Schmitt, Fayard, 1999.
　大項目主義を採用し，1項目が10頁以上にわたることも珍しくない。

Vovabulaire historique du Moyen Âge (Occident, Byzance, Islam), sous la direction de François-Olivier Touati, Éditions, Boutique de l'histoire, 1995.
　小項目で，項目数が多く便利である。

高山博・池上俊一編『西洋中世学入門』東京大学出版会　2005
　西洋中世史料研究の補助科学と史料類型について日本語で読める唯一の解説書。

佐藤彰一・池上俊一・高山博編『西洋中世史研究入門(増補改訂版)』名古屋大学出版会　2005
　テーマ別，国・地域別の叙述と参考文献リストの3部構成で有益。

近世史・近現代史

Le Goff, Jacques, Roger Chartier et Jacques Revel (dir.), *La Nouvelle histoire. Les encyclopédies du savoir modern*, CEPL, 1978.
　アナール派全盛期に書かれた歴史学事典。フランス社会史の重要概念が立項されている。

Burguière, André (dir.), *Dictionnaire des sciences historiques*, PUF, 1986.
　アナール派の全盛期をへて，獲得された成果を反映させた事典。

Marion, Marcel, *Dictionnaire des institutions de la France aux XVIIe et XVIIIe siècles*, Auguste Picard, 1923 (réimprimé, Picard, 1976).
　定評のあるアンシャン・レジーム事典。制度，租税などの情報が詳細である。

Bély, Lucien (dir.), *Dictionnaire de l'Ancien Régime. Royaume de France XVIe–XVIIIe siècle*, PUF, 1996 (Coll. Quadrige, 2003).
　アンシャン・レジーム期に関する重要な事典。

Bluche, François (dir.), *Dictionnaire du Grand siècle*, Fayard, 1990 (nouv. éd. rev. et cprrigée, 2005).
　17世紀のフランスについて詳しい情報が得られる。

Cabourdin, Guy et Georges Viard, *Lexique historique de la France d'Ancien Régime*, 2e éd., Armand Colin, 1981.
　簡潔かつ的確なアンシャン・レジームの事典。社会史的な事項も取り上げられている。

Delon, Michel (dir.), *Dictionnaire européen des Lumières*, PUF, 1997.
　この事典はアンシャン・レジーム期の文化に詳しい。

Soboul, Albert (dir.), *Dictionnaire historique de la Révolution française*, PUF, 1989.
　ブルジョワ革命論の主唱者が編纂したフランス革命史事典。

フランソワ・フュレ，モナ・オズーフ編（河野健二・坂上孝・富永茂樹監訳）『フランス革命事典』みすず書房，全2巻，1995（みすずライブラリー，全7巻，1998-2000）〔François Furet et Mona Ozouf (dir.), *Dictionnaire critique de la Révolution française*, Flammarion, 1988 (nouv. éd., Coll. Champs, 1992; Coll. Champs, 5 vols., 2007)〕

フランス革命像を転換させる端緒をつくったフュレがオズーフとともに編纂した事典。

Tulard, Jean (dir.), *Dictionnaire Napoléon*, nouv. éd., rev. aug., Fayard, 1989.

ナポレオンとその時代に関する事典。

Tulard, Jean (dir.), *Dictionnaire du Second Empire*, Fayard, 1995.

第二帝政に関する歴史事典。

Sirinelli, François (dir.), *Dictionnaire historique de la vie politique française au XXe siècle*, PUF, 1995.

20世紀のフランス政治に関する歴史事典。

Corvisier, André (dir.), *Dictionnaire d'art et d'histoire militaires*, PUF, 1988.

軍事史事典。

Fierro, Alfred, *Histoire et dctionnaire de Paris*, Robert-Laffont, Coll. Bouquins, 1996〔アルフレッド・フィエロ（鹿島茂監訳）『パリ歴史事典』白水社，2000(抄訳)〕

パリの通史と歴史事典を組み合わせた1冊。日本語訳は事典部分のみの抄訳。

4｜辞典・補助学関連図書

ラテン語辞典としては，Gaffiot, *Dictionnaire Latin-Français*, Hachette, 1934.

中世ラテン語辞典（羅・羅）としては，Du Cange, et al., *Glossarium Mediae et Infimae Latinitatis*, (1678), 10 tomes, Niort, L. Favre, 1883-87.

中世の制度や社会，経済などの語彙をより厳密に考察するには，Niermeyer, *Mediae Latinitatis Lexikon Minus*, 2nd. rev. ed. by J. W. J. Burgers, 2 vols., Brill, 2002 が便利である。

教会やキリスト教著作のラテン語理解のためには，Albert Blaise, *Dictionnaire Latin-Français des auteurs chrétitiens*, Brepols, 1954 や，Albert Blaise, *Lexicon Latinitatis Medii Aevi*, Brepols, 1975 が便利である。

中世ラテン語の書体学教本として最適な入門書は Bernhard Bischoff, *Paléographie. De l'Antiquité romaine et du Moyen Âge occidental*, trad. par de Hartmut Atsma et Jean Vezin, Picard, 1985 である。ラテン語写本の解読には書体への習熟が不可欠であるが，ラテン語の短縮形を学習するための最良の教本は Adriano Cappelli, *Dizionario di abbreviature Latine ed Italiane*, Editore Ulrico Hepli, Milano, 1985 である。また文書形式学の分野では Olivier Guyotjeannin, Jacques Pycke et Benoît-Michel Tock, *Diplomatique médieval*, Brepols, 1993 が最新の教本である。史料所見や引用を効果的に同定する手法の教授を目的にした Jacques Berlioz (éd.), *Identifier sources et citations*, Brepols, 1994 が有益である。このほかに，中世の碑文や古銭学に習熟するための入門書，Robert Favreau, *Épigraphie médiévale*, Brepols, 1997 や Marc Bompaire et François Dumas, *Numismatique médiévale: monnaies et documents d'origine française*, Brepols, 2000 などからも学び，史料研究の堅固な基礎をつくることが望まれる。

5 │ 叢書・通史

1 通史

ジョルジュ・デュビー，ロベール・マンドルー（前川貞次郎ほか訳）『フランス文化史』
  全3巻，人文書院，1969-70〔Georges Duby et Robert Mandrou, *Histoire de la civilization française*, 2 vols., Armand Colin, 1958.〕
  フランス文明・文化の通史的叙述。原著も日本語訳も長く読みつがれてきた。

柴田三千雄・樺山紘一・福井憲彦編『世界歴史大系　フランス史』全3巻，山川出版社，1995-96
  日本語で読める詳細なフランス通史。旧石器時代から20世紀までが扱われている。

谷川稔・渡辺和行編『近代フランスの歴史——国民国家の彼方に』ミネルヴァ書房，2006
  近世から現代までを通観する1冊。テーマ別の叙述で理解を深められる。

中木康夫『フランス政治史』全3巻，未来社，1975-76
  フランス革命〜1970年代のフランス政治史。唯物史観をベースにする叙述はさすがに古くなったが，政治的展開については現在でも有用である。

福井憲彦編『フランス史』（新版世界各国史 12）山川出版社，2001
  先史時代から現代までの通史。フランス史を学ぶとき，まず参照すべき1冊。

Jullien, Camille, *Histoire de la Gaule*, 8 vols., 4ᵉ éd., Éditions de Culture et Civilisation, 1964.
  古代ガリア史のもっとも浩瀚なジュリアンの著作を凌駕するものは今日でもない。

Lavisse, Ernest (dir.), *Histoire de France depuis les origines jusqu'à la Révolution*, 18 vols. Hachette, 1900-1911.

Do. (dir.), *Histoire de France contemporaine depuis la Révolution jusqu'à la paix de 1919*, 10 vols. Hachette, 1920-1922.

Do. (dir.), *Histoire de France depuis les origines jusqu'à la Révolution*, Éd. des Equateurs, 2009-.
  1. *Tableau de la géographie de la France*, par Paul Vidal de la Blache, préface de Pierre Nora, présent. de Jean-Yves Guiomar, 2009.
  2. *Les origines, la Gaule indépendante et la Gaule romaine*, par Gustave Bloch, présent. de Jean-Louis Brunaux, 2009.
  3. *Le christianisme, les barbares les mérovingiens et les carolingiens*, par Charles Bayet, Christian Pfster et Arthur Kleinclausz, présent. de Jean-Pierre Poly, 2009.
  4. *Les premiers Capétiens (987-1137)*, par Achille Luchaire, présent. d'Eric Bournazel, 2009.
  5. *Louis VII-Philippe-Auguste, Louis VIII (1137-1226)*, par Achille Luchaire, présent. d'Yves Sassier, 2009.
  6. *Saint-Louis, Philippe Le Bel et les derniers Capétiens directs (1226-1328)*, par Charles-Victor Langlois, présent. d'Yves Sassier, 2010.
  7. *Les premiers Valois et la guerre de Cent Ans (1328-1422)*, par Alfred Coville, présent. Thierry Dutour, 2010.
  8. *Charles VII, Louis X et les premières années de Charles VIII (1422-1492)*, par Charles Petit-Dutallis, présent. de Thierry Dutour, Éd. des Équateurs, 2010.

9. *Les guerres d'Italie, la France sous Charles VIII, Louis XII et François 1er (1492−1547)*, par Henry Lemonnier, présent. de Laurent Vissière, 2010.

フランス史全体の通史として，1900年から22年にかけて，エルネスト・ラヴィスが編著者となって全28巻の『フランス史』が編まれた。現在でもこれを凌駕する詳細で一般的な通史は存在しない。この点に着目したピエール・ノラが，その増補改訂版の刊行を企て，2009年から刊行が開始され，近世初期までの出版が終了している。これをとおしてバランスのとれた信頼性の高い基礎知識が得られる。

Carpentier, Jean et François Lebrun (dir.), *Histoire de France*, Seuil, 1987 (Coll. Points, 1989).

旧石器時代から20世紀までのフランスを1冊で概観する。

Goubert, Pierre, *Initiation à l'histoire de la France*, Tallandier, 1984, Fayard/Tallandier, Coll. Pluriel, 1984.

10世紀末〜20世紀のフランスを1冊で扱う入門書。人口学，心性史など，フランスにおける歴史研究の成果に重点がおかれている。

Duby, Georges (dir.), *Histoire de la France*, Larousse, 1970 (nouv. éd. mise à jour, 1977; 3 vols., 1987).

標準的通史のひとつ。

Favier, Jean (dir.), *Histoire de France*, 6 vols., Fayard, 1984−2003.

    1. Werner, Karl Ferdinand, *Les origines (avant l'an mil)*, 1984.

    2. Favier, Jean, *Le temps des principautés (de l'an mil à 1515)*, 1984.

    3. Meyer, Jean, *La France modern (de 1515 à 1789)*, 1985.

    4. Tulard, Jean, *Les révolutions (de 1789 à 1851)*, 1985.

    5. Caron, François, *La France des patriotes (de 1851 à 1918)*, 1985.

    6. Rémond, René, *Notre siècle (de 1918 à 1991)*, 1988 (éd. definitive, avec la collab. de Jean-François Sirinelli, 2003).

フランスの起源から20世紀までをカバーする通史。各巻とも分厚く，やや立ち入った叙述が展開される。

Histoire de France Hachette, 5 vols., Hachette, 1987−91 (Coll. Pluriel, 1990−92).

    1. Duby, Georges, *Le Moyen Age, 987−1460*, 1987.

    2. Le Roy Ladurie, Emmanuel, *L'État royal, 1460−1610*, 1987.

    3. Le Roy Ladurie, Emmanuel, *L'Ancien Régime, 1610−1770*, 1991 (nouv. éd., 2003).

    4. Furet, François, *La Révolution, 1770−1880*, 1988.

    5. Agulhon, Maurice, *La République, 1880−1987*, 1990 (nouv. éd. revu. augm. et mise à jour, 1997).

アナール派を代表する歴史家が分担執筆した通史。中世から20世紀までを扱う。

Burguière, André et Jacques Revel (dir.), *Histoire de la France*, 4 vols., Seuil, 1989−93 (Coll. Points, 5 vols., 2000).

    1. *L'Espace français*, 1989.

    2. *L'État et les pouvoirs*, 1989.

    3. *L'État et les conflits*, 1990.

4. *Les formes de la culture*, 1993.

テーマ別のフランス史。アナール派的な研究方法を駆使した論集の性格が濃い。

Nouvelle histoire de la France moderne, 5 vols., Seuil, Coll. Points, 1991–2002.

 1. Garrisson, Janine, *Royaume, Renaissance et Réforme (1483–1559)*, 1991.

 2. Garrisson, Janine, *Guerre civile et Compromis (1559–1598)*, 1991.

 3. Bercé, Yves-Marie, *La Naissance dramatique de l'absolutisme (1598–1661)*, 1992.

 4. Lebrun, François, *La Puissance et la Guerre (1661–1715)*, 1997.

 5. Zysberg, André, *La Monarchie des Lumière (1715–1786)*, 2002.

15世紀末からアンシャン・レジーム末期までのフランスを扱う文庫版叢書。

Nouvelle histoire de la France contemporaine, 20 vols., Seuil, Coll. Points, 1972–2004.

 1. Vovelle, Michel, *La Chute de la monarchie (1787–1792)*, 1972 (éd. rev. et mise à jour, 1999).

 2. Bouloiseau, Marc, *La République jacobine (10 août 1792–9 Thermidor an II)*, 1972.

 3. Woronoff, Denis, *La République bourgeoise (de Thermidor à Brumaire, 1794–1799)*, 1972 (nouv. éd., 2004).

 4. Bergeron, Louis, *L'Épisode napoléonien (1799–1815)*, 1. *Aspects intérieurs*, 1972.

 5. Lovie, Jacques et André Palluel-Guillard, *L'Épisode napoléonien*, 2. *Aspects extérieurs*, 1972; Roger Dufraisse et Michel Kerautret, *La France napoléonienne (1799–1815)*, 2. *Aspects extérieurs*, 1999.

 6. Jardin, André et André-Jean Tudesque, *La France des notables (1815–1848)*, 1. *L'évolution générale*, 1973.

 7. Jardin, André et André-Jean Tudesque, *La France des notables (1815–1848)*, 2. *La vie de la nation*, 1973.

 8. Agulhon, Maurice, *1848 ou l'Apprentissage de la République (1848–1852)*, 1973 (nouv. éd., 2002).

 9. Plessis, Alain, *De la fête imperial au mur des fédérés (1852–1871)*, 1973 (éd. rev. et mise à jour, 1979).

 10. Mayeur, Jean-Marie, *Les Débuts de la Troisième République (1871–1898)*, 1973.

 11. Rebérioux, Madeleine, *La République radicale? (1898–1914)*, 1975.

 12. Becker, Jean-Jacques et Serge Berstein, *Victoire et Frustrations (1914–1929)*, 1990.

 13. Borne, Dominique et Henri Dubief, *La Crise des années 30 (1929–1938)*, nouv. éd. refondue et augm., 1989.

 14. Azéma, Jean-Pierre, *De Munich à la Libération (1938–1944)*, 1979.

 15. Rioux, Jean-Pierre, *La France de la Quatrième République (1944–1958)*, 1. *L'ardeur et la nécessité (1944–1952)*, 1980.

 16. Rioux, Jean-Pierre, *La France de la Quatrième République (1944–1958)*, 2. *L'expansion et l'impuissance (1952–1958)*, 1983.

 17. Berstein, Serge, *La France de l'expansion (1958–1974)*, 1. *La République gaullienne (1958–1969)*, 1989.

第1章　フランス史全般に関する参考文献　309

   18. Berstein, Serge et Jean-Pierre Rioux, *La France de l'expansion (1958-1974)*, 2. *L'Apogée Ponpidou (1969-1974)*, 1995.
   19. Becker, Jean-Jacques avec la collaboration de Pascal Ory, *Crises et alternances (1974-1995)*, 1998; *Crises et alternances (1974-2000)*, nouv. éd., 2002.
   20. Wieviorka, Olivier et Christophe Prochasson (présent. par), *La France du XXe siècle: documents d'histoire*, 1994 (nouv. éd. augm., 2004).

フランス革命前夜から今日にいたる近現代史をカバーする文庫版叢書。内容的なばらつきはいなめないが，標準的な通史として読まれてきた。巻によっては書替えや改訂がおこなわれている。第20巻は20世紀の史料集。

Berstein, Serge et Pierre Milza, *Histoire de la France au XXe siècle*, Éd. Complexe (Bruxelles), 5 vols., 1991-1999 (éd. en 3 vols. et remise à jour, Perrin, 2009).

20世紀フランスの通史。政治を中心としつつ全体的目配りがなされている。出版社を変えて，3巻の改訂新版が出版された。

Joël Cornette (dir.), *Histoire de France*, 13 vols., Belin, 2009-2012.

   1. Bührer-Thierry, Geneviève et Charles Mériaux, *La France avant la France (481-888)*, 2010.
   2. Mazel, Florian, *Féodalités (888-1180)*, 2010.
   3. Cassard, Jean-Christophe, *L'âge d'or capétien (1180-1328)*, 2011.
   4. Bove, Boris, *Le temps de la guerre de Cent Ans (1328-1453)*, 2009.
   5. Hamon, Philippe, *Les Renaissance (1453-1559)*, 2009.
   6. Le Roux, Nicolas, *Les guerres de Réligion (1559-1629)*, 2009.
   7. Drévillon, Hervé, *Les rois absolus (1629-1715)*, 2011.
   8. Beaurepaire, Pierre-François, *La France des Lumières (1715-1789)*, 2011.
   9. Biard, Michel, Philippe Bourdin, et Silvia Marzagalli, *Révolution, Consulat, Empire (1789-1815)*, 2009.
   10. Aprile, Sylvie, La *Révolution inachevée (1815-1870)*, 2010.
   11. Duclert, Vincent, *La République imagine (1870-1914)*, 2010.
   12. Beaupré, Nicolas, *Les Grandes Guerres (1914-1945)*, 2012.
   13. Zancarini-Fournel, Michelle et Christian Delacroix, *La France du temps présent (1945-2005)*, 2010.

クローヴィスの時代から21世紀初めまでを扱う大部のフランス通史。2012年に完結した。これからを担う比較的若い世代の歴史家が執筆しており，歴史的転換期にある現在における新たな関心の所在を窺うこともできる。図版・写真が多用され，充実した年表や文献リストが付されている。

以上のほか，シリーズ名は付されていないが，Armand Colin 社の "Coll. Cursus Histoire" にも近現代を中心に通史的概説が含まれる。改訂が頻繁で，叙述は信頼できる。

2　分野別

Braudel, Fernand et Ernest Labrousse (dir.), *Histoire économique et sociale de la France*, 4 tomes, 8 vols., PUF, 1970-82 (Coll. Quadrige, 5 vols., 1993).

社会的・経済的側面を重視した通史的叙述。詳しい参考文献も付され，有用である。

Duby, Georges (dir.), *Histoire de la France urbaine*, 5 vols., Seuil, 1980-85 (Tome 5, éd. rev. mise à jour et completé d'une 7e partie inédie, 2001).

フランス都市史。都市史としてはかなり早い段階での総合化の試み。

Duby, Georges et Armand Wallon (dir.), *Histoire de la France rurale*, 4 vols., Seuil, 1975-77 (Coll. Points, 1992).

フランス農村史。

Ariès, Philippe et Georges Duby (dir.), *Histoire de la vie privée*, 5 vols., Seuil, 1985-87 (Coll. Points, 1999).

古代から現代を扱った私生活・プライバシーの歴史。

ジョルジュ・デュビィ，ミシェル・ペロー監修（杉村和子・志賀亮一監訳）『女の歴史』全5巻10分冊，藤原書店，1994-2001 〔Georges Duby et Michelle Perrot (dir.), *Histoire des femmes en Occident*, 5 vols., Plon, 1991-92.〕

西洋世界における女性の歴史。

Corvisier, André (dir.), *Histoire militaire de la France*, 4 vols., PUF, 1992-94 (Coll. Quadrige, 1997).

フランス軍事史。

Dupâquier, Jacques (dir.), *Histoire de la population française*, 4 vols., PUF, 1988 (Coll. Quadrige, 1995).

古代から現代までを対象に，人口をめぐる諸問題が紹介されている。人口学，人口史の成果はフランスの歴史研究を支える基礎的情報である。

Le Goff, Jacques et René Rémond (dir.), *Histoire de la France religieuse*, 4 vols., Seuil, 1988-91.

フランスにおける宗教の通史。近世を扱った第3巻だけは文庫版になっている（Coll. Points, 2001）。

Rioux, Jean-Pierre et Jean-François Sirinelli (dir.), *Histoire culturelle de la France*, 4 vols., Seuil, 1997-98.

多様な文化に視点をすえて歴史を描こうとするフランスにおける文化史のあり方を教えてくれる通史的叙述。

ピエール・ノラ編（谷川稔監訳）『記憶の場――フランス国民意識の文化 = 社会史』全3巻，岩波書店，2002-03 〔Pierre Nora (dir.), *Les Lieux de mémoire*, 3 tomes, 7 vols., Gallimard, 1984-93.〕

さまざまな事象をめぐる記憶に着目して，フランスの歴史を再検討する多様な試みの集成。日本語版は独自の観点からの編集・抄訳。

Nouvelle histoire de Paris, 28 vols., Association pour la publication d'une histoire de Paris, diff. Hachette, 1970-2003.

パリ史の大型版叢書。図版が多用されている。時代別通史はもちろんであるが，地理学，都市計画，人類学などの巻もある。なお，全28巻には，フランス革命期のパリを検討した新旧2人の著者による2つの巻，および第5巻の改訂版が含まれる。

6 | 学術雑誌

総合的な歴史学の雑誌として，伝統ある *Revue historique*，アナール派の時代を築いた *Annales d'histoir économique et sociale*，より一般向けに図版を多用する *L'Histoire* をあげる。

中世史の雑誌については，中央・地方誌を含めて膨大な種類が数えられるが，専門領域ごとに，必要に応じて知見を増やす以外にはない。各国の代表的なものだけをアトランダムに列挙すると，*Le Moyen Âge*(ベルギー)，*Bibliothèque de l'École des Chartes*(フランス)，*Deutches Archiv für Erforschung des Mittelalters*(ドイツ)，*English Historical Review*(イギリス)，*Speculum: Journal of Medieval Studies*(アメリカ合衆国)，*Mitteilungen für Erforschung des Mittealters*(オーストリア)，*Studi Medievali*(イタリア)等々である。

近現代史の雑誌には，*Annales d'histoire de la Révolution française*，*Le Mouvement social*，*Revue d'histoire modern et contemporaine* などがあり，近年，都市史の *L'Histoire urbaine*，現代史の *Le XXe siècle* が創刊された。英語圏で発行されるフランス史の雑誌としては，*Journal of French History*。

フランス史論文が掲載される日本の学術誌には，『史学雑誌』『西洋史学』『社会経済史』『歴史と経済』(旧土地制度史学)がある。もちろん，大学の紀要類に重要論文が発表されることも少なくない。より広範な領域をカバーする総合雑誌である『思想』(岩波書店)にフランス史の論文が掲載されることもある。

佐藤彰一・中野隆生

＊近世に関しては林田伸一氏，フランス革命に関しては松浦義弘氏の協力を得た。

第2章 各章に関する参考文献

総説

フランソワ・アルトーグ（伊藤綾訳）『歴史の体制——現在主義と時間経験』藤原書店, 2008〔François Hartog, *Régimes d'historicité: Présentisme et expériences du temps*, Seuil, 2003.〕

工藤庸子『ヨーロッパ文明批判序説——植民地・共和国・オリエンタリズム』東京大学出版会, 2003

高澤紀恵『近世パリに生きる——ソシアビリテと秩序』岩波書店, 2008

高橋幸八郎『市民革命の構造』御茶の水書房, 1950

舘葉月「内戦期ロシア難民とフランス 1918-1929年——難民援助のための国際的枠組みの構築」『史学雑誌』117-1, 2008

ロバート・ダーントン（近藤朱蔵訳）『禁じられたベスト・セラー——革命前のフランス人は何を読んでいたか』新曜社, 2005〔Robert Darnton, *The Forbidden Best-Sellers of Pre-Revolutionary France*, W. W. Norton, 1996.〕

ジョルジュ・ディディ゠ユベルマン（竹内孝宏・水野千依訳）『残存するイメージ——アビ・ヴァールブルクによる美術史と幽霊たちの時間』人文書院, 2005〔Georges Didi-Huberman, *L'image survivante. Histoire de l'art et temps des fantômes selon Aby Warburg*, Les Éditions de Minuit, 2002.〕

ウイリアム・ドイル（福井憲彦訳）『アンシャン・レジーム』岩波書店, 2004〔William Doyle, *The Ancien Regime*, 2nd ed., Macmillan, 2001.〕

西川長夫『国民国家論の射程——あるいは〈国民〉という怪物について』柏書房, 1998

二宮宏之「フランス絶対王政の統治構造」二宮『フランス アンシャン・レジーム論——社会的結合・権力秩序・叛乱』岩波書店, 2007

ピエール・ノラ編（谷川稔監訳）『記憶の場——フランス国民意識の文化゠社会史』全3巻, 岩波書店, 2002-03（抄訳）〔Pierre Nora (dir.), *Les lieux de mémoire*, 7 vols., Gallimard, 1984-92.〕

リン・ハント（松浦義弘訳）『フランス革命の政治文化』平凡社, 1989〔Lynn Hunt, *Politics, Culture, and Class in the French Revolution*, University of California Press, 1984.〕

平野千果子『フランス植民地主義の歴史——奴隷制廃止から植民地帝国の崩壊まで』人文書院, 2002

深沢克己「友愛団結社の編成原理と思想的系譜」「フリーメイソンの社交空間と秘教思想——十八世紀末マルセイユ「三重団結」会所の事例から」深沢克己・桜井万里子編『友愛と秘密のヨーロッパ社会文化史——古代秘儀宗教からフリーメイソン団まで』

東京大学出版会, 2010

フランソワ・フュレ(大津真作訳)『フランス革命を考える』岩波書店, 1989 〔François Furet, *Penser la révolution française*, Gallimard, 1985.〕

マリ=クロード・ブラン=シャレアール(西岡芳彦訳)「パリの外国人空間, 過去と現在——民衆の街区から多様なエスニシティの街区へ」中野隆生編『都市空間と民衆 日本とフランス』山川出版社, 2006

マルク・ブロック(堀米庸三監訳)『封建社会』岩波書店, 1995 〔Marc Bloch, *La société féodale*, t. 1: *La formation des liens de dependence*, t. 2: *Les classes et le gouvernement des hommes*, Albin Michel, 1939-40.〕

松沼美穂「血統と文化によるフランス人種——第三共和政期の植民地における混血の法的地位」『思想』1018, 2009

Agache, Roger, "Typologie et devenir des *villae* antiques dans les grandes plaines de la Gaule septentrionale", in Walter Janssen und Dietrich Lohrmann (Hrsg.), *Villa-curtis-grangia. Landwirtschaft zwischen Loire und Rhein von der Römerzeit zum Hochmittelalter*, Artemis Verlag, 1983.

Airlie, Stuart, et al. (Hrsg.), *Forschungen zur Geschichte des Mittelalters*, Bd. 11: *Staat im frühen Mittelalter*, Verlag der Österreichischen Akademie de Wissenschaften, 2006.

Bagge, Sverre, et al. (eds.), *Feudalism. New Landscapes of Dabate*, Brepols, 2011.

Barbier, Josiane, "Le système palatial franc: Genèse et fonctionnement dans le nord-ouest du regnum", *Bibliothèque de l'École des Chartes*, t. 148, 1990.

Barbier, Josiane, "Du patrimoine fiscal au patrimoine eccléasistique: les largesses royales aux églises du nord de la Loire, milieu du VIIIe-fin du Xe siècle", *Mélanges de l'École française de Rome, Moyen Âge*, t. III-2, 1999.

Barbier, Josiane, "Le fisc du royaume franc. Quelques jalons pour une réflexion sur l'État au haut Moyen Âge", in Walter Pohl, et al. (Hrsg.), *Forschungen zur Geschichte des Mittelalters*, Bd. 16: *Der frühmittelalterliche Staat — Europäische Perspektiven*, Verlag der Österreichischen Akademie de Wissenschaften, 2009.

Bournazel, Éric, *Le gouvernement Capétien au XIIe siècle, 1108-1180. Structures sociales et mutations institutionnelles*, PUF, 1975.

de Tocqueville, Alexis, *L'ancien régime et la Révolution*, 1856 (Gallimard, 1952).

Dosse, François, *Renaissance de l'événement. Un défi pour l'historien: entre Sphinx et Phénix*, PUF, 2010.

Ganshof, Louis-François, "Benefice and Vassalage in the Age of Charlemagne", *The Cambridge Historical Journal*, 6, 1938-40.

Guadagnin, Rémy, "De l'habitat dispersé antique aux villages de l'An Mil (V^e-Xe siècle)", in Jean Cuisnier et R. Guadagnin (éd.), *Un village au temps de Charlemagne. Moines et paysans de l'abbaye de Saint-Denis du VIIe siècle à l'An Mil*, Éditions de la Réunion des musées nationaux, 1988.

Hartog, François, *Le miroire d'Hérodote. Essai sur la représentation de l'autre*, Gallimard, 1980.

Hartog, François, *Le XIXe siècle et l'histoire. Le cas Fustel de Coulanges*, PUF, 1988.

Hureaux, Roland, *Les nouveau féodaux. Le contresens de la décentralisation*, Gallimard, 2004.

Innes, Matthew, *State and Society in the Early Middle Ages. The Middle Rhine Valley, 400–1000*, Cambridge University Press, 2000.

Kasten, Brigitte, "Das Lehnswesen — Fakt oder Fiktion?", in Walter Pohl, et al. (Hrsg.), *Forschungen zur Geschichte des Mittelalters*, Bd. 16: *Der frühmittelalterliche Staat — Europäische Perspektiven*, Verlag der Österreichischen Akademie de Wissenschaften, 2009.

Lefebvre, Georges, *Paysans du Nord pendant la Révolution française*, Marquant, 1924 (Armand Colin, 1972).

Mélonio, Françoise, *Naissance et affirmation d'une culture nationale. La France de 1815 à 1880*, Seuil, 2001 (rééd., augm. d'une introduction inédite, de la contribution de l'auteur à *l'Histoire culturelle de la France*, t. 3, Seuil, 1998).

Mitteis, Heinrich, *Das Lehenrecht und Staatgewalt. Untersuchungen zur mittelalterlichen Verfassungsgeschichte*, Böhlau, 1933.

Noiriel, Gérard, *Le creuset français. Histoire de l'immigration XIXe–XXe siècles*, Seuil, 1988.

Noiriel, Gérard, *Immigration, antisémitisme et racism en France (XIXe–XXe siècle). Discours publics, humiliations privées*, Fayard, 2007.

Orsenna, Erik, "Je cherchais du global, et je n'ai trouvé que du local" (entretien), *Le débat*, 154, 2009.

Pinol, Jean-Luc (dir.), *Histoire de l'Europe urbaine*, 2 vols., Seuil, 2003.

Pohl, Walter und Veronika Wieser (Hrsg.), *Der frühmittelalterliche Staat — Europäische Perspektiven*, Verlag der Österreichischen Akademie de Wissenschaften, 2009.

Reynolds, Susan, *Fiefs and Vassals. The Medieval Evidence Reinterpreted*, Oxford University Press, 1994.

Richet, Denis, *La France moderne: l'esprit des institutions*, Flammarion, 1973.

Rosanvallon, Pierre, *L'État en France, de 1789 à nos jours*, Seuil, 1990.

Sato, Shoichi, "La clause pénaledans les chartes mérovingieenes et son implication", in Sato (éd.), *Herméneutique du texte d'histoire. Orientation, Interprétation et questions nouvelles*, Arm, 2009.

Schor, Ralph, *Histoire de l'immigration en France, de la fin du XIXe siècle à nos jours*, Armand Colin, 1996.

Thiesse, Anne-Marie, *La création des identités nationales. Europe XVIIIe–XXe siècle*, Seuil, 1999.

van Ossel, Paul, "Insécurité et militalisation en Gaule du Nord au Bas-Empir", *Revue du Nord*, LXXVII–313, 1995.

Weil, Patrick, *Qu'est-ce qu'un Français? Histoire de la nationalité française depuis la Révolution*, Bernard Grasset, 2002.

Wickham, Chris, *Framing the Early Middle Ages. Europe and the Mediterranean, 400–800*, Oxford University Press, 2005.

序章　交差する視線のなかのフランス

彌永信美『幻想の東洋——オリエンタリズムの系譜』上・下（ちくま学芸文庫）筑摩書房，2005

ウィリアム・J・ブースマ（長谷川光明訳）『ギヨーム・ポステル——異貌のルネサンス人の生涯と思想』法政大学出版局，2010〔William James Bouwsma, *Concordia Mundi, The Career and Thoughts of Guillaume Postel (1510-1581)*, Havard University Press, 1957.〕

森本英夫「日本とフランス」田辺保編『フランスを学ぶ人のために』世界思想社，1998

Braudel, Fernand, *L'identité de la France,* t.1: *Espace et histoire,* Arthaud-Flammarion, 1986.

Cunliffe, Barry, *Facing the Ocean. The Atlantic and its Peoples, 8000BC-AD1500,* Oxford University Press, 2001.

Thiébaud, Jean-Marie, *La présence française au Japon du XVIe siècle à nos jours,* L'Harmattan, 2008.

Tuilier, André, et al., *Histoire de Collège de France,* t.1: *La création, 1530-1560,* Fayard, 2006.

第1章　先史時代からローマ支配下のガリア

相京邦宏「ケルトとローマの文化的融合とその限界」『社会文化史学』27，1991

相京邦宏「ケルト・ゲルマン的神性 Matronae」『オリエント』37，1996

R・ギュンター（土井正興訳）「ガリアとイスパニアにおけるバガウダエの民衆運動」『歴史評論』387，1982

蔵持不三也「第一章　先史時代・ケルト社会」柴田三千雄・樺山紘一・福井憲彦編『世界歴史大系　フランス史 1』山川出版社，1995

ヴァンセスラス・クルータ（鶴岡真弓訳）『ケルト人』（文庫クセジュ）白水社，1991〔Venceslas Kruta, *Les Celtes,* PUF, 1979.〕

小笹桂子「ガリア製陶業とライン・ゲルマニア地方」『文化史学』36，1980

後藤篤子「シドニウス＝アポリナーリスにおける「ローマニズム」」『史学雑誌』91-10，1982

後藤篤子「第二章　ローマ属州ガリア」柴田三千雄・樺山紘一・福井憲彦編『世界歴史大系　フランス史 1』山川出版社，1995

後藤篤子「古代末期のガリア社会」『岩波講座世界歴史 7　ヨーロッパの誕生』岩波書店，1998

後藤篤子「バガウダエをめぐって」倉橋良伸ほか編『躍動する古代ローマ世界——支配と解放運動をめぐって』理想社，2002

佐野光宜「帝政前期ローマにおける剣闘士競技の社会的機能——ガリア・ナルボネンシスの都市ネマウススの事例から」『西洋史学』230，2008

高橋秀「第一章　古代」井上幸治編『世界各国史 2　フランス史』山川出版社，1968

田中美穂「「島のケルト」再考」『史学雑誌』111-10，2002

土井正興「バガウダエ運動と古代から中世への転換」『人文科学年報』（専修大学）14，1984

中沢新一・鶴岡真弓・月川和雄編『ケルトの宗教ドルイディズム』岩波書店，1997

西村昌洋「テトラルキア時代ガリアにおける弁論家と皇帝――『ラテン語賞賛演説集（Panegyrici Latini）』より」『史林』92, 2009

長谷川啓「帝政ローマ前期ガリアにおけるナウタ組合――ある河川水運業者組合のパトローヌス選任に見る人的紐帯」『史学雑誌』117-10, 2008

原聖『ケルトの水脈』講談社, 2007

日置雅子「シドニウス・アポリナーリスの帝国理念 その1, 2」『愛知県立大学文学部論集 一般教育編』24・25, 1973・1974

疋田隆康「第二章 古代ケルト社会の「祭司と剣」――ガリア, イベリア, ブリタニア」角田文衞・上田正昭監修『古代王権の誕生 Ⅳ ヨーロッパ編』角川書店, 2003

疋田隆康「古典学と「ケルト」の表象」『洛北史学』6, 2004a

疋田隆康「古代ガリア社会におけるケルトの伝統」『史林』86-4, 2004b

藤井慎太郎「元首政期属州ガリアの支配層」『文化史学』58, 2002

松本宣郎「ルグドゥヌムの迫害再考」『西洋史研究』新輯9, 1980

松本宣郎「講演 ローマ世界におけるキリスト教受容――二世紀ガリアを中心に」『研究年報』（宮城学院大学附属キリスト教文化研究所）36, 2003

南川高志『海のかなたのローマ帝国』岩波書店, 2003

毛利晶「ガリア社会の従者制度」『史学雑誌』84-11, 1975

毛利晶「ローマ帝政期のガリア社会」『西洋史学』102, 1976

毛利晶「ローマ帝政成立期のガリア社会――反ローマの戦いとガリアの民衆」弓削達・伊藤貞夫編『古典古代の社会と国家』東京大学出版会, 1977

山本晴樹「ローマ帝政期ナルボネンシスの都市とアウグスターレース」『史学論叢』26, 1995

山本晴樹「元首政期ガリア社会におけるアウグスターレース」『西洋史研究』新輯27, 1998

山本晴樹「第7章 元首政期の属州ガリア」歴史学研究会編『地中海世界史 1 古代地中海世界の統一と変容』青木書店, 2000

山本晴樹「あるアウグスターレース」倉橋良伸ほか編『躍動する古代ローマ世界――支配と解放運動をめぐって』理想社, 2002

山本晴樹「ローマ帝国西部における属州皇帝礼拝の成立をめぐって」『史学研究』252, 2006

吉村忠典「2 アンビオリクス」秀村欣二ほか編『古典古代における伝承と伝記』岩波書店, 1975

吉村忠典『古代ローマ世界を旅する』刀水書房, 2009

Agache, Roger, "La campagne à l'époque romaine dans les grandes plaines du Nord de la France", in Hildegard Temporini und Wolfgang Haase (Hrsg.), *Aufstieg und Niedergang der römischen Welt*, II, 4, Walter de Gruyter, 1975.

Brogan, Olwen, *Roman Gaul*, G. Bell and sons, 1953.

Brogan, Olwen, "The Comming of Rome and the Establishment of Roman Gaul", in Stuart Piggott, et al. (eds.), *France before the Romans*, Thames and Hudson, 1974.

Brunt, Peter A., "The Romanization of the Local Ruling Classes in the Roman Empire", in Peter A. Brunt, *Roman Imperial Themes,* Oxford University Press, 1990.

Demandt, Alexander, *Die Spätantike. Römische Geschichte von Diocletian bis Justinian 284−565 n. Chr.,* Beck, 1989.

Drinkwater, John F., *Roman Gaul: The Three Provinces 58 BC−AD 260,* Croom Helm, 1983.

Drinkwater, John F., *The Gallic Empire. Separatism and Continuity in the North-Western Provinces of the Roman Empire A.D. 260−274,* Steiner, 1987.

Drinkwater, John F., "Maximinus to Diocletian and the 'Crisis'", in Alan K. Bowman, et al. (eds.), *The Cambridge Ancient History,* Vol. XII: *The Crisis of Empire, A.D. 193−337,* 2nd ed., Cambridge University Press, 2005.

Duval, Paul-Marie, *La vie quotidienne en Gaule pendant la paix romaine,* Hachette, 1952.

Duval, Paul-Marie, "Contribution des fouilles de France 1941−1955 à l'histoire de la Gaule", *Historia,* 5−2, 1956.

Duval, Paul-Marie, *La Gaule jusqu'au milieu du Ve siècle,* 2 vols., A. et J. Picard, 1971.

Duval, Paul-Marie, *Les Dieux de la Gaule,* nouv. éd, Payot, 1976.

Eggers, Hans Jürgen, *Einführung in die Vorgeschichte,* 2. Aufl., Piper, 1974.

Fustel de Coulanges, Numa Denis, *Histoire des institutions politiques de l'ancienne France,* Hachette, 1891.

Gayraud, Michel, *Narbonne antique. Des origines à la fin du IIIe siècle,* De Boccard, 1981.

Goudineau, Christian, "Gaul", in Alan K. Bowman, et al. (eds.), *The Cambridge Ancient History,* Vol. X: *The Augustan Empire, 43 B.C.−A.D. 69,* 2nd ed., Cambridge University Press, 1996.

Goudineau, Christian, "Gaul", in Alan K. Bowman, et al. (eds.), *The Cambridge Ancient History,* Vol. XI: *The High Empire, A.D. 70−192,* 2nd ed., Cambridge University Press, 2000.

Grenier, Albert, *Manuel d'archéologie gallo-romaine,* 7 vols., A. et J. Picard, 1931−60.

Grenier, Albert, "La Gaule romaine", in Tenney Frank (ed.), *An Economic Survey of Ancient Rome,* Vol. III, Johns Hopkins University Press, 1937.

Harding, Dennis W., "Celtic Europe", in David M. Lewis, et al. (eds.), *The Cambridge Ancient History,* Vol. VI: *The Fourth Century B.C.,* 2nd ed., Cambridge University Press, 1994.

Harmand, Jaques, "Une composante scientifique du Corpus Caesarianum: le portrait de la Gaule dans le De Bello Gallico I−VII", in Hildegard Temporini (Hrsg.), *Aufstieg und Niedergang der römischen Welt,* I−3, Walter de Gruyter, 1973.

Harries, Jill, *Sidonius Apollinaris and Fall of Rome. AD 407−485,* Oxford University Press, 1994.

Haselgrove, Colin, "The Romanization of Belgic Gaul: Some archaeological perspectives", in Thomas F. C. Blagg and Martin Millett (eds.), *The Early Roman Empire in the West,* Oxbou, 1990.

Hatt, Jean-Jacques, *Histoire de la Gaule romaine (120 avant. J. -c. −451 après. J. -c.). Colonisation où colonialisme?,* Payot, 1959.

Hatt, Jean-Jacques, "Les deux sources de la religion gauloise et la politique religieuse des emprereurs romains en Gaule", in Hildegard Temporini und Wolfgang Haase (Hrsg.), *Aufstieg und Niedergang der römischen Welt,* II, 18.1, Walter de Gruyter, 1986.

Hingley, Richard, *Globalizing Roman Culture. Unity Diversity and Empire,* Routledge, 2005.

Hodson, Frank R. and Ralph M. Rowlett, "From 600 BC to the Roman Conquest", in Stuart Piggott, et al. (eds.), *France before the Romans,* Thames and Hudson, 1974.

Jullian, Camille, *Histoire de la Gaule,* 8 vols., Hachette, 1908–26.

Keppie, Lawrence, "The army and the navy", in Alan K. Bowman, et al., *The Cambridge Ancient History,* Vol. X: *The Augustan Empire, 43 B.C–A.D. 69,* 2nd ed., Cambridge University Press, 1996.

Kienast, Dietmar, *Augustus. Prinzeps und Monarch,* 3. Aufl., Wissenschaftliche Buchgesellschaft, 1999.

Kruta, Venceslas, *Les Celtes. Histoire et dictionnaire des origines à la romanisation et au christianisme,* Robert Laffont, 2000.

Lafond, Yves, "Gallia", *Der neue Pauly,* IV, Metzler, 1998.

Lafond, Yves, "Kelten I. Name, II. Kelten in Westen", *Der neue Pauly,* VI, Metzler, 1999.

Leday, Alain, *La campagne à l'époque romaine dans le Centre de la Gaule. Villas, vici et sanctuaires de la Cité de Bituriges Cubi,* 2 vols., British Archaeological Reports, 1980.

Le Glay, Marcel, "La Gaule romanisé", in Georges Duby et Armand Wallon (dir.), *Histoire de la France rurale,* t. 1: *Des origines à 1340,* Seuil, 1975.

Le Roux, Patrick, "La romanisation en question", *Annales,* 59-2, 2004.

Lintott, Andrew, "The Roman Empire and its Problems in the Late Second Century", in John A. Crook, et al., *The Cambridge Ancient History,* Vol. IX: *The Last Age of the Roman Republic, 146–43 B.C.,* 2nd ed., Cambridge University Press, 1994.

Matthews, John F., *Western Aristocracies and Imperial Court. AD 364–425,* Oxford University Press, 1975.

Rambaud, Michel, *L'art de la déformation historique dans les commentaires de César,* Les Belles Lettres, 1966.

Rivet, Albert L., *Gallia Narbonensis: Southern Gaul in Roman Times,* Batsford, 1988.

Roman, Danièle et Yves, *Histoire de la Gaule. VIe siècle av. J.-C.–Ier siècle ap. J.-C.: Une confrontation culturelle,* Fayard, 1997.

Silvan, Hagith, *Ausonius of Bordeaux. Genesis of a Gallic Aristocracy,* Routledge, 1993.

Stroheker, Karl Friedrich, *Der senatorische Adel im spätantiken Gallien,* Alma-Mater-Verlag, 1948.

Ternes, Charles-Marie, *La vie quotidienne en Rhénanie dans l'époque romaine,* Hachette, 1972.

Van Dam, Raymond, *Leadership and Community in Late Antique Gaul,* University of California Press, 1985.

Walser, Gerold, *Caesar und die Germanen. Studien zur politischen Tendenz römischer Feldzugsberichte,* Steiner, 1956.

Wilkes, John, "Provinces and Frontiers", in Alan K. Bowman, et al. (eds.), *The Cambridge Ancient History,* Vol. XII: *The Crisis of Empire, A.D. 193–337,* 2nd ed., Cambridge University Press, 2005.

Williams, Jonathan H. C., *Beyond the Rubicon. Romans and Gauls in Republican Italy,* Oxford University Press, 2001.

Woolf, Greg, *Becoming Roman. The Origins of Provincial Civilization in Gaul,* Cambridge University Press, 1998.

第2章 フランク時代

ハルトムート・アツマ（加納修訳）「ローマ法と部族法典」佐藤彰一編『西洋中世史セミナー講演報告集』名古屋大学大学院文学研究科西洋史学研究室，2000

五十嵐修「カロリング朝の民衆教化――その理念と現実」『西洋史学』147，1987

五十嵐修「国王巡察使制度とフランクの国制」『歴史学研究』586，1988

五十嵐修『地上の夢 キリスト教帝国――カール大帝の〈ヨーロッパ〉』（講談社選書メチエ）講談社，2001

岩村清太『ヨーロッパ中世の自由学芸と教育』知泉書館，2007

フィリップ・ヴォルフ（渡邊昌美訳）『ヨーロッパの知的覚醒――中世知識人群像』白水社，2000〔Phillippe Wolff, *L'eveil intellectuel de l'Europe,* Seuil, 1971.〕

梅津教孝「シャルルマーニュの文書に見るラテン語の質――書記ヴィクバルドゥスの検討」『西洋史学論集』39，2001

エインハルドゥス，ノトケルス（國原吉之助訳註）『カロルス大帝伝』筑摩書房，1988

岡地稔「879年 ボゾー・フォン・ヴィエンヌの国王選挙――フリート説をめぐる問題状況」『アカデミア 人文・社会科学編』74，2002

岡地稔「ボゾー・フォン・ヴィエンヌの国王選挙(879年)小論」『南山ゲルマニスティック――光環』17，2006

小田内隆「ボニファティウス時代の〈偽預言者〉について――西欧社会のキリスト教化と異端問題」『立命館文学』534，1994

桂秀行「中世初期・低地ラングドック地方に於けるマンス(1)～(3)――『ニーム司教座教会参事会カルテュレール』を素材として」『愛知大学経済論集』164・166・167，2004-05

加納修「フランク時代の仮装訴訟とは何か――メロヴィング朝後期の国王法廷の役割に関する一考察」『史学雑誌』110-3，2001

河井田研朗「カロルス大帝の［万民への訓諭勅令］（Admonitio Generalis）(789年)の試訳」『ノートルダム清心女子大学キリスト教文化研究所年報』27，2005

F-L・ガンスホーフ（森岡敬一郎訳）『封建制度』慶應通信，1968〔François Louis Ganshof, *Qu'est-ce que la féodalité?,* Office de publicité, 1957.〕

パトリック・ギアリ（杉崎泰一郎訳）『死者と生きる中世――ヨーロッパ封建社会における死生観の変遷』白水社，1999〔Patrick J. Geary, *Living with the dead in the Middle Age,* Cornell University Press, 1994.〕

パトリック・J・ギアリ（鈴木道也・小川知幸・長谷川宣之訳）『ネイションという神話――ヨーロッパ諸国家の中世的起源』白水社，2008〔Patrick J. Geary, *The Myth of Nations,* Princeton University Press, 2002.〕

ピエール・クルセル（尚樹啓太郎訳）『文学にあらわれたゲルマン大侵入』東海大学出版

会,1974〔Pierre Paul Courcelle, *Histoire littéraire des grandes invasions germanique*, Études augustiniennes, 1964.〕

今野國雄「ガリアにおける初期修道制の形成」今野『西欧中世の社会と教会』岩波書店,1973

佐藤彰一「識字文化・言語・コミュニケーション」佐藤彰一・早川良弥編『西欧中世史(上)——継承と創造』ミネルヴァ書房,1995

佐藤彰一『修道院と農民——会計文書から見た中世形成期ロワール地方』名古屋大学出版会,1997

佐藤彰一『ポスト・ローマ期フランク史の研究』岩波書店,2000

佐藤彰一『中世初期フランス地域史研究』岩波書店,2004a

佐藤彰一『歴史書を読む——『歴史十書』のテクスト科学』山川出版社,2004b

佐藤彰一『中世世界とは何か』岩波書店,2008

佐藤彰一・池上俊一『世界の歴史 10 西ヨーロッパ世界の形成』中央公論社,1997

上智大学中世思想研究所編訳・監修『中世思想原典集成 6 カロリング・ルネサンス』平凡社,1992

多田哲「カロリング王権と民衆教化——『一般訓令』(789年)の成立事情を手掛かりに」『西洋史学』178,1995

多田哲「修道院の流通編成機能——カロリング期フランク王国,オルレアン近郊ミシー修道院の場合」土肥恒之編『地域の比較社会史——ヨーロッパとロシア』日本エディタースクール出版部,2007

丹下栄『中世初期の所領経済と市場』創文社,2002

出崎澄夫「カトブルフスとその時代」『白百合女子大学研究紀要』33,1997

トゥールのグレゴリウス(兼岩正夫・臺幸夫訳)『歴史十巻(フランク史)』1・2(東海大学古典叢書)東海大学出版会,1975・1977

徳田直宏「クロタール二世の教会支配——メロヴィンガー・フランクの前期における王権と司教叙任問題について」長谷川博隆編『ヨーロッパ——国家・中間権力・民衆』名古屋大学出版会,1985

野口洋二「メロヴィング期ガリアにおける異教的伝統とキリスト教」『早稲田大学大学院文学研究科紀要(哲学・史学編)』36,1990

橋本龍幸『中世成立期の地中海世界——メロヴィング時代のフランクとビザンツ』南窓社,1997

橋本龍幸『聖ラデグンディスとポスト・ローマ世界』南窓社,2008

日置雅子「ルードヴィヒ敬虔帝の〈帝国整備令(817年)〉」1・2『愛知県立大学文学部論集・一般教育編』29・30,1979・1980

アンリ・ピレンヌ(増田四郎監修,中村宏・佐々木克巳訳)『ヨーロッパ世界の誕生——マホメットとシャルルマーニュ』創文社,1960〔Henri Pirenne, *Mahomet et Charlemagne*, Alcan, 1937.〕

ジャック・ブウサール(井上泰男訳)『シャルルマーニュの時代』平凡社,1973〔Jacques Boussard, *Charlemagne et son temp*, Hachette, 1968.〕

ロベール・フォルツ（大嶋誠編訳）『シャルルマーニュの戴冠』白水社，1986〔Robert Folz, *Le couronnement impérial de Charlemagne,* Gallimard, 1964.〕

ピーター・ブラウン（後藤篤子訳）「栄光につつまれた死——5〜7世紀における死と死後世界」後藤篤子編『古代から中世へ』山川出版社，2006

アドリアーン・フルヒュルスト（森本芳樹ほか訳）『中世都市の形成——北西ヨーロッパ』岩波書店，2001〔Adriaan E. Verhulst, *The Rise of Cities in North-West Europe,* Cambridge University Press, 1999.〕

ルネ・ミュソ゠グラール（加納修訳）『クローヴィス』（文庫クセジュ）白水社，2000〔Renee Mussot-Goulard, *Clovis,* PUF, 1997.〕

ルドー・J・R・ミリス（武内信一訳）『異教的中世』新評論，2002〔Ludo J. R. Milis, *De Heidense Middeleeuwen,* Brepols, 1991.〕

森義信『西欧中世軍制史論——封建制成立期の軍制と国制』原書房，1988

森義信「「インゲヌウス」と「リベル・ホモ」——中世初期の「自由人」の呼称について」『中央大学人文研紀要』8，1989

森本芳樹『西欧中世経済形成過程の諸問題』木鐸社，1978

森本芳樹『中世農民の世界——甦るプリュム修道院所領明細帳』岩波書店，2003

森本芳樹『比較史の道——ヨーロッパ中世から広い世界へ』創文社，2004

森本芳樹『西欧中世形成期の農村と都市』岩波書店，2005

森本芳樹『西欧中世初期農村史の革新——最近のヨーロッパ学界から』木鐸社，2007

山田欣吾『教会から国家へ——古相のヨーロッパ』（西洋中世国制史の研究 1）創文社，1992

ピエール・リシェ（久野浩訳）『蛮族の侵入——ゲルマン大移動時代』（文庫クセジュ）白水社，1974〔Pierre Riché, *Les invasions barbares,* PUF, 1953.〕

ピエール・リシェ（岩村清太訳）『中世における教育・文化』東洋館出版社，1988〔Pierre Riché, *Éducation et culture dans l'Occident barbare, VIe–VIIIe siècles,* Seuil, 1962.〕

ピエール・リシェ（岩村清太訳）『ヨーロッパ成立期の学校教育と教養』知泉書館，2002〔Pierre Riché, *Écoles et enseignement dans le Haut Moyen Âge,* Picard, 1999.〕

ジャック・ル・ゴフ（加納修訳）「メロヴィング文明における聖職者の文化とフォークロアの伝統」同『もうひとつの中世のために——西洋における時間，労働，そして文化』白水社，2006〔Jacques Le Goff, *Pour un autre Moyen Âge,* Gallimard, 1977.〕

レジーヌ・ル・ジャン（加納修訳）『メロヴィング朝』（文庫クセジュ）白水社，2009〔Régine Le Jan, *Les Mérovingiens,* PUF, 2006.〕

Angenendt, Arnold, "Pippins Königserhebung und Salbung", in Matthias Becher und Jörg Jarnut (Hrsg.), *Der Dynastiewechsel von 751. Vorgeschichte, Legitimationsstrategien und Erinnerung,* Scriptorium, 2004.

Buc, Philippe, *The Dangers of Ritual. Between Early Medieval Texts and Social Scientific Theory,* Princeton University Press, 2001.

Coumert, Magali, *Origine des peuples: les récits du Haut Moyen Âge occidental (550–850),* Institut d'études augustiniennes, 2007.

Coumert, Magali et Bruno Dumézil, *Les royaumes barbares en Occident*, PUF «Que sais-je?», 2010.

Depreux, Philippe, *Charlemagne et les Carolingiens, 687-987*, Tallandier, 2002.

Devroey, Jean-Pierre, *Économie rurale et société dans l'Europe franque (VIe-IXe siècles)*, t. 1, Belin, 2003.

Dumézil, Bruno, *Les racines chrétiennes de l'Europe. Conversion et liberté dans les royaumes barbares Ve-VIIIe siècle*, Fayard, 2005.

Durliat, Jean, *Les finances publiques de Dioclétien aux Carolingiens (284-889)*, J. Thorbecke, 1990.

Effros, Bonnie, *Merovingian Mortuary Archaeology and the Making of the Early Middle Ages*, University of California Press, 2003.

Esders, Stefan, *Römische Rechtstradition und merowingisches Königtum. Zum Rechtscharakter politischer Herrschaft in Burgund im 6. und 7. Jahrhundert*, Vandenhoeck und Ruprecht, 1997.

Fouracre, Paul, *The Age of Charles Martel*, Longman, 2000.

Fouracre, Paul and Richard Gerberding, *Late Merovingian France. History and Hagiography 640-720*, Manchester University Press, 1996.

Geary, Patrick, *Naissance de la France. Le monde mérovingien*, traduit de l'anglais par Jeannie Carlier et Isabelle Detienne, Flammarion, 1989.

Gerberding, Richard, *The Rise of the Carolingians and the Liber Historiae Francorum*, Clarendon Press, 1987.

Godman, Peter and Roger Collins (eds.), *Charlemagne's Heir. New Perspectives on the Reign of Louis the Pious (814-840)*, Clarendon Press, 1990.

Goldberg, Eric, "'More Devoted to the Equipment of Battle than the Splendor of Banquets': Frontier Kingship, Martial Ritual, and Early Knighthood at the Court of Louis the German", *Viator*, 30, 1999.

Halsall, Guy, *Settlement and Social Organization. The Merovingian Region of Metz*, Cambridge University Press, 1995.

Heidrich, Ingrid, "Les maires du palais neustriens du milieu du VIIe au milieu du VIIIe siècle", in Hartmut Atsma (publié par), *La Neustrie. Les pays au nord de la Loire de 650 à 850*, t. 1, J. Thorbecke, 1989.

Hummer, Hans, *Politics and Power in Early Medieval Europe. Alsace and the Frankish Realm, 600-1000*, Cambridge University Press, 2005.

Innes, Matthew, *State and Society in the Early Middle Ages. The Middle Rhine Valley 400-1000*, Cambridge University Press, 2000.

Innes, Matthew, *Introduction to Early Medieval Western Europe, 300-900. The Sword, the Plough and the Book*, Routledge, 2007.

James, Edward, *The Franks*, Blackwell, 1988.

Jussen, Bernhard, "Um 567. Wie die poströmischen Könige sich in Selbstdarstellung übten", in B. Jussen (Hrsg.), *Die Macht des Königs. Herrschaft in Europa vom Frühmittelalter bis in die*

Neuzeit, C. H. Beck, 2005.

Kurth, Godefroid, *Études franques,* t. 1, Honoré Champion, 1919.

Lebecq, Stéphane, *Marchands et navigateurs frisons au haut moyen âge,* 2 vols., Presses universitaires de Lille, 1983.

Lubich, Gerhard, *Verwandtsein. Lesarten einer politisch-sozialen Beziehung im Frühmittelalter (6. –11. Jahrhundert),* Böhlau, 2008.

McCormick, Michael, *Origins of the European Economy. Communications and Commerces: AD 300–900,* Cambridge University Press, 2001.

Mckitterick, Rosamond, *Charlemagne: the Formation of a European Identity,* Cambridge University Press, 2008.

MacLean, Simon, *Kingship and Politics in the Late Ninth Century. Charles the Fat and the End of the Carolingian Empire,* Cambridge University Press, 2003.

Mayr-Harting, Henry, "Charlemagne, the Saxons, and the Imperial Coronation of 800", *English Historical Review,* 111–444, 1996.

Nelson, Janet, *Charles le Chauve,* traduit de l'anglais par Denis-Armand Canal, Aubier-Montaigne, 1994.

Offergeld, Thilo, *Reges pueri. Das Königtum Minderjähriger im frühen Mittelalter,* Hahnsche Buchhandlung, 2001.

Périn, Patrick et Gaston Duchet-Suchaux, *Clovis et les Mérovingiens. Vers 250–751,* Tallandier, 2002.

Pohl, Walter und Veronika Wieser (Hrsg.), *Der frühmittelalterliche Staat—Europäische Perspektiven,* Verlag der Österreichischen Akademie der Wissenschaften, 2009.

Semmler, Josef, *Der Dynastiewechsel von 751 und die fränkische Königssalbung,* Droste, 2003.

Tock, Benoît-Michel, *Scribes, souscripteurs et témoins dans les actes privés en France (VIIe–début XIIe siècle),* Brepols, 2005.

Werner, Karl Ferdinand, "Missus-Marchio-Comes. Entre l'administration centrale et l'administration locale de l'Empire carolingien", in Werner Paravicini et Karl Ferdinand Werner (publié par), *Histoire comparée de l'administration, IVe–XVIIIe siècles,* Artemis Verlag, 1980.

Werner, Karl Ferdinand, "Hludovicus augustus. Gouverner l'empire chrétien—idées et réalités", in Peter Godman and Roger Collins (eds.), *Charlemagne's Heir. New Perspectives on the Reign of Louis the Pious (814–840),* Clarendon Press, 1990.

Werner, Karl Ferdinand, "La 'conquête franque' de la Gaule: itinéraires historiographiques d'une erreur", *Bibliothèque de l'École des chartes,* 154–1, 1996.

Wickham, Chris, *Framing the Early Middle Ages. Europe and the Mediterranean, 400–800,* Oxford University Press, 2005.

第3章 カペー朝からヴァロワ朝へ

伊藤毅編『バスティード──フランス中世新都市と建築』中央公論美術出版，2009

井上泰男「初期ヴァロワ朝の「政治危機」について──「国王顧問会」と「身分制議会」」

『北海道大学・人文科学論集』3, 1965

ジャック・ヴェルジェ（大高順雄訳）『中世の大学』みすず書房, 1979〔Jacques Verger, *Les universities au moyen âge*, PUF, 1973.〕

ジャック・ヴェルジェ（野口洋二訳）『入門十二世紀ルネサンス』創文社, 2001〔Jacques Verger, *La renaissance du 12 siècles*, Les Éditions du Cerf, 1996.〕

近江吉明『黒死病の時代のジャクリー』未来社, 2001

大黒俊二「シャンパーニュの大市——その成立過程と内部組織　序説的概観」『待兼山論叢』（史学）13, 1980

大黒俊二「中世南北商業とシャンパーニュの大市」『西洋史学』119, 1981

大黒俊二「為替手形の発達——為替の中の時間をめぐって」柴田三千雄ほか編『シリーズ世界史への問い 3　移動と流通』岩波書店, 1990

柏木英彦『アベラール　思惟と言語』創文社, 1985

桂秀行「中世都市トゥルーズの領域政策(1150～1230)」『社会経済史学』44-5, 1979

加藤玄「中世後期南西フランスにおけるバスティッドの創設——13世紀後半から14世紀初頭のアジュネ地方を中心に」『地中海学研究』XXIV, 2001

金尾健美「ヴァロワ家ブルゴーニュ公フィリップ・ル・ボンの財政(1)——1420年代の収入構造　マクロ的視点から」『川村学園女子大学研究紀要』9-1, 1998

金尾健美「ヴァロワ・ブルゴーニュ公フィリップ・ル・ボンの家政機関——その規定と運営」『一橋論叢』122-4, 1999

樺山紘一『ゴシック世界の思想像』岩波書店, 1976

ノーマン・カンター（久保儀明・楢崎清人訳）『黒死病——疫病の社会史』青土社, 2002〔Norman F. Cantor, *In the Wake of the Plague*, Harper Perennial, 2002.〕

城戸毅『百年戦争——中世末期の英仏関係』刀水書房, 2010

木村尚三郎「フランス封建王政, その確立過程・帰結」『史学雑誌』64-10, 1955

ベルナール・グネ（佐藤彰一・畑奈保美訳）『オルレアン大公暗殺——中世フランスの政治文化』岩波書店, 2010〔Bernard Guenee, *Un meurtre, une société*, Gallimard, 1992.〕

下野義朗「11, 2世紀のフランスにおける政治権力構造」久保正幡編『中世の自由と国家』中巻, 創文社, 1964

ユーリー・ストヤノフ（三浦清美訳）『ヨーロッパ異端の源流——カタリ派とボゴミール派』平凡社, 2001〔Yuri Stoyanov, *The Hidden Tradition in Europa*, Penguin Books, 1994.〕

関口武彦「フランス中世におけるコンプラン契約——フランス・ワイン史によせて」『山形史学研究』13・14, 1978

高橋清徳「フランス〈身分制国家〉論」木村尚三郎ほか編『中世史講座 5　封建社会論』学生社, 1985

高橋清徳「中世パリにおける同業組合の制度的構造」『社会経済史学』53-3, 1987

高橋清徳「第七章　中世の社会——都市と産業」柴田三千雄・樺山紘一・福井憲彦編『世界歴史大系　フランス史 1』山川出版社, 1995

高山一彦編訳『ジャンヌ・ダルク処刑裁判』現代思潮社, 1971

高山博「フィリップ 4 世(1285～1314)治世下のフランスの統治構造——バイイとセネシャ

ル」『史学雑誌』101-11, 1992
田中峰雄『知の運動——12世紀ルネサンスから大学へ』ミネルヴァ書房, 1995
ベルンハルト・テッパー（渡部治雄訳）『民衆と教会——フランスの初期「神の平和」運動の時代における』創文社, 1975〔Bernhard Topfer, *Volk und Kirche zur Zeit der beginnenden Gottesfriedensbewagung in Frankreich*, Akademic Verlag Berlin, 1957.〕
ジョルジュ・デュビー（下野義朗訳）「マコネー地方における12世紀の家系・貴族身分・騎士身分 再論」二宮宏之ほか責任編集『家の歴史社会学』新評論, 1983〔Georges Duby, "Lignage, noblesse et Chevalerie au XIIe siècle dans la région mâconnaise. Une révision, Annales", *Economies, Sociétes, Civilisations*, 27, 1972.〕
ジョルジュ・デュビー（松村剛訳）『ブーヴィーヌの戦い——中世フランスの事件と伝説』平凡社, 1992〔Georges Duby, *Le dimanche de Bouvines*, Gallimard, 1985.〕
轟木広太郎『戦うことと裁くこと——中世フランスの紛争・権力・真理』昭和堂, 2011
トマス・アクィナス（高田三郎監訳）『神学大全』創文社, 1960–〔Saint Thomas Aquinas, *Summa Theologica Louis Virès* Paris, 1864〕
アラン・ド・リベラ（阿部一智・永野潤訳）『中世知識人の肖像』新評論, 1994〔Alain de Libera, *Penser au moyen âge*, Seuil, 1991.〕
チャールズ・H・ハスキンズ（別宮貞徳・朝倉文市訳）『十二世紀ルネサンス』みすず書房, 1989〔Charles Homer Haskins, *The Renaissance of the Twelfth Century*, Harvard University Press, 1927.〕
畑奈保美「ブルゴーニュ時代初期(14世紀末～15世紀初頭)におけるフランドル四者会議」『西洋史研究』新輯23, 1994
花田洋一郎『フランス中世都市制度史と都市住民——シャンパーニュの都市プロヴァンを中心にして』九州大学出版会, 2002
アンリ・ピレンヌ（佐々木克巳訳）『中世都市——社会経済史的試論』創文社, 1970〔Henri Pirenne, *La ville du moyen âge*, Maurice Cameroin, 1927.〕
ロベール・フォシェ（渡辺節夫訳）『ヨーロッパ中世社会と農民』杉山書店, 1987〔Robert Fossier, *Paysans d'Occident*, Armand Colin, 1984.〕
シャルル・プティ゠デュタイイ（高橋清徳訳）『西洋中世のコミューン』東洋書林, 1998〔Charles Edmond Petit-Dutaillis, *Les communes françaises au 12e siècle*, Revue Historique du Droit Français et Étranger, 1944–45.〕
マリアテレサ・フマガッリ（白崎容子ほか訳）『エロイーズとアベラール——ものではなく言葉を』法政大学出版局, 2004〔Mariateresa Fumagalli, *Eloisa e Abelardo: parola al posto di cose*, A. Mondadori, 1984.〕
ハンス・プラーニッツ（鯖田豊之訳）『中世都市成立論——商人ギルドと都市宣誓共同体』（改訳）未来社, 1995〔Hans Planitz, "Kaufmannsgilde und städische Eidgenoßenschaft in niederfränkischen Städten im 11. und 12. Jh.", *Zeitschrift der Savigny-Stiftung für Rechtsgeschichte*, Germanische Abteilumg, Bd. LX, 1940.〕
ギィ・フルカン（神戸大学西洋経済史研究室訳）『封建制・領主制とは何か』晃洋書房, 1982〔Guy Fourquin, *Seigneurie et feodalite au moyen âge*, PUF, 1970.〕

アドリアーン・フルヒュルスト（森本芳樹・藤本太美子・森貴子訳）『中世都市の形成——北西ヨーロッパ』岩波書店，2001〔Adriaan E. Verhulst, *The Rise of Cities in North-West Europe,* Cambridge University Press, 1999.〕

マルク・ブロック（河野健二ほか訳）『フランス農村史の基本性格』創文社，1959〔Marc Bloch, *Les caractères originaux de l'histoire rurale française,* 2ᵉ éd., Armand Colin, 1952.〕

マルク・ブロック（堀米庸三監訳）『封建社会』岩波書店，1995〔Marc Bloch, *La société feodale,* 2 vols., Albin Michel, 1939-40.〕

堀越孝一『ジャンヌ・ダルク』（朝日文庫）朝日新聞社，1991

堀越孝一『ブルゴーニュ家——中世の秋の歴史』（講談社現代新書）講談社，1996

堀越宏一『中世ヨーロッパの農村世界』山川出版社，1995

堀越宏一「14世紀フランスにおける会計院と王国財政」高山博・池上俊一編『宮廷と広場』刀水書房，2002

堀越宏一「14世紀後半のフランス王国における租税制度の成立」渡辺節夫編『ヨーロッパ中世の権力編成と展開』東京大学出版会，2003

宮松浩憲「もう一つの十字軍研究（Ⅰ）（Ⅱ）——ポワトゥの文書による社会経済史的考察」『九州共立大学経済論集』8-1，18-1，1983

宮松浩憲『西欧ブルジュワジーの源流——ブルグスとブルゲンシス』九州大学出版会，1993

森本芳樹『西欧中世経済形成過程の諸問題』木鐸社，1978

山瀬善一『南フランス中世社会経済史の研究』有斐閣，1968

山瀬善一『百年戦争——国家財政と軍隊』（教育社歴史新書）教育社，1981

山田雅彦「シャンパーニュの初期年市をめぐる諸問題」『西洋史学』136，1984

山田雅彦『中世フランドル都市の生成——在地社会と商品流通』ミネルヴァ書房，2001

ジャン・リシャール（宮松浩憲訳）『十字軍の精神』法政大学出版局，2004〔Jean Richard, *L'esprit de la croisade,* Éditions du Cerf, 2000.〕

モニーク・リュスネ（宮崎揚弘・工藤則光訳）『ペストのフランス史』同文舘出版，1998〔Monique Lucenet, *Les grandes pestes en France,* Aubier, 1981.〕

ジャック・ル・ゴフ（岡崎敦・森本英夫・堀田郷弘訳）『聖王ルイ』新評論，2001〔Jacques Le Goff, *Saint Luis,* Gallimard, 1996.〕

リチャード・E・ルーベンスタイン（小沢千重子訳）『中世の覚醒——アリストテレス再発見から知の革命へ』紀伊國屋書店，2008〔Richard E. Rubenstein, *Aristotle's Children,* Harcourt Trade Publishers, 2003.〕

渡辺節夫「カペー王権と中央統治機構の発展」渡辺節夫編『ヨーロッパ中世の権力編成と展開』東京大学出版会，2003

渡邊昌美「中世南フランス史研究の覚書」『史学雑誌』66-3・4，1957

渡邊昌美『異端カタリ派の研究——中世南フランスの歴史と信仰』岩波書店，1989

Autrand, Françoise, *Charles VI. La folie du roi,* Fayard, 1986.

Baldwin, John W., *Philippe Auguste et son gouvernement,* Fayard, 1991.

Barthélemy, Dominique, *L'ordre seigneurial, XIᵉ–XIIᵉ siècle,* Seuil, 1990.

Barthélemy, Dominique, *L'an mil et la paix de Dieu. La France chrétienne et féodale, 980-1060,* Fayard, 1999.

Bloch, Marc, *L'Ile-de-France (les pays autour de Paris),* Publication de la Revue de Synthèse Historique, Les régions de la France, no. IX, 1913.

Bourin-Derruau, Monique, *Village médiévaux en Bas-Languedoc: genèse d'une sociabilité (X^e-XIVe siècle),* 2 vols., L'Harmattan, 1987.

Bourin-Derruau, Monique, *Temps d'équilibres, temps de ruptures, XIIIe siècle,* Seuil, 1990.

Bournazel, Eric, *Le gouvernement capétien au XIIe siècle, 1108-1180. Structures sociales et mutations institutionnelles,* PUF, 1975.

Boutruche, Robert, *Seigeurie et féodalité,* t. 1: *Le premier âge des liens d'hommes à homme,* Aubier, 1968.

Bur, Michel, *La formation du comté de Champagne, v. 950-v. 1150,* Publication de l'Université de Nancy II, 1977.

Cazelles, Raymond, *La société politique et la crise de la royauté sous Philippe de Valois,* Librairie d'Argence, 1958.

Chevalier, Bernard, *Les bonnes villes de France du XIVe au XVIe siècle,* Aubier-Montaigne, 1982.

Cloulas, Ivan, *Charles VIII et le mirage italien,* Albin Michel, 1986.

Demurger, Alain, *Vie et mort de l'ordre du Templier, 1118-1314,* Seuil, 1989.

Demurger, Alain, *Temps de crises et temps d'espoirs, XIVe-XVe siècle,* Seuil, 1990.

Desrey, Pierre, *Histoire de Charles VIII. Et de la conquête du royaume de Naples,* Édition Paléo, 2007.

Dhondt, Jean, *Études sur la naissance des principautés territoriales en France (IXe-Xe siècle),* De Tempel, 1948.

Dion, Roger, *Le Val de Loire. Étude de géographie régionale,* Arrault et Cie, 1934, réimp. Laffitte Reprints, 1978.

Duby, Georges, *La société aux XIe et XIIe siècles dans la région mâconnaise,* Armand Colin, 1953.

Duby, Georges, *L'économie rurale et la vie des campagnes dans l'Occident médiéval,* t. 1, Aubier, 1962.

Duby, Georges, *Guerriers et paysans, VIIe-XIIe siècle. Premier essor de l'économie européenne,* Gallimard, 1973.

Edbury, Peter W., *The Kingdom of Cyprus and the Crusades, 1191-1374,* Cambridge University Press, 1991.

Favier, Jean, *La guerre de Cent Ans,* Fayard, 1980.

Favier, Jean, *Histoire de France,* t. 2: *Le temps des principautés,* Fayard, 1984.

Flaran no. 6, *Les ordres militaires, la vie rurale et le peuplement en Europe occidentale (XIIe-XVIIIe siècles),* Auch, 1986.

Ganshof, François-Louis, *Qu'est-ce que la féodalité,* 4e éd., Presse universitaire de Bruxelles, 1968.

Giesey, Ralph E., *Le roi ne meurt jamais. Les obsèques royales dans la France de la Rennaissance,* Flammarion, 1987.

Gouguenheim, Sylvain, *Aristote au Mont-Saint-Michel. Les racines grecques de l'Europe chrétienne,* Seuil, 2008.

Gouron, André, "Diffusion des consulats méridionaux et expansion du droit romain aux XIIe et XIIIe siècles", *Bibliothèque de l'École des Chartes,* 121, 1963.

Grand, Roger, *Les «paix» d'Auriac. Étude et documents sur l'histoire des institutions municipales d'une ville à consulat (XIIe – XVe siècle),* Sirey, 1945.

Guenée, Bernard, *L'Occident aux XIVe et XVe siècles. Les États,* PUF, 1971.

Katsura, Hideyuki, "Serments, hommages et fiefs dans la seigneurie des Guilhem de Montpellier (fin XIe – début XIIIe siècle)", *Annales du Midi,* 104-198, 1992.

Kienast, Walther, *Der Herzogstitel in Frankreich und Deutschland (9. bis 12. Jahrhundert),* R. Oldenbourg, 1968.

Lemaître, Jean-Loup, *Ussel: une ville de consulat du XIIIe au XVe siècle,* La Société des Letores, Sciences et Arts de la Corrège, 1969.

Lemarignier, Jean-François, "La dislocation du «pagus» et le problème des «consuetudines (X^e – XIe siècles)»", in *Mélanges d'histoire du moyen âge dédiés à la mémoire de Louis Halphen,* PUF, 1951.

Lemarignier, Jean-François, *Le gouvernement royal aux premiers temps capétiens (987–1108),* A. et J. Picard, 1965.

Lemarignier, Jean-François, *La France médiévale. Institutions et société,* Armand Colin, 1970.

Lock, Peter, *The Franks in the Aegean, 1204–1500,* Longman, 1995.

Patault, Anne-Marie, *Hommes et femmes de corps en Champagne méridionale à la fin du Moyen Âge,* Publication de l'Université de Nancy II, 1978.

Perroy, Edouard, *La guerre de Cent Ans,* Gallimard, 1945.

Poly, Jean-Pierre et Eric Bournazel, *La mutation féodale, X^e – XIIe siècles,* PUF, 1980.

Reynolds, Susan, *Fiefs and Vassals, The Medieval Evidence Reinterpreted,* Oxford University Press, 1994.

Sumption, Jonathan, *The Hundred Years War,* Vol. 1, *Trial by Battle,* 1991; Vol. 2, *Trial by Fire,* 1999, Vol. 3, *Divided Houses,* 2009, University of Pennsylvania Press.

Vauchez, André, *La sainteté en Occident aux derniers siècles du Moyen Âge (1198–1431). Recherches sur les mentalités religieuses médiévales,* École Française de Rome, 1981.

Viola, Coloman, "Aristote au Mont-Saint-Michel", in Raymond Foreville (dir.), *Vie montoise et rayonnement intellectuel du Mont-Saint-Michel,* P. Lethielleux, 1967.

Werner, Karl Ferdinand, "La genèse de duchés en France et en Allemagne", in K. F. Werner, *Vom Frankenreich zur Entfaltung Deutschlands und Frankenreichs,* Jan Thorbecke, 1984.

Wickham, Chris, *Framing the Early Middle Ages. Europe and the Mediterranean, 400–800,* Oxford University Press, 2005.

Wood, Charles T., *The French Apanages and the Capetian Monarchy, 1224–1328,* Harvard University Press, 1966.

第 4 章 絶対王政期のフランス

阿河雄二郎「17世紀フランスの国家財政の構造」中村賢二郎編『国家——理念と制度』京都大学人文科学研究所, 1989

阿河雄二郎「ルイ十四世時代の「貴族改め」の意味」服部春彦・谷川稔編『フランス史からの問い』山川出版社, 2000

赤木昭三・赤木富美子『サロンの思想史——デカルトから啓蒙思想へ』名古屋大学出版会, 2003

ポール・アザール（野沢協訳）『ヨーロッパ精神の危機』法政大学出版局, 1973〔Paul Hazard, *La crise de la conscience européenne (1680–1715)*, Boivin, 1935.〕

天野知恵子『子どもと学校の世紀——18世紀フランスの社会文化史』岩波書店, 2007

フィリップ・アリエス（杉山信光・杉山恵美子訳）『〈子供〉の誕生——アンシァン・レジーム期の子供と家族生活』みすず書房, 1980〔Philippe Ariès, *L'enfant et la vie familiale sous l'Ancien Régime*, Plon, 1960.〕

石井三記「ヨーロッパの王権儀礼」網野善彦ほか編『王権と儀礼』（天皇と王権を考える 5）岩波書店, 2002

伊藤滋夫「近世ノルマンディーにおける直接税徴税機構」『史学雑誌』103-7, 1994

伊藤滋夫「十八世紀フランスの公共事業と地方財政」『西洋史学』201, 2001a

伊藤滋夫「中・近世ラングドックの直接税収取機構の変遷」『愛知県立大学外国語学部紀要』（地域研究・国際学編）33, 2001b

ジョルジュ・ヴィガレロ（見市雅俊訳）『清潔になる私——身体管理の文化誌』同文舘出版, 1994〔Georges Vigarello, *Le propre et le sale: l'hygiène du corps depuis le Moyen Âge*, Seuil, 1982.〕

I・ウォーラーステイン（川北稔訳）『近代世界システム——農業資本主義と「ヨーロッパ世界経済」の成立』全2巻, 岩波書店, 1981（岩波モダンクラシックス, 2006）〔Immanuel Wallerstein, *The Modern World-System: Capitalist Agriculture and the Origins of the European World-Economy in the Sixteenth Century*, Academic Press, 1974.〕

イマニュエル・ウォーラーステイン（川北稔訳）『近代世界システム1600〜1750——重商主義と「ヨーロッパ世界経済」の凝集』名古屋大学出版会, 1993〔Immanuel Wallerstein, *The Modern World-System*, 2, Academic Press, 1980.〕

イマニュエル・ウォーラーステイン（川北稔訳）『近代世界システム1730〜1840s——大西洋革命の時代』名古屋大学出版会, 1997〔Immanuel Wallerstein, *The Modern World-System*, 3, Academic Press, 1989.〕

ノルベルト・エリアス（波田節夫・中埜芳之・吉田正勝訳）『宮廷社会』法政大学出版局, 1981〔Nobert Elias, *Die höfische Gesellschaft: Untersuchungen zur Soziologie des Königtums und der höfischen Aristokratie*, Suhrkamp, 1969.〕

フィリップ・エルランジェ（磯見辰典編訳）『聖バルテルミーの大虐殺』白水社, 1985〔Philippe Erlanger, *Le Massacre de la Saint-Barthélemy*, Gallimard, 1960.〕

エルンスト・カッシーラー（中野好之訳）『啓蒙主義の哲学』紀伊國屋書店, 1962（ちくま学芸文庫, 2003）〔Ernst Cassirer, *Die Philosophie der Aufklärung*, J.C.B. Mohr, 1932.〕

エルンスト・カントローヴィッチ（小林公訳）『王の二つの身体——中世政治神学研究』平凡社，1992〔Ernst Kantorowicz, *The King's Two bodies. A Study in Medieval Political Theology,* Princeton University Press, 1957.〕

木崎喜代治『信仰の運命——フランス・プロテスタントの歴史』岩波書店，1997

清末尊大『ジャン・ボダンと危機の時代のフランス』木鐸社，1990

ピエール・グベール（遅塚忠躬・藤田苑子訳）『歴史人口学序説——17・18世紀ボーヴェ地方の人口動態構造』岩波書店，1992〔Pierre Goubert, *Beauvais et le Beauvaisis de 1600 à 1730. Contribution à l'histoire sociale de la France du XVIIᵉ siècle,* 2 vols., SEVPEN, 1960.〕

ベルンハルト・グレトゥイゼン（野沢協訳）『ブルジョワ精神の起源——教会とブルジョワジー』法政大学出版局，1974〔Bernhard Groethuysen, *Origines de l'esprit bourgeois en France,* 1, Gallimard, 1956.〕

シャロン・ケタリング（林田伸一訳）「フランスにおける国家統制と都市」鵜川馨ほか編『江戸とパリ』岩田書院，1995

小山啓子『フランス・ルネサンス王政と都市社会——リヨンを中心として』九州大学出版会，2006

アラン・コルバン（山田登世子・鹿島茂訳）『においの歴史——嗅覚と社会的想像力』藤原書店，1990〔Alain Corbin, *Le miasme et la jonquille,* Aubier-Montaige, 1982.〕

今野喜和人『啓蒙の世紀の神秘思想——サン゠マルタンとその時代』東京大学出版会，2006

佐々木毅『主権・抵抗権・寛容』岩波書店，1972

佐々木真「フランス絶対王政期における国王民兵制」『史学雑誌』98-6，1989

佐々木真「フランス王権とアルマナ」『駒澤大学文学部研究紀要』66，2008

佐村明知『近世フランス財政・金融史研究——絶対王政期の財政・金融と「ジョン・ロー・システム」』有斐閣，1995

志垣嘉夫『フランス絶対王政と領主裁判権』九州大学出版会，2000

ロジェ・シャルチエ（長谷川輝夫・宮下志朗訳）『読書と読者——アンシャン・レジーム期フランスにおける』みすず書房，1994a〔Roger Chartier, *Lectures et lecteurs dans la France d'ancien régime,* Seuil, 1982.〕

ロジェ・シャルチエ（松浦義弘訳）『フランス革命の文化的起源』岩波書店，1994b〔Roger Chartier, *Les origines culturelles de la Révolution française,* Seuil, 1990.〕

ロイ・ストロング（星和彦訳）『ルネサンスの祝祭——王権と芸術』平凡社，1987〔Roy Strong, *Art and Power. Renaissance Festivals 1450-1650,* The Boydell Press, 1984.〕

芹生尚子「帽子をめぐる暴力——アンシアン・レジーム末期バ゠ラングドック地方における「民衆心性」」『思想』877，1997

アルベール・ソブール（山崎耕一訳）『大革命前夜のフランス』法政大学出版局，1982〔Albert Soboul, *La France à la veille de la révolution, économie et société,* Centre de Documentation et Société d'Enseignement Supérieur, 1974.〕

高澤紀恵『主権国家体制の成立』山川出版社，1997

高澤紀恵『近世パリに生きる――ソシアビリテと秩序』岩波書店，2008
高橋薫『歴史の可能性に向けて――フランス宗教戦争期における歴史記述の問題』水声社，2009
高橋清德『国家と身分制議会』東洋書林，2003
ロバート・ダーントン（海保眞夫・鷲見洋一訳）『猫の大虐殺』岩波書店，1990（岩波現代文庫，2007）〔Robert Darnton, *The Great Cat Massacre and Other Episodes in French Cultural History*, Allen Lane, 1984.〕
ロバート・ダーントン（関根素子・二宮宏之訳）『革命前夜の地下出版』岩波書店，1994（岩波モダンクラシックス，2000）〔Robert Darnton, *The Literary Underground of the Old Regime*, Harvard University Press, 1982.〕
千葉治男「フランス絶対王政の官僚機構」『岩波講座世界歴史 15　近代二』岩波書店，1969
千葉治男「ヨーロッパ近世の貧民」木村尚三郎ほか編『中世史講座 7　中世の民衆運動』学生社，1985
常見孝「十七世紀中葉におけるフランス絶対王政の財政問題」（一）（二）『史学雑誌』82-3・4，1973
ナタリー・ゼモン・デーヴィス（成瀬駒男・宮下志朗・高橋由美子訳）『愚者の王国，異端の都市――近代初期フランスの民衆文化』平凡社，1987〔Natalie Zemon Davis, *Society and Culture in Early Modern France*, Stanford University Press, 1975.〕
ウィリアム・ドイル（福井憲彦訳）『アンシャン・レジーム』岩波書店，2004〔William Doyle, *The Ancien Regime*, Palgrave, 2001.〕
永井敦子「16世紀ルーアンにおけるテ・デウム」『西洋史学』197，2000
永井敦子「16世紀ルーアンの都市行政に関する一考察」『北大史学』41，2001
仲松優子「18世紀フランスの権力秩序と裁判管轄争い」『歴史学研究』869，2010
成瀬治「絶対王制成立期の官職概念――ボダンとロワゾーの場合」『西洋史学』87，1973
成瀬治「「近代国家」の形成をめぐる諸問題――「等族制」から「絶対制」への移行を中心として」吉岡昭彦・成瀬治編『近代国家形成の諸問題』木鐸社，1979（のち，成瀬『絶対主義国家と身分制社会』山川出版社，1988に再録）
成瀬治「ジャン・ボダンにおける「国家」と「家」」『法制史研究』34，1984
二宮敬『フランス・ルネサンスの世界』筑摩書房，2000
二宮宏之「「印紙税一揆」覚え書」岡田与好編『近代革命の研究』上，東京大学出版会，1973（のち，二宮『フランス　アンシアン・レジーム論』に再録）
二宮宏之「フランス絶対王政の統治構造」吉岡昭彦・成瀬治編『近代国家形成の諸問題』木鐸社，1979（のち，二宮『フランス　アンシアン・レジーム論』に再録）
二宮宏之「王の儀礼」柴田三千雄ほか編『シリーズ世界史への問い 7　権威と権力』岩波書店，1990（のち，二宮『フランス　アンシアン・レジーム論』に再録）
二宮宏之編『結びあうかたち――ソシアビリテ論の射程』山川出版社，1995
二宮宏之『フランス　アンシアン・レジーム論――社会的結合・権力秩序・叛乱』岩波書店，2007

二宮宏之・樺山紘一・福井憲彦編『魔女とシャリヴァリ』新評論，1982
二宮宏之・樺山紘一・福井憲彦編『家の歴史社会学』新評論，1983（藤原書店，2010）
二宮宏之・阿河雄二郎編『アンシアン・レジームの国家と社会——権力の社会史へ』山川出版社，2003
二宮素子『宮廷文化と民衆文化』山川出版社，1999
ピーター・バーク（石井三記訳）『ルイ14世——作られる太陽王』名古屋大学出版会，2004〔Peter Burke, *The Fabrication of Louis XIV*, Yale University Press, 1992.〕
ピーター・バーク（亀長洋子訳）『ルネサンス』岩波書店，2005〔Peter Burke, *The Renaissance*, Palgrave Macmillan, 1997.〕
服部春彦『フランス近代貿易の生成と展開』ミネルヴァ書房，1992
浜田道夫「十八世紀ボージョレ地方における領主刑事裁判」『社会経済史学』64-4，1998
林田伸一「フランス絶対王政下の都市自治権——アミアンを中心として」『史学雑誌』87-11，1978
林田伸一「フランス絶対王政期の地方長官補佐について」（一）（二・完）『ヨーロッパ文化研究』24・30，2005・2011
エドガー・フォール（渡辺恭彦訳）『チュルゴーの失脚——1776年5月12日のドラマ』上・下，法政大学出版局，2007〔Edger Faure, *La disgrace de Turgot*, Gallimard, 1961.〕
深沢克己『海港と文明——近世フランスの港町』山川出版社，2002
深沢克己・高山博編『信仰と他者——寛容と不寛容のヨーロッパ宗教社会史』東京大学出版会，2006
ミシェル・フーコー（田村俶訳）『監獄の誕生』新潮社，1977〔Michel Foucault, *Surveiller et punir. Naissance de la prison*, Gallimard, 1975.〕
ジャン=クリスチャン・プティフィス（玉田敦子ほか訳）『ルイ十六世』上・下，中央公論新社，2008〔Jean Christian Petitfils, *Louis XVI*, Perrin, 2005.〕
J・L・フランドラン（森田伸子・小林亜矢訳）『フランスの家族——アンシャン・レジーム下の親族・家・性』勁草書房，1993〔Jean-Louis Flandrin, *Familles: parenté, maison, sexualité dans l'ancienne société*, Hachette, 1976.〕
Y-M・ベルセ（井上幸治監訳）『祭りと叛乱——16～18世紀の民衆意識』新評論，1980〔Yves-Marie Bercé, *Fête et Révolte*, Hachette, 1976.〕
ロイ・ポーター（見市雅俊訳）『啓蒙主義』岩波書店，2004〔Roy Porter, *The Enlightment*, Macmillan Education, 1990.〕
ピエール=イヴ・ボルペール（深沢克己編訳）『「啓蒙の世紀」のフリーメイソン』山川出版社，2009
正本忍「1720年のマレショーセ改革」『史学雑誌』110-2，2001
松本英実「16世紀フランスの商事裁判所設立王令の登録について」『法政理論』（新潟大学）33-4，2001
エメ=ジョルジュ・マルティモール（朝倉剛・羽賀賢二訳）『ガリカニスム——フランスにおける国家と教会』（文庫クセジュ）白水社，1987〔Aimé-Georges Martimort, *Le Gallicanisme*, PUF, 1973.〕

ロベール・マンドルー（二宮宏之・長谷川輝夫訳）『民衆本の世界——17・18世紀フランスの民衆文化』人文書院，1988〔Robert Mandrou, *De la culture populaire aux XVIIe et XVIIIe siècles*, Stock, 1964.〕

宮崎揚弘『フランスの法服貴族——18世紀トゥルーズの社会史』同文舘出版，1994

宮崎揚弘『災害都市トゥルーズ——17世紀フランスの地方名望家政治』岩波書店，2009

宮下志朗『本の都市リヨン』晶文社，1989

ロベール・ミュシャンブレッド（石井洋二郎訳）『近代人の誕生——フランス民衆社会と習俗の文明化』筑摩書房，1992〔Robert Muchembled, *L'invention de l'homme moderne. Sensibilité, mœurs et comportements collectifs sous l'Ancien Régime*, Fayard, 1988.〕

ジャック゠ルイ・メネトラ（D・ロシュ校訂・解説，喜安朗訳）『わが人生の記——十八世紀ガラス職人の自伝』白水社，2006〔Daniel Roche (présenté par), *Jaques-Louis Ménétra, compagon vitrier au 18e siècle*, Montalba, 1982.〕

森村敏己「挫折した王政改革の試み——フェヌロンの「統治計画案」」『一橋論叢』120-2, 1998

森村敏己『アンシャン・レジームにおける貴族と商業——商人貴族論争（1756～1759）をめぐって』一橋大学社会科学古典資料センター，2004

安成英樹『フランス絶対王政とエリート官僚』日本エディタースクール出版部，1998

安成英樹「フランス絶対王政における訴願審査官のプロソポグラフィ」『お茶の水史学』44, 2000

山崎耕一『啓蒙運動とフランス革命——革命家バレールの誕生』刀水書房，2007

米田昇平『欲求と秩序——18世紀フランス経済学の展開』昭和堂，2005

ジョルジュ・リヴェ（二宮宏之・関根素子訳）『宗教戦争』（文庫クセジュ）白水社，1968〔Georges Livet, *Les guerres de religion*, PUF, 1962.〕

エマニュエル・ル・ロワ・ラデュリ（蔵持不三也訳）『南仏ロマンの謝肉祭——叛乱の想像力』新評論，2002〔E. Le Roy Ladurie, *Le carnaval de Romans*, Gallimard, 1979.〕

和田光司「「1572年の規約」について——サン・バルテルミー直後のフランス・プロテスタントの一断面」上・中・下『聖学院大学論叢』12-1・2, 14-1, 1999-2001

和田光司「16世紀フランスにおける寛容に関する諸概念について」上・中・下『聖学院大学論叢』17-3, 18-1, 21-2, 2005a・2009

和田光司「ナント王令——史料と内容」上・下『聖学院大学総合研究所紀要』33・37, 2005b・2006a

和田光司「16・17世紀フランスの宗派共存」『歴史学研究』810, 2006b

Althusser, Louis, *Montesquieu: la politique et l'histoire*, PUF, 1959.

Baker, Keith Michael, *Inventing the French Revolution: Essays on the French Political Culture in the Eighteenth Century*, Cambridge University Press, 1990.

Balsamo, Jean (éd.), *Passer les monts: Français en Italie. L'Italie en France, 1494–1525*, Honoré Champion, 1998.

Barbiche, Bernard, *Les institutions de la monarchie française à l'époque moderne*, PUF, 1999.

Beaurepaire, Pierre-Yves, *La plume et le compas. Franc-maçonnerie et culture de la France des*

Lumières à la France des notables au siècle de "L'Encyclopédie", Éditions maçonniques de France, 2000.

Beik, William, *Absolutism and Society in Seventeenth-Century France. State Power and Provincial Aristocracy in Languedoc*, Cambridge University Press, 1985.

Bély, Lucien (dir.), *Dictionnaire de l'Ancien Régime*, PUF, 1996.

Bercé, Yves-Marie, *La naissance dramatique de l'absolutisme*, Seuil, 1992.

Bidouze, Frédéric (dir.), *Les Parlementaires, les Lettres et l'Histoire au Siècle des Lumières 1715-1789*, Presses universitaires de Pau, 2008.

Bollème, Geneviève, Jean Ehrard et François Furet, *Livre et société dans la France du XVIIIe siècle*, Mouton, 1965.

Bonney, Richard, *Political Change in France under Richelieu and Mazarin, 1624-1661*, Oxford University Press, 1978.

Bourquin Laurent, *La France au XVIe siècle, 1483-1594*, Belin, 1996.

Boutier, Jean, et al., *Un tour de France royal, le voyage de Charles IX*, Aubier, 1984.

Bulst, Neithard, et al., *L'État ou le roi. Les fondations de la modernité monarchique en France (XIVe-XVIIe siècles)*, Édition de la Maison des sciences de l'homme, 1996.

Caron, Marie-Thérèse, *Noblesse et pouvoir royal en France, XIIIe-XVIe siècle*, Armand Colin, 1994.

Cassan, Michel, *La France au 16e siècle*, Armand Colin, 2005.

Castan, Nicole et Yves, *Vivre ensemble: ordre et désordre en Languedoc au XVIIIe siècle*, Gallimard/Julliard, 1981.

Chaline, Olivier et Yves Sassier (dir.), *Les Parlements et la vie de la cité (XVIe-XVIIIe siècle)*, Publications de l'Université de Rouen, 2004.

Chaunu, Pierre et Richard Gascon, *L'État et la ville, 1450-1660*, Fernand Braudel et Ernest Labrousse (dir.), *Histoire économique et sociale de la France*, t. 1, Vol. 1, PUF, 1977.

Chevalier, Bernard, *Les bonnes villes de France du XIVe au XVIe siècle*, Aubier, 1982.

Christin, Olivier, *La paix de religion. L'autonomisation de la raison politique au XVIe siècle*, Seuil, 1997.

Church, William F., *Constitutional Thought in Sixteenth-Century France: A Study in the Evolution of Ideas*, Octagon Books, 1979.

Cornette, Joël, *L'affirmation de l'État absolu, 1515-1652*, Hachette, 2000.

Crouzet, Denis, *Les Guerriers de Dieu. La violence au temps des troubles de religion, vers 1520-vers 1620*, 2 vols., Champ Vallon, 1990.

Crouzet, Denis, *La nuit de la Saint-Barthélemy. Un rêve perdu de la Renaissance*, Fayard, 1994.

Crouzet, Denis, *La genèse de la Réforme française, 1520-1562*, SEDES, 1996.

Crouzet, François, *De la supériorité de l'Angleterre sur la France: l'économique et l'imaginaire, XVIIe-XXe siècles*, Perrin, 1985.

Delon, Michel (dir.), *Dictionnaire européen des Lumières*, PUF, 1997.

Delumeau, Jean, *Naissance et affirmation de la Réforme*, rééd., PUF, 1994.

Doucet, Roger, *Les institutions de la France au XVIe siècle,* 2 vols., A. et J. Picard, 1948.

Doyle, William, *Origins of the French Revolution,* Oxford University Press, 1988.

Dupâquier, Jacques, et al., *Histoire de la population française,* 4 vols., PUF, 1988.

Egret, Jean, *La pré-Révolution française (1787−1788),* PUF, 1962.

Egret, Jean, *Louis XV et l'opposition parlementaire, 1715−1774,* Armand Colin, 1970.

Emmanuelli, François Xavier, *Un mythe de l'absolutisme bourbonien: l'Intendance, du milieu du XVIIe siècle à la fin du XVIIIe siècle,* Publication de l'Université de Provence, 1981.

Genet, Jean-Philippe (éd.), *L'État moderne: Genèse. Bilans et perspectives, Actes du Colloque tenu au CNRS à Paris les 19−20 septembre 1989,* CNRS, 1990.

Giesey, Ralph E., *The Royal Funeral Ceremony in Renaissance France,* Geneva, 1960.

Goubert, Pierre, *L'Ancien Régime,* 2 vols., Armand Colin, 1969/73.

Greengrass, Mark, *France in the Age of Henri IV: The Struggle for Stability,* Longman, 1984.

Hamon, Philippe, *L'Argent du roi. Les finances sous François Ier,* Comité pour l'histoire économique et financière de la France, 1994.

Hamon, Philippe, "Une monarchie de la Renaissance?: 1515−1559", in Joël Cornette (dir.), *La monarchie entre Renaissance et Révolution: 1515−1792,* Seuil, 2000.

Hamscher, Albert N., *The Conseil Privé and the Parlements in the Age of Louis XIV,* American Philosophical Society, 1987.

Holt, Mack P., *The French Wars of Religion 1562−1629,* Cambridge University Press, 1995.

Hulliung, Mark, *Montesquieu and the Old Regime,* University of California Press, 1976.

Jouanna, Arlette, *La France du XVIe siècle. 1483−1598,* PUF, 1996.

Jouanna, Arlette, et al., *Histoire et dictionnaire des guerres de religion,* Robert Laffont, 1998.

Jouanna, Arlette, et al., *La France de la Renaissance. Histoire et Dictionnaire,* Robert Laffont, 2001.

Kettering, Sharon, *Patrons, Brokers and Clients in Seventeenth-Century France,* Oxford University Press, 1986.

Kettering, Sharon, *French Society 1589−1715,* Longman, 2001.

Knecht, Robert J., *Un Prince de la Renaissance. François Ier et son royaume,* Fayard, 1998.

Labourdette, Jean-François, "Le recrutement des ambassadeurs sous les derniers Valois", in Lucien Bély (dir.), *L'invention de la diplomatie, Moyen Âge—Temps modernes,* PUF, 1998.

Laugier, Lucien, *Un ministère réformateur sous Louis XV: le triumvirat (1770−1774),* La Pensée universelle, 1975.

Lebrun, François (dir.), *Du christianisme flamboyant à l'aube des Lumières,* Jacques Le Goff et René Rémond (dir.), *Histoire de la France religieuse,* t. II, Seuil, 1988.

Le Roy Ladurie, Emmanuel, *L'État royal. De Louis XI à Henri IV, 1460−1610,* Hachette, 1994 (rééd. 2000).

Lilti, Antoine, *Le monde des salons. Sociabilité et mondanité à Paris au XVIIIe siècle,* Fayard, 2005.

Maire, Catherine, *De la cause de Dieu à la cause de la Nation. Le jansénisme au XVIIIe siècle,* Gallimard, 1998.

Major, James Russell, *From Renaissance Monarchy to Absolute Monarchy: French Kings, Nobles and Estates,* The Johns Hopkins University Press, 1994.

Mandrou, Robert, *Introduction à la France moderne, 1500–1640. Essai de psychologie historique,* Albin Michel, 1961 (nouv. éd. rev. et augm., 1998).

Marion, Marcel, *Dictionnaire des institutions de la France aux XVIIe et XVIIIe siècles,* A. et J. Picard, 1923.

Masseau, Didier, *Les ennemis des philosophes, L'antiphilosophie au temps des Lumières,* Albin Michel, 2000.

Mousnier, Roland, *La vénalité des offices sous Henri IV et Louis XIII,* Éditions Maugard, 1945 (2e éd., PUF, 1971).

Mousnier, Roland (dir.), *Problèmes de stratification sociale. Deux cahiers de la noblesse pour les États Généraux de 1649–1651,* PUF, 1965.

Mousnier, Roland, *La plume, la faucille et le marteau. Institutions et société en France du Moyen âge à la Révolution,* PUF, 1970.

Muchembled, Robert, *Culture et Société en France du début du XVIe siècle au milieu du XVIIe siècle,* SEDES, 1995.

Porchnev, Boris, *Les soulèvements populaires en France de 1623 à 1648,* SEVPEN, 1963.

Richard, Guy, *La Noblesse d'affaires aux XVIIIe siècle,* Armand Colin, 1974.

Roche, Daniel, *Le siècle des Lumières en province,* 2 vols., Mouton, 1978.

Roche, Daniel, *France des Lumières,* Fayard, 1993.

Roche, Daniel, *Histoire des choses banales. Naissance de la consommation dans les sociétés traditionnelles XVIIe–XIXe siècle,* Fayard, 1997.

Salmon, John Hearsey McMillan, *Society in Crisis. France in the Sixteenth-Century,* Methuen, 1975.

Soboul, Albert, et al., *Le siècle des Lumières, I, l'essor, 1715–1750,* 2 vols., PUF, 1977.

Solnon, Jean-François, *La Cour de France,* Fayard, 1987.

Tallon, Alain, *Conscience nationale et sentiment religieux en France au XVIe siècle,* PUF, 2002.

Van Kley, Dale K., *The Religious Origins of the French Revolution: From Calvin to the Civil Constitution, 1560–1791,* Yale University Press, 1996.

Venard, Marc et Anne Bonzon, *La Religion dans la France moderne, XVIe–XVIIe siècles,* Hachette, 1998.

Vovelle, Michel, *Piété baroque et déchristianisation en Provence au XVIIIe siècle: les attitudes devant la mort d'après les clauses des testaments,* Plon, 1973.

Vovelle, Michel, et al., *Le siècle des Lumières, II, l'apogée 1750–1789,* 2 vols., PUF, 1997.

Waele, Michel de, *Les relations entre le parlement de Paris et Henri IV,* Publisud, 2000.

Wolfe, Michael, *Walled Towns and the Shaping of France. From the Medieval to the Early Modern Era,* Palgrave Macmillan, 2009.

Yardeni, Myriam, *La conscience nationale en France pendant les guerres de religion (1559–1598),* Nauwelaerts, 1971.

Zeller, Gaston, *Les institutions de la France au XVIe siècle,* PUF, 1948 (2e éd., 1987).

第5章　フランス革命とナポレオン時代

天野知恵子「1793年パリの革命婦人協会」『史学雑誌』90-6，1981

天野知恵子「フランス革命と女性」若尾祐司ほか編『革命と性文化』山川出版社，2005

天野知恵子『子どもと学校の世紀——18世紀フランスの社会文化史』岩波書店，2007

安藤隆穂編『フランス革命と公共性』名古屋大学出版会，2003

石井三記編『コード・シヴィルの200年——法制史と民法からのまなざし』創文社，2007

井上幸治『ナポレオン』(岩波新書) 岩波書店，1962

井上幸治『ロベスピエールとフランス革命』誠文堂新光社，1981

井上すず『ジャコバン独裁の政治構造』御茶の水書房，1972

ミシェル・ヴォヴェル（立川孝一ほか訳）『フランス革命の心性』岩波書店，1992a〔Miciel Vovelle, *La mentalité Révolutionnaire,* Éditions Sociales, 1985.〕

ミシェル・ヴォヴェル（谷川稔ほか訳）『フランス革命と教会』人文書院，1992b〔Miciel Vovelle, *La Révolution contre l'église,* Éditions Complexe, 1988.〕

ミシェル・ヴォヴェル（立川孝一・印出忠夫訳）『革命詩人デゾルグの錯乱——フランス革命における一ブルジョワの上昇と転落』法政大学出版会，2005（抄訳）〔Miciel Vovelle, *Théodore Desorgues ou la désorganisation,* Seuil, 1985.〕

ジェフリー・エリス（杉本淑彦・中山俊訳）『ナポレオン帝国』岩波書店，2008〔Geofferey James Ellis, *The Napoleonic Empire,* 2nd ed., Palgrave Macmillan, 2003.〕

岡本明『ナポレオン体制への道』ミネルヴァ書房，1992

モナ・オズーフ（立川孝一訳）『革命祭典——フランス革命における祭りと祭典行列』岩波書店，1988（抄訳）〔Mona Ozouf, *La fête Révolutionaire, 1789-1799,* Gallimard, 1976.〕

河野健二ほか編訳『資料フランス革命』岩波書店，1989

桑原武雄編『フランス革命の研究』岩波書店，1959

小井高志『リヨンのフランス革命——自由か平等か』立教大学出版会，2006

古城毅「フランス革命期の共和制論」『国家学会雑誌』117-5・6，2004

ジャック・ゴデショ（平山栄一訳）『反革命——理論と行動 1789～1804』みすず書房，1986〔Jacques Léon Godechot, *La contre-révolution: doctrine et action, 1789-1804,* PUF, 1961.〕

小林亜子「フランス革命における「公教育」と「祭典」」『紀要』(教育史学会) 29，1986

小林亜子「〈POLICE〉としての〈公教育〉」谷川稔ほか『規範としての文化』平凡社，1990

小林亜子「フランス革命・女性・基本的人権」『岩波講座世界歴史 17 環大西洋革命』岩波書店，1997

コンドルセほか（坂上孝編訳）『フランス革命期の公教育論』(岩波文庫) 岩波書店，2002

佐藤真紀「フランス革命期の「赤い司祭」」『史学雑誌』103-10，1994

佐藤真紀「フランス革命期における共同地分割」『歴史学研究』686，1996

佐藤真紀「1792年初頭のダンケルク市食糧暴動にみる地方ブルジョワジーの権力」『史学雑誌』107-7，1998

柴田三千雄『バブーフの陰謀』岩波書店，1968

柴田三千雄「社会運動の「自律性」について」『思想』740, 1986
柴田三千雄『パリのフランス革命』東京大学出版会, 1988
柴田三千雄「サン゠キュロット」柴田ほか編『シリーズ世界史への問い 6 民衆文化』岩波書店, 1990
柴田三千雄『フランス革命』(岩波現代文庫)岩波書店, 2007
サイモン・シャーマ(栩木泰ル訳)『フランス革命の主役たち』上・中・下, 中央公論社, 1994〔Simon Schama, *Citizens*, Knopf/Viking, 1989.〕
ロジェ・シャルチエ(松浦義弘訳)『フランス革命の文化的起源』岩波書店, 1994〔Roger Chartier, *The Cultural Origins of the French Revolution*, Duke University Press, 1991.〕
杉原泰男『国民主権の研究』岩波書店, 1971
杉本淑彦『ナポレオン伝説とパリ——記憶史への挑戦』山川出版社, 2002
ジャン・スタロバンスキー(井上堯裕訳)『フランス革命と芸術——1789年理性の標章』法政大学出版局, 1989〔Jean Starobinski, *1789, les emblemes de la raison*, Flammarion, 1979.〕
西願広望「セーヌ゠アンフェリウール県における兵役代理制の実態」『史学雑誌』108-8, 1999a
西願広望「ナポレオン帝政期のセーヌ゠アンフェリウール県における徴兵拒否と脱走」『歴史学研究』735, 1999b
ルネ・セディヨ(山崎耕一訳)『フランス革命の代償』草思社, 1991〔Rene Sedillot, *Le cout de la Révolution française*, Perrin, 1987.〕
専修大学人文科学研究所編『フランス革命とナポレオン』未来社, 1998
アルベール・ソブール(小場瀬卓三・渡辺淳訳)『フランス革命 1789〜1799』(岩波新書)岩波書店, 1953〔Albert Soboul, *La Révolution française, 1789-1799*, Éditions Sociales, 1948.〕
アルベール・ソブール(井上幸治ほか訳)『フランス革命と民衆——共和暦二年(一七九三〜九四年)のパリのサン゠キュロット』新評論, 1983〔Albert Soboul, *Les sans-culottes*, Seuil, 1968.〕
平正人「フランス革命新聞紙研究の可能性」『西洋史学』205, 2002
高橋暁生「フランス革命期地方都市の政治的態度と地域的背景——ルアンの穀物供給問題」『社会経済史学』68-2, 2002
高橋暁生「ルジュマール事件再考——フランス革命期ルアンの「政治抗争」」土肥恒之編『地域の比較社会史 ヨーロッパとアジア』日本エディタースクール出版部, 2007
高橋幸八郎『市民革命の構造』御茶の水書房, 1950
高村学人『アソシアシオンへの自由——〈共和国〉の論理』勁草書房, 2007
多木浩二『絵で見るフランス革命——イメージの政治学』(岩波新書)岩波書店, 1989
竹中幸史『フランス革命と結社——政治的ソシアビリテによる文化変容』昭和堂, 2005
竹中幸史「ナポレオンの「記憶」試論——ルーアンにおける皇帝騎馬像をめぐって」『史林』91-1, 2008
竹村厚士「フランス革命と「国民に開かれた」将校団」『西洋史学』206, 2002

竹村厚士「パリ義勇兵将校の軍歴について——「武器を取った市民」像の再検討」『軍事史学』160，2005
立川孝一『フランス革命と祭り』筑摩書房，1988
立川孝一『フランス革命——祭典の図像学』(中公新書) 中央公論社，1989
田中克彦『ことばと国家』(岩波新書) 岩波書店，1981
田中治男ほか編『フランス革命と周辺国家』リブロポート，1992
田村理『投票方法と個人主義——フランス革命にみる「投票の秘密」の本質』創文社，2006
遅塚忠躬『ロベスピエールとドリヴィエ』東京大学出版会，1986
遅塚忠躬「ジャコバン主義」柴田三千雄ほか編『シリーズ世界史への問い 10 国家と革命』岩波書店，1991
遅塚忠躬「フランス革命における国王処刑の意味」遅塚ほか編『フランス革命とヨーロッパ近代』同文舘出版，1996
遅塚忠躬「復古王政期におけるフランス革命の記憶」『史学雑誌』110-12，2001
遅塚忠躬「啓蒙思想と大革命」『日仏文化』74，2007
遅塚忠躬『フランス革命を生きた「テロリスト」——ルカルパンティエの生涯』(NHKブックス) NHK出版，2011
千葉治男『知識人とフランス革命——忘れられた碩学ジャック・プーシェの場合』刀水書房，2002
辻村みよこ『フランス革命の憲法原理』日本評論社，1989
東京大学社会科学研究所『1791年憲法の資料的研究』東京大学社会科学研究所，1972
富永茂樹編『資料 権利の宣言 1789』京都大学人文科学研究所，2001
富永茂樹『理性の使用——ひとはいかにして市民となるのか』みすず書房，2005
ジェームズ・トムソン (樋口謹一訳)『ロベスピエールとフランス革命』(岩波新書) 岩波書店，1955〔James Matthew Thompson, *Robespierre and the French Revolution*, English University Press, 1952.〕
中島幹人「1792年ドローム県における反領主権運動の背景」『西洋史学』196，2000
中島幹人「フランス革命期のドローム県における共同地違法分割」『社会経済史学』69-2，2003
中村征樹「フランス革命期における社団的国家構造の解体——エコール・ポリテクニクの設立と技師養成機構の転換」『日仏教育学会年報』4，1998
二宮宏之「フランス絶対王政の統治構造」吉岡昭彦・成瀬治編『近代国家形成の諸問題』木鐸社，1979
ピエール・ノラ編 (谷川稔監訳)『記憶の場——フランス国民意識の文化=社会史』全3巻，岩波書店，2002-03(抄訳)〔Pierre Nora, *Les lieux de mémoire*, 7 vols., Gallimard, 1984-92.〕
ブロニスラフ・バチコ (森田伸子訳)『革命とユートピア——社会的な夢の歴史』新曜社，1990〔Bronislaw Baczko, *Lumieres de l'utopie*, Payot, 1978.〕
服部春彦『経済史上のフランス革命・ナポレオン時代』多賀出版，2009

浜忠雄『ハイチ革命とフランス革命』北海道大学図書刊行会, 1998
浜忠雄『カリブからの問い――ハイチ革命と近代世界』岩波書店, 2003
リン・ハント（松浦義弘訳）『フランス革命の政治文化』平凡社, 1989〔Lynn Avery Hunt, *Politics, Culture, and Class in the French Revolution,* University of California Press, 1984.〕
リン・ハント（西川長夫ほか訳）『フランス革命と家族ロマンス』平凡社, 1999〔Lynn Avery Hunt, *The Family Romance of the French Revolution,* University of California Press, 1992.〕
リン・ハント（松浦義弘訳）『人権を創造する』岩波書店, 2011〔Lynn Hunt, *Inventing Human Rights,* W. W. Norton, 2007.〕
マルク・ブゥロワゾォ（遅塚忠躬訳）『ロベスピエール』白水社, 1958〔Marc Bouloiseau, *Robespierre,* PUF, 1957.〕
フランソワ・フュレ（大津真作訳）『フランス革命を考える』岩波書店, 1989〔François Furet, *Penser la Révolution française,* Gallimard, 1978.〕
フランソワ・フュレ, モナ・オズーフ編（河野健二ほか監訳）『フランス革命事典』全2巻, みすず書房, 1995〔François Furet et Mona Ozouf, *Dictionnaire critique de la Révolution française,* Flammarion, 1988.〕
T・C・W・ブラニング（天野知恵子訳）『フランス革命』岩波書店, 2005〔T. C. W. Blanning, *The French Revolution: Class War or Culture Clash?,* 2nd ed., Macmillan, 1998.〕
オリヴィエ・ブラン（辻村みよこ訳）『女の人権宣言――フランス革命とオランプ・ドゥ・グージュの生涯』岩波書店, 1995〔Olivier Blanc, *Olympe de Gouges: Une femme de libertés,* Syros, 1989.〕
堀内達夫『フランス技術教育成立史の研究――エコール・ポリテクニクと技術者養成』多賀出版, 1997
アルベール・マチエ（ねずまさし・市原豊太訳）『フランス大革命』全3巻,（岩波文庫）岩波書店, 1958-59〔Albert Mathiez, *La Revolution française,* Armand Colin, 1922-24.〕
松浦義弘「フランス革命と「習俗」――ジャコバン独裁期における公教育論議の展開と国民祭典」『史学雑誌』92-4, 1983
松浦義弘「フランス革命と最高存在の祭典」『史学雑誌』97-1, 1988a
松浦義弘「フランス革命史の復権にむけて――「アナール派」をめぐる新しい政治史」『思想』769, 1988b
松浦義弘「フランス革命史学の新展開――歴史認識の問題を中心にして」『土地制度史学』130, 1991
松浦義弘『フランス革命の社会史』山川出版社, 1997a
松浦義弘「ロベスピエール現象とはなにか」『岩波講座世界歴史 17 環大西洋革命』岩波書店, 1997b
松浦義弘「ロベスピエールとフランス革命――文化現象としてのロベスピエールの言説」『思想』938, 2002
松浦義弘『「ジェルミナルのドラマ」とは何だったのか――革命政府とパリ民衆』一橋大学社会科学古典資料センター, 2005

松浦義弘『「テルミドール9日のクーデタ」とは何だったのか』一橋大学社会科学古典資料センター，2011

松嶌明男『礼拝の自由とナポレオン――公認宗教体制の成立』山川出版社，2010

本池立『ナポレオン――革命と戦争』世界書院，1993

山崎耕一「サンジュストにおける政治と暴力」『歴史評論』718，2010

山中聡「共和三年における旬日祭典の再編」『史林』87-1，2004

山中聡「シュマン゠デュポンテスの政治思想と敬神博愛教の成立――フランス革命期における融和的「市民宗教」の誕生」『史林』91-2，2008

山中聡「第一次総裁政府期の敬神博愛教」『西洋史学』233，2009

ジョージ・リューデ（前川貞治郎ほか訳）『フランス革命と群衆』ミネルヴァ書房，1963
〔George F. E. Rude, *The Crowd in the French Revolution*, Clarendon Press, 1959.〕

ジョルジュ・ルフェーヴル（柴田三千雄訳）『フランス革命と農民』未来社，1956〔Georges Lefebvre, "La Révolution française et les paysans", in G. Lefebvre, *Études sur la Révolution française*, PUF, 1958.〕

ジョルジュ・ルフェーヴル（高橋幸八郎ほか訳）『1789年――フランス革命序論』岩波書店，1998〔Georges Lefebvre, *Quatre-vingt-neuf*, Maison du Livre française, 1939.〕

ジョルジュ・ルフェーヴル（二宮宏之訳）『革命的群衆』（岩波文庫）岩波書店，2007
〔Georges Lefebvre, "Foules révolutionnaires", in G. Lefebvre, *Études sur la Révolution française*, PUF, 1958.〕

Aberdam, Serge, et al., *Voter, élire pendant la Révolution française: 1789-1799*, CTHS, 1999.

Baczko, Bronislaw, *Comment sortir de la Terreur*, Gallimard, 1989.

Baker, Keith M., François Furet, Colin Lucus and Mona Ozouf (eds.), *The French Revolution and the Creation of Modern Political Culture*, Pergamon, 1987-94 (Vol. 1: *The Political Culture of the Old Regime*, 1987; Vol. 2: *The Political Culture of the French Revolution*, 1988; Vol. 3: *The Transformation of the Political Culture, 1789-1848*, 1989; Vol. 4: *The Terror*, 1994).

Bodinier, Bernard, et al., *L'événement le plus important de la Révolution: La vente des biens nationaux*, Éditions du CTHS, 2000.

Bonin, Serge et Claude Langlois (éd.), *Atlas de la Révolution française*, EHESS, 1987-2000, 11 vols. (1: *Routes et communications*; 2: *L'enseignement (1760-1815)*; 3: *L'armée et la guerre*; 4: *Le territoire. réalités et représentations*; 5: *Le territoire, les limites administratives*; 6: *Les sociétés politiques*; 7: *Médecine et santé*; 8: *Populations*; 9: *Religion*; 10: *Economie*; 11: *Paris*).

Bourdin, Philippe et Bernard Gainot (éd.), *La république directoriale*, 2 vols., Société des Études Robespierristes, 1998.

Brunel, Françoise, *Thermidor: La chute de Robespierre, 1794*, Complexe, 1989.

Egret, Jean, *La pré-Révolution française (1787-1788)*, PUF, 1962.

Furet, François et Mona Ozouf, *La Gironde et les Girondins*, Payot, 1991.

Grateau, Philippe, *Les cahiers de doléances: Une relecture culturelle*, Presses Universitaires de Rennes, 2001.

Hayakawa, Riho, "L'assassinat du boulanger Denis François, le 21 octobre 1789", *Annales histo-*

riques de la Révolution française, 2003.

Jessenne, Jean-Pierre, et al. (éd.), *Du Directoire au Consulat,* CHREN-O-Université de Lille III, 4 vols., 1999-2001.

Lapied, Martine et Christine Peyrard (éd.), *La Révolution française au carrefour des recherches,* Publications de l'Université de Provence, 2003.

Lebrun, François et Roger Dupuy, *Les résistances à la Révolution,* Imago, 1987.

Lentz, Thierry, *Le Grand Consulat 1799-1804,* Fayard, 1999.

Martin, Jean-Clément, *La Vendée et la France,* Seuil, 1987.

Martin, Jean-Clément, *Contre-Révolution, Révolution et nation,* Seuil,, 1998.

Martin, Jean-Clément (éd.), *La Révolution à l'œuvre: Perspectives actuelles dans l'histoire de la Révolution française,* Presses universitaires de Rennes, 2005.

Martin, Jean-Clément, *Violence et Révolution: Essai sur la naissance d'un mythe national,* Seuil, 2006.

Ozouf, Mona, *L'homme régénéré: Essai sur la Révolution française,* Gallimard, 1989.

Petiteau, Natalie, *Voies nouvelles pour l'histoire du Premier Empire: Territoires, Pouvoirs, Identités,* La Boutique de l'histoire, 2003.

Reinhard, Marcel, *La chute de la royauté, 10 août 1792,* Gallimard, 1969.

Soboul, Albert (éd.), *Girondins et Montagnards,* Société des Études Robespierristes, 1980.

Tackett, Timothy, *Religion, Revolution, and Regional Culture in Eighteen-Century France: The Ecclesiastical Oath of 1791,* Princeton University Press, 1986.

Tackett, Timothy, *Becoming a Revolutionary: The Deputies of the French National Assembly and the Emergence of a Revolutionary Culture (1789-1790),* Princeton University Press, 1996.

Tackett, Timothy, *When the King Took Flight,* Harvard University Press, 2003.

Tackett, Timothy, "La Révolution et la violence", in J. C. Martin, *La Révolution à l'œuvre,* Presses universitaires de Rennes, 2005.

Tulard, Jean, *Dictionnaire Napoléon,* Fayard, 1989.

Vivier, Nadine, *Propriété collective et identité communale: Les biens communaux en France (1750-1914),* Publications de la Sorbonne, 1998.

Vovelle, Michel, *La Révolution française, images et récits,* 5 vols., Livre Club Diderot, 1986.

Vovelle, Michel, avec la collaboration de Danielle Le Monnier, *Les colloques du Bicentenaire: Repertoire des rencontres scientifiques nationales et internationales,* La Decouverte, 1991.

第6章 立憲王政から第一次世界大戦前夜

赤司道和『19世紀パリ社会史——家族・労働・文化』北海道大学図書刊行会, 2004

モーリス・アギュロン（阿河雄二郎ほか訳）『フランス共和国の肖像——闘うマリアンヌ 1789〜1880』ミネルヴァ書房, 1989〔Maurice Agulhon, *Marianne au combat. L'imagerie et la symbolique républicaines de 1789 à 1880,* Flammarion, 1979.〕

有田英也『ふたつのナショナリズム——フランス系ユダヤ人の「近代」』みすず書房, 2000

ミシェル・ヴィノック（川上勉・中谷猛訳）『ナショナリズム・反ユダヤ主義・ファシズム』藤原書店，1995〔Michel Winock, *Nationalisme, antisémitisme et fascisme en France*, Seuil, 1990.〕
上垣豊「七月王政期の自由正統王朝派とナシオン」『史林』70-5，1987
上垣豊「19世紀フランスの貴族と近代国家——七月革命の前と後」『史林』78-4，1995
上垣豊「第三章　カトリック王政からブルジョア王政へ」谷川稔・渡辺和行編『近代フランスの歴史——国民国家形成の彼方に』ミネルヴァ書房，2006
宇野重規『トクヴィル——平等と不平等の理論家』講談社，2007
大森弘喜『フランス鉄鋼業史——大不況からベル・エポックまで』ミネルヴァ書房，1996
小田中直樹「19世紀フランスにおける農村民衆の〈政治化〉をめぐって」『土地制度史学』118，1988
小田中直樹『フランス近代社会　1814〜1852』木鐸社，1995
河野健二編『フランス・ブルジョワ社会の成立——第二帝政期の研究』岩波書店，1977
河野健二編『資料　フランス初期社会主義——二月革命とその思想』岩波書店，1979
木下賢一『第二帝政とパリ民衆の世界——「進歩」と「伝統」のはざまで』山川出版社，2000
喜安朗『革命的サンディカリズム——パリ・コミューン以後の行動的少数派』河出書房新社，1972
喜安朗『パリの聖月曜日——19世紀都市騒乱の舞台裏』平凡社，1982（岩波現代文庫，2008）
喜安朗『近代フランス民衆の〈個と共同性〉』平凡社，1994a
喜安朗『夢と反乱のフォブール——1848年パリの民衆運動』山川出版社，1994b
工藤光一「「国民祭典」と農村世界の政治文化——第二帝政下のシャンパーニュ地方」『思想』836，1994
工藤光一「国民国家と「伝統」の創出——1870〜1914年，フランスの事例から」『岩波講座世界歴史 18　工業化と国民形成』岩波書店，1998
工藤庸子『ヨーロッパ文明批判序説——植民地・共和国・オリエンタリズム』東京大学出版会，2003
小山勉『教育闘争と知のヘゲモニー——フランス革命後の学校・教会・国家』御茶の水書房，1998
アラン・コルバン（山田登世子・鹿島茂訳）『においの歴史——嗅覚と社会的想像力』藤原書店，1988〔Alain Corbin, *Le miasma et la jonquille. L'odorat et l'imaginaire social, 18e–19e siècles*, Aubier-Montaigne, 1982.〕
権上康男『フランス帝国主義とアジア——インドシナ銀行史研究』東京大学出版会，1985
坂上孝『フランス社会主義——管理か自立か』新評論，1981
坂上孝編『1848　国家装置と民衆』ミネルヴァ書房，1985
桜井哲夫『〈近代〉の意味——制度としての学校・工場』（NHKブックス）日本放送出版協会，1984
柴田三千雄『パリ・コミューン』（中公新書）中央公論社，1973

柴田三千雄『近代世界と民衆運動』岩波書店，1983
柴田三千雄・樺山紘一・福井憲彦編『世界歴史大系　フランス史 3——19世紀なかば～現在』山川出版社，1995
柴田三千雄・樺山紘一・福井憲彦編『世界歴史大系　フランス史 2——16世紀～19世紀なかば』山川出版社，1996
クリストフ・シャルル（白鳥義彦訳）『知識人の誕生』藤原書店，2006〔Christophe Charle, *Naissance des "intellectuels", 1880-1900*, Minuit, 1990.〕
ルイ・シュヴァリエ（喜安朗・木下賢一・相良匡俊訳）『労働階級と危険な階級——19世紀前半のパリ』みすず書房，1993〔Louis Chevalier, *Classes laborieuses et classes dangereuses à Paris, pendant la première moitié du XIXe siècle*, Plon, 1958.〕
杉本淑彦『文明の帝国——ジュール・ヴェルヌとフランス帝国主義文化』山川出版社，1995
杉本淑彦『ナポレオン伝説とパリ——記憶史への挑戦』山川出版社，2002
高草木光一「ルイ・ブラン『労働の組織』と七月王政期のアソシアシオニスム——普通選挙と「社会作業場」」上・下『三田学会雑誌』87-3, 4，1994・1995
高村学人『アソシアシオンへの自由——〈共和国〉の論理』勁草書房，2007
竹内尚一郎『表象の植民地帝国——近代フランスと人文諸科学』世界思想社，2001
田中拓道『貧困と共和国——社会的連帯の誕生』人文書院，2006
谷川稔『フランス社会運動史——アソシアシオンとサンディカリスム』山川出版社，1983
谷川稔『十字架と三色旗——もうひとつの近代フランス』山川出版社，1997
谷川稔・北原敦・鈴木健夫・村岡健次『世界の歴史 22　近代ヨーロッパの情熱と苦悩』中央公論社，1999
谷川稔・渡辺和行編『近代フランスの歴史——国民国家形成の彼方に』ミネルヴァ書房，2006
A・テュデスク（大石朋夫訳）『フランスの民主主義　1815年以後』評論社，1974〔André-Jean Tudesq, *La démocratie en France depuis 1815*, PUF, 1971.〕
アレクシス・ド・トクヴィル（喜安朗訳）『フランス二月革命の日々——トクヴィル回想録』（岩波文庫）岩波書店，1988〔Alexis de Tocqueville, *Oeuvres complètes*, Édition définitive publiée sous la direction de J.-P. Mayer, t. 12: *Souvenirs*, Texte établi, annoté et préfacé par Luc Monnier, Gallimard, 1964.〕
長井伸仁『歴史がつくった偉人たち——近代フランスとパンテオン』山川出版社，2007
中木康夫『フランス政治史　上』未来社，1975
中谷猛『近代フランスの自由とナショナリズム』法律文化社，1996
中野隆生『プラーグ街の住民たち——フランス近代の住宅・民衆・国家』山川出版社，1999
中野隆生編『都市空間の社会史　日本とフランス』山川出版社，2004
西岡芳彦「一八四八年のパリ民衆——軍事裁判個人文書からみた「ガルニ」の住人」『一橋論叢』97-1，1987
西岡芳彦「パリ民衆地区における国民軍と六月蜂起」『西洋史学』151，1988

西川長夫『フランスの近代とボナパルティズム』岩波書店，1984

野村啓介『フランス第二帝制の構造』九州大学出版会，2002

ピエール・ノラ編（谷川稔監訳）『記憶の場——フランス国民意識の文化＝社会史』全3巻，岩波書店，2002-03（抄訳）〔Pierre Nora (dir.), *Les lieux de mémoire*, 7 vols., Gallimard, 1984-92.〕

デヴィッド・ハーヴェイ（大城直樹・遠城明雄訳）『パリ——モダニティの首都』青土社，2006〔David Harvey, *Paris, Capital of Modernity*, Routledge, 2003.〕

羽貝正美「第2帝政とパリ都市改造」『東京都立大学法学会雑誌』26-1，1985

平野千果子『フランス植民地主義の歴史——奴隷制廃止から植民地帝国の崩壊まで』人文書院，2002

アラン・フォール（見富尚人訳）『パリのカーニヴァル』平凡社，1991〔Alain Faure, *Paris Carême-prenant. Du carnaval à Paris au XIXe siècle 1800-1914*, Hachette, 1978.〕

深澤民司『フランスにおけるファシズムの形成』岩波書店，1999

福井憲彦『世紀末とベル・エポックの文化』山川出版社，1999

福井憲彦編『新版世界各国史 12 フランス史』山川出版社，2001

福井憲彦『ヨーロッパ近代の社会史——工業化と国民形成』岩波書店，2005

福井憲彦編『結社の世界史 3 アソシアシオンで読み解くフランス史』山川出版社，2006

ミシェル・ペロー（福井憲彦・金子春美訳）『フランス現代史のなかの女たち』日本エディタースクール出版部，1989

E・ホブズボウム，T・レンジャー編（前川啓治・梶原景昭訳）『創られた伝統』紀伊國屋書店，1992〔Eric Hobsbaum and Terence Ranger (eds.), *The Invention of Traditions*, Cambridge University Press, 1983.〕

ジャン・ボベロ（三浦信孝・伊達聖伸訳）『フランスにおける脱宗教性の歴史』（文庫クセジュ）白水社，2009〔Jean Baubérot, *Histoire de la laïcité en France*, 4e éd., PUF, 2008.〕

前田更子『私立学校からみる近代フランス——19世紀リヨンのエリート教育』昭和堂，2009

槇原茂『近代フランス農村の変貌——アソシアシオンの社会史』刀水書房，2002

松井道昭『フランス第二帝政下のパリ都市改造』日本経済評論社，1997

アンヌ・マルタン＝フュジエ（前田祝一・前田清子ほか訳）『優雅な生活〈トゥ＝パリ〉——パリ社交集団の成立 1815～1848』新評論，2001〔Anne Martin-Fugier, *La vie élégante ou la formation du Tout-Paris 1815-1848*, Fayard, 1990.〕

ピエール・ミケル（渡辺一民訳）『ドレーフュス事件』（文庫クセジュ）白水社，1990〔Pierre Miquel, *L'affaire Dreyfus*, PUF, 1959.〕

ジャック・ルージュリ（上村祥二ほか訳）『1871——民衆の中のパリ・コミューン』ユニテ，1987〔Jacques Rougerie, *Paris libre 1871*, Seuil, 1971.〕

ジャン・ロム（木崎喜代治訳）『権力の座についた大ブルジョワジー』岩波書店，1971〔Jean Lhomme, *La grande bourgeoisie au pouvoir (1830-1880). Essai sur l'histoire sociale de la France*, PUF, 1960.〕

渡辺和行「英雄とナショナル・アイデンティティ——第三共和政フランスの歴史教育とナ

ショナリズム」望月幸男・橋本伸也編『ネイションとナショナリズムの教育社会史』昭和堂, 2004

渡辺和行『エトランジェのフランス史——国民・移民・外国人』山川出版社, 2007

Agulhon, Maurice, *1848 et l'apprentissage de la République, 1848-1852,* Seuil, 1973.

Agulhon, Maurice, *La République. De Jules Ferry à François Mitterrand, 1880 à nos jours,* Hachette, 1990.

Caron, Jean-Claude, *La nation, l'État et la démocratie en France de 1789 à 1914,* Armand Colin, 1995.

Caron, Jean-Claude, *La France de 1815 à 1848,* 2e éd., Armand Colin, 2000.

Charle, Christophe, *Histoire sociale de la France au XIXe siècle,* Seuil, 1991.

Démier, Francis, *La France du XIXe siècle, 1814-1914,* Seuil, 2000.

Dreyfus, Michel, *Liberté, Égalité, Mutualité. Mutualisme et Syndicalisme, 1852-1967,* Les Éditions de l'Atelier/Éditions Ouvrières, 2001.

Furet, François, *La Révolution. De Turgot à Jules Ferry 1770-1880,* Hachette, 1988.

Garrigues, Jean, *Le boulangisme,* PUF «Que sais-je?», 1992.

Garrigues, Jean, *La France de 1848 à 1870,* 2e éd., Armand Colin, 2000.

Hazareesingh, Sudhir, *The Saint-Napoleon. Celebrations of Sovereignty in Nineteenth-Century France,* Harvard University Press, 2004.

Ihl, Olivier, *La fête républicaine,* Gallimard, 1996.

Jardin, André et André-Jean Tudesq, *La France des notables, 1815-1848,* 2 vols., Seuil, 1973.

Mayeur, Jean-Marie, *Les débuts de la IIIe République (1871-1898),* Seuil, 1973.

Mélonio, Françoise, *Naissance et affirmation d'une culture nationale. La France de 1815 à 1880,* Seuil, 2001 (réed., augm. d'une introduction, de la contribution de l'auteur à *l'Histoire culturelle de la France,* t.3, Seuil, 1998).

Murard, Lion et Patrick Zylberman, *L'hygiène dans la République. La santé publique en France ou l'utopie contrariée, 1870-1918,* Fayard, 1996.

Perrot, Michel (dir.), *Histoire de la vie privée,* t. 4: *De la Révolution à la Grande Guerre,* Seuil, 1987.

Pinkney, David H., *Napoleon III and the Rebuilding of Paris,* Princeton University Press, 1958.

Plessis, Alain, *De la fête impériale au mur des fédérés, 1852-1871,* Seuil, 1973.

Price, Roger, *The French Second Empire. An Anatomy of Political Power,* Cambridge University Press, 2001.

Prochasson, Christophe, *Les intellectuels, le socialisme et la guerre 1900-1938,* Seuil, 1993.

Ratcliffe, Barrie M. et Christine Piette, *Vivre la ville. Les classes populaires à Paris (1ère moitié du XIXe siècle),* Boutique de l'Histoire, 2007.

Rebérioux, Madeleine, *La République radicale?, 1898-1914,* Seuil, 1975.

Rollet-Echalier, Catherine, *La politique à l'égard de la petite enfance sous la IIIe République,* INED/PUF, 1990.

Rosanvallon, Pierre, *L'État en France, de 1789 à nos jours,* Seuil, 1990.

Vavasseur-Desperriers, Jean, *La nation, l'État et la démocratie en France au 20ᵉ siècle,* Armand Colin, 2000.

Weber, Eugen, *Peasants into Frenchmen. The Modernaization of Rural France, 1870-1914,* Stanford University Press, 1976.

第7章　第一次世界大戦から現在

井上すず「フランスにおける「クラブ現象」——1960年代非共産党左翼結集の問題を中心として」犬童一男ほか編『戦後デモクラシーの安定』岩波書店，1989

ミシェル・ヴィノック（塚原史ほか訳）『知識人の時代——バレス，ジッド，サルトル』紀伊國屋書店，2007〔Michel Winock, *Le siècle des intellectuels*, nouv. éd., Seuil, 1999.〕

加藤智章「フランス社会保障制度の構造とその特徴——ラロックプランの成立まで」『北大法学論集』35-3・4，1984

加藤智章『医療保険と年金保険——フランス社会保障制度における自律と平等』北海道大学図書刊行会，1995

川崎信文「フランス地方行政における県知事の位置と役割」田口富久治編『主要諸国の行政改革』勁草書房，1982

菊池孝美『フランス対外経済関係の研究——資本輸出・貿易・植民地』八朔社，1996

劒持久木「占領下フランスにおける対独経済協力——航空機生産共同計画をめぐって」『西洋史学』166，1992

権上康男『フランス資本主義と中央銀行——フランス銀行近代化の歴史』東京大学出版会，1999

権上康男「フランスにおける新自由主義と信用改革(1961〜73年)——「大貨幣市場」創出への道」『エコノミア』54-2，2003

桜井哲夫『知識人の運命——主体の再生に向けて』三一書房，1983

ジャン・シャルロ（野地孝一訳）『保守支配の構造——ゴリスム 1958〜1974』みすず書房，1976〔Jean Charlot, *Le phénomène gaulliste*, Fayard, 1970.〕

杉本淑彦「1945年フランス国民の帝国意識——新聞報道からみるシリア騒擾とベトナム8月革命」『史林』73-6，1990

壽里茂『現代フランスの社会構造——社会学的視座』東京大学出版会，1984

谷川稔『フランス社会運動史——アソシアシオンとサンディカリスム』山川出版社，1983

鳥潟優子「ドゴールの外交戦略とベトナム和平仲介」『国際政治』156，2009

中木康夫『フランス政治史』中巻・下巻，未来社，1975・1976

中野隆生編『都市空間と民衆　日本とフランス』山川出版社，2006

中山洋平『戦後フランス政治の実験——第四共和制と「組織政党」1944〜52年』東京大学出版会，2002

中山洋平「地方公共投資と党派ネットワークの変容——フランス政治における公的資金の「水流」(1920年代〜1970年代)」『国家学会雑誌』123-1・2〜124-7・8，2010-11

ロバート・パクストン（渡辺和行ほか訳）『ヴィシー時代のフランス——対独協力と国民革命 1940〜1944』柏書房，2004〔Robert O. Paxton, *Vichy France: Old Guard and New*

Order, 1940-1944, Barrie & Jenkins, 1972. 現在は Columbia University Press の改訂版（2001）が入手容易。仏語版の初版は *La France de Vichy, 1940-1944*, Seuil, 1973（改訂増補版 1997）．〕

畑山敏夫「フランス・テクノクラートの源流――「フランス復興」1925～35年」『思想』728, 1985

畑山敏夫『現代フランスの新しい右翼――ルペンの見果てぬ夢』法律文化社, 2007

原輝史『フランス戦間期経済史研究』日本経済評論社, 1999

平野千果子『フランス植民地主義の歴史――奴隷制廃止から植民地帝国の崩壊まで』人文書院, 2002

ピエール・ビルンボーム（田口富久治監訳）『現代フランスの権力エリート』日本経済評論社, 1988〔Pierre Birnbaum, *Les sommets de l'état: essai sur l'élite du pouvoir en France*, Seuil, 1977.〕

廣田功『現代フランスの史的形成――両大戦間期の経済と社会』東京大学出版会, 1994

深沢敦「フランスにおける第一次大戦時労働力政策の展開――労働力導入・配置政策を中心として」『労働問題研究』（近畿大学）18, 19, 1984

深沢敦「フランスにおける家族手当制度の形成と展開――第一次世界大戦後のパリ地域補償金庫を中心として」『立命館産業社会論集』43-4, 44-2, 2008

藤井篤「冷戦と脱植民地化――アルジェリア戦争と仏米関係」『国際政治』134, 2003

レイモンド・ベッツ（今林直樹・加茂省三訳）『フランスと脱植民地化』晃洋書房, 2004〔Raymond F. Betts, *France and Decolonisation 1900-1960*, Macmillan, 1991.〕

スタンレイ・ホフマン（天野恒雄訳）『フランス現代史 1 革命か改革か』（白水叢書）白水社, 1977a,『フランス現代史 2 政治の芸術家ド・ゴール』1977b,『フランス現代史 3 没落か再生か』1977c〔Stanley Hoffmann, *Decline or Renewal? France since the 1930s*, Viking Press, 1974.〕

松沼美穂『帝国とプロパガンダ――ヴィシー政権期フランスと植民地』山川出版社, 2007

松沼美穂「血統と文化によるフランス人種――第三共和政期の植民地における混血の法的地位」『思想』1018, 2009

ミッシェル・マルゲラズ（廣田功・権上康男訳）『20世紀フランス資本主義史論――国家・経済・社会』日本経済評論社, 2004

ケネス・ムーレ（向井喜典ほか訳）『大恐慌とフランス通貨政策――ポアンカレ・フランの管理の経済的理解と政治的拘束 1926～1936年』晃洋書房, 1997〔Kenneth Mouré, *Managing the Franc Poincaré: Economic Understanding and Political Constraint in French Monetary Policy, 1928-1936*, Cambridge University Press, 1991.〕

森本哲郎『戦争と革命の間で――二〇世紀システムの幕開けとフランス社会主義』法律文化社, 1996

矢後和彦『フランスにおける公的金融と大衆貯蓄――預金供託金庫と貯蓄金庫1816～1944』東京大学出版会, 1999

柳田陽子「フランスと冷戦序説――1947年5月共産党閣僚の解任をめぐって」『教養学科紀要』（東京大学）14, 1981

ゴードン・ライト（杉崎真一訳）『フランス農村革命——20世紀の農民層』農林水産業生産性向上会議，1965〔Gordon Wright, *Rural Revolution in France: The Peasantry in the Twentieth Century*, Stanford University Press/Oxford University Press, 1964.〕
渡辺和行『ナチ占領下のフランス——沈黙・抵抗・協力』講談社，1994
渡辺和行『ホロコーストのフランス——歴史と記憶』人文書院，1998
渡辺和行『フランス人とスペイン内戦——不干渉と宥和』ミネルヴァ書房，2003
渡辺和行『エトランジェのフランス史——国民・移民・外国人』山川出版社，2007
Azéma, Jean-Pierre et François Bédarida (dir.), *Le régime de Vichy et les français*, Fayard, 1992.
Barthélémy, Joseph, *Essai sur le travail parlementaire et le système des commissions*, Delagrave, 1934.
Becker, Annette, *Les monuments aux morts: patrimoine et mémoire de la Grande Guerre*, Errance, 1988.
Becker, Jean-Jacques, *1914: comment les Français sont entrés dans la guerre: contribution à l'étude de l'opinion publique, printemps-été 1914*, Presses de la Fondation nationale des sciences politiques, 1977.
Bell, David S. and Byron Criddle, *The French Socialist Party: The Emergence of a Party of Government*, 2nd ed., Clarendon Press, 1988.
Bergounioux, Alain et Gérard Grunberg, *Les socialistes français et le pouvoir: l'ambition et le remords*, Hachette Littératures, 2007.
Berstein, Serge, Pierre Milza et Jean-Louis Bianco (dir.), *Les années Mitterrand: les années du changement (1981-1984)*, Perrin, 2001.
Berstein, Serge, René Rémond et Jean-François Sirinelli, *Les années Giscard: institutions et pratiques politiques, 1974-1978*, Fayard, 2003.
Berstein, Serge, Pierre Milza et Jean-François Sirinelli (dir.), *Michel Debré: premier ministre (1959-1962)*, PUF, 2005.
Cholvy, Gérard et Yves-Marie Hilaire (dir.), *Histoire religieuse de la France contemporaine*, t. 2, t. 3, Privat, 1985.
Cleary, Mark C., *Peasants, Politicians, and Producers: The Organisation of Agriculture in France since 1918*, Cambridge University Press, 1989.
Courtois, Stéphane et Marc Lazar, *Histoire du Parti communiste français*, 2e éd., PUF, 2000.
Dard, Olivier, *Le rendez-vous manqué des relèves des années 30*, PUF, 2002.
Dreyfus, Michel, et al., *Se protéger, être protégé: une histoire des assurances sociales en France*, Presses universitaires de Rennes, 2006.
Dreyfus-Armand, Geneviève, et al., *Les années 68: le temps de la contestation*, Complexe, 2000.
Fourcaut, Annie, *Banlieue rouge, 1920-1960. Années Thorez, années Gabin: archétype du populaire, banc d'essai des modernités*, Autrement, 1992.
Fourcaut, Annie, *La banlieue en morceaux: la crise des lotissements défectueux en France dans l'entre-deux-guerres*, Créaphis, 2000.
Fridenson, Patrick et Jean-Jacques Becker (dir.), *1914-1918, l'autre front*, Éditions ouvrières, 1977.

Gaïti, Brigitte, *De Gaulle: prophète de la Cinquième République (1946−1962)*, Presses de Sciences Po, 1998.

Galant, Henry, *Histoire politique de la sécurité sociale française, 1945−1952*, Armand Colin, 1955.

Gervais, Michel, Marcel Jollivet et Yves Tavernier, *Histoire de la France rurale*, t. 4: *La fin de la France paysanne, de 1914 à nos jours*, Seuil, 1976.

Girault, Jacques (dir.), *L'implantation du socialisme en France au XXe siècle*, Publications de la Sorbonne, 2001.

Girault, Jacques, *Des communistes en France (années 1920−années 1960)*, Publications de la Sorbonne, 2002.

Godfrey, John, *Capitalism at War: Industrial Policy and Bureaucracy in France, 1914−1918*, Berg, 1987.

Grémion, Pierre, *Le pouvoir périphérique: bureaucrates et notables dans le système politique français*, Seuil, 1976.

Hatzfeld, Henri, *Du paupérisme à la sécurité sociale: essai sur les origines de la sécurité sociale en France, 1850−1940*, Armand Colin, 1971.

Hayward, Jack, et al. (ed.), *De Gaulle to Mitterrand: Presidential Power in France*, Hurst, 1993.

Howell, Chris, *Regulating Labor: The State and Industrial Relations Reform in Postwar France*, Princeton University Press, 1992.

Jackson, Julian, *The Politics of Depression in France, 1932−1936*, Cambridge University Press, 1985.

Jackson, Julian, *The Popular Front in France: Defending Democracy, 1934−38*, Cambridge University Press, 1988.

Knapp, Andrew, *Gaullism since de Gaulle*, Dartmouth, 1994.

Kuisel, Richard, *Capitalism and the State in Modern France: Renovation and Economic Management in the Twentieth Century*, Cambridge University Press, 1981.

Labbé, Dominique, *Syndicats et syndiqués en France depuis 1945*, L'Harmattan, 1996.

Margairaz, Michel (dir.), *Pierre Mendès France et l'économie: pensée et action*, Odile Jacob, 1989.

Margairaz, Michel, *L'État, les finances et l'économie: histoire d'une conversion, 1932−1952*, 2 vols., Comité pour l'histoire économique et financière de la France, 1991.

Margairaz, Michel et Danielle Tartakowsky (dir.), *1968, entre libération et libéralisation: la grande bifurcation*, Presses universitaires de Rennes, 2010.

Noël, Gilles et Emilie Willaert (dir.), *Georges Pompidou et le monde des campagnes*, Peter Lang, 2007.

Noiriel, Gérard, *Les ouvriers dans la société française, XIXe−XXe siècle*, Seuil, 1986.

Noiriel, Gérard, *Les origines républicaines de Vichy*, Hachette, 1999.

Noiriel, Gérard, *Immigration, antisémitisme et racisme en France, XIXe−XXe siècle: discours publics, humiliations privées*, Fayard, 2007.

Ohnet, Jean-Marc, *Histoire de la décentralisation française*, Librairie génerale française, 1996.

Ory, Pascal, *La belle illusion: culture et politique sous le signe du Front populaire, 1935−1938*,

Plon, 1994.

Perrineau, Pascal, *Le symptôme Le Pen: radiographie des électeurs du Front national*, Fayard, 1997.

Prost, Antoine, *La C.G.T. à l'époque du Front populaire, 1934-1939: essai de description numérique*, Armand Colin, 1964.

Prost, Antoine, *Les anciens combattants et la société française, 1914-1939*, 3 vols., Presses de la Fondation nationale des sciences politiques, 1977.

Rémond, René, *1958. Le retour de de Gaulle*, nouv. éd., Complexe, 1999.

Rizzo, Jean-Louis, *Mendès France, ou la rénovation en politique*, Presses de la Fondation nationale des sciences politiques, 1993.

Rosanvallon, Pierre, *Le modèle politique français: la société civile contre le jacobinisme de 1789 à nos jours*, Seuil, 2004.

Roussellier, Nicolas, *Le parlement de l'éloquence: la souveraineté de la délibération au lendemain de la Grande Guerre*, Presses de Sciences Po, 1997.

Sawicki, Frédéric, *Les réseaux du parti socialiste: sociologie d'un milieu partisan*, Belin, 1997.

Shennan, Andrew, *Rethinking France: Plans for Renewal, 1940-1946*, Clarendon Press/Oxford University Press, 1989.

Sirinelli, Jean-François (dir.), *Histoire des droites en France*, 3 vols., Gallimard, 1992.

Tartakowsky, Danielle, *Les manifestations de rue en France, 1918-1968*, Publications de la Sorbonne, 1997.

Tellier, Thibault, *Le temps des HLM, 1945-1975: la saga urbaine des Trente Glorieuses*, Autrement, 2008.

Vaïsse, Maurice, *La grandeur: politique étrangère du général de Gaulle, 1958-1969*, Fayard, 1998.

Williams, Philip, *Crisis and Compromise: Politics in the Fourth Republic*, 3rd ed., Longmans, 1964.

Winock, Michel, *La fièvre hexagonale: les grandes crises politiques de 1871 à 1968*, Calmann-Levy, 1986.

Worms, Jean-Pierre, "Le préfet et ses notables", *Sociologie du Travail*, 3, 1966.

第8章　文化史

上尾信也『楽師論序説』国際基督教大学比較文化研究会，1995

ロバート・アトキンス（杉村悦子ほか訳）『現代美術のキーワード——アートスピーク』美術出版社，1993〔Robert Atkins, *Artspeak: A Guide to Contemporary Ideas, Mouvements, and Buzzwords, 1945 to the Present*, Abbeville Press, 1997.〕

H・H・アーナソン（上田高広ほか訳）『現代美術の歴史——絵画・彫刻・建築・写真』美術出版社，1995〔H. Harvard Arnason, *A History of Modern Art*, Thames & Hudson, 1998.〕

池上忠治責任編集『印象派時代』（「世界美術大全集　西洋編 22」）小学館，1993a

池上忠治責任編集『後期印象派時代 1』（「世界美術大全集　西洋編 23」）小学館，1993b

乾由明ほか責任編集『キュビズムと抽象芸術』（「世界美術大全集　西洋編 28」）小学館，1996a

乾由明ほか責任編集『ダダとシュルレアリスム』(「世界美術大全集 西洋編 27」) 小学館, 1996b

井上さつき『音楽を展示する――パリ万博1855〜1900』法政大学出版会, 2009

今谷和徳『新版 中世・ルネサンスの社会と音楽』音楽之友社, 2006

今谷和徳・井上さつき『フランス音楽史』春秋社, 2010

アラン・ヴィアラ (高橋信良訳)『演劇の歴史』(文庫クセジュ) 白水社, 2008 〔Alain Viala, *Histoire du théâtre*, PUF, 2005.〕

ジョン・ブライアン・ウォード゠パーキンズ (桐敷真次郎訳)『図説世界建築史 4 ローマ建築』本の友社, 1996 〔John Bryan Ward-Perkins, *Roman Architecture*, Electa, 1979.〕

レーモン・ウルセル (飯田喜四郎訳)『世界の建築 ロマネスク』美術出版社, 1967 〔Raymond Oursel, *Architecture universelle, Univers roman*, Office du Livres, 1967.〕

大野芳材『フランス近世の美術――国王の美術から市民の美術へ』財務省印刷局, 2003

エミール・カウフマン (白井秀和訳)『理性の時代の建築――フランスにおけるバロックとバロック以後』中央公論美術出版, 1997 〔Emil Kaufmann, *Architecture in the Age of Reason*, Harvard University Press, 1955.〕

金澤正剛『キリスト教音楽の歴史』日本キリスト教団出版局, 2005

神吉敬三・若桑みどり責任編集『バロック 1』(「世界美術大全集 西洋編 16」) 小学館, 1994

ドナルド・グラウト, クロード・パリスカ (戸口幸策・津上英輔・寺西基之訳)『新 西洋音楽史』全3巻. 音楽之友社, 1998-2001 〔Donald Jay Grout and Claude V. Palisca, *A History of Western Music*, W. W. Norton, 1960.〕

ルイ・グロデッキほか (吉川逸治ほか訳)『人類の美術 紀元千年のヨーロッパ』新潮社, 1976 〔Louis Grodecki, *L'Univers des Formes, Le siècle de l'An Mil*, Gallimard, 1973.〕

スピロ・コストフ (鈴木博之監訳)『建築全史』住まいの図書館出版局, 1990 〔Spiro K. Kostof, *A History of Architecture*, Oxford University Press, 1985.〕

坂本満・高橋達夫責任編集『バロック 2』(「世界美術大全集 西洋編 17」) 小学館, 1995

坂本満責任編集『ロココ』(「世界美術大全集 西洋編 18」) 小学館, 1996

島田紀夫・千足伸行責任編集『フォーヴィスムとエコール・ド・パリ』(「世界美術大全集 西洋編 25」) 小学館, 1994

ジャン・シャルル・モルウ (藤本康雄訳)『建築の歴史』(文庫クセジュ) 白水社, 1995 〔Jean-Charles Moreux, *Histoire de l'architecture*, PUF, 1989.〕

ジャン・ジャンペル (飯田喜四郎訳)『カテドラルを建てた人びと』鹿島出版会, 1969 〔Jean Gimpel, *Les Bâtisseurs de Cathédrales*, Seuil, 1958.〕

末永照和監修『カラー版 20世紀の美術』美術出版社, 2000 〔*Elles@centrepompidou*, exh. cat., Centre Pompidou, 2009.〕

鈴木杜幾子『画家ダヴィッド――革命の表現者から皇帝の首席画家へ』晶文社, 1991

鈴木杜幾子責任編集『新古典主義と革命期美術』(「世界美術大全集 西洋編 19」) 小学館, 1993

鈴木杜幾子『ナポレオン伝説の形成――フランス一九世紀美術のもう一つの顔』筑摩書房,

1994

鈴木杜幾子『フランス絵画の〈近代〉——シャルダンからマネまで』講談社,1995
鈴木博之責任編集『世界の建築 6 ルネサンス・マニエリスム』学習研究社,1983
鈴木博之ほか『近代建築史』市ヶ谷出版社,2008
スタンリー・セーディ総監修『西洋の音楽と社会』全12巻,音楽之友社,1996-97〔Stanley Sadie (ed.), *Man & Music*, Macmillan, 1990.〕
千足伸行責任編集『表現主義と社会派』(「世界美術大全集 西洋編 26」)小学館,1995
高階秀爾責任編集『ロマン主義 1』(「世界美術大全集 西洋編 20」)小学館,1993
高階秀爾・千足伸行責任編集『世紀末と象徴主義』(「世界美術大全集 西洋編 24」)小学館,1996
高階秀爾ほか『ル・コルビュジエと日本』鹿島出版会,1999
田崎直美「ヴィシー政権時代におけるオペラ・コミック座——フランス人作曲家による新作の検証と考察を通して」『音楽学』50,2004
カール・ダールハウス(角倉一朗訳)『音楽史の基礎概念』白水社,2004〔Carl Dahlhaus, *Grundlagen der Musikgeschichte*, Laaber, 1977.〕
ジョルジュ・デュビー,ロベール・マンドルー(前川貞次郎ほか訳)『フランス文化史』全3巻,人文書院,1969-70〔Georges Duby et Robert Mandrou, *Histoire de la civilisation française*, 2 vols., Armand Colin, 1958.〕
長尾重武ほか『ビジュアル版西洋建築史 デザインとスタイル』丸善,1996
永島茜『現代フランスの音楽事情』大学教育出版,2010
西田雅嗣「学界展望 フランス中世建築史——フランスにおける中世建築研究」『建築史学』54,2010
クリスチャン・ノルベルグ=シュルツ(加藤邦男訳)『図説世界建築史 12 後期バロック・ロココ建築』本の友社,2003〔Christian Norberg-Schulz, *Late Baroque and Rococo Architecture*, Electa, 1980.〕
橋本文隆『図説アール・ヌヴォー建築 華麗なる世紀末』河出書房新社,2007
ジョルジュ・バタイユ(出口裕弘訳)『ラスコーの壁画』二見書房,1975〔Georges Bataille, *La Peinture préhistorique Lascaux ou La Naissance de l'Art*, Éditions d'Art Albert Skira, 1955.〕
服部幸三『西洋音楽史——バロック』音楽之友社,2001
ジョン・ハーパー(佐々木勉・那須輝彦訳)『中世キリスト教の典礼と音楽』教文館,2000〔John Harper, *The Forms and Orders of Western Liturgy from the Tenth to the Eighteenth Century*, Oxford University Press, 1991.〕
羽生修二『ヴィオレ・ル・デュク——歴史再生のラショナリスト』(SD選書)鹿島出版会,1992
羽生修二ほか『カラー版 西洋建築様式史』美術出版社,1995
羽生修二ほか『世界の建築・街並みガイド 1 フランス/スペイン/ポルトガル』エクスナレッジ,2003
グザヴィエ・バラル・イ・アルテ(西田雅嗣訳)『中世の芸術』(文庫クセジュ)白水社,

2001〔Xavier Barral i Altet, *L'art medieval y*, PUF, 1991.〕
アンリ・フォション(神沢栄三訳)『至福千年』みすず書房,1971〔Henri Focillon, *L'An Mil*, Armand Colin, 1952.〕
アンリ・フォション(神沢栄三ほか訳)『西欧の芸術 1 ロマネスク』(SD選書)鹿島出版会,1976a〔Henri Focillon, *Art d'Occident: le moyen âge roman*, Armand Colin, 1938.〕
アンリ・フォション(神沢栄三ほか訳)『西欧の芸術 2 ゴシック』(SD選書)鹿島出版会,1976b〔Henri Focillon, *Art d'Occident: le moyen âge gothique*, Armand Colin, 1938.〕
ノルベルト・フーゼ(安松孝訳)『ル・コルビュジエ』(パルコ美術新書)PARCO出版,1996〔Norbert Huse, *Le Corbusier*, Rowohit Taschenbunch Verlag GMBH, 1976.〕
アデライード・ド・プラース(長谷川博史訳)『革命下のパリに音楽は流れる』春秋社,2002〔Adelaide de Place, *La Vie musicale en France au temps de la Révolution*, Fayard, 1989.〕
ルイ・ブレイエ(辻佐保子訳)『ロマネスク美術』美術出版社,1968〔Louis Brehier, *Le Style Romane*, Larousse, 1941.〕
松葉一清『パリの奇跡——メディアとしての建築』(講談社現代新書)講談社,1990
馬渕明子責任編集『レアリスム1』(「世界美術大全集 西洋編21」)小学館,1993
エミール・マール(柳宗玄ほか訳)『ヨーロッパのキリスト教美術 12世紀から18世紀まで』岩波書店,1980〔Emile Male, *L'art religieux du XIIe au XVIIIe siècle*, Armand Colin, 1945.〕
ピーター・マレー(桐敷真次郎訳)『図説世界建築史 10 ルネサンス建築』本の友社,1998〔Peter Murray, *Renaissance architecture*, Electa, 1978.〕
皆川達夫『楽譜の歴史』音楽之友社,1985
皆川達夫『西洋音楽史——中世・ルネサンス』音楽之友社,1986
森洋子・若桑みどり責任編集『マニエリスム』(「世界美術大全集 西洋編15」)小学館,1996
山田智三郎責任編集『世界の建築 7 バロック・ロココ』学習研究社,1982
吉川逸治編『ルーヴルとパリの美術』全9巻,小学館,1985-88
吉田鋼市『オーギュスト・ペレ』(SD選書)鹿島出版会,1985
吉田鋼市『西洋建築史』森北出版,2007
吉田進『ラ・マルセイエーズ物語——国歌の成立と受容』中央公論社,1994
エリー・ランベール(辻佐保子訳)『ゴシック美術』美術出版社,1968〔Elie Lambert, *Le Style Gothique*, Larousse, 1943.〕
ジョン・リヴォルド(三浦篤・坂上桂子訳)『印象派の歴史』角川書店,2004〔John Rewald, *The History of Impressionism*, Museum of Modern Art, N. Y., 1961.〕
エドワード・ルーシー゠スミス(岡田隆彦・水沢勉訳)『現代美術の流れ——1945年以後の美術運動』PARCO出版局,1986〔Edward Lucie-Smith, *Movements in Art since 1945*, Thames & Hudson, 1975.〕
マルク゠アントワーヌ・ロージェ(三宅理一訳)『建築試論』中央公論美術出版,1986〔Marc-Antoine Laugier, *Essai sur l'architecture*, Pierre Mardaga, 1979.〕

渡辺一夫・鈴木力衛編『増補 フランス文学案内』（岩波文庫別冊1）岩波書店，1990
渡辺裕『聴衆の誕生——ポスト・モダン時代の音楽文化』春秋社，2004
渡邊道治「古代ローマの遺影」『SD』385，1996
Anthony, James R., *French Baroque Music from Beaujoyeulx to Rameau*, Amadeus Press, 1997.
Atlas, Allan W., *Renaissance Music: Music in Western Europe, 1400–1600*, Norton, 1998.
Benoit, Marcelle, *Musiques de cour 1661–1733*, A. et J. Picard, 1971a.
Benoit, Marcelle, *Versailles et les musiciens du roi 1661–1733*, A. et J. Picard, 1971b.
Benoit, Marcelle (dir.), *Dictionnaire de la musique en France aux XVIe et XVIIe siècles*, Fayard, 1992.
Blunt, Anthony, *Art and Architecture in France 1500–1700*, Penguin Books, 1970.
Boime, Albert, *A Social History of Modern Art*, Vol. 1: *Art in an Age of Revolution, 1750–1800*, The University of Chicago Press, 1987.
Boime, Albert, *A Social History of Modern Art*, Vol. 2: *Art in an Age of Bonapartism, 1800–1815*, The University of Chicago Press, 1990.
Boime, Albert, *A Social History of Modern Art*, Vol. 3: *Art in an Age of Counterrevolution, 1815–1848*, The University of Chicago Press, 2004.
Boime, Albert, *A Social History of Modern Art*, Vol. 4: *Art in an Age of Civil Struggle, 1848–1871*, The University of Chicago Press, 2007.
Brettell, Richard, *Modern Art, 1851–1929*, Oxford University Press, 1999.
Cazaux, Christelle, *La musique à la cour de François Ier*, École Nationale des Chartes, 2002.
Chastel, André et Sylvie Beguin (éd.), *L'école de Fontainebleau*, Éditions des musées nationaux, 1972.
Chimènes, Myriam, *Mécènes et musiciens. Du salon au concert à Paris sous la IIIe République*, Fayard, 2004.
Conant, Kenneth John, *Carolingian and Romanesque Architecture 800–1200*, Penguin Books, 1959.
Constant, Pierre, *Histoire du Concert Spirituel, 1725–1790*, Société Française de Musicologie, 1975.
Cornette, Joël et Alain Mérot, *Histoire artistique de l'Europe. Le XVIIe siècle*, Seuil, 1999.
Cowart, Georgia, *The Origins of Modern Musical Criticism: French and Italian Music 1600–1750*, UMI Research Press, 1981.
Crow, Thomas E., *Painters and Public Life in Eighteenth-Century Paris*, Yale University Press, 1985.
Du Colombier, Pierre, *Les chantiers des cathédrales*, A. et J. Picard, 1973.
Dufourcq, Norbert et Marcelle Benoit (dir.), *La vie musicale en France sous les rois Bourbons*, A. et J. Picard, 1954–.
Erlande-Brandenburg, Alain et Anne-Bénédicte Mérel-Brandenburg, *Histoire de l'architecture française. Du Moyen âge à la Renaissance (IVe siècle–début XVIe siècle)*, Mengès, 1995.
Fauquet, Joël-Marie (dir.), *Dictionnaire de la musique en France au XIXe siècle*, Fayard, 2003.

Faure, Michel, *Musique et société, du Second Empire aux années vingt: autour de Saint-Saëns, Fauré, Debussy et Ravel*, Flammarion, 1985.

Fulcher, Jane F., *French Cultural Politics and Music: From the Dreyfus Affair to the First World War*, Oxford University Press, 1999.

Gaehtgens, Thomas W. et Krzysztof Pomian, *Le XVIIIe siècle*, Seuil, 1998.

Gareau, Michel et Lydia Beauvais, *Charles Le Brun, First Painter to King Louis XIV*, Abrams, 1992.

Gorce, Jérôme de, *L'Opéra à Paris au temps de Louis XIV*, Desjonquères, 1992.

Harrison, Charles and Paul Wood, *Art in Theory 1900–2000: An Anthology of Changing Ideas*, Blackwell, 2002.

Hautecœur, Louis, *Histoire de l'Architecture classique en France*, 10 vols., A. et J. Picard, 1948-65.

Herbert, Robert L., *Impressionism, Art, Leisure, and Parisian Society*, Yale University Press, 1988.

Hoppin, Richard, *Medieval Music*, Norton, 1978.

Julia, Isabelle et Jean Lacambre, *Les années romantiques, La Peinture française 1815–1850*, Réunion des musées nationaux/Musée des beaux-arts de Nantes, 1996.

Lynton, Norbert, *The Story of Modern Art*, 2nd ed., Phaidon, 1989.

Mongrédien, Jean, *La musique en France des Lumières au Romantisme 1789–1830*, Flammarion, 1986.

Nochlin, Linda, *Realism*, Penguin Books, 1990.

Perkins, Leeman L., *Music in the Age of the Renaissance*, Norton, 1999.

Pérouse de Montclos, Jean-Marie, *Histoire de l'Architecture Française, De la Renaissance à la Révolution*, Éditions Mengès/Éditions du Patrimoine, 1995.

Pérouse de Montclos, Jean-Marie, *Jacques-Germain Soufflot*, Éditions du Patrimoine, 2004.

Potié, Philippe, *Philibert de l'Orme, Figures de la pensée constructive*, Éditions Parenthèses, 1996.

Rabreau, Daniel, *Claude Nicolas Ledoux*, Éditions du Patrimoine, 2005.

RILM (Répertoire International de Littérature Musicale)

Rioux, Jean-Pierre et Jean-François Sirinelli (dir.), *Histoire culuturelle de la France*, 4 vols., Seuil, 1997-98.

Sadie, Stanley (ed.), *The New Grove Dictionary of Music and Musicians*, 2nd ed., 29 vols., Macmillan, 2001.

Schwarz, Boris, *French Instrumental Music between the Revolutions (1789–1830)*, Da Capo Press, 1987.

Vaisse, Pierre, *La Troisième République et les peintres*, Flammarion, 1995.

Vovelle, Michel, *La Révolution Française, images et récits, 1789–1799*, Éditions Messidor/Livre Club Diderot, 1986.

Wright, Craig M., *Music and Ceremony at Notre Dame of Paris 500–1550*, Cambridge University Press, 1989.

Zerner, Henri, *Ecole de Fontainebleau: gravures*, Arts et metiers graphiques, 1969.

第9章　ブルターニュとアルザス

青山吉信『アーサー伝説』岩波書店，1985

パウル・アサール（宇京早苗訳）『アルザスのユダヤ人』平凡社，1988〔Paul Assall, *Juden im Elsass*, Elster Verlag, 1984.〕

市村卓彦『アルザス文化史』人文書院，2002

アンドレ・ヴェックマン（宇京早苗訳）『骰子のように――アルザス年代記』三元社，1994〔Andre Weckmann, *Wie die Würfel fallen*, Morstadt, 1981.〕

宇京頼三『ストラスブール――ヨーロッパ文明の十字路』未知谷，2009

内田日出海「州・国家・ヨーロッパ――アルザス・アイデンティティの歴史的起源」鈴木健夫編『「ヨーロッパ」の歴史的再検討』早稲田大学出版部，2000

内田日出海「都市共和国ストラスブールにおける王権と自治の領分」鈴木健夫編『地域間の歴史世界』早稲田大学出版部，2008

内田日出海『物語ストラスブールの歴史』中央公論新社，2009

フレデリック・オッフェ（宇京頼三訳）『アルザス文化論』みすず書房，1987〔Frederic Hoffet, *Psychanalyse de l'Alsace*, Flammarion, 1951.〕

川﨑亜紀子「19世紀アルザス・ユダヤ人の国内・国外移住」鈴木健夫編『地域間の歴史世界』早稲田大学出版部，2008

サイモン・ジェームズ（井村君江監訳，吉岡晶子・渡辺充子訳）『図説ケルト』東京書籍，2000〔Simon James, *Exploring the World of the Celts*, Thames & Hudson, 1993.〕

アンリ・ジオルダン編（原聖訳）『虐げられた言語の復権――フランスにおける少数言語の教育運動』批評社，1988〔Henri Giordan (éd.), *Par les langues de France*, Centre Pompidou, 1984.〕

末次圭介「〈ボルドー裁判〉を巡る対立構造およびその背景に関する考察」『年報　地域文化研究』9，2005

滝田毅『エルザスの軍民衝突』南窓社，2006

アラン・トゥレーヌほか（宮島喬訳）『現代国家と地域闘争――フランスとオクシタニー』新泉社，1984〔Alain Touraine, et al., *Le pays contre l'État*, Seuil, 1981.〕

長井寛子「アルザス人の国外移住（1815年～1870年）」『エクス・オリエンテ』10，2004

中本真生子『アルザスと国民国家』晃洋書房，2008

西山暁義「郷土と祖国――ドイツ第二帝政期アルザス・ロレーヌ民衆学校における「地域」」『歴史評論』599，2000

ピーター・バーク（原聖訳）『近世ヨーロッパの言語と社会――印刷の発明からフランス革命まで』岩波書店，2009〔Peter Burke, *Languages and Communities in Early Modern Europe*, Cambridge University Press, 2004.〕

原聖『〈民族起源〉の精神史』岩波書店，2003

原聖『ケルトの水脈』講談社，2007

ウージェーヌ・フィリップス（宇京頼三訳）『アルザスの言語戦争』白水社，1994（2010新装復刊）〔Eugene Philipps, *Les luttes linguistiques en Alsace jusqu'en 1945*, Culture Alsacienne, 1975.〕

ウージェーヌ・フィリップス（宇京頼三訳）『アイデンティティの危機──アルザスの運命』三元社，2007〔Eugene Philipps, *La crise d'identité*, Société d'Édition de la Basse-Alsace, 1978.〕

ジョン・ヘイウッド（井村君江監訳）『ケルト歴史地図』東京書籍，2003〔John Haywood, *The Histoical Atlas of the Celtic World*, Thames & Hudson, 2001.〕

ジャン゠マリ・マユール「アルザス──国境と記憶」ピエール・ノラ編（谷川稔監訳）『記憶の場──フランス国民意識の文化゠社会史 Ⅰ』岩波書店，2002〔Jean-Marie Mayeur, "Une mémoire-frontière: l'Alsace", in Pierre Nora (éd.), *Les Lieux de Mémoire*, II, Gallimard, 1986.〕

三浦信孝編『普遍性か差異か』藤原書店，2001

宮島喬・梶田孝道編『統合と分化のなかのヨーロッパ』有信堂高文社，1991

ピエール・リグロ（宇京頼三訳）『戦時下のアルザス・ロレーヌ』（文庫クセジュ）白水社，1999〔Pierre Rigoulot, *L'Alsace-Lorraine pendant la guerre 1939-1945*, PUF, 1998.〕

ファンシュ・ルドーほか（原聖訳）『天国への道──民衆文化と司祭たち』日本エディタースクール出版部，1996〔Fañch Roudaut, et al., *Les chemins du paradis*, Estran, 1988.〕

アナトール・ル゠ブラース（後平澪子訳）『ブルターニュ 死の伝承』藤原書店，2009〔Anatole Le Braz, *La légende de la mort chez les Bretons armoricains*, Champion, 1923.〕

ジャック・ロレーヌ（宇京頼三訳）『フランスのなかのドイツ人──アルザス・ロレーヌにおけるナチスのフランス壊滅作戦』未来社，1989〔Jacques Lorraine, *Les allemands en France*, Office français, 1945.〕

渡辺和行「ナチ占領下のフランス」『香川法学』14-3・4，1995

渡辺和行「アルザスとエルザス──ナシオンとフォルクのはざまで」『香川法学』16-3・4，1997

Acker, Agnes, et al., *Encyclopédie de l'Alsace*, 12 vols., Publitotal, 1982–86.

Balcou, Jean et Yves Le Gallo (éd.), *Histoire littéraire et culturelle de la Bretagne*, 3 vols., Champion, 1987.

Beaune, Colette, *Naissance de la nation France*, Gallimard, 1985.

Belmont, Nicole (éd.), *Aux sources de l'ethnologie française. L'académie celtique*, C.T.H.S., 1995.

Boutouiller, Paul, et al., *Histoire de la Bretagne et des pays celtiques*, t. 2: *L'État Breton de 1341 à 1532 et les pays celtes au Moyen-Âge*, Skol Vreizh, 1975.

Brunaux, Jean-Louis, *Les druides. Des philosophes chez les barbares*, Seuil, 2006.

Brunel, Christian, et al., *Histoire de la Bretagne et des pays celtiques*, t. 5: *D'une guerre à l'autre...*, Skol Vreizh, 1994.

Brunot, Ferdinand, *Histoire de la langue française*, 13 vols., Armand Colin, 1905–53.

Cassard, Jean-Christophe, et al., *Histoire de la Bretagne et des pays celtiques*, t. 1: *Des mégalithes aux cathédrales*, Skol Vreizh, 1983.

Chédeville, André et Hubert Guillotel, *La Bretagne des saints et des rois, V^e–Xe siècle*, Ouest-France, 1984.

Collis, John, *The Celts. Origins, Myths and Inventions*, Tempus, 2003.

Cornette, Joël, *Histoire de la Bretagne et des Bretons*, 2 vols., Seuil, 2005.
Croix, Alain, *La Bretagne aux 16ᵉ et 17ᵉ siècles*, Maloine, 1980.
Croix, Alain, *L'âge d'or de la Bretagne 1532−1675*, Quest-France, 1993.
Croix, Alain et Jean-Yves Veillard (éd.), *Dictionnaire du patrimoine breton*, Apogée, 2001.
Croix, Alain, et al., *Dictionnaire d'histoire de Bretagne*, Skol Vreizh, 2008.
Déceneux, Marc, *Bretagne celtique, Mythes et croyances*, Le Télégramme, 2002.
Delumeau, Jean (éd.), *Histoire de la Bretagne*, Privat, 1969.
Delumeau, Jean (éd.), *Documents de l'histoire de la Bretagne*, Privat, 1971.
Dollinger, Philippe (éd.), *Documents de l'histoire de l'Alsace*, Privat, 1972.
Dollinger, Philippe (éd.), *Histoire de l'Alsace*, Privat, 1991.
Droixhe, Daniel, *La linguistique et l'appel de l'histoire (1600−1800)*, Droz, 1978.
Dubois, Claude-Gilbert, *Celtes et Gaulois au XVIᵉ siècle. Le développement littéraire d'un mythe nationaliste*, J. Vrin, 1972.
Fleuriot, Léon, *Les origines de la Bretagne*, Payot, 1980.
Giot, Pierre-Roland, et al., *Préhistoire de la Bretagne*, Ouest-France, 1979a.
Giot, Pierre-Roland, et al., *Protohistoire de la Bretagne*, Ouest-France, 1979b.
Giot, Pierre-Roland, et al., *Les premiers Bretons d'Armorique*, Presses universitaires de Rennes, 2003.
Grall, P., et al., *Histoire de la Bretagne et des pays celtiques*, t. 3: *La Bretagne Province,* Skol Vreizh, 1986.
Guiomar, Jean-Yve, *Le bretonisme, Les historiens Bretons au XIXᵉ siècle*, Société d'histoire et d'archéologie de Bretagne, 1987.
Harp, Stephen, *Learning to Be Loyal. Primary Schooling as Nation Building in Alsace-Lorraine, 1850−1940*, Northern Illinois University Press, 1998.
Husser, Philippe, *Un Instituteur Alsacien: Entre France et Allemagne, journal 1914−1951*, Hachette/La Nuée Bleue, 1989.
Laurent, Donatien, *Aux sources du Barzaz-Breiz, La mémoire d'un peuple*, Le Chasse-Marée, 1989.
Legay, Jean-Pierre et Hervé Martin, *Fastes et malheurs de la Bretagne ducale 1213−1532*, Ouest-France, 1982.
Le Stum, Philippe, *Le néo-druidisme en Bretagne*, Ouest-France, 1998.
Nicolas, Michel, *Histoire de la revendication bretonne*, Coop Breizh, 2007.
Pape, Louis, *La Bretagne romaine*, Ouest-France, 1995.
Riedweg, Eugène, *Les «Malgré-Nous», Histoire de l'incorporation de force des Alsaciens-Mosellans dans l'armée allemande*, Éditions du Rhin, 1995.
Rio, Joseph-Marcel, *Mythes fondateurs de la Bretagne*, Ouest-France, 2000.
Sébillot, Paul-Yves, *Le folklore de la Bretagne*, Maisonneuve et Larose, 1968.
Sittler, Lucien, *L'Alsace, terre d'histoire*, Alsatia, 1973.
Tanguy, Brenard, *Aux origines du nationalisme breton*, 2 vols., Union Générale d'Éditions, 1977.
Tonnerre, Noël-Yves, *Chroniqueurs et historiens de la Bretagne du Moyen Âge au milieu du XXᵉ*

siècle, Presses universitaires de Rennes, 2001.

Vogler, Bernard, *Histoire culturelle de l'Alsace*, La Nuée Bleue, 1993.

Vogler, Bernard, *Histoire politique de l'Alsace*, La Nuée Bleue, 1995.

Wahl, Alfred et Jean-Claude Richez, *L'Alsace entre France et Allemagne*, Hachette, 1994.

　オンライン

ブルターニュ通信　　http://www.agencebretagnepresse.com/

ウェスト・フランス(ブルターニュ最大の日刊紙)　　http://www.ouest-france.fr/

情報サイト紹介　　http://www.anarvorig.com/

フランス語ブレイス語，ブレイス語フランス語辞書(単語参照可能)
　　http://www.geriadur.com/

ブレイス語事務局(ブレイス語に関する一般的情報)　　http://www.ofis-bzh.org/index.php

ブレイス語ラジオ紹介サイト(ブレイス語番組接続可能)　　http://www.antourtan.org/radio/

レンヌ市立図書館(蔵書検索可能)
　　http://www.bibliotheque-rennesmetropole.fr/24669219/0/fiche_pagelibre/

第10章　フランスとヨーロッパ統合

池田亮「帝国かヨーロッパか——チュニジア国内自治とフランスの対ヨーロッパ統合政策，1950〜1956」山内進編『フロンティアのヨーロッパ』国際書院，2008

石山幸彦『ヨーロッパ統合とフランス鉄鋼業』日本経済評論社，2009

上原良子「「ヨーロッパ文化」と欧州審議会の成立」『国際政治』129，2002

上原良子「独仏和解とフランス外交——復讐から和解，そして「ヨーロッパ」へ」田中孝彦・青木人志編『〈戦争〉のあとに——和解と寛容』勁草書房，2008

遠藤乾「ヨーロッパ統合のリーダーシップ——ジャック・ドロールの権力と行動」佐々木隆生・中村研一編『ヨーロッパ統合の脱神話化——ポスト・マーストリヒトの政治経済学』ミネルヴァ書房，1994

遠藤乾「ポスト主権の政治思想——ヨーロッパ連合における補完性原理の可能性」『思想』945，2003

遠藤乾編『ヨーロッパ統合史』名古屋大学出版会，2008a

遠藤乾編『原典 ヨーロッパ統合史——史料と解説』名古屋大学出版会，2008b

遠藤乾「帝国を抱きしめて——「ヨーロッパ統合の父」，ジャン・モネのアメリカン・コネクション」『思想』1020，2009

遠藤乾・板橋拓己編『複数のヨーロッパ——欧州統合史のフロンティア』北海道大学出版会，2011

川嶋周一『独仏関係と戦後ヨーロッパ国際秩序——ドゴール外交とヨーロッパの構築 1958〜1969』創文社，2007

黒田友哉「モレ政権と欧州経済共同体の成立」『法学政治学論究』68，2006

黒田友哉「モレ政権の対フランス連合政策——ユーラフリック共同体構想を中心に」『法学政治学論究』72，2007

権上康男「ヨーロッパ通貨協力制度「スネイク」の誕生(1968〜73年)——戦後国際通貨体

制の危機とフランスの選択」『エコノミア』56-1, 2005
権上康男「ウェルナー委員会とフランスの通貨戦略(1968～70年)——フランスは「マネタリスト派」であったか」『経済系』227, 2006a
権上康男編『新自由主義と戦後資本主義——欧米における歴史的経験』日本経済評論社, 2006b
権上康男「スミソニアン体制崩壊後の欧州通貨協力(1973～76年)——「スネイク」改革問題とフランス」『横浜商大論集』41-2, 2008a
権上康男「ローマ条約の二元性とマクロ経済政策の協調(1958～65年)——欧州通貨統合の前史」『横浜商大論集』42-1, 2008b
権上康男「ケインズ主義から新自由主義へ——1970年代の経済危機とフランスの転進」『横浜商大論集』43-1, 2009
坂井一成「アルザス・エスノ地域主義とヨーロッパ統合——フランス・ナショナリズムとの相互作用」『国際政治』110, 1995
鈴木一人「1981年から1991年までのミッテラン政権における欧州政策の変遷」Ⅰ・Ⅱ『立命館国際研究』8-2・3, 1995
谷川稔編『歴史としてのヨーロッパ・アイデンティティ』山川出版社, 2003
中山洋平「フランス第四共和制の政治経済体制 二つのモネ・プランと五三年危機——「近代化」と〈国家社会関係〉の歴史的展開」『国家学会雑誌』105-3・4, 1992
中山洋平「CAP(共通農業政策)の転換とフランス農業セクターの統治システムの解体——加盟国政府の適応戦略と政党政治」『社会科学研究』57-2, 2006
廣田愛理「フランスのローマ条約受諾——対独競争の視点から」『歴史と経済』177, 2002
廣田愛理「仏独経済関係と欧州統合(1945年～1955年)」『現代史研究』49, 2003
廣田愛理「EEC成立期における自由貿易圏構想へのフランスの対応」『社会経済史学』70-1, 2004
廣田愛理「戦後フランスの農業政策とヨーロッパ統合(1945～57年)」廣田功編『現代ヨーロッパの社会経済政策——その形成と展開』日本経済評論社, 2006
廣田功『現代フランスの史的形成——両大戦間期の経済と社会』東京大学出版会, 1994
廣田功「フランス」原輝史・工藤章編『現代ヨーロッパ経済史』有斐閣, 1996
廣田功「ヨーロッパ統合構想の展開とフランス経済学(1920年～40年代)」廣田編『現代ヨーロッパの社会経済政策——その形成と展開』日本経済評論社, 2006
廣田功・森建資編『戦後再建期のヨーロッパ経済——復興から統合へ』日本経済評論社, 1998
宮下雄一郎「第二次大戦期北アフリカにおける「フランス」と抵抗運動——ド・ゴールの権力基盤の確立, 1943年」『法学政治学論究』55, 2002
宮下雄一郎「第二次大戦期の「西欧統合」構想と自由フランス(1943年～1944年)」『現代史研究』50, 2004
宮下雄一郎「ジャン・モネと第二次大戦期「フランス」」『日仏政治研究』1, 2005a
宮下雄一郎「自由フランスと戦後秩序をめぐる外交 1940～1944年」『国際安全保障』33-2, 2005b

山口俊章「戦間期ヨーロッパの国際的文学・思想運動」田中孝彦・青木人志編『〈戦争〉のあとに——和解と寛容』勁草書房,2008

山本健『同盟外交の力学——ヨーロッパ・デタントの国際政治史 1968〜1973』勁草書房,2010

吉田徹『ミッテラン社会党の転換——社会主義から欧州統合へ』法政大学出版局,2008

Journal of European Integration History.

Bossuat, Gérard, *La France, l'aide américaine et la construction européenne, 1944–1954*, 2 vols., Comité pour l'histoire économique et financière de la France, 1992.

Bozo, Frédéric, *Deux stratégies pour l'Europe. De Gaulle, les États-Unis et l'Alliance atlantique, 1958–1969*, Le Plon/Fondation Charles De Gaulle, 1996.

Dard, Olivier, *Le rendez-vous manqué des relèves des années 30*, PUF, 2002.

Defraigne, Jean-Christophe, "L'intégration européenne et la dynamique technologique des grandes entreprises", in Marine Moguen-Toursel (éd.), *Stratégies d'entreprise et action publique dans l'Europe intégrée (1950–1980)*, Peter Lang, 2007.

Eck, Jean-François, *Les entreprises françaises face à l'Allemagne de 1945 à la fin des années 1960*, Comité pour l'histoire économique et financière de la France, 2003.

Guieu, Jean-Michel, et al., *Penser et construire l'Europe au XXe siècle, Historiographie, Bibliographie, Enjeux*, Belin, 2006.

Kipping, Matthias, *La France et les origines de l'Union européenne 1944–1952: Intégration économique et compétitivité internationale*, Comité pour l'histoire économique et financière de la France, 2002.

Lefèvre, Sylvie, *Les relations économiques franco-allemandes de 1945 à 1955: de l'occupation à la coopération*, Comité pour l'histoire économique et financière de la France, 1998.

Milward, Alan, *The Reconstruction of Western Europe 1945–1951*, Routledge, 1984.

Milward, Alan, *The European Rescue of the Nation State*, Routledge, 1992.

Schirmann, Sylvain, *Quel ordre européen?: De Versailles à la chute du IIIe Reich*, Armand Colin, 2006.

第3章 フランス史研究における
オンライン情報の活用

　フランスのコンピュータ・ネットワークとしてまず頭に浮かぶのは，一昔前ならばフランステレコムが運営するミニテル(Minitel)であった。ミニテルはビデオテックス(電話回線を利用した情報通信技術)による情報ネットワークであり，1980年に実験が開始された。その後，端末を無料配布したことなどで爆発的に普及し，1985年には稼動端末が100万を超えた。電話帳，列車やホテルの予約，オンラインショッピング，チャットやメールなど，さまざまなサービス(2008年には4000を数えた)が提供されており，そこには大学や公立図書館の蔵書検索・予約なども含まれていた。少なくとも1990年代まで，ミニテルはフランスの学術研究において，一定の役割を担っていたといえる。

　しかし，周知のようにミニテルは「インターネット」にその座を奪われつつある。フランステレコムによれば，現在でも毎月1000万件の回線接続があるというが，2012年6月にはミニテルによるサービスは終焉となる予定である。

　このような事情から，フランスでのインターネットの利用は他の欧米諸国に比べてやや遅れ，本格的に普及するのは2000年代の半ばを過ぎてからである。Internet World Stats (http://www.internetworldstats.com/)によると，2000年時に850万人(総人口の14%)にすぎなかったフランスのインターネット・ユーザーは，06年には3000万人(50%)を超え，10年には4500万人(70%)にいたった。大学，図書館，文書館，政府系の研究機関，学会によるインターネットを通じた情報発信や，データベースの構築・公開，史料の電子化プロジェクトなども，今まさに始められている最中であるといえる。それにもかかわらず，とりわけ近年におけるオンライン情報の急激な増加には

驚かされる。これは上記のミニテル上に構築された既存のシステムやその際に蓄積されたノウハウ、あるいはフランスの研究機関の人的・財政的リソースの豊かさに裏打ちされたものであろうか。

フランス国立図書館(BNF)が運営する電子図書館である「ガリカ」(Gallica)は、そうした事例のひとつに数えられる。このプロジェクトは、「教養人のための仮想図書館」(Bibliothèque virtuelle de l'honnête homme)をめざして、1997年に始められた。当初は、文学作品とその関連資料が重視されていたが、2000年における新バージョンのリリース、そして05年にBNF館長ノエル・ジャンヌネーが「Googleブックス」への反対表明(佐々木勉訳『Googleとの闘い』岩波書店、2007年)をおこなったことが契機となり、著作権の有効期間が切れ、電子化が可能となった資料(これは書籍に限らない)を網羅的に収めていく方針となった。

「量」の増加にともない、デジタル化の「質」も変化する。それまでは言語学的な統計処理が必要なものを除き資料の電子化は「画像形式」でおこなわれていた。これが文字列の検索が可能な「テキスト形式」へと移行していった。2011年7月の時点で、ガリカに収められている資料は約158万点にのぼる。その内訳は、書籍29万点、地図が2万点、手稿資料1万点、画像資料34万点、雑誌・新聞81万点、楽譜4600点、音声資料1700点、そして提携機関からの提供資料11万点である。

外国のIT企業との連携のあり方も、資料のデジタル化をめぐるフランスの立場やスタンスをよくあらわしており興味深い。上記のジャンヌネーの表明にあるように、BNFは当初、グーグルがおこなう電子化プロジェクトに対して懐疑的な立場にあった。しかし、2009年8月、デジタル化に関する提携について、BNFがグーグルと交渉中であることを『ラ・トリビューン』誌が報じた(2009年8月18日電子版)。グーグル側はBNFの所蔵資料を無償でデジタル化する一方で、検索サービスに関する複数年の排他的な契約を求めていたという。大方の予想は、BNFはグーグルと契約を結ぶというものであった。

ところが、その翌年の10月、BNFは世界的なIT企業であるマイクロソフトとの連携を表明した。同社が運営する検索エンジン「Bing」を使って、

ガリカの蔵書検索ができるようになるというのである。その契約は，1年更新の非排他的なものであった。ここには，グーグルに対する強烈なメッセージが存在すると，『ル・フィガロ』誌は伝える(2010年10月7日電子版)。要するに，BNFはグーグルとマイクロソフトを天秤にかけ，それと同時に国に対しては，電子化のための莫大な予算を要求しているのである。これは，フランスの文化行政における，ある種のしたたかさを示しているといえよう。

近年ではインターネット上に，フランス史研究に役立つさまざまな情報が存在している。国内では入手困難な研究文献や学会情報の入手，史料調査のための事前準備，あるいは史料そのものの閲覧ですら，ある程度日本でおこなうことが可能になった。また，インターネット上にしか存在しないという情報も増えてきている。こうした電子情報の充実ぶりには目を見張るばかりだが，他方で，その取扱いには細心の注意が必要なことはいうまでもない。すなわち，オンライン情報の信憑性や剽窃の危険性に関してである。歴史研究において電子情報が利用されるためには，第三者による検証を可能とする信頼性が保証されなければならない。例えば，インターネット上の「住所」であるURL(Uniform Resource Locator)は頻繁に変更されるため，電子情報の参照元として完全ではない。よって，可能ならばなんらかの永続識別子(Persistent Identifier)を添えて参照すべきである(ガリカの資料はARK〈Archival Resource Key〉を用いて管理されている)。

新しいテクノロジーは盲信するものでも，また忌避されるべきものでもない。今後は研究者のみならず，図書館や文書館のスタッフ，または情報学の専門家を交え，歴史研究における電子情報の利用に関して，しかるべきルールが策定されることを期待したい。

さて，以下ではフランス史研究にとって有益と思われる，インターネット上の各種サイトのリンクを収録した。すでに膨大な数のサイトが存在しているが，それらすべてを紹介する紙幅の余裕はない。そこで基本的に，フランスで運営されており，しかもフランス全土にかかわるものを中心に選定した。また，TwitterやFacebookなどのコミュニケーション・サービスは除外した。

1 検索エンジン・ポータルサイト・リンク集

検索エンジン

ARCHIM（国立文書館所蔵写本の画像データベース）
    http://www.culture.gouv.fr/documentation/archim/accueil.html
Atelier National de Reproduction des Thèses（博士論文のオンデマンド販売）
    http://www.anrtheses.com.fr/
Catalogue collectif de France（CCFR）   http://www.ccfr.bnf.fr/
Catalogue en ligne des archives et des manuscrits de l'enseignement supérieur（CALAMES）
    http://www.calames.abes.fr/
Catalogue general（Bibliothèque nationale）   http://catalogue.bnf.fr/
Système universitaire de documentation（SUDOC）（フランス大学図書館の所蔵蔵書の横断検索）   http://corail.sudoc.abes.fr/

ポータルサイト

Architecture & Patrimoine   http://www.culture.gouv.fr/culture/inventai/patrimoine/index.htm
Culture.fr（フランス文化・コミュニケーション省）   http://www.culture.fr/
Droit en ligne（法律関係リンク集）   http://www.droitenligne.com/
France Catholique   http://www.france-catholique.fr/
France des saveurs   http://www.francedesaveurs.com/
Ménestrel（西洋中世関係のポータルサイト）   http://www.menestrel.fr/
Persée（学術雑誌のポータルサイト）   http://www.persee.fr/

リンク集

Bases de données（Ministère de la Culture et de la Communication）（インターネット上に公開されている各種データベースのリンク集）
    http://www.culture.gouv.fr/mcc/Base-de-donnees2
Signets（CERIMES による検証済みの高等研究に有益なサイトのリンク集）
    http://www.signets-univesites.fr/

2 政府系組織

Centre des monuments nationaux（MONUM）（フランスの国有史跡に関する情報）
    http://www.monuments-nationaux.fr/
Ministère de la Culture et de la Communication（フランス文化・コミュニケーション省）
    http://www.culture.gouv.fr/
Ministère de l'enseignement supérieur et de la recherche（MESR）（フランス高等教育・研究省）
    http://www.enseignementsup-recherche.gouv.fr/
在日フランス大使館   http://www.ambafrance-jp.org/
在フランス日本大使館   http://www.fr.emb-japan.go.jp/

第 3 章　フランス史研究におけるオンライン情報の活用　367

在京都フランス総領事館　　http://www.consulfrance-osaka.or.jp/

3　図書館・文書館・データベース

図書館

Bibliothèque de la Sorbonne　　http://www.bibliotheque.sorbonne.fr/
Bibliothèque du Centre interuniversitaire d'histoire et d'archéologie médiévales（CIHAM）
　　http://ciham.ish-lyon.cnrs.fr/
Bibliothèque nationale de France（BNF）　　http://www.bnf.fr/
Gallica（ガリカ＝国立図書館の電子部門）　　http://gallica.bnf.fr/

文書館

Archives de France（フランス公文書館局）　　http://www.archivesdefrance.culture.gouv.fr/
Archives nationales（各国立文書館へのポータルサイト）
　　http://www.archivesnationales.culture.gouv.fr/
Archives nationales d'outre-mer（ANOM）
　　http://www.archivesnationales.culture.gouv.fr/anom/fr/index.html
Archives nationales du monde du travail　　http://www.archivesnationales.culture.gouv.fr/camt/
Centre d'accueil et de recherche des Archives nationales（CARAN）
　　http://www.archivesnationales.culture.gouv.fr/chan/chan/caran.html
Centre historique des Archives nationales Paris（CHAN）
　　http://www.archivesnationales.culture.gouv.fr/chan/

データベース

Banque d'images（BnF）　　http://images.bnf.fr/jsp/index.jsp
Catalogue des collections des musées de France（JOCONDE）
　　http://www.culture.gouv.fr/documentation/joconde/
Exposition virtuelles（BNF）（フランス国立図書館運営のヴァーチャル博物館）
　　http://expositions.bnf.fr/
Inventaire général du patrimoine culturel　　http://www.inventaire.culture.gouv.fr/
Traitement éléctonique des manuscrits et des archives（TELMA）　　http://www.cn-telma.fr/

4　大学・研究機関

Académie des Beaux-Arts　　http://www.academie-des-beaux-arts.fr/
Centre de recherches d'histoire moderne　　http://www.crhm.univ-paris1.fr/
Centre de ressources et d'information sur les multimédias pour l'enseignement supérieur
　　（CERIMES）　　http://www.cerimes.fr/
Centre d'études préhistoire, Antiquité, Moyen Âge（CÉPAM）　　http://www.cepam.cnrs.fr/
Centre d'études supérieures de civilisation médiévales
　　http://www.mshs.univ-poitiers.fr/cescm/

Centre d'études supérieures de la Renaissance　　http://cesr.univ-tours.fr/
Centre d'histoire culturelle des Sociétés contemporaines（CHCSC）
　　http://www.chcsc.uvsq.fr/
Centre d'histoire du XIXe siècle
　　http://www.univ-paris1.fr/centres-de-recherche/crhxix/
Centre d'histoire sociale du XXe siècle　　http://histoire-sociale.univ-paris1.fr/
Centre national de la recherche scientifique　　http://www.cnrs.fr/
Écoles des hautes études en science sociales　　http://www.ehess.fr/
École nationale des chartes　　http://www.enc.sorbonne.fr/
École pratique des hautes études　　http://www.ephe.sorbonne.fr/
Institut de France　　http://www.institut-de-france.fr/
Institut d'histoire de la Révolution française（IHRF）　　http://ihrf.univ-paris1.fr/
Institut de recherches et d'histoire des textes（IRHT）　　http://www.irht.cnrs.fr/

5　学会・学術雑誌

学会など

Association des archivistes français　　http://www.archivistes.org/
Association française pour l'histoire de la juste（AFHJ）　　http://www.afhj.fr/
Comité des travaux historiques et scientifiques（CTHS）　　http://cths.fr/hi/
Société de l'histoire de France（SHF）　　http://www.shfrance.org/
Société des études latines　　http://www.societedesetudeslatines.com/
Société des historiens médiévistes de l'Enseignement supérieur public
　　http://www.enseignementsup-recherche.gouv.fr/cid28808/societe-des-historiens-medievistes-de-l-enseignement-superieur-public.html
Société d'études historiques révolutionnaire et impériales　　http://histoireetdocuments.chez.com/
Société d'histoire coloniale française　　http://www.frenchcolonial.org/
Société d'histoire du droit　　http://www.societehistoiredudroit.fr/
Société d'histoire du théâtre　　http://www.sht.asso.fr/
Société française d'archéologie　　http://www.sf-archeologie.net/
Société française de musicologie　　http://www.sfmusicologie.fr/
Société française d'histoire d'outre-mer（SFHOM）　　http://sfhom.free.fr
Société française pour l'histoire des sciences de l'homme（SFHSH）
　　http://www.bium.univ-paris5.fr/sfhsh/

学術雑誌

Annales du Midi　　http://revues.univ-provence.fr/index17.html
Annales, Histoire, Sciences sociales
　　http://www.editions.ehess.fr/revues/annales-histoire-sciences-sociales/
Annales historiques de la Révolution française　　http://ahrf.revues.org/

Cahiers de civilisation médiévale　　http://www.mshs.univ-poitiers.fr/cescm/spip.php?rubrique36
Cahiers de Fanjeaux　　http://www.societes-savantes-toulouse.asso.fr/samf/fanjeaux/cahier.htm
Le Moyen Âge　　http://www.cairn.info/revue-le-moyen-age.htm
Médiévales　　http://medievales.revues.org/
Revue archéologique　　http://www.puf.com/wiki/Revue_arch%C3%A9ologique
Revue d'histoire de l'Église de France
　　http://www.enc.sorbonne.fr/SHRF/revue.htm
Revue d'histoire du XIXe siècle　　http://rh19.revues.org/
Revue d'histoire moderne et contemporaine
　　http://www.cairn.info/revue-d-histoire-moderne-et-contemporaine.htm
Revue du Nord　　http://rdn.revue.univ-lille3.fr/
Revue économique　　http://www.revue-economique.fr/
Revue historique　　http://www.puf.com/wiki/Revue_historique
XVIIIe siècle　　http://www.puf.com/wiki/XVIIe_si%C3%A8cle

6　マスメディア

出版社・書店

alapage　　http://www.alapage.com/
amazon（フランス版）　　http://www.amazon.fr/
Armand Colin　　http://www.armand-colin.com/
Éditions du Cerf　　http://www.editionsducerf.fr/
Fayard　　http://www.editions-fayard.fr/
Fnac　　http://www.fnac.com/
Gallimard　　http://www.gallimard.fr/
Larousse　　http://www.larousse.fr/
Picard　　http://www.editions-picard.fr/page-nouveautes.htm
Presses universitaires de France（PUF）　　http://www.puf.com/wiki/
エックス・リブリス　　http://www.exlibrisjp.com/
ガリア書房　　http://galliashobo.jimdo.com/

新聞

La Tribune　　http://www.latribune.fr/
Le Figaro　　http://www.lefigaro.fr/
Le Parisien　　http://www.leparisien.fr/
Le Monde　　http://www.lemonde.fr/
Libération　　http://www.liberation.fr/

テレビ局

TF1　　http://www.tf1.fr/

France 2	http://www.france2.fr/
France 3	http://www.france3.fr/
France 4	http://www.france4.fr/
France 5	http://www.france5.fr/
La Croix	http://www.la-croix.com/
Les Echos	http://www.lesechos.fr/
Ouest-France	http://www.ouest-france.fr/
Réseau france outre-mer	http://www.rfo.fr/

ラジオ局

France Culture	http://www.franceculture.com/
France Info	http://www.france-info.com/
France Inter	http://sites.radiofrance.fr/franceinter/
Radio France（フランスのラジオ局のポータルサイト）	http://www.radiofrance.fr/

（すべて2011年7月4日接続確認）

山本成生

付　録

◆ 年　表

年代	事　項
前9世紀	ケルト人，ガリアに移住
前5世紀	ケルト人の第2鉄器文化，ラ・テーヌ文化始まる
前58	カエサル，ガリア総督となりガリアに遠征。ヘルウェティイ族を破る
前52	アルウェルニ族のウェルキンゲトリクスの率いる全ガリアの叛乱起こる。カエサル，アレシア包囲戦に勝利し叛乱を鎮圧。ガロ・ローマ時代始まる カエサル『ガリア戦記』
260	ポストゥムス，皇帝を僭称しガリア帝国を建設
274	ガリア僭帝テトリクス，カタラウヌム(シャロン・シュル・マルヌ)でアウレリアヌス帝に敗北。ガリア帝国滅亡
451	*6* カタラウヌムの戦い：西ローマの将軍アエティウスとゲルマン諸部族の同盟軍，フン族のアッティラを撃破
476	*9* ゲルマン人傭兵隊長オドアケル，西ローマ帝国皇帝ロムルス・アウグストゥルスを廃位。西ローマ帝国解体
481頃	フランク人の王キルデリク没。息子クローヴィス即位
486	ソワソンの戦い：クローヴィス，ガリアの支配者シャグリウスを破りロワール川以北を征服。メロヴィング朝を建設
496	クローヴィス，従士3000人とともにランス司教レミギウス(聖レミ)によりカトリックに改宗
511	*11* クローヴィス没。フランク(メロヴィング)王国，4人の息子に分割
613	ネウストリア王クロタール2世，フランク王国を再統一
687	テルトゥリィの戦い：アウストラシア軍，ネウストリア軍を破る。ピピン2世，全フランク王国の宮宰となる
732	*10* トゥール・ポワティエ間の戦い：カール・マルテル，アブデル・ラーマンの率いるアラブ軍を撃破。アラブ人のガリア侵入を抑止
751	*11* ピピン3世，キルデリク3世を廃位し自らフランク王に即位。メロヴィング朝滅亡。カロリング朝開始
782	ヨーク修道士アルクィヌス(アルクイン)，カールの宮廷に赴き学芸復興を推進。カロリング・ルネサンス始まる
800	*12* 教皇レオ3世，カール(シャルルマーニュ)を西ローマ皇帝に戴冠。西ローマ帝国復興
843	*8* ヴェルダン条約：フランク王国，三分される
870	*8* メールセン条約：ロレーヌ王国を東・西フランクで分割
987	*5* ルイ5世没。カロリング朝断絶。*7* パリ伯ユーグ・カペー，フランス王に即位。カペー朝始まる(〜1328)
1089	クリュニー修道院，建設始まる(〜1130)。ロマネスク様式
1096	第1回十字軍出発。トゥールーズ伯・フランドル伯・ブロワ伯など参加
1154	アンリ・プランタジュネ(プランタジネット)，ヘンリ2世としてイングランド王に即位。英仏にまたがるアンジュー帝国成立

1163		パリのノートルダム大聖堂建設始まる(〜1250)
1204	*3*	フィリップ2世、英領ノルマンディを征服
1209		教皇インノケンティウス3世、南仏のカタリ派を攻撃、アルビジョワ十字軍始まる(〜29)。シモン・ド・モンフォールが指揮
1214	*7*	ブーヴィーヌの戦い:フィリップ2世、英王ジョン・皇帝オットー4世・フランドル伯の連合軍を破る。*9* 仏王、シノンの和約にてロワール以北の英領を獲得
1226		ルイ8世、アルビジョワ派の本拠トゥールーズ伯領を制圧
1231		フィリップ2世、パリ大学特許状を発布。教師・学生に聖職者特権を付与
1296	*2*	教皇ボニファティウス8世、教勅「クレリキス・ライコス」で聖職者への国王課税を禁止。仏王との抗争始まる
1309	*3*	教皇クレメンス5世、アヴィニョンに遷都(〜77)
1328		シャルル4世没。カペー朝断絶。ヴァロワ家のフィリップ6世即位。ヴァロワ朝創始(〜1589)
1339	*9*	神聖ローマ皇帝軍の同盟軍、カンブレを攻撃。百年戦争始まる(〜1453)
1348		ペスト(黒死病)、フランス全土に広がる
1356	*9*	ポワティエの戦い:仏軍、エドワード3世の率いる英軍に大敗。ジャン2世、捕虜となる
1357	*3*	パリ全国三部会、三部会の定期的開催と三部会の同意のない課税・軍隊の召集の禁止を要求
1378	*9*	シャルル5世、教皇ウルバヌス6世の即位を無効とし、クレメンス7世を教皇に擁立。ローマとアヴィニョンに教皇並立、教会大分裂(大シスマ)開始(〜1417)
1429	*5*	ジャンヌ・ダルク、仏王太子軍を率いてオルレアンを解放。*7* シャルル7世、ランスで戴冠
1453	*7*	カスティヨンの戦い:仏軍、ギュイエンヌを奪還。*10* ボルドー、仏軍に降伏。百年戦争終わる
1491	*12*	シャルル8世、ブルターニュ女公アンヌと結婚。ブルターニュの王領地への併合、確定的となる
1494	*9*	シャルル8世、ナポリの継承権を要求してイタリアに侵入。イタリア戦争始まる(〜1559)
1495	*3*	教皇・皇帝・ヴェネツィア・スペイン・ミラノ、対仏同盟を結成。*7* フォルノヴォの戦い:シャルル8世、同盟軍に敗北、フランスに帰還(*11*)
1515	*9*	マリニャーノの戦い:フランソワ1世、スイス軍に大勝しミラノを回復
1516	*8*	ボローニャの政教協約:教皇、仏王の高位聖職者の叙任権を承認。ガリカニスム確立
1532	——	ブルターニュ、フランス王国に併合
1534	*10*	檄文事件:カトリックのミサを非難するビラ出現。国王、プロテスタントに対する弾圧を開始。ロヨラ、イエズス会を結成
1536	——	カルヴァン『キリスト教綱要』
1539	*8*	ヴィレール・コトレ王令:公文書におけるフランス語使用、教区簿冊の作成を義務づける
1559	*4*	アンリ2世、フェリペ2世とカトー・カンブレジ条約を締結。フランス、3司教区を獲得し、サヴォワ・ピエモンテを放棄。イタリア戦争終結

年	月	
1562	3	ギーズ公の軍,ヴァシーでプロテスタントを虐殺。第1次宗教戦争始まる(〜63)
1572	8	ナヴァル王アンリと王妹マルグリットの婚礼。聖バルテルミの虐殺：コリニー公ら有力ユグノー殺害。第4次宗教戦争始まる(〜73)
1576	——	ボダン『国家論』
1589	8	アンリ3世,カトリック同盟のジャック・クレマンに暗殺される。ヴァロワ朝断絶。ナヴァル王アンリ,アンリ4世として即位。ブルボン朝創始(〜1792)
1598	4	ナント王令：プロテスタントに信仰・礼拝の自由,公職への就任を認め,都市に安全保障を与える。宗教戦争終結
1604	12	ポーレット法：官職の世襲・売買,年税の支払いを条件に公認。フランス東インド会社設立
1608	7	シャンプラン,ケベック市を建設。カナダ植民の拠点とする
1624	8	リシュリュー,宰相に就任
1635	5	フランス,スペインに宣戦布告,三十年戦争に介入
1643	5	ルイ13世没。ルイ14世即位。母后アンヌ・ドートリッシュ摂政。マザラン,宰相に就任
1648	8	「バリケードの日」：反マザラン派のブルーセルの逮捕に抗議する民衆蜂起こる。フロンドの乱始まる(〜52)。*10* ウェストファリア条約：フランス,アルザスを獲得。三十年戦争終結
1661	3	ルイ14世,親政を開始
1667	3	パリに警視総監職を設置。ラ・レニー就任
1674	12	ポンディシェリ占領。インド植民の拠点となる
1681	9	ストラスブール,統合政策により仏領に併合
1682	3	聖職者会議,「四カ条の宣言」で,フランス教会の自立(ガリカニスム)を宣言。*5* 宮廷,ヴェルサイユに移転
1685	10	フォンテーヌブロー王令：ナント王令を廃止。プロテスタント,イギリス・オランダ・ドイツへの亡命あいつぐ
1713	9	教皇,「ウニゲニトゥス」を発布。ジャンセニスムを弾劾
1715	9	ルイ14世没。ルイ15世即位。オルレアン公フィリップ摂政。*10* ポリシノディ体制成立。7部門の評議会設置
1720	1	ジョン・ロー,財務総監に就任。紙幣濫発と投機拡大による「オペラシオン」を推進。金融恐慌。ロー失脚(*5*)
1740	12	オーストリア継承戦争勃発(〜48)
1751	——	ディドロ,ダランベール『百科全書』刊行始まる(〜72)。啓蒙思想の集大成
1756	5	七年戦争始まる(〜63)
1763	2	パリ条約：イギリス,フランス・スペインと講和。フランス,カナダ・ルイジアナ・セネガルを失い,サン゠ドマング・マルティニック・グアドループを確保
1764	11	ルイ15世,イエズス会を解散させる
1787	2	名士会議,ヴェルサイユに召集。カロンヌの財政改革に反対
1789	5	全国三部会,ヴェルサイユで開催。*6* 第三身分議員,国民議会を設立。「球戯場の誓い」：憲法制定まで国民議会を解散しないことを宣言。*7* 国民議会,憲法制定国民議会と改称。バスティーユ牢獄襲撃。「大恐怖」：農民一揆全国に拡大。*8* 議会,封建的諸特権の廃止を決議。「人間と市民の権利の宣言」採択。*10* ヴェルサイユ行進。*11* 教会財産国有化決議

1790	7	聖職者市民化法成立。*11* 議会，聖職者に聖職者市民化法への宣誓を要求。宣誓派と忌避派に分裂
1791	6	ル・シャプリエ法：同業組合の結成・労働者の団結を禁止。ヴァレンヌ事件：国王一家の国外逃亡失敗。*8* サン゠ドマングで黒人奴隷叛乱。*9*「1791年憲法」制定
1792	9	国民公会開催，王政廃止を宣言。共和政宣言，第一共和政始まる（～1804）
1793	1	前国王ルイ16世処刑。独身者に対する徴兵制導入。*3* ヴァンデで反革命内乱勃発。*5* パリ民衆，ジロンド派を国民公会から追放。山岳派の独裁始まる。*6*「1793年憲法」制定。共和暦（革命暦）制定。ルーヴル美術館開設
1794	7	テルミドールのクーデタ：ロベスピエール，サン゠ジュストら逮捕。翌日死刑。恐怖政治終わる
1795	8	「1795年憲法」制定。*10* 総裁政府成立。メートル法制定，度量衡統一。フランス学士院創設。パリ音楽院（コンセルヴァトワール）創設
1797	9	フリュクティドール18日のクーデタ：王党派議員追放，軍部進出
1799	11	ブリュメール18日のクーデタ：ナポレオン，政権を掌握。*12*「1799年（共和暦8年）憲法」公布。ナポレオン，第一統領に就任。統領政府発足
1801	7	ナポレオン，教皇ピウス7世と政教協約（コンコルダ）を結ぶ。国家の世俗性，信仰の自由，国家による高位聖職者の指名を規定
1802	5	レジオン・ドヌール勲章制定。*8* ナポレオン，終身統領に就任
1804	1	ハイチ，フランスから独立。*3*「ナポレオン法典」発布。*5* ナポレオン1世，皇帝に即位。第一帝政成立（～15）
1805	10	トラファルガー沖の海戦：ネルソンの英艦隊，フランス・スペイン艦隊を破る。*12* アウステルリッツの三帝会戦：ナポレオン，オーストリア・ロシア連合軍に大勝
1806	7	フランスの保護下にライン同盟成立。*10* イエナ・アウエルシュテットの戦い：ナポレオン，プロイセン軍を撃破。*11* ベルリン勅令を発布。イギリスに対する大陸封鎖を宣言
1808	3	帝国貴族を創設，帝国ユニヴェルシテを設置
1812	6	ナポレオン軍，ロシアに侵攻。*10* モスクワを撤退
1813	10	ライプツィヒの戦い（諸国民戦争）：ナポレオン軍，同盟軍に敗北
1814	3	同盟軍，パリに入城。*4* 元老院，タレーランを首班とする臨時政府を樹立。ナポレオン，皇帝を退位。エルバ島に配流。*5* ルイ18世，パリに帰還。第一復古王政（～15）。第1次パリ講和条約調印。*6* ルイ18世，「憲章」を発布。*11* ウィーン会議開催
1815	3	ナポレオン，エルバ島を脱出しパリに帰還：「百日天下」。*6* ウィーン会議最終議定書調印。ワーテルローの戦い：ナポレオン，ウェリントンの同盟軍に完敗。ナポレオン退位。*7* ルイ18世，パリに帰還。第二復古王政（～30）。ナポレオン，セント・ヘレナ島へ配流。*8* 総選挙で王党派（ユルトラ）圧勝
1825	5	ロンドンの金融恐慌，フランスに波及。経済不況深刻化（～32）
1830	5	シャルル10世，議会を解散。*7* 七月勅令：議会解散・出版の自由の停止・選挙法「改悪」を規定。仏軍，アルジェリアに遠征，アルジェを占領。パリ民衆蜂起。七月革命始まる（「栄光の三日間」）。*8* シャルル10世退位。ルイ・フィリップ即位。七月王政始まる（～48）。──コント『実証哲学講義』。ユゴー『エルナニ』上演，ロマン主義勝利。スタンダール『赤と黒』。ベルリオーズ

		「幻想交響曲」。ドラクロワ「民衆を率いる自由の女神」
1831	2	パリで反教権主義的暴動勃発。3 カジミール・ペリエ「抵抗派」内閣成立。4 新選挙法成立。選挙人の資格の制限を緩和。有権者倍増。11 リヨンで絹織物工(カニュ)の叛乱起こる。軍隊により鎮圧
1832	6	ラマルク将軍の葬儀,パリで共和派蜂起に発展。共和派結社「人間の権利」創設
1835	9	「九月の諸法」:出版の検閲制強化。共和主義運動沈滞。トクヴィル『アメリカの民主主義について』
1847	3	ティエールの選挙法改革案,議会で否決。7 選挙法改正を要求する最初の「改革宴会」開催。9 ギゾー,首相に就任。12 アルジェリアでゲリラ戦を展開していたアブド・アルカーディル降伏
1848	2	二月革命の勃発。臨時政府樹立。七月王政崩壊。労働者のための政府委員会(リュクサンブール委員会)設立。3 21歳以上の男子普通選挙法成立,労働時間の制限法制化。4 憲法制定国民議会選挙,ブルジョワ共和派勝利。6 パリの労働者による六月蜂起。12 ルイ・ナポレオン,大統領選挙に勝利。——マルクス,エンゲルス『共産党宣言』
1851	12	ルイ・ナポレオンのクーデタ。立法議会の解散と普通選挙の復活を宣言
1852	1	新憲法発布。12 ナポレオン3世,皇帝に即位,第二帝政(〜70)
1853	7	オスマン,セーヌ県知事に就任,パリの都市改造に着手
1854	3	イギリスとともにロシアに宣戦布告し,クリミア戦争に介入(〜56)
1855	5	パリ万国博覧会開催(〜56)
1859	2	サイゴン占領,インドシナ侵略の開始。5 イタリア統一戦争に参加,オーストリアに宣戦布告。7 ヴィラフランカ条約:サルデーニャを裏切り,オーストリアと単独講和
1860	1	英仏通商条約,自由貿易へ移行。3 サルデーニャからサヴォワとニースを併合。10 清と北京条約を締結,門戸開放を強要。11 皇帝,議会の建白権と議事録の公開を承認。自由帝政への転換
1862	4	メキシコに宣戦布告(〜67)。6 ベトナムと第1次サイゴン条約:コーチシナ併合。8 ロンドン万国博覧会に労働者代表団を派遣。——ユゴー『レ・ミゼラブル』
1869	5	立法院選挙,野党の大幅進出。9 立法院の権限の拡大。「議会帝政」に転換
1870	5	人民投票による「議会帝政」の承認。7 プロイセンに宣戦布告。普仏戦争(〜71)。9 ナポレオン3世,スダンで降伏し,第二帝政崩壊。パリ民衆蜂起:共和政宣言,国防政府成立:一般にこれを第三共和政成立とみなす(〜1940)
1871	1	国防政府,ビスマルクと休戦条約。2 国民議会選挙,王党派勝利。ヴェルサイユ仮講和条約:アルザス・ロレーヌ割譲。3 パリ・コミューン成立宣言。5 政府,ドイツとフランクフルト講和条約を締結。ヴェルサイユ政府軍,パリに侵入,「血の週間」,コミューン壊滅。8 ティエール,大統領に就任
1875	1	憲法に関するヴァロン修正案,1票差で可決,共和政承認。——モノー『史学雑誌』創刊
1878	5	フレシネ・プランによる鉄道・運河網の建設開始
1879	1	マクマオン,大統領を辞任。後任に共和派のグレヴィ,オポルチュニスムの支配確立。10「ラ・マルセイエーズ」,国歌になる
1880	7	革命記念日,国民の祝祭日となる。三色旗を国旗に制定。パリ・コミューン

		関係者に対する恩赦。*9* フェリー内閣成立
1884	*3*	ヴァルデック・ルソー法：労働組合の結社の自由を承認。*6* ベトナム支配をめぐり清仏戦争始まる(〜85)
1885	*6*	清と天津条約を締結，フランスのベトナム支配確立。*12* マダガスカルを保護領化
1886	*11*	ゲード派の主導下にFNS(全国労働組合連盟)結成
1887	*10*	仏領インドシナ連邦成立。──この年，愛国主義的なブーランジスム運動発展(〜89)
1889	*4*	ブーランジェ，クーデタ未遂に終わりブリュッセルに逃亡。*5* パリ万国博覧会開催，エッフェル塔完成，フランス革命100周年記念祭典。*7* パリで国際労働者大会，第二インターナショナル結成
1894	*1*	露仏同盟成立。*3* 植民地省設置
1895	*9*	反ゲード派，労働総同盟(CGT)結成し革命的サンディカリスムを推進
1898	*1*	ゾラ，ドレフュス事件に関する公開状「私は弾劾する」を発表。*4* 労働災害補償法成立。*9* ファショダ事件：アフリカ分割をめぐる英仏関係緊張
1899	*6*	ヴァルデック゠ルソー「共和国防衛」内閣成立，社会主義者ミルラン入閣。*9* ドレフュス，再審で有罪判決。ドレフュス特赦
1901	*7*	結社法，修道会の認可制
1902	*4*	総選挙，共和派連合圧勝。急進派のコンブ内閣成立
1903	*6*	コンブ内閣，多数の修道会を解散
1905	*3*	タンジール事件：モロッコをめぐる独・仏対立。*4* 統一社会党結成：社会主義諸派の統一。*12* 政教分離法公布
1906	*10*	CGT，「アミアン憲章」を採択し革命的サンディカリスムを定式化
1907	*8*	英露協商：英・仏・露三国協商成立
1912	*1*	ポワンカレ内閣成立。ナショナリズムへの傾斜強まる。*3* モロッコとフェズ条約：モロッコ保護国化
1914	*8-1*	総動員令発令。*8-3* ドイツ，フランスに宣戦布告。*8-4* 議会，政府に全権委任し，神聖連合(ユニオン・サクレ)成立。*9* マルヌの戦い：ドイツのシュリーフェン作戦失敗
1916	*2*	ヴェルダンの攻防戦。*3* サイクス・ピコ協定：中東での英仏の勢力圏を取決め。*7* ソンムの戦い：英仏軍の攻勢(〜10)
1918	*11*	コンピエーニュで連合軍，ドイツと休戦協定。*12* ロシアに反革命武力干渉開始
1919	*1*	パリ講和会議始まる。*4* ロシア革命武力干渉失敗。*8* 時間労働法成立。*6* ヴェルサイユ条約，連合国とドイツの間で調印
1920	*3*	ノール炭鉱でスト：各地に労働争議，空前の規模で波及。*8* セーヴル条約：シリア，フランスの委任統治領となる。*12* 社会党，トゥール大会で分裂。多数派，コミンテルンに参加。
1922	*7*	CGT少数派，統一労働総同盟(CGTU)結成
1928	*4*	病気・出産・廃疾の際の社会保障制度設置。*8* ケロッグ・ブリアン条約(パリ不戦条約)成立
1930	*7*	社会保険法施行
1931	──	世界恐慌，フランスに波及
1932	*3*	家族手当法成立

1934	*2-6*	2月6日事件：右翼ファシスト諸団体の騒擾。*2-12* CGTとCGTU，反ファシスト24時間ゼネスト
1936	*3*	CGTU, CGTに復帰統合。*6* 第1次ブルム人民戦線内閣成立。*8* 政府，スペイン内戦への不干渉政策を採用。*9* フラン平価切下げ，金本位制から離脱
1938	*9*	英・仏・独・伊，ミュンヘン協定を締結。ズデーテン地方のドイツへの割譲を決定
1939	*9-3*	英・仏，ドイツに宣戦布告
1940	*5*	ドイツ軍，西部戦線で電撃戦開始。*6-4* 英・仏軍，ダンケルク撤退。*6-14* パリ陥落。*6-16* ペタン元帥組閣。*6-18* ドゴール，ロンドンから徹底抗戦を呼びかけ，自由フランス委員会成立。*6-22* 独仏休戦協定。*7-1* 政府，ヴィシーへ移転。*7-10* 第三共和政憲法廃止，新憲法制定。ペタン，フランス国主席に就任。*10* ユダヤ人排斥法
1941	*5*	共産党，レジスタンス組織「国民戦線」結成
1942	*11*	ドイツ，フランス全土を占領。ユダヤ人狩り，強制収容所送り始まる。——深夜叢書発刊，ヴェルコール『海の沈黙』など抵抗文学出現
1943	*5*	ムーラン，全国抵抗評議会(CNR)を結成し，国内レジスタンスを統一。*6* ドゴール，アルジェにフランス国民解放委員会を設置。*10* 枢軸軍，コルシカから撤退
1944	*6-6*	連合軍，ノルマンディ上陸。*8-19* パリ市民蜂起。*8-25* 連合軍，パリ解放
1945	*4*	女性参政権採択。*8* ハノイ蜂起：ベトナム八月革命。*9* ベトナム民主共和国，独立宣言。*10* 憲法制定国民議会選挙，共産党第一党となる。*11* ドゴールを首班とする社会党・共産党・人民共和運動(MRP)の三党連立内閣成立
1946	*6*	憲法制定議会選挙，MRP第一党となる。*10* 第2次憲法案，国民投票で可決，公布：第四共和政発足(〜58)。*11* 新憲法による国民議会選挙，共産党第一党となる。*12* ブルム社会党内閣成立。ハノイで武力衝突：第1次インドシナ戦争始まる
1947	*1*	経済再建計画モネ・プラン実施。*4* ドゴール派，フランス人民連合(RPF)結成。*7* マーシャル・プラン参加を決定。*12* CGT分裂。ジュオーら反共産主義者，「労働者の力」(CGT-FO)結成
1948	*3*	ブリュッセル条約：西欧五カ国連合(英・仏・ベネルクス)成立
1950	*5*	仏・独による石炭・鉄鋼の共同管理案「シューマン・プラン」提起
1951	*4*	西欧6カ国，シューマン・プランに基づくヨーロッパ石炭鉄鋼共同体条約に調印。*6* 新選挙法に基づく総選挙でRPF第一党に進出，共産党大敗
1952	*5*	西欧6カ国，ヨーロッパ防衛共同体(EDC)条約に調印，西ドイツの再軍備を承認
1954	*4*	ジュネーヴ極東平和会議：朝鮮およびインドシナ問題を協議(〜7)。*5* ディエン・ビエン・フー陥落，フランス軍敗北。*7* インドシナ停戦協定：インドシナ戦争終結。南北ベトナム分割決定。*10* パリ協定：西ドイツ主権回復，西ヨーロッパ連合設立を決定。*11* アルジェリア戦争始まる
1956	*3*	フランス，モロッコ独立を承認。仏・チュニジア議定書：チュニジア独立。*10* スエズ動乱(第2次中東戦争)：英・仏軍，スエズ運河国有化に反対し，エジプト攻撃(〜12)
1957	*3*	ヨーロッパ経済共同体(EEC)・原子力共同体(EURATOM)条約調印(翌年に発足)

1958	*9*	大統領権限を拡大した新憲法,国民投票で可決し,第五共和政成立。*11* 仏領西アフリカ・赤道アフリカ諸国,フランス共同体内自治共和国として独立を宣言。国民議会選挙,ドゴール派,新共和国連合(UNR)を圧勝。*12* ドゴール,大統領選挙で圧勝
1960	*2*	サハラでフランス初の原爆実験成功。*4* 統一社会党結成。*8* ニジェール,オート・ボルタ,チャド,中央アフリカ,コンゴ,ガボン独立
1961	*1*	アルジェリア民族自決政策,国民投票で承認。*4* アルジェリア軍部叛乱(「将軍フロンド」)。ドゴール,非常大権を発動し叛乱鎮圧
1962	*3*	エヴィアン協定:アルジェリア戦争終結。*7* アルジェリア独立宣言。*10* 国民直接投票選挙による大統領選出などの改憲案,国民投票で承認
1963	*1*	仏独相互協力条約:パリ・ボン枢軸形成
1964	*1*	中華人民共和国を承認。*11* フランス・キリスト教労働者同盟(CFTC),脱宗教化して民主労働連合(CFDT)と改称
1966	*3*	政府,NATO脱退(1969年)を通告。*7* 仏軍,NATO統一軍から脱退。南太平洋,ムルロワ環礁で水爆実験
1967	*7-1*	ヨーロッパ共同体(EC)成立
1968	*3*	パリ大学ナンテール分校で,学制改革をめぐる学生の占拠闘争始まる。*5-3* ナンテール分校閉鎖に反対する学生と警官隊が乱闘し,五月事件始まる。*5-13* 三大労組の支援ゼネスト:労学提携成立
1969	*6*	大統領選挙,ポンピドゥー当選
1971	*6*	労働者インターナショナル・フランス支部(SFIO),フランス社会党(PS)に改称。ミッテラン,書記長に選出。自主管理路線に転換
1974	*5*	大統領選挙,ジスカールデスタン,左翼統一候補ミッテランに辛勝。*7* 18歳成年法:選挙権年齢引下げ
1977	*3*	仏・伊・スペイン三者共産党書記長,マドリードで会談。ユーロ・コミュニズムの定着。ポンピドゥー・センター完成
1981	*5*	大統領選挙,社会党候補ミッテラン,ジスカールデスタンを破り当選,大統領に就任
1986	*3*	総選挙,保守連合が僅差で過半数を確保し社会党,野党となる。シラク,首相に就任,第1次保革共存(コアビタシオン)政権成立。国営企業の民営化などの経済自由化を推進
1989	——	フランス革命200年祭の記念行事おこなわれる。グランド・アルシュ(新凱旋門),バスティーユ・オペラ座落成
1990	*11*	全ヨーロッパ安全保障協力会議(CSCE),パリで開催。ヨーロッパの協調を謳った「パリ憲章」に調印
1991	*12*	EC首脳会議,ヨーロッパ連合(EU)創設に合意
1992	*2*	EC加盟国外相,ヨーロッパ連合条約(マーストリヒト条約)に調印
1993	*1-1*	EC統合市場発足。*3* 総選挙,保守・中道陣営大勝。第2次保革共存政権成立。*11-1* EU条約発効
1994	*1-1*	ヨーロッパ連合(EU)とヨーロッパ自由貿易連合(EFTA)の共同経済市場・ヨーロッパ経済領域(EFA)発足。*5* 英仏海峡トンネル(ユーロ・トンネル,全長50キロ)開通
1995	*5*	大統領選第2回投票でシラク当選。大統領に就任。*7* シラク大統領,ユダヤ人の強制収容所問題で国家責任認める。*9* ムルロワ環礁で地下核実験。以後,

		96年1月まで6回の核実験をおこなう。*12* 1969年から脱退していたNATOの軍事委員会に復帰
1997	*6*	総選挙第2回投票の結果,左翼連立政権発足。社会党のジョスパン第一書記,新首相に就任。*10* アムステルダム条約にEU加盟15カ国の外相が調印
1998	*6*	サッカー・ワールドカップでフランス優勝
1999	*1-1*	EUの単一通貨「ユーロ」誕生
2000	*1*	議員候補者を男女同数にする法案(パリテ法),下院を通過。*9* 大統領任期,5年に短縮
2002	*5*	大統領選第2回投票で国民戦線ルペン候補を破り,シラク再選。*7* シラク大統領暗殺未遂事件
2004	*3*	公立学校でのイスラーム教徒のスカーフ着用を禁止する法律成立。*9* EU,25カ国に拡大
2005	*5*	ヨーロッパ憲法批准,国民投票で否決。*10* 都市郊外で「移民」の暴動多発,非常事態宣言(*11*)
2007	*5*	大統領選第2回投票で社会党ロワイヤル候補を破り,サルコジ当選。大統領に就任。*12* EU,リスボン条約調整
2008	*9*	上院選挙で社会党躍進
2011	*3*	サルコジ大統領,東日本大震災を受けて原発政策の維持を表明。急拠来日
2012	*5*	大統領選第2回投票で,社会党候補オランド,サルコジを破り当選。大統領に就任

作成協力:犬飼崇人

◆ 系　図

*数字は在位年

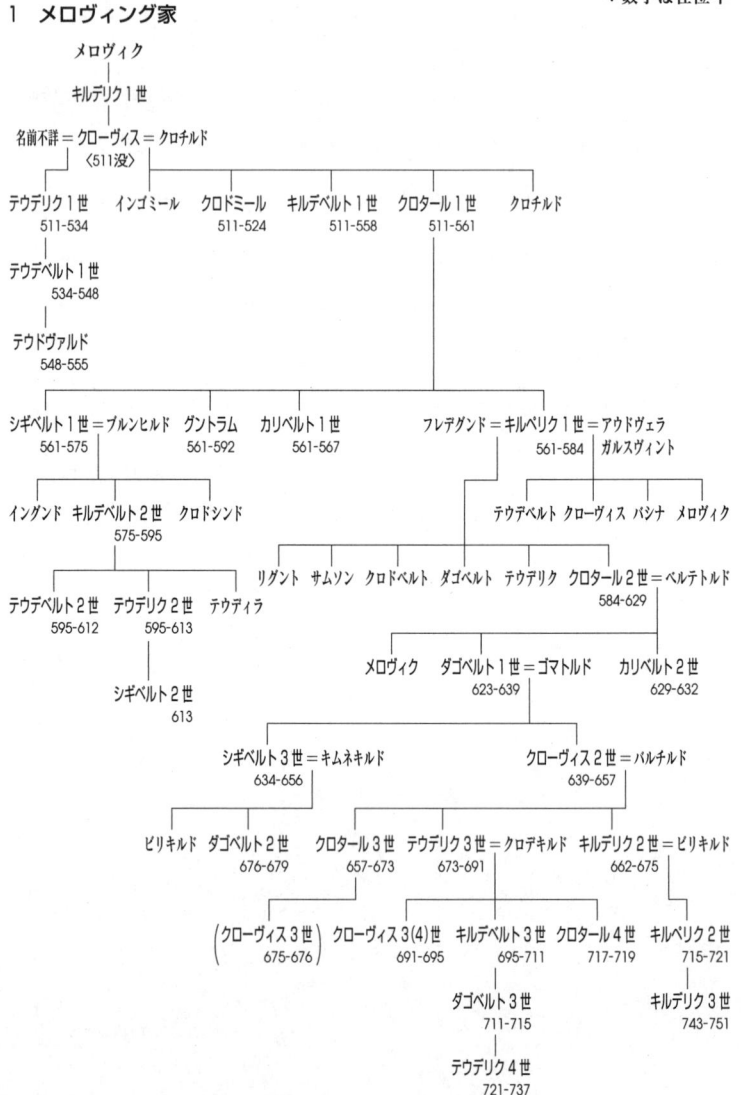

1　メロヴィング家

```
メロヴィク
  │
キルデリク1世
  │
名前不詳＝クローヴィス＝クロチルド
       〈511没〉
  ┌────┬────┬────┬────┬────┐
テウデリク1世  インゴミール  クロドミール  キルデベルト1世  クロタール1世  クロチルド
511-534              511-524    511-558      511-561
  │
テウデベルト1世
  534-548
  │
テウドヴァルド
  548-555
```

```
  ┌──────────┬────────┬────────┬────────────────┐
シギベルト1世＝ブルンヒルド  グントラム  カリベルト1世   フレデグンド＝キルペリク1世＝アウドヴェラ
 561-575                    561-592    561-567                      561-584   │ガルスヴィント
                                                                              │
                                                          テウデベルト クローヴィス バシナ メロヴィク
```

```
  ┌──────┬──────┐
イングンド  キルデベルト2世  クロドシンド
           575-595
  ┌──────┬──────┐
テウデベルト2世  テウデリク2世  テウディラ
 595-612       595-613
                │
            シギベルト2世
              613
```

```
           ┌──┬──┬──┬──┬──┬──────────┐
         リグント サムソン クロドベルト ダゴベルト テウデリク クロタール2世＝ベルテトルド
                                                         584-629
  ┌──────┬──────────┐
メロヴィク  ダゴベルト1世＝ゴマトルド  カリベルト2世
             623-639                 629-632
  ┌────────────────┬────────────────┐
シギベルト3世＝キムネキルド           クローヴィス2世＝バルチルド
 634-656                              639-657
  ┌──┬──────────────┬──────┬──────┐
ビリキルド ダゴベルト2世  クロタール3世  テウデリク3世＝クロデキルド  キルデリク2世＝ビリキルド
         676-679      657-673      673-691                 662-675
             ┌──────────┬──────┬──────┬──────┐
         (クローヴィス3世) クローヴィス3(4)世 キルデベルト3世 クロタール4世 キルペリク2世
           675-676       691-695        695-711      717-719   715-721
                                          │                      │
                                      ダゴベルト3世             キルデリク3世
                                        711-715                743-751
                                          │
                                      テウデリク4世
                                        721-737
```

2 カロリング家

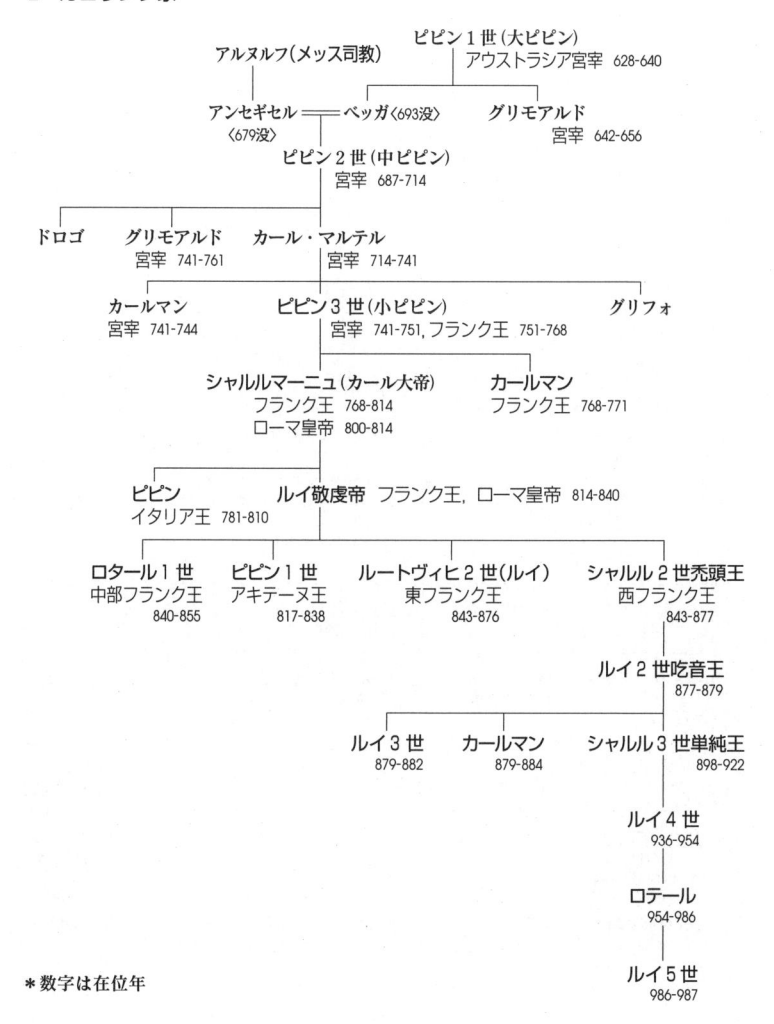

```
アルヌルフ(メッス司教)                ピピン1世(大ピピン)
                                   アウストラシア宮宰 628-640
            ┌──────────┴──────────┐
    アンセギセル ══ ベッガ〈693没〉      グリモアルド
    〈679没〉                          宮宰 642-656
            │
        ピピン2世(中ピピン)
            宮宰 687-714
    ┌───────┼───────────────┐
  ドロゴ  グリモアルド      カール・マルテル
        宮宰 741-761       宮宰 714-741
    ┌───────┬──────────────────────┐
  カールマン   ピピン3世(小ピピン)        グリフォ
  宮宰 741-744  宮宰 741-751, フランク王 751-768
            ┌──────┴──────────┐
    シャルルマーニュ(カール大帝)   カールマン
    フランク王 768-814            フランク王 768-771
    ローマ皇帝 800-814
    ┌───────┴──────────┐
  ピピン          ルイ敬虔帝 フランク王, ローマ皇帝 814-840
  イタリア王 781-810
    ┌─────────────┬─────────────┬─────────────┐
ロタール1世      ピピン1世      ルートヴィヒ2世(ルイ)  シャルル2世禿頭王
中部フランク王    アキテーヌ王    東フランク王           西フランク王
840-855         817-838        843-876              843-877
                                                    │
                                              ルイ2世吃音王
                                                877-879
                                    ┌──────┬──────┴──────┐
                                 ルイ3世   カールマン    シャルル3世単純王
                                 879-882  879-884      898-922
                                                        │
                                                      ルイ4世
                                                      936-954
                                                        │
                                                      ロテール
                                                      954-986
                                                        │
                                                      ルイ5世
                                                      986-987
```

＊数字は在位年

3 カペー家

*数字は在位年

ロベール・ル・フォール

ユーグ・ル・グラン（パリ伯, ブルゴーニュ公）

ユーグ・カペー	オットン	ウード・アンリ	ベアトリクス	エンマ	エルベール
987-996	（ブルゴーニュ公）	（ブルゴーニュ公）			（オーセール副伯）

ロベール2世	エドウィージュ	ジゼール	アデライード	ゴスラン
996-1031				（ブールジュ大司教）

ユーグ	アンリ1世	アデライード	ロベール1世
	1031-60		（ブルゴーニュ公）

フィリップ1世	ユーグ
1060-1108	（ヴェルマンドワ伯）

ルイ6世	コンスタンス	フィリップ	セシル	フロラン
1108-37		（マント伯）		

フィリップ	ルイ7世	アンリ	フィリップ	ロベール	コンスタンス	ピエール	イザベル
	1137-80	（ランス大司教）		（ドル伯, ル・ペルシュ伯）			

妻：アリエノール・ダキテーヌ

マリ	アリックス	マルグリット	フィリップ2世	アリックス	アニェス
			1180-1223		

ルイ8世	マリ	フィリップ	ピエール・シャルル
1223-26		（ブローニュ伯）	（ノワイヨン副伯）

妻：ブランシュ・ド・カスティーユ

フィリップ	ルイ9世	ロベール	ジャン	アルフォンス	シャルル	イザベル
	1226-70	（アルトワ伯）		（ポワティエ伯）	（アンジュー伯, シチリア王）	（ロンシャン女子修道院長）

ルイ	フィリップ3世	ジャン	ピエール	イザベル	ブランシュ	マルグリット	アニェス	ロベール
	1270-85		（アランソン伯）					（クレルモン伯）

妻：イザベル・ダラゴン

ルイ	フィリップ4世	シャルル	ルイ	マルグリット	ブランシュ		[ブルボン朝へ]
	1285-1314	（ヴァロワ伯）	（エヴルー伯）				

妻：ジャンヌ・ド・ナヴァル

[ヴァロワ朝へ]

ルイ10世	イザベル	フィリップ5世	シャルル4世
1314-16		1316-22	1322-28

ジャンヌ	ジャン1世	フィリップ	ルイ	ジャンヌ	マルグリット	イザベル	ルイ	ブランシュ
（ナヴァル王妃）	1316							

系図 383

4 ヴァロワ家, ヴァロワ・アングレーム家

*数字は在位年

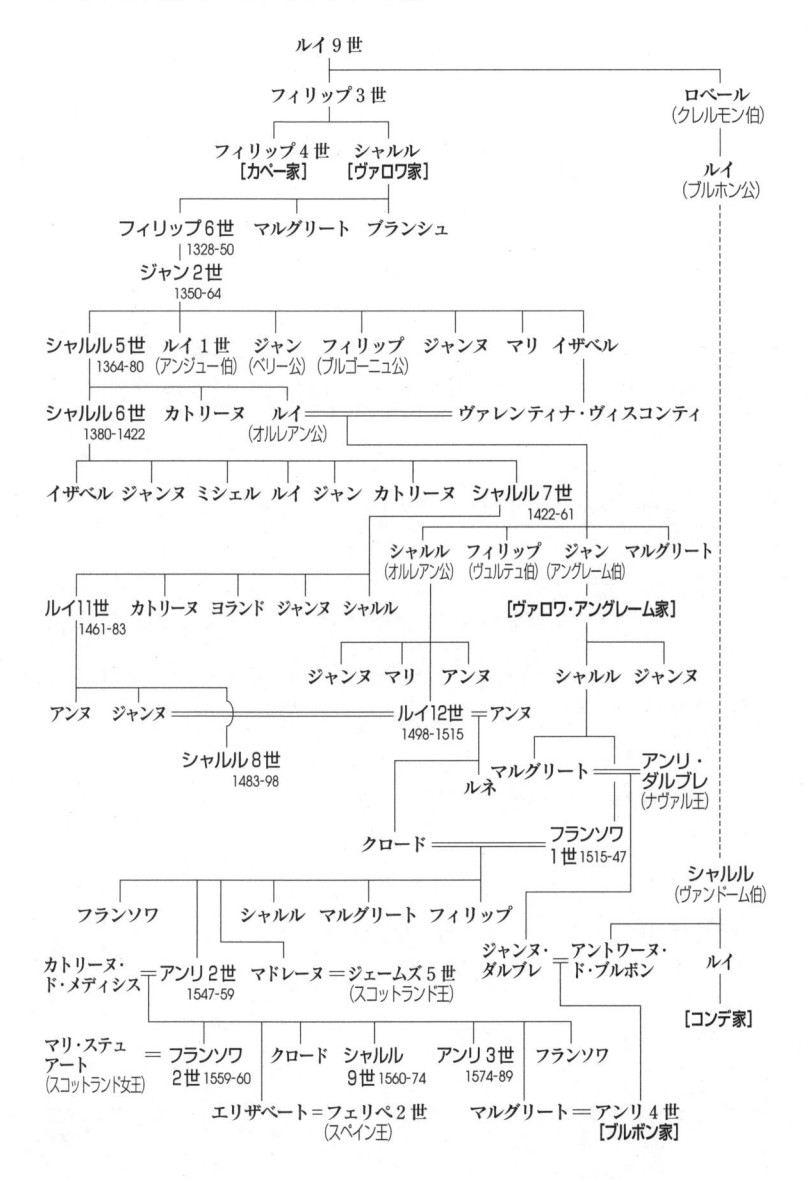

```
                                            ルイ9世
                                               │
                        ┌──────────────────────┴──────────────────────┐
                    フィリップ3世                                     ロベール
                        │                                          (クレルモン伯)
            ┌───────────┴───────────┐                                  │
        フィリップ4世              シャルル                             ルイ
        [カペー家]                [ヴァロワ家]                       (ブルボン公)
                                    │
                ┌───────────────────┼───────────┐
            フィリップ6世         マルグリート   ブランシュ
            │ 1328-50
          ジャン2世
            1350-64
            │
  ┌─────────┬──────┬────────┬────────┬──────┬──────┐
シャルル5世 ルイ1世 ジャン フィリップ ジャンヌ マリ イザベル
1364-80  (アンジュー伯)(ベリー公)(ブルゴーニュ公)
  │
シャルル6世 カトリーヌ ルイ ══════════════ ヴァレンティナ・ヴィスコンティ
1380-1422         (オルレアン公)
  │                    │
┌───┬─────┬──────┬────┬────┬────────┬──────┐
イザベル ジャンヌ ミシェル ルイ ジャン カトリーヌ シャルル7世
                                              1422-61
                                                │
                            ┌───────┬───────┬───────┬───────┐
                          シャルル フィリップ ジャン マルグリート
                          (オルレアン公)(ヴェルテュ伯)(アングレーム伯)
                                                  [ヴァロワ・アングレーム家]
                                                        │
                                              ┌─────────┴───┐
                                          シャルル        ジャンヌ
  │
┌──────┬───────┬──────┬───────┐
ルイ11世 カトリーヌ ヨランド ジャンヌ シャルル
1461-83                          │
                      ┌──────┬───┴─┐
                   ジャンヌ マリ アンヌ     シャルル ジャンヌ
                                                      │
┌───┬─────┐                                          │
アンヌ ジャンヌ ══════════ ルイ12世 ══ アンヌ
           │            1498-1515
      シャルル8世            │
      1483-98            マルグリート ══ アンリ・ダルブレ
                              │ルネ      (ナヴァル王)
                              │              │
                         クロード ══ フランソワ
                                     1世 1515-47
                                                          シャルル
                                                       (ヴァンドーム伯)
                                                              │
                                                             ルイ
                                                          [コンデ家]

┌────────┬─────────┬────────┬──────┐
フランソワ シャルル マルグリート フィリップ
                                         ジャンヌ・ ══ アントワーヌ・
                                         ダルブレ       ド・ブルボン

カトリーヌ・    アンリ2世    マドレーヌ ══ ジェームズ5世
ド・メディシス ══ 1547-59                  (スコットランド王)
  │
マリ・ステュ ══ フランソワ クロード シャルル  アンリ3世 フランソワ
アート        2世 1559-60        9世 1560-74 1574-89
(スコットランド女王)
                  エリザベート ══ フェリペ2世
                              (スペイン王)
                                        マルグリート ══ アンリ4世
                                                      [ブルボン家]
```

5 ブルボン家，オルレアン家

*数字は在位年

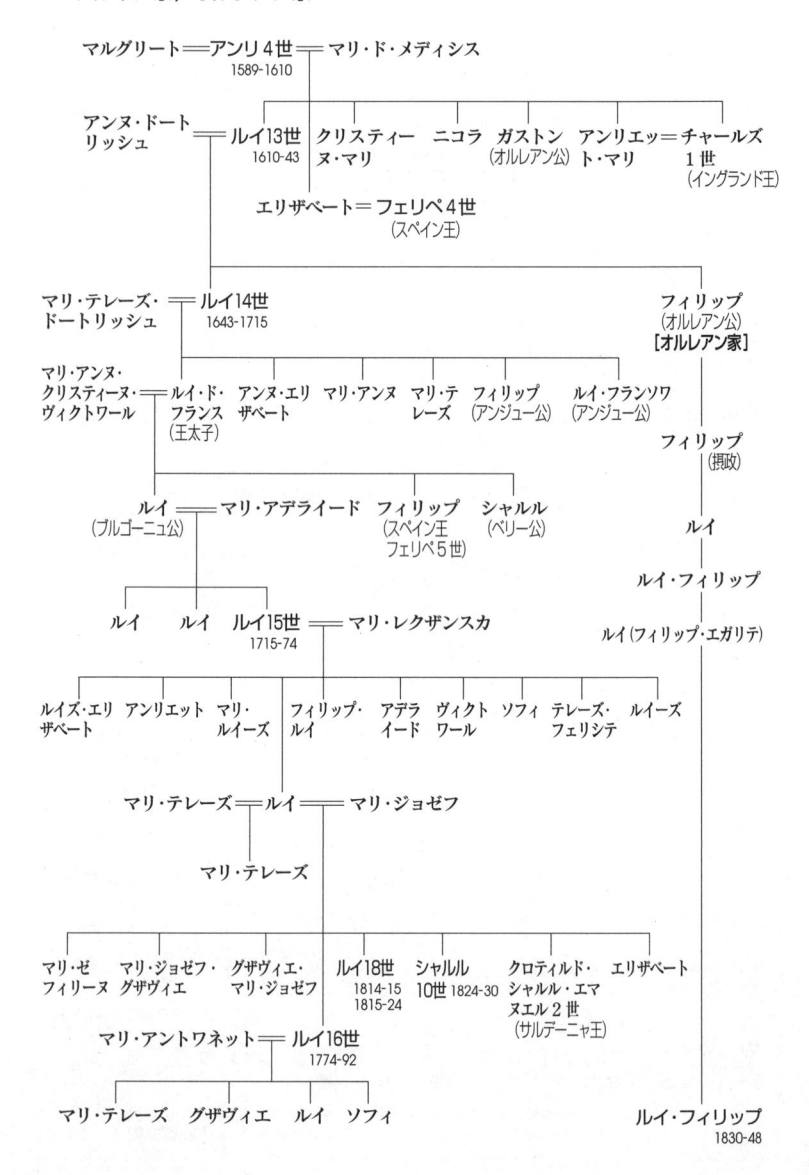

```
マルグリート═══アンリ4世═══マリ・ド・メディシス
              1589-1610
```

- アンヌ・ドートリッシュ ═══ ルイ13世 (1610-43)
- クリスティーヌ・マリ
- ニコラ
- ガストン（オルレアン公）
- アンリエット・マリ ═══ チャールズ1世（イングランド王）

エリザベート ═══ フェリペ4世（スペイン王）

マリ・テレーズ・ドートリッシュ ═══ ルイ14世 (1643-1715)

フィリップ（オルレアン公）【オルレアン家】

ルイ14世の子：
- マリ・アンヌ・クリスティーヌ・ヴィクトワール ═══ ルイ・ド・フランス（王太子）
- アンヌ・エリザベート
- マリ・アンヌ
- マリ・テレーズ
- フィリップ（アンジュー公）
- ルイ・フランソワ（アンジュー公）

オルレアン家：
- フィリップ（摂政）
- ルイ
- ルイ・フィリップ
- ルイ（フィリップ・エガリテ）

ルイ（ブルゴーニュ公） ═══ マリ・アデライード
フィリップ（スペイン王フェリペ5世）
シャルル（ベリー公）

- ルイ
- ルイ
- ルイ15世 (1715-74) ═══ マリ・レクザンスカ

ルイ15世の子：
ルイズ・エリザベート，アンリエット，マリ・ルイーズ，フィリップ・ルイ，アデライード，ヴィクトワール，ソフィ，テレーズ・フェリシテ，ルイーズ

マリ・テレーズ ═══ ルイ ═══ マリ・ジョゼフ

マリ・テレーズ

ルイの子：
マリ・ゼフィリーヌ，マリ・ジョゼフ・グザヴィエ，グザヴィエ・マリ・ジョゼフ，ルイ18世 (1814-15, 1815-24)，シャルル10世 (1824-30)，クロティルド・シャルル・エマヌエル2世（サルデーニャ王），エリザベート

マリ・アントワネット ═══ ルイ16世 (1774-92)

マリ・テレーズ，グザヴィエ，ルイ，ソフィ

ルイ・フィリップ 1830-48

6 ボナパルト家

＊数字は在位年

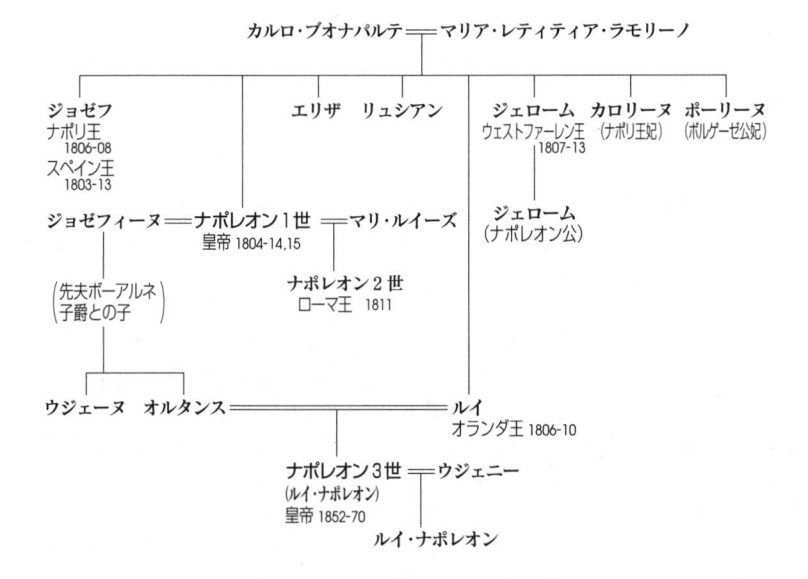

```
                    カルロ・ブオナパルテ ═══ マリア・レティティア・ラモリーノ
```

- ジョゼフ
  ナポリ王
  1806-08
  スペイン王
  1803-13

- エリザ

- リュシアン

- ジェローム
  ウェストファーレン王
  1807-13
  - ジェローム
    (ナポレオン公)

- カロリーヌ (ナポリ王妃)

- ポーリーヌ (ボルゲーゼ公妃)

ジョゼフィーヌ ═══ ナポレオン1世 ═══ マリ・ルイーズ
　　　　　　　　　皇帝 1804-14,15

（先夫ボーアルネ
子爵との子）

ナポレオン2世
ローマ王　1811

- ウジェーヌ
- オルタンス ═══ ルイ
  　　　　　　　オランダ王 1806-10

ナポレオン3世 ═══ ウジェニー
(ルイ・ナポレオン)
皇帝 1852-70

　　ルイ・ナポレオン

◆ 地 図

フランスの地域圏と県

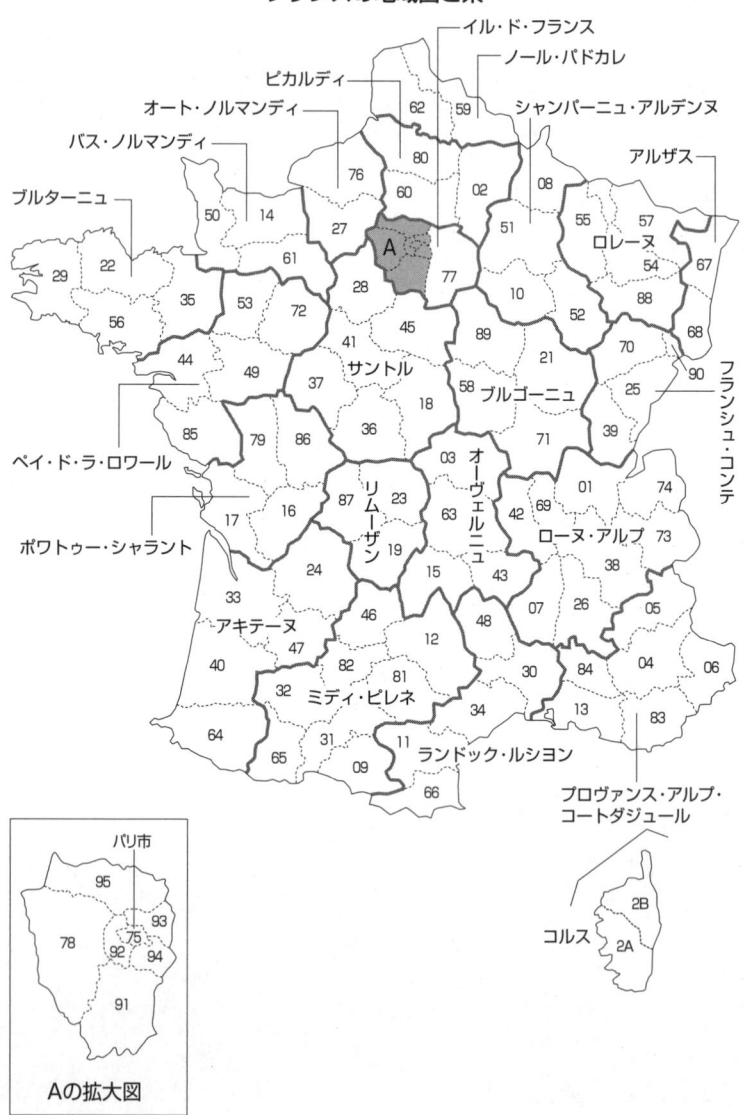

- イル・ド・フランス
- ノール・パドカレ
- ピカルディ
- シャンパーニュ・アルデンヌ
- オート・ノルマンディ
- アルザス
- バス・ノルマンディ
- ロレーヌ
- ブルターニュ
- サントル
- ブルゴーニュ
- フランシュ・コンテ
- ペイ・ド・ラ・ロワール
- リムーザン
- オーヴェルニュ
- ポワトゥー・シャラント
- ローヌ・アルプ
- アキテーヌ
- ミディ・ピレネ
- ラングドック・ルシヨン
- プロヴァンス・アルプ・コートダジュール
- コルス

Aの拡大図

アルザス
67 バ・ラン
68 オー・ラン

アキテーヌ
24 ドルドーニュ
33 ジロンド
40 ランド
47 ロート・エ・ガロンヌ
64 ピレネ・アトランティック

オーヴェルニュ
03 アリエ
15 カンタル
43 オート・ロワール
63 ピュイ・ド・ドーム

バス・ノルマンディ
14 カルヴァドス
50 マンシュ
61 オルヌ

ブルゴーニュ
21 コート・ドール
58 ニエーヴル
71 ソーヌ・エ・ロワール
89 ヨンヌ

ブルターニュ
22 コート・ダルモール
29 フィニステール
35 イル・エ・ヴィレーヌ
56 モルビアン

サントル
18 シェール
28 ウール・エ・ロワール
36 アンドル
37 アンドル・エ・ロワール
41 ロワール・エ・シェール
45 ロワレ

シャンパーニュ・アルデンヌ
08 アルデンヌ
10 オーブ
51 マルヌ
52 オート・マルヌ

コルス
2A コルス・デュ・シュド
2B オート・コルス

フランシュ・コンテ
25 ドゥ
39 ジュラ
70 オート・ソーヌ
90 テリトワール・ド・ベルフォール

オート・ノルマンディ
27 ウール
76 セーヌ・マリティム

イル・ド・フランス
75 パリ
77 セーヌ・エ・マルヌ
78 イヴリーヌ
91 エソンヌ
92 オー・ド・セーヌ
93 セーヌ・サン・ドニ
94 ヴァル・ド・マルヌ
95 ヴァル・ドワーズ

ラングドック・ルシヨン
11 オード
30 ガール
34 エロー
48 ロゼール
66 ピレネー・ゾリアンタル

リムーザン
19 コレーズ
23 クルーズ
87 オート・ヴィエンヌ

ロレーヌ
54 ムルト・エ・モゼル
55 ムーズ
57 モゼル
88 ヴォージュ

ミディ・ピレネ
09 アリエージュ
12 アヴェロン
31 オート・ガロンヌ
32 ジェール

46 ロート
65 オート・ピレネ
81 タルン
82 タルン・エ・ガロンヌ

ノール・パドカレ
59 ノール
62 パ・ド・カレ

ペイ・ド・ラ・ロワール
44 ロワール・アトランティック
49 メーヌ・エ・ロワール
53 マイエンヌ
72 サルト
85 ヴァンデ

ピカルディ
02 エーヌ
60 オワーズ
80 ソンム

ポワトゥー・シャラント
16 シャラント
17 シャラント・マリティム
79 ドゥー・セーヴル
86 ヴィエンヌ

プロヴァンス・アルプ・コートダジュール
04 アルプ・ド・オート・プロヴァンス
05 オート・ザルプ
06 アルプ・マリティム
13 ブーシュ・デュ・ローヌ
83 ヴァール
84 ヴォクリューズ

ローヌ・アルプ
01 アン
07 アルデーシュ
26 ドローム
38 イゼール
42 ロワール
69 ローヌ
73 サヴォワ
74 オート・サヴォワ

◆ 人名索引

ア行
アウグストゥス（オクタウィアヌス） Augstus　32, 37, 39-41, 43
アクィナス　Aquinas, Thomas　87
アグリッパ　Agrippa, Marcus Vipsanius　41
アベラール　Abélard(Abaelardus)　87
アルドゥアン・マンサール　Hardouin Mansart, Jules　241
アルベール　Albert(Martin, Alexandre)　179
アンヌ・ドートリッシュ　Anne d'Autriche　115, 118
アンリ2世　Henri II　107, 108, 110, 232
アンリ3世　Henri III　112
アンリ4世　Henri IV　112-116, 232, 241
インノケンティウス3世　Innocentius III　81
インノケンティウス4世　Innocentius IV　83
ヴァルデック゠ルソー　Waldeck-Rousseau, Pierre Marie René　191, 193
ヴァロワ　Valois, Georges　202
ヴィオレ゠ル゠デュク　Viollet-Le-Duc, Eugène　236, 237
ヴィルヘルム2世　Wilhelm II　195
ヴィレール　Villèle, Jean-Baptiste de　171, 172
ウェルキンゲトリクス　Vercingétorix　35, 38, 39
ヴェルヌ　Verne, Jules　191
ヴォーヴァン　Vauban, Sébastien Le Prestre de　128
ウォーラーステイン　Wallerstein, Immanuel　100, 133
ウード（パリ伯）　Eudes　71
エドワード3世　Edward III　94
エリオ　Herriot, Édouard　201, 281
エリザベス1世　Elizabeth I　111
オスマン　Haussmann, Georges-Eugène　237
オブリ　Aubry, Martine　221

カ行
カヴェニャック　Cavaignac, Louis Eugène　180, 181
カエサル　Caesar　33, 35, 37-39
カトリーヌ・ド・メディシス　Catherine de Médicis　112
カベ　Cabet, Étienne　176
カール5世　Karl V　102
カルヴァン　Calvan, Jean　110
カール・マルテル　Karl Martel　70
カロンヌ　Calonne, Charles Alexandre de　139, 148
ガンベッタ　Gambetta, Léon　188
ギーズ公　Duc de Guise, Henri de Lorraine　111, 112
ギゾー　Guizot, François Pierre Guillaume　173, 177, 178
クーデンホフ゠カレルギ　Coudenhove-Kalergi, Richard Nikolaus Eijiro von　287
グレヴィ　Grévy, Jules　188
グレゴワール　Grégoire, Henri Baptiste　272, 278
クレマンソー　Clémenceau, Georges　194
クレマンテル　Clémentel, Étienne　199, 286
クローヴィス　Clovis　52-54, 59, 113
コルベール　Colbert, Jean Baptiste　126
コルンバヌス　Columbanus　57
コンスタンティヌス　Constantinus I　47, 48
コンデ親王　Prince de Condé, Louis II de Bourbon　115, 118
コンドルセ　Marquis de Condorcet, Jean-Antoine-Nicolas Caritat　140, 156
コンブ　Combes, Emile　192

サ行
ザカリアス　Zacharias　62
サン゠シモン　Duc de Saint-Simon,

人名索引　389

　　Claude Henri de Rouvory　176, 285
サン゠ジュスト　Saint-Just, Louis Antoine Léon de　163
サン゠ピエール　Saint-Pierre, Abbé de　285
シエイエス　Sieyès, Abbé　149
ジスカールデスタン　Giscard d'Estaing, Valéry　218, 220, 295
シャグリウス　Syagrius　53
シャバン゠デルマス(デルマス)　Chaban-Delmas'(Jacques Delmas)　217
シャルル2世(禿頭王)　Charles II le Chauve　66, 69–72, 269
シャルル3世　Charles III　71, 72
シャルル4世　Charles IV　94
シャルル5世　Charles V　95, 97, 98
シャルル6世　Charles VI　95, 270
シャルル7世　Charles VII　95, 96
シャルル8世　Charles VIII　98, 102, 107, 231
シャルル10世　Charles X　171, 172, 278
シャルルマーニュ　Charlemagne　63–66, 73, 98, 269, 285
ジャン2世　Jean II　94, 95
ジャンヌ・ダルク　Jeanne d'Arc　95, 98
ジャン無畏公(ブルゴーニュ大公)　Jean sans Peur　95
ジュオー　Jouhaux, Léon Henri　194, 202
シューマン　Schuman, Robert Jean-Baptiste Nocolas　290
シュリー　Duc de Sully, Maximilien de Béthune　114
ジョレス　Jaurès, Jean　143, 193, 196, 198
ジョン欠地王　John Lackland　82
シラク　Chirac, Jacques　218, 220
ゾラ　Zola, Emile　191

タ行

ダヴィド　David, Jacques Louis　242, 244, 246
ダ・ヴィンチ　Leonardo da Vinci　108, 231
ダラディエ　Daladier, Édouard　204
デア　Déat, Marcel　209

ティエール　Thiers, Louis Adolphe　173, 177, 187
ディドロ　Diderot, Denis　242
デカルト　Descartes, René　135
デュ・ゲクラン　Du Guesclin, Bertrand　95
デュポン・ド・ヌムール　Du Pont de Nemours, Pierre Samuel　140
テュルゴ　Turgot, Anne Robert Jacques　138–140
トゥサン・ルヴェルチュール　Toussaint L'Ouverture, François　168
トクヴィル　Tocqueville, Alexis de　10, 11, 173, 179
ドゴール　De Gaulle, Charles　198, 209–211, 213–217, 292–294
ドブレ　Debré, Michel Jean-Pierre　215
トマ　Thomas, Albert Aristide　199
ドラクロワ　Delacroix, Eugène　246, 247
ドラマール　Delamare, Nicolas　124
ドリオ　Doriot, Jacques Maurice　205, 209
トレーズ　Thorez, Maurice　210
ドレフュス　Dreyfus, Alfred　191
ドロール　Delors, Jacques　295, 296

ナ行

ナポレオン1世　Napoléon I (Napoléon Bonaparte)　28, 142, 143, 164, 166–171, 181, 236, 242, 244, 272, 278
ナポレオン3世(ルイ・ナポレオン)　Napoléon III (Louis Napoléon Bonaparte)　28, 38, 39, 175, 181–184, 186, 187, 237, 240, 278
ネッケル　Necker, Jacques　139, 140
ノミノエ　Nominoë　269

ハ行

バレス　Barrès, Maurice　195
ピウス7世　Pius VII　166
ピカソ　Picasso, Pablo　252
ビスマルク　Bismarck, Otto Eduard Léopold von　187, 190, 194
ヒトラー　Hitler, Adolf　207, 281, 286
ピピン1世　Pépin I　60
ピピン2世　Pépin II　60, 61, 68, 70

ピピン3世　Pépin III　61–63
ビュシェ　Buchez, Philippe　176, 178
ピレンヌ　Pirenne, Henri　57
フィリップ2世（尊厳王）　Philippe II le Hardi　77, 79, 81–83, 91, 92
フィリップ3世　Philippe III　97
フィリップ4世（美王）　Philippe IV le Bel　91, 93, 94
フィリップ5世（長身王）　Philippe V le Long　94
フィリップ6世　Philippe VI　94
フィリップ善良公（ブルゴーニュ大公）　Philippe le Bon　95
フェヌロン　Fénelon, François de Salignac de la Mothe　128
フェリー　Ferry, Jules　189, 190, 272
フェリペ2世　Felipe II　107, 111
フェリペ4世　Felipe IV　118
フーコー　Foucault, Michel　125
ブラン　Blanc, Jean Joseph Louis　178–180
ブランキ　Blanqui, Louis Auguste　175
ブーランジェ　Boulanger, Georges　188
ブランシュ・ド・カスティーユ　Blanche de Castille　83
フランソワ1世　François I　26, 99, 102, 104, 105, 107, 108, 110, 231, 232, 240
ブリアン　Briand, Aristide　194, 201, 286–288
フーリエ　Fourier, François marie Charles　176
ブルジョワ　Bourgeois, Léon Victor Auguste　190
プルードン　Proudhon, Pierre Joseph　183, 186, 285
ブルム　Blum, Léon　201, 205, 206
フルリー　Fleury, André Hercule de　130, 131
ブロック　Bloch, Marc　75, 79, 89
ブローデル　Braudel, Fernand　22
フロワサール　Froissart, Jean　96
ブロンデル　Blondel, Jacques François　236
ペタン　Pétain, Philippe　207, 208
ペルティエ　Pelloutier, Fernand　193
ヘンリ2世　Henri II　93
ヘンリ5世　Henri V　95
ヘンリ6世　Henri VI　97
ボシュエ　Bossuet, Jacques Bénigne　123
ボダン　Bodin, Jean　102, 113
ボワロー　Boileau, Étienne　86
ポワンカレ　Poincaré, Raymond　195, 202, 286
ポンピドゥー　Pompidou, Georges　217, 218, 263

マ行

マクマオン　MacMahon, Patrice de　188
マザラン　Mazarin, Jules　118, 119, 121
マリ＝アントワネット　Marie-Antoinette　139
マリ＝テレーズ　Marie-Thérèse　118, 125
マリ・ド・メディシス　Marie de Médicis　114–116, 233, 241
マリ・ルイーズ　Marie Louise　167
マルクス　Marx, Karl　183
マルゼルブ　Malesherbes, Chrétien Guillaume de Lamoignon de　138
マンサール（フランソワ）　Mansart, François　233
マンデス＝フランス　Mandès-France, Pierre　212, 291
ミシュレ　Michelet, Jules　22, 74, 108
ミッテラン　Mitterand, Alexandre　211, 213, 218–220, 274, 295
ミルラン　Millerand, Alexandre　193
モネ　Monet, Claude　248
モレ　Mollet, Guy　213, 218
モレー　Molay, Jacques de　94
モンテスキュー　Baron de Montesquieu, Charles Louis de Secondat　136, 140
モンフォール　Monfort, Simon de　81

ヤ行

ユーグ・カペー　Hugues Capet　51, 72, 75
ユーグ・ド・パイヤン　Hugues de Payns　93
ユーグ・ル・グラン　Hugues le Grand

72
ユゴー　Hugo, Victor　285

ラ行

ラヴァル　Laval, Pierre　208
ラブレー　Rabelais, François　108
ラマディエ　Ramadier, Paul　212
ラムネ　Ramennais, Félicité Robert de　173
ラモワニョン　→マルゼルブ
ラロック　La Rocque, Compte de Severac François de　205
リシュリュー　Duc de Richelieu, Armand Jean du Plessis　116-118, 121, 127
リチャード獅子心王　Richard I Lion-Hearted　82
リュイーヌ　Luynes, Charles, marquis d'Albert, duc de　115
リュリ　Lully, Jean-Baptiste　258-260
ルイ1世(敬虔帝)　Louis I le Pieux　65, 66, 68-70
ルイ5世　Louis V le Fainéant　75
ルイ6世　Louis VI le Gros　77, 79
ルイ7世　Louis VII le Jeune　79, 92
ルイ9世(聖王)　Louis IX, Saint Louis　81-83, 86, 92, 229
ルイ10世　Louis X　94
ルイ11世　Louis XI　98, 102, 270
ルイ12世　Louis XII　99, 102, 107, 270
ルイ13世　Louis XIII　114, 115, 118, 241
ルイ14世　Louis XIV　103, 116, 118, 119, 121, 123, 125-129, 231, 235, 240-242, 257, 270
ルイ15世　Louis XV　128-130, 138, 235, 242, 244
ルイ16世　Louis XVI　138, 139, 154, 155
ルイ18世　Louis XVIII　171
ルイ・フィリップ　Louis Philippe　173, 178, 247, 278
ルイ・フィリップ(オルレアン公)　Duc d'Orléans, Louis-Philippe-Joseph　128, 130
ル・コルビュジエ　Le Corbusier　239, 252
ルジェ・ド・リール　Rouget de Lisle, Joseph　260
ルソー　Rousseau, Jean-Jacques　136, 163, 259
ルター　Luther, Martin　110
ルドゥ　Ledoux, Claude-Nicolas　236
ルドリュ=ロラン　Ledru-Rollin, Alexandre Auguste　179
ルノートル　Lenôtre, André　235, 241
ルフェーヴル・デタープル　Lefèvre d'Etaples, Jacques　110
ル・ブラン　Le Brun, Charles　235, 241
ルペン　Le Pen, Jean-Marie　221
レモン6世(トゥールーズ伯)　Raymond VI　81
ロー　Law, John　129, 130
ロッシュ　Roches, Léon　28
ロピタル　L'Hospital, Michel de　112
ロベスピエール　Robespierre, Maximilien Marie Isidore　162, 163

◆ 事項索引

ア行
アクション・フランセーズ　195, 203
アーサー王(伝説)　270, 271, 273
アソシアシオン(結社)　170, 173, 175–179, 186, 189, 190, 203, 296
アパナージュ(親王采地)　97
アミアン憲章　193
アミアン裁定　83
アミアン条約　166
アメリカ独立戦争　139, 140, 148
アラスの和約　96
アルザス　61, 73, 118, 187, 264, 274–283
アルジェリア　190, 210, 213, 216
アルジェリア(独立)戦争　214, 291, 292
アール・デコ　252
アール・ヌーヴォー　236, 252
アルビジョワ十字軍　81, 83
アルマニャック派　95
アンシャン・レジーム(期)　4, 9, 10, 22, 92, 101, 133, 143, 146, 154–156, 161, 169, 171, 172, 257
イエズス会　131, 132
イタリア戦争　106, 108
異端　81, 110, 111, 271
移民　14, 15, 189, 199, 203, 208, 216, 221, 264, 265, 283
イムニテート特権　59
イル・ド・フランス　75, 81, 96, 225, 229
印象派　248
インドシナ戦争　291
インドシナ連邦　190
ヴァレンヌ(逃亡)事件　154, 155
ヴァロワ朝(家)　94, 97, 106, 240
ヴァンデ　159, 160, 175
ヴィシー政権(体制)　207, 208, 213, 262, 288
ヴィレル・コトレ王令　103
ウィーン会議　171, 278
ウィーン体制　179
ウェストファリア条約　118, 276
ヴェルサイユ　119, 130, 150, 188, 231, 235
ヴェルサイユ行進　151, 159, 161
ヴェルサイユ条約　201
ヴェルサイユ体制　286, 288
ヴェルダン条約　72
栄光の3日間　172
英仏通商条約　182, 184
英仏防衛協力条約　296
エヴィアン協定　214
エコール・デ・ボザール　237, 239
エリート文化　109, 125
オイル語　264
オイルショック(石油危機)　218, 294, 295
王権神授説　127, 171, 173
王政復古　169
王立音楽アカデミー(オペラ・アカデミー)　259
王立絵画彫刻アカデミー　241, 246
王立教授団　27, 108
王立建築アカデミー　241, 246
オック語　264
オペラ座　158, 250
オポルチュニスト　188, 190
オールー法　221
オルレアン　52, 72

カ行
海外県　14, 265
海外領土　14, 22, 265
改革宴会　178
改革派教会　111
会計院(シャンブル・デ・コント)　92
核開発・原子力開発　211, 291, 292
楽譜　254, 257, 261
革命祭典　157, 244
革命政府(体制)　162, 163, 277
革命的サンディカリズム　192–194, 198
革命200周年　142, 146, 147, 163
家族　122, 138, 152, 189, 208, 242
カタリ派　81
学校教育　156, 189, 192
カトー・カンブレジ条約　107
カトリック改革　109, 125
カトリック同盟　112–114
カペー(家, 朝, 王権)　72, 75, 76, 79, 93, 94

事項索引　393

貨幣　44, 45, 52, 58, 68, 90, 129, 157
「神の平和」(「神の休戦」)　79, 80
ガリア　5, 29, 30
ガリア会議　42, 45
ガリア人　29, 31, 36, 38-40, 42, 45, 46, 48, 49
ガリア帝国　46
ガリカニスム　91, 94, 132
カルヴァン派　110
カロリング王国　72
カロリング家(朝)　51, 57, 60-63, 66, 71, 72, 74, 75, 77, 226
カロリング・ルネサンス　66, 67
キウィタス　40, 42, 45
記憶　19, 169, 200, 208, 278
議会帝政　186, 187
騎士　76, 80, 81, 92
ギーズ家　111, 114
貴族改め　119
ギゾー法(初等教育法)　174
北大西洋条約機構(NATO)　214, 293, 296
騎馬警邏隊　125
宮宰(職)　54, 60-62
急進・急進社会党(急進党)　191, 201, 206, 208, 212
宮廷(社会)　49, 54, 59, 60, 66, 67, 69, 76, 77, 105, 106, 108, 109, 118, 119, 124, 130, 136, 229, 240, 256, 258, 269, 275
教育　67, 116, 138, 156, 157, 165, 170, 174, 208, 237, 241, 256, 258, 260, 263, 264, 272, 273, 278, 280-283
教区　103, 127, 159
教区簿冊　103, 123
共産主義　288, 290, 296
共産党　200, 201, 203, 204, 206, 210-212, 221, 281, 288
恐怖政治　145, 155, 162-164, 277
共和主義(者)　136, 170, 171, 175, 177-181, 188, 191, 192, 194, 247, 285
共和暦(革命暦)　157, 158, 165
儀礼　56, 62, 105, 108, 119, 124, 146, 151, 157, 169
グランド・ゼコール　165
グラン・プロジェ　240
クーリア・レーギス　91
クリミア戦争　184
グローバル化／グローバリゼーション　3, 219, 220, 222, 284, 295, 297
軍事革命　106, 126
敬神博愛教　165
慶長遣欧使節団　27
啓蒙思想／啓蒙主義　135, 136, 140, 242, 285
結社法　192
ゲード派　193
ケルト(人)　30-35, 267, 271
ケルト語　30, 31, 41, 265, 267
ゲルマン(人)　5, 37, 38, 42, 44, 46-48, 52, 268
権威帝政　182, 183
憲章(シャルト)　171
憲法制定議会　150, 157
憲法制定国民議会　180, 181
公安委員会　162
公教育　156, 165, 181
高等教育　189, 216
高等法院(パルルマン)　92, 104, 110, 112, 117, 119, 128, 129, 131, 132, 138-140, 149, 153
高度成長　198, 202, 210, 212, 216
五月事件(五月革命)　216, 217, 264
国王暗殺未遂事件　177
国王宮廷(クール・デュ・ロワ)　91, 92
国王儀礼　105, 124
国王顧問会議(コンセイユ・デュ・ロワ)　91-93
国王裁判所　117
国王巡察使　64
国王証書　57, 65, 66, 70
国王内廷(オテル・ル・ロワ)　91, 92
国王民兵制　127
国際連盟　201, 287
黒死病(ペスト)　96
国籍法　189
国民音楽協会(SNM)　261
国民議会　149, 150, 152, 159
国民公会　155, 158, 159, 162, 164, 165
国民国家　5, 12-15, 151, 170, 273, 284, 295, 296, 298
国民祭典　156, 165, 260, 261
国民戦線　221, 222, 283
国民投票(人民投票)　181-183, 186, 215, 217, 297
国民ブロック　201
国有化　206, 210, 219

国立作業場　179, 180
ゴシック(様式・建築)　225, 226, 229-231
古代荘園制　67
国家主権　102, 284, 285, 291, 292
古典主義　225, 233, 235, 239, 241
子ども　138, 156, 189, 200
コミューン運動　84, 85
小麦粉戦争　139
ゴーリスム　284
コルベルティスム　125, 126
コレージュ・ド・フランス　27, 78, 108
コレラ　176
コロン　213
コンコルダ(政教協約)　166
コンスュラ(執政官)都市　85
コンソルシオム　199
コンフレリ(信心会・兄弟団)　157

サ行
宰相　116, 119, 131
祭典　156, 157, 165, 184
財務総監　126, 129, 130, 138-140, 148
財務長官　139
左翼カルテル　201-203
サロン(官展)　241, 242, 248
産業革命　170, 176, 178, 183, 185, 236
三国協商　195
三十年戦争　107, 117, 276, 277
三色旗　189
サン=ドマング　168
三部会　86, 92, 104, 115-117, 120, 266, 270
司教座　56, 84
七月王政　171, 173-179, 246, 247
七月革命　173, 175, 180, 246
七年戦争　132, 133
児童保護法　189
至福千年　98, 227
資本主義　130, 143, 144, 175, 176, 202, 218, 287
社会主義(者)　175, 178-180, 186, 188, 191-194, 200, 202, 295
社会的結合(ソシアビリテ)　121, 122, 153, 177, 180, 182
社会党(SFIO)　193, 198-201, 204-206, 209-211, 213, 215, 218
社会党(PS)　217, 218, 220, 288, 295

社会保障　170, 190, 197, 203, 210, 222
ジャクリー　96
ジャコバン・クラブ　153, 156, 277
写実主義　247, 248
社団　102, 104, 112, 113, 121, 139, 151-153, 175, 176, 183, 296
シャリヴァリ　109
シャルルーの禁令　80
ジャンセニスム　127, 128, 131, 132
シャンパーニュ大市　84
宗教改革　107, 109, 271
宗教戦争(ユグノー戦争)　100, 102, 111-114, 116, 125, 270
重工業　197, 201, 202, 204
十字軍　79, 81, 82, 84, 93, 98
自由主義(リベラリスム)　144, 149, 172, 173, 177, 206, 247, 287
自由主義的カトリシスム　173
重商主義　126, 128
住宅　183, 190, 203, 216, 239
自由帝政　182
修道院　57, 58, 61, 63, 66-68, 71, 73, 90, 227
12世紀ルネサンス　87
重農主義　139, 140
自由フランス　209, 288
十分の一税　150
主権国家　106, 107, 126
出版　108, 135-137, 173, 177, 179, 181, 186, 189
シューマン・プラン　290
ジュール・フェリー法　189
シュルレアリスム　250, 253, 254
城主支配体制(シャテルニー)　77, 78
職業組合法(ヴァルデック=ルソー法)　193
植民地　126, 129, 133, 168, 190, 191, 199, 273, 284, 291
植民地帝国　13-15, 126, 184, 190
女子教育　189
女性　152, 193, 218, 248, 253, 254, 258
初等教育・初等学校　156, 165, 189, 274, 278, 283
ジロンド派　154, 155, 159
人権　152, 290, 294
「人権宣言」「人間と市民の権利の宣言」　148, 150-154, 160, 162
信仰の自由・信教の自由　111, 112, 115,

事項索引　395

　　127, 192
新古典主義（様式）　235, 236, 242, 244, 246
新自由主義　287, 293-295, 298
心性　111, 122, 123, 135, 161, 163, 200, 205, 217, 221, 262
神聖同盟（ユニオン・サクレ）　198
清仏戦争　190
人文主義（者）　108, 110, 276
人民共和運動（MRP）　210, 211, 215
人民戦線（人民連合）　203-207, 210
スタヴィスキー事件　204
ストラスブールの誓約　69
政教分離法　192, 273, 281
政治文化　146-148, 152, 154, 157, 183, 244
聖職者市民化法（聖職者民事基本法）　153, 158-160, 261
聖人　56, 83, 269
聖バルテルミの虐殺　112
聖別式・成聖式　63, 97, 105, 113, 124
絶対王政　100-103, 105, 113, 116, 120, 121, 123-125, 127-129, 148, 149, 171, 233, 241
セナトル貴族　48-50, 54, 55, 60
セーヌ　82
セネシャル（家令職）　93, 103, 104
選挙権　171, 173, 181
全国カトリック連盟（FNC）　203
全国三部会　104, 105, 115, 145, 149, 150
戦時動員体制　198, 199
全身会議（エタ・ジェネロー）　92
相互扶助組合　177, 186, 194
総裁政府　142, 164, 165, 168, 244
総力戦　199, 285
即位式　62, 63
ソーヌ　41, 42, 69
ソワソン　53-55, 62, 66, 69, 80

タ行

第一インターナショナル（国際労働者協会）　186, 187
第一帝政（ナポレオン帝政）　142, 143, 166, 167, 169, 236
退役軍人団体　204
大開墾の時代　89, 90
大学　75, 86, 87, 91, 216
大恐慌　198, 202, 203, 207, 209, 287

大恐怖　150
帯剣貴族　119
第五共和政　210, 211, 219, 263, 292
大顧問会議・最高国務会議（グラン・コンセイユ）　92, 119
第三共和政　170, 171, 179, 187-193, 207, 208, 210, 215, 250, 262, 273, 280
第三身分　149, 150
大衆消費文化　216
対独協力　208, 209, 273, 282, 288
対独復讐　190, 286, 290
第二インターナショナル　193
第二共和政　178-181, 246
第二帝政　170, 182-187, 250
タイユ税　114, 117, 118
第四共和政　210-212, 214, 215, 289, 291, 292
大陸封鎖令　167
脱植民地化　211, 213
地域圏（レジオン）　216, 220, 266
地域主義　273, 283, 288, 296
知識人　86, 87, 140, 191, 237, 286
地方三部会　104, 105
地方長官（アンタンダン）　117, 118, 120, 139, 270
中等教育　165, 166, 174, 189, 211
徴兵制　280, 282
通貨・為替　130, 201, 202, 204, 206, 219, 220, 293-295
帝国貴族　167
帝国分割令　65, 68
ディリジスム（国家指導経済モデル）　204, 287
鉄道　174, 185, 194, 200, 273
テルミドール（のクーデタ）　142, 145, 164, 165
テルミドール派　164, 165
テンプル（神殿）騎士団　93, 94
統一労働総同盟（CGTU）　200, 204
同業組合／同業者組合　85, 86, 124, 139, 153, 257
統領政府　142, 157, 164-166
トゥール・ポワティエ間の戦い　61
ドゴール派　218
ドフェール改革　220
塗油　62, 63
トリエント公会議　125
奴隷制廃止　168

ドレフュス事件　191-193, 195, 291

ナ行
ナショナリズム　183, 192, 194, 195, 221, 288
ナショナル・ヒストリー　275, 283
ナチス(ナチス・ドイツ, ナチス政権)　207, 281, 282, 287
ナント　101, 266
ナント王令　112, 113, 115, 127
二月革命　171, 178-180, 186
2月6日事件　204
西フランク王国　51, 68, 69, 71
日仏通商条約　28
入市式　105, 113, 124
ノルマン人　71, 75, 269

ハ行
バイイ(国王代官)　92, 93, 103, 104
バイイ＝セネシャル制　83, 92
売官制　119, 120, 122
ハイチの独立　168
伯　60, 64, 69, 70, 72, 76
バスティーユ襲撃　150, 159, 161, 189
罰令領主(バン領主)　77, 79, 80
パトリオット(愛国派)　149, 163
バブーフの陰謀　164, 165
パリ改造　185, 237
パリ警視総監　124
パリ高等法院　104, 110, 118, 128, 132, 148, 149
パリ講和会議　184
パリ国立音楽院(コンセルヴァトワール)　260, 261
パリ・コミューン　171, 185-188, 193
パリ条約　83
パリ勅令　54
パリ万国博覧会　186, 188, 236, 261
バール・プラン　295
バロック　231, 233, 235, 241, 257
反教権主義　158, 191, 192
反ドイツ感情(反独感情)　195, 198, 286, 291
反ユダヤ主義　191, 208
「パン・ヨーロッパ」運動　288
非キリスト教化運動　157, 158
火の十字団　205, 207
百年戦争　23, 75, 91, 94, 96, 97, 101, 105, 270
百科全書派　235, 259
表象　155, 170, 197, 200
ピレネ(山脈)　29, 32, 36, 39, 46, 61, 63, 107
ファシズム　202, 204-206, 288, 290, 296
ファショダ事件　194
ファルー法　181
ブーヴィーヌの戦い　82
フェソー　202, 205
フォンテーヌブロー王令　110, 127
福祉国家　190, 194, 221, 284
普通選挙　179, 181-183, 188
復古王政　171-175, 190, 246
ブフォン論争　259
普仏戦争　187, 261, 279, 280
プラニスム　205, 206, 210, 287
フランク王国(帝国)　6, 51, 52, 55, 57, 59, 61-64, 70, 71, 264, 269, 285
フランク人　51-53, 62, 74, 264, 269
フランス革命　10-12, 28, 100, 129, 132, 139-151, 153, 156, 157, 159-161, 163, 164, 166, 168-171, 173, 175, 176, 189, 231, 236, 242, 244, 257, 266, 272, 277, 279, 280
フランス銀行　166, 201, 210, 220
フランス語　22, 26, 28, 30, 74, 100, 110, 157, 258, 266, 269, 272, 273, 276, 278, 279, 285
フランス国民解放委員会　209
フランス人民連合(RPF)　211
フランス民主連合(UDF)　218
フランス民主労働組合連合(CFDT)　221
ブリュメール18日のクーデタ　142, 164
ブルゴーニュ派　95
ブルターニュ　22, 70, 90, 95, 102, 121, 265-274, 279
ブルボン家(朝)　102, 111, 151, 167, 171, 172, 240
ブレイス語　265, 270, 272, 274
プレヴァン・プラン　291
プレヴォ(奉行)　92
ブレトン・ウッズ体制　289
プレリアル法　162
プロウィンキア　35-38
プロテスタント　109-117, 127, 139, 271, 276

フロンドの乱　116, 118, 121
「文明化の使命」　191
平和主義　286, 287
ベル・エポック　192
変動相場制　294
封建制　7, 8, 77, 78, 143, 148
封建制の廃止　148, 150, 151, 154
封建的主従関係　77-79
法服貴族　104, 119
保革共存（コアビタシオン）　219
ボナパルティスム／ボナパルティスト　181-183, 247
ポリシノディ　129
ポリス　124, 125
ポリティーク派　112
ボーリュー王令　112
ボルドー　160
ポーレット法　114
ボローニャの政教協約　103, 104, 107

マ行

マーシャル・プラン　289
魔女狩り　109
マーストリヒト条約　297
マティニョン協定　205, 206
マニエリスム　232, 240
マルクス主義　117, 182
マルセイユ　32, 35, 36, 41, 160, 260
ミュンヘン協定　207
民衆文化　108, 109, 125, 136
民主主義　179, 191, 194, 205, 286, 288, 290
民族解放戦線（FLN）　213
民法典　166
名士会（会議）　104, 117, 139, 148, 149
名望家国家　170, 174
メキシコ遠征　184
メールセン条約　71
メロヴィング王国　54, 60
メロヴィング家（朝）　52, 54, 55, 57-59, 61, 226
モネ・プラン（近代化構想）　289
モンタニャール（山岳）派　155, 181

ヤ行

有給休暇法　205
ユーラフリック（ユーロ・アフリカ）構想　291
優良都市／良き都市　86, 105
ユグノー　27
ユダヤ人　82, 208, 265, 283
ユルトラ（超王党派）　171, 172
ユーロ　295
ユーロクラット　285, 297
ヨーロッパ安全保障協力会議　294
ヨーロッパ共同市場　214, 291-293
ヨーロッパ共同体（EC）　290, 294, 295, 297
ヨーロッパ経済共同体（EEC）　292-294
ヨーロッパ経済協力機構（OEEC）　289
ヨーロッパ原子力共同体（EURATOM）　292
ヨーロッパ憲法条約　297
ヨーロッパ石炭鉄鋼共同体（ECSC）　285, 290, 292
ヨーロッパ通貨システム（EMS）　294, 295
ヨーロッパ統合　210-212, 215, 222, 284, 285, 287-292, 295-298
ヨーロッパ防衛共同体（EDC）　212, 291
ヨーロッパ連合（EU）　15, 16, 31, 264, 285, 290, 294-298

ラ行・ワ行

ライン　29, 37-41, 44-47, 52, 58, 67, 264, 281
ラショナリズム（合理主義・理性主義）　236, 237
ラテン語　30, 67, 74, 87, 88, 97, 99, 108, 268
ラ・マルセイエーズ　189, 260, 277
ラリマン　203
ランス　52, 54, 95, 97, 229, 258
理性の祭典　158, 260
リュクサンブール委員会　179, 180
領邦　76, 77
領邦君主　76, 77, 93
リヨン　23, 40, 41, 44, 50, 101, 108, 110, 160, 177
ルイジアナ　129
ルイ15世様式（ロココ）　231, 235, 242
ル・シャプリエ法　153
ルネサンス王政　100, 102
ルネサンス様式　231
冷戦　194, 210, 211, 282, 289, 292, 295
礼拝の自由　111, 166

レジスタンス(神話)　208-211, 252, 282, 288, 297
レジスト(法曹家)　91, 94, 97, 98
連帯主義　190
労働組合(労組)　193, 198, 200, 202, 210, 221
労働総同盟(CGT)　193, 198-200, 202, 204, 205, 209, 210
ロカルノ条約　201
六月蜂起　180
ロシア遠征　167

ローヌ　32, 36, 41, 42, 69, 83
ローのシステム　128-130
ローマ化　29, 30, 37
ローマ条約　291, 292
ローマ人　29, 30, 33, 36, 42, 43, 52, 53
ロマネスク(様式・建築)　108, 225-229
ローマ法　55, 56, 85, 102
ロマン主義　172, 244, 246, 247, 250, 272
ロワール　23, 39, 53, 55, 56, 67, 70, 72, 90, 231
ワイン　23, 35, 58, 140, 212

執筆者紹介（執筆順）

佐藤彰一 さとうしょういち［編者］
1945年生まれ。名古屋大学大学院文学研究科特任教授
主要著作：『修道院と農民』(名古屋大学出版会 1997)，『ポスト・ローマ期フランク史の研究』(岩波書店 2000)，『歴史書を読む』(山川出版社 2004)，『中世初期フランス地域史の研究』(岩波書店 2004)，*Genesis of Historical Text:Text/Context* (編著, Nagoya University 2007)，*Genesis of Historical Text and Map:Text/Context 2* (編著, Nagoya University 2007)，*Histoire-Fiction-Représentation* (共編著, Nagoya University 2007)，『中世世界とは何か』(岩波書店 2008)，*Herméneutique de texte d'histoire. Orientation, interprétation et questions nouvelles* (編著, Nagoya University 2009)

中野隆生 なかのたかお［編者］
1949年生まれ。学習院大学文学部教授
主要著作：『プラーグ街の住民たち』(山川出版社 1999)，『都市空間の社会史 日本とフランス』(編著，山川出版社 2004)，『都市空間と民衆 日本とフランス』(編著，山川出版社 2006)，『現代歴史学の成果と課題 1980-2000 Ⅱ 国家像・社会像の変貌』(共編著，青木書店 2003)，「パリ郊外，シュレーヌ田園都市における戸建住宅の住民について――建築計画図と国勢調査原簿」(学習院大学文学部史学科編『増補 歴史遊学』山川出版社 2011)

毛利　晶 もうりあきら
1947年生まれ。神戸大学大学院人文学研究科教授
主要著作：「古代ローマの municeps――古代の学者が伝える定義の解釈を中心に」(『史学雑誌』116-2 2007)，リウィウス『ローマ建国以来の歴史 3 イタリア半島の征服(1)』(訳，京都大学学術出版会 2008)，「古代ローマの市民権とケーンスス(戸口調査)――所謂 ius migrandi に考察の手掛かりを求めて」(『西洋史研究』新輯39 2010)

加納　修 かのうおさむ
1970年生まれ。名古屋大学大学院文学研究科准教授
主要著作：『大学で学ぶ西洋史［古代・中世］』(共著，ミネルヴァ書房 2006)，"Procès fictif, droit romain et valeur de l'acte royal à l'époque mérovingienne", *Bibliothèque de l'École des chartes*, 165 (2007)，『新・現代歴史学の名著』(共著，中央公論新社 2010)

林田伸一 はやしだしんいち
1954年生まれ。成城大学文芸学部教授
主要著作：「革命前フランスにおける地方行政と王政改革」(専修大学人文科学研究所編『フランス革命とナポレオン』未来社 1998)，「近世のフランス」(福井憲彦編『新版世界各国史12 フランス史』(山川出版社 2001)，「ロラン・ムーニエと絶対王政期のフランス」(二宮宏之・阿河雄二郎編『アンシアン・レジームの国家と社会』山川出版社 2003)

小山啓子 こやまけいこ
1971年生まれ。神戸大学大学院人文学研究科准教授
主要著作：『フランス・ルネサンス王政と都市社会――リヨンを中心として』(九州大学出

版会 2006),「叛乱から共存へ——宗教戦争後のリヨンにおける国王の表象と都市の再編」（『西洋史論叢』29 2007),「近世フランスの大市都市リヨンとイタリア人」（共生倫理研究会編『共生の人文学——グローバル時代と多様な文化』昭和堂 2008）

山﨑耕一 やまざき こういち
1950年生まれ。一橋大学社会科学古典資料センター教授
主要著作：『ある地方弁護士における「啓蒙」』（一橋大学社会科学古典資料センター 2005),『啓蒙運動とフランス革命——革命家パレールの誕生』（刀水書房 2007),『ヨーロッパ世界と旅』（共著，法政大学出版局 1997）

松浦義弘 まつうら よしひろ
1952年生まれ。成蹊大学文学部教授
主要著作：『フランス革命の社会史』（山川出版社 1997),『「ジェルミナルのドラマ」とは何だったのか——革命政府とパリ民衆』（一橋大学社会科学古典資料センター 2005),「食糧と政治——食糧騒擾の時代における「自由主義」」（『思想』1043 2011）

中山洋平 なかやま ようへい
1964年生まれ。東京大学大学院法学政治学研究科教授
主要著作：『戦後フランス政治の実験——第四共和制と「組織政党」1944-1952年』（東京大学出版会 2002), "La construction de logement et les investissements d'équipement annexes des années 1930 au milieu des années 1960", *Histoire urbaine*, 23 (2008),「地方公共投資と党派ネットワークの変容——フランス政治における公的資金の「水流」(1920年代〜1970年代）(1)〜(6)」（『国家学会雑誌』123-1・2 2010〜124-7・8 2011）

羽生修二 はにゅう しゅうじ
1948年生まれ。東海大学工学部教授
主要著作：『ヴィオレ・ル・デュク——歴史再生のラショナリスト』（鹿島出版会 1992),『カラー版 西洋建築様式史』（美術出版社 1995),『世界の建築・街並みガイド1 フランス・スペイン・ポルトガル』（エクスナレッジ 2003）

鈴木杜幾子 すずき ときこ
1945年生まれ。明治学院大学文学部教授
主要著作：『ナポレオン伝説の形成——フランス19世紀美術のもう一つの顔』（筑摩書房 1994),『フランス絵画の「近代」——シャルダンからマネまで』（講談社 1995),『フランス革命の身体表象——ジェンダーからみた200年の遺産』（東京大学出版会 2011）

山本成生 やまもと なるお
1975年生まれ。東京大学大学院人文社会系研究科研究員，学習院大学・成城大学非常勤講師
主要著作：『聖歌隊の誕生——カンブレー大聖堂の音楽組織』（知泉書館 2013予定),「異なる音楽的諸要素の交雑，あるいは「雑居するミューズたち」——モーリス・ラヴェル《ヴァイオリンとピアノのためのソナタ》(1923-27)」（『音楽学』46-2 2000),「天上と地上のインターフェイス——奏楽天使の学際的素描」（『西洋中世研究』4 2012）

原　聖　はらきよし
1953年生まれ。女子美術大学芸術学部教授
主要著作:『周縁的文化の変貌——ブルトン語の存続とフランス近代』(三元社 1990),『〈民族起源〉の精神史——ブルターニュとフランス近代』(岩波書店 2003),『ケルトの水脈』(講談社 2007)

中本真生子　なかもとまおこ
1968年生まれ。立命館大学国際関係学部准教授
主要著作:『アルザスと国民国家』(晃洋書房 2008),「国民国家」・「多文化主義」(西川長夫ほか編『グローバル化を読み解く88のキーワード』平凡社 2003), P.ノラ編『記憶の場』(共訳, 岩波書店 2003)

上原良子　うえはらよしこ
1965年生まれ。フェリス女学院大学国際交流学部教授
主要著作:「フランス社会党の欧州統合構想と欧州審議会」(『西洋史学』198 2000),「独仏和解とフランス外交——復讐から和解, そして「ヨーロッパ」へ」(田中孝彦・青木人志編『〈戦争〉のあとに——和解と寛容』勁草書房 2008),「ヨーロッパ統合の生成　1947-1950年——冷戦・分断・統合」(遠藤乾編『ヨーロッパ統合史』名古屋大学出版会 2008)

フランス史研究入門

2011年11月30日　1版1刷　発行
2012年11月30日　1版2刷　発行

編　者	佐藤彰一・中野隆生
発行者	野澤伸平
発行所	株式会社 山川出版社
	〒101-0047　東京都千代田区内神田1-13-13
	電話　03(3293)8131(営業)　8134(編集)
	http://www.yamakawa.co.jp/
	振替　00120-9-43993
印刷所	明和印刷株式会社
製本所	株式会社 手塚製本所
装　幀	菊地信義

©Shoichi Sato, Takao Nakano
2011 Printed in Japan ISBN 978-4-634-64037-5

造本には十分注意しておりますが，万一，落丁・乱丁などがございましたら，
小社営業部宛にお送り下さい。送料小社負担にてお取り替えいたします。
定価はカバーに表示してあります。